风险社会的哲学观察

探寻"知行合一"的行动模式

张康之 著

中国社会科学出版社

图书在版编目（CIP）数据

风险社会的哲学观察：探寻"知行合一"的行动模式／张康之著. —北京：中国社会科学出版社，2023.9
ISBN 978 – 7 – 5227 – 2382 – 2

Ⅰ.①风… Ⅱ.①张… Ⅲ.①社会学—哲学—研究 Ⅳ.①C91 – 05

中国国家版本馆 CIP 数据核字（2023）第 143860 号

出 版 人	赵剑英
责任编辑	马　明
责任校对	何欣欣
责任印制	王　超

出　　版	中国社会科学出版社
社　　址	北京鼓楼西大街甲 158 号
邮　　编	100720
网　　址	http://www.csspw.cn
发 行 部	010 – 84083685
门 市 部	010 – 84029450
经　　销	新华书店及其他书店
印　　刷	北京君升印刷有限公司
装　　订	廊坊市广阳区广增装订厂
版　　次	2023 年 9 月第 1 版
印　　次	2023 年 9 月第 1 次印刷
开　　本	710×1000　1/16
印　　张	28.25
插　　页	2
字　　数	380 千字
定　　价	139.00 元

凡购买中国社会科学出版社图书，如有质量问题请与本社营销中心联系调换
电话：010 – 84083683
版权所有　侵权必究

目　　录

导论　认识与实践 ……………………………………… 001
　　第一节　认识、实践：分离与融合 …………………… 002
　　第二节　认识论的认识与实践 ………………………… 009
　　第三节　实践论的认识与实践 ………………………… 016

第一章　世界的观念需要调整 ………………………… 024
　　第一节　普遍主义的终结 ……………………………… 026
　　第二节　基于偶然性而行动 …………………………… 050
　　第三节　工业社会的形式化之维 ……………………… 076

第二章　把握社会的新特征 …………………………… 099
　　第一节　等级结构的解构 ……………………………… 101
　　第二节　去中心化的征程 ……………………………… 123
　　第三节　个体性的消解 ………………………………… 146

第三章　对人及其价值的素描 ………………………… 166
　　第一节　人的生存意识和生命观 ……………………… 167
　　第二节　重估人的生命价值 …………………………… 192

第三节　生命价值的优先性 ···································· 210

第四章　风险认知与知识生产 ···································· 231
　　　第一节　风险认知的问题 ······································ 232
　　　第二节　知识生产的新审视 ···································· 251
　　　第三节　理性知识与经验知识 ·································· 276

第五章　真理、意见与意识形态 ·································· 301
　　　第一节　解析真理与意义 ······································ 303
　　　第二节　分辨真理与意见 ······································ 327
　　　第三节　人类命运共同体与意识形态 ···························· 352

第六章　行动的目的性与自主性 ·································· 377
　　　第一节　行动的合目的性问题 ·································· 378
　　　第二节　行动的自主性原则 ···································· 403
　　　第三节　行动者的道德 ·· 421

主要参考文献 ·· 443

导　　论

认识与实践

　　从哲学史上看，存在着"本体论""认识论""实践论"三种哲学理论范式。这是哲学史研究中的一般性共识。根据黑格尔把历史与逻辑统一起来的叙事原则，也可以说这三种哲学范式存在于人类历史的不同阶段。古希腊是本体论时代，近代以来则属于认识论时代，马克思提出了建构实践论的基本构想。全球化、后工业化运动意味着一个新的时代的开启，因而，实践论迎来了得到充分理论阐释的机遇。

　　其实，中国哲学似乎天然地属于实践论哲学，印度哲学亦如此。人们也许会根据中国哲学的这一特性而设想在全球化、后工业化进程中复活中国哲学。不过，我们认为中国哲学的全面复活可能是非常困难的，但中国哲学中所包含的思维方式将会得以再生。西方哲学有着明晰的从本体论到认识论的演进路线。虽然近代以来的哲学家们都把古希腊哲学作为其思想源头，但在认识论哲学建构起来后，本体论似乎成了一种历史遗迹而不是思想遗产。

　　无论是本体论还是认识论抑或实践论，都包含着认识与实践的问题，或者说都必须解决认识与实践的问题，但不同的哲学范式会提出不同的关于认识与实践问题的解决方案。

就西方哲学而言，对认识与实践的高度关注主要反映在以认识论为主导的这个历史时期中。或者说，认识论产生后，表现出了比本体论更加关注实践的情况，从而把实践的问题作为认识论中的一个重要论题加以探讨。如果沿着这种思想史的轨迹去设想未来思想建构的状况，可以认为，实践论将成为一种超越认识论的新理论而诞生。那时，也许我们就有了一种真正脱离了认识论的实践论。这也可以看作哲学史上的一场革命性的变革。就如认识论把本体的问题保留在了认识论体系之中一样，实践论也会将认识的问题保留下来，并赋予其新的特征和性质。

从认识论的思维逻辑看，本体论中的本体依然是其默认的前提，或者说，把本体改造成了实体而作为认识论默认的前提对待。同样的情况也会发生在实践论中。如果在全球化、后工业化进程中创立了不同于认识论的或不包含在认识论之中的实践论，那么认识就会被作为一个默认的前提对待。也许认识论的思维路线、基本框架等被扬弃了，但作为认识论的诸多思维元素则会被保留下来。

第一节 认识、实践：分离与融合

关于西方哲学中的本体论、认识论和实践论，应当在历史过程中加以认识。或者说，它们代表了西方哲学史的不同阶段，而不是像近代以来那些构造体系的哲学家所认为的那样，属于一种哲学体系的三个构成部分。大致说来，前工业社会的整个历史阶段中的哲学思想基本上是可以归入本体论范畴中的，而近代哲学思想则属于认识论哲学。近代以来，虽然不同的思想流派有着巨大的差异，但其中都包含着认识论的逻辑和思维方式。在当前正在发生的全球化、后工业化运动中，我们窥视到了一个实践论时代的到来。

在本体论哲学盛行的时代，人们也涉及了认识的问题，甚至在本体论的框架中建立起了从属于本体论范式的"认识论"。在近代以来的这个认识论时代,本体的问题也得到了探讨,可以说哲学家们关于本体的研究也形成了从属于认识论范式的"本体论"。但是,近代以来,哲学关于本体论的几乎所有的思想观点,都可以说是归属于认识论的,是认识论中的"本体论"。同样,在近代以来的哲学认识论范式中,也提出了实践的概念,甚至可以说在认识论的框架下建构起了"实践论"。所以,在我们迎接一个实践论时代到来之时,也可以设想这种实践论中包含着"本体论"和"认识论",或者说,实践论中包含着本体是什么以及认识应当如何开展的问题。

关于本体、认识和实践的概念,需要在不同的历史阶段去把握它们的真实含义,在本体论、认识论和实践论三个不同的时代,本体、认识和实践三个概念有着不同的含义,它们在现实中的显现也会有不同的特征。也就是说,在可以被定义为本体论、认识论和实践论的三种不同的哲学范式中,都会将本体、认识和实践作为三个基本的哲学范畴看待。但是,在哲学史上,本体论、认识论和实践论分别代表了三个不同的时代。农业社会的哲学主要是以本体论的形式出现的,工业社会的哲学则可以归入认识论之中,而全球化、后工业化所指向的新时代将建构起实践论的哲学理论范式。不过,我们这里所描述的这样一个哲学思想的历史线索主要存在于西方,而在世界上其他地区,情况则有所不同,即不表现为一个在历史的线索中展开的过程。

杜威在谈到一些持有认识论立场的人时说道,"从认识论的观点看来,感觉材料是有缺陷的。但是,他们认为他们可以用纯粹的或'理性的'来纠正这些错误和弥补它们的缺点。他们认为思维可以取用通常知觉所供给的材料,排除其变幻莫测的性质,最后得到一种固定不变的形式,使各个特殊的事物由于这种形式而具有它们的特征;把这种形式界说为有关的特殊事物的实质或真的实在,然后把一群的感知的对象归为一类,认为这个类是永恒的,而作为类之特殊事例的个别事物则是幻灭的。所以,这种把通常知觉转变为科学知识的过程不需要使感知的内容发生任何现实的、外在的和观察得到的变化"①。也就是说，认识到的东西是一回事，而认识对象则是另一回事。如果说它们之间通过感知而发生联系的话，无非是用一根线把不同的东西联系到了一起。线的这一头是永恒的实在，线的那一头则是幻灭不定的东西。

杜威的这一描述是基本正确的，反映了认识论割裂知识与认识对象的情况。既然认识过程是这样的，那么作为认识论构成部分的"实践论"，也就非常清楚地表现出了如何把具有永恒性的知识作用于幻灭不定的对象的问题。在认识论的思想路线中，实践是对认识结果（知识）的应用。可是，实践中的行动所面对的是与"通常知觉"相一致的对象，却与作为认识结果的理性知识不一致，甚至可以说是无关的。然而，认识论却要求将理性知识应用于实践过程。这就是杜威所要揭示的认识论的根本缺陷，即作为认识结果的理性知识与认识对象之间的不一致。

杜威认为，"在一切哲学问题中，关于观念的性质与价值问题恐怕是最能吸引那些有学识修养的人了。人们认为'唯心主义'一词具有赞扬的意味，这便是人们尊重思想及其权力的一种赞辞。人们认为唯物主义具有一种讨厌的性质，这便是由于唯物主义压低了思想的价值，把思想当作一种幻想，或者最多是一个偶然的副产品；唯物主义不容许观念具有创造性或调节性的效果。从某种意义上来讲，人类本身之所以显得高贵，就是因为有观念、有思想。严肃的人们想望有一个使得经验可以产生观念、产生意义，而这些观念又可以转过来支配行为的世界。抛开了观念以及观念的效果，人们便无异于野兽了"②。

---

① ［美］约翰·杜威：《确定性的寻求：关于知行关系的研究》，傅统先译，上海人民出版社2005年版，第67页。
② ［美］约翰·杜威：《确定性的寻求：关于知行关系的研究》，傅统先译，上海人民出版社2005年版，第82页。

就人类创造了历史而言，观念的意义是不能低估的。我们同意杜威对观念的意义的强调，因为他指出了认识论中的一种极端的反映论立场所带来的问题。也就是说，在认识论主要以反映论的形式出现的时候，在实践论被作为反映论的延伸的时候，人们以为，对观念和思想的推崇至多只是少数自诩有学识修养的人的自慰而已，只能满足他们自以为清高的心理需求，对于社会的运行和发展似乎没有多大意义。实际情况不是这样的，就人类创造了自己的历史而言，前行中的每一步都包含着观念的作用。关键的问题是，在认识论哲学范式形成了唯物主义和唯心主义理论判别标准后，如何对观念的作用作出评价，就是触动唯物主义或唯心主义的神经之事。如果我们跳出了认识论的理论范式，从实践论的角度去看这个问题，对观念的重要性的强调则是没有问题的。

其实，就人类历史的行程看，当人类进入了创新的时代后，观念与思想的价值彰显了出来。一切创新都需要在观念和思想引导下进行，没有观念和思想引导的创新，无异于一种瞎折腾。事实上，我们业已进入了一个创新的时代，因而需要比人类历史上的任何时期都更加注重观念与思想的价值，尽管我们不主张使用所谓"唯心主义"或"唯物主义"的词语来描述这种状况。不过需要指出的是，在我们这样一个需要创新的时代，不应将观念和思想看作行动之外独立存在的东西，它既不产生于行动之前，也不存在于行动之外而对创新活动提供指导。所有的观念和思想，都是产生和存在于行动之中的。即使来自历史的人类知识、思想宝库是以传承的形式出现的，也是在行动中显现出来的，是得到了行动的检验而成为具有现实性的观念和思想。

之所以工业社会中的认识是与实践相分离的，是因为认识论及其科学的认识必须建立在认识对象先在于行动的基础上。根据认识论的逻辑，"确定的知识必定是与先在的存在物或本质的实在关联着的。只有确定的事物才内在地属于知识与科学所固有的对象。如果产生一种事物时我们也参与在内，那么我们就不能真正认知这种事物，因为它是跟随在我们的动作之后的，而不是存在于我们的动作之前的。凡涉及行动的东西乃属于一种单纯猜测与盖然的范围，不同于具有理性保证的实证，只有后者才是真正知识的理想"①。也许这就是"只缘身在此山中"的含义吧。

不过，就认识论展现出来的认识—实践原理来看，一方面，为了寻求确定性而把理论与实践、知识与行动隔离了开来；另一方面，正是因为对理论与实践、知识与行动作出了隔离，才使认知实现了对确定性真理的把握，进而反过来为实践、行动指定实在。结果是，存在于实践、行动过程中的现实必须以先在于实践、行动的存在物为判断标准，而这种标准又是从先在于实践、行动的存在物中获得的认知，认知在认识之前设定了那些存在物是确定的实在。认识过程无非是借助于认识论所推荐的那些方法进行分析、抽象，做抹除认识对象的枝枝蔓蔓等杂物的工作，所形成的是所谓真理性认识、理性知识。然后，被认为是真理的东西以及被作为理性知识的东西再被放入实践、行动之中，指导实践、行动，要求实践、行动加以奉行。这样一来，认识与实践是两个需要通过"中介"连接起来的不同环节，认识与实践所面对的也不一定是同一个对象。事实上，往往是不同的对象。

对于认识论而言，在实践、行动需要得到作为认识结果的理论指导和需要应用理性知识的意义上，对象在重要性方面却是次要的；作为认识结果的真理、理性知识在重要性方面则是首要的。因为，对实践、行动的要求是，必须以先在于它的真理和理性知识为判断标准，需要以那些标准所指示的路径进行。总之，认识与实践在认识论这里是分离的，理性知识与实践对象被隔离开来。或者说，先被作为不同的存在，然后再要求它们结合到一起。关于一个对象的认识所获得的真理和理性知识又被要求用于另一对象的实践，让行动按照与行动

---

① ［美］约翰·杜威：《确定性的寻求：关于知行关系的研究》，傅统先译，上海人民出版社2005年版，第15页。

事项无关的真理和理性知识进行。

认识与实践为什么会被隔离开来？在这个问题上，杜威所作的解释是："既然一切实践的行动都有不确定性的因素在内，那么只有把知识与实践的行动分割开来，才能超越信仰，上升到知识。"[1] 这虽然是杜威的一种猜测，但从对确定性的寻求来看，却是合乎逻辑的推测。认识论是现代科学之父，科学活动所追求的一切，都已经在认识论中作了原则性的预设，那就是，要从不确定性中寻求确定性。考虑到认识论是肩负着反神学的使命而构建起来的哲学理论，也就意味着它必然要寻求一种不同于神的东西。这种东西就是世俗的知识，即包含着真理的知识，而且这种知识以及真理又必须具有合意性。既然人们厌恶不确定性而偏爱确定性，那么真理与知识就必须具有确定性之属性。在认识的过程中，就必须撤除不确定性，从而发现和制定具有确定性的真理、理性知识等。然而，实践、行动的对象却不可能无视不确定性。这样一来，如何应对不确定性反而成了首要的任务。

认识论的致命缺陷就是将本体、认识和实践分成三个孤立的部分，或者说将它们设定为一个过程的三个独立的环节和阶段。如果我们不跳出认识论的这种思维上的设定，尤其是认为认识者是独立于认识对象之外去认识对象的，就无法看到也无法理解，王阳明的"山中花"和薛定谔的"猫"为什么是那种样子。显然，王阳明和薛定谔是将"观察者"与对象统合到了认识过程之中的，而且，两个方面是相互嵌入和互动的，而不是像认识论所设定的那样，将认识者与认识对象分成两个需要通过认识活动连接起来的存在物。所以，即便不考虑实践的问题，而是单纯地考察认识过程，也不能将观察者、认识者与对象看作可以分离开来的不同因素。在认识的问题上，恰恰需要在认识者与其对象之间的互动以及交互作用中去规划认识路线。

---

[1] ［美］约翰·杜威：《确定性的寻求：关于知行关系的研究》，傅统先译，上海人民出版社2005年版，第18页。

可以认为，王阳明的"山中花"和薛定谔的"猫"代表了一种不同于工业社会的认识论哲学的思想路线。如果说王阳明代表了一种古老的东方哲学传承的哲学路线，那么量子理论在哲学上的启示则是通过解释学去加以表述的。显而易见，如果跳出了唯物主义、唯心主义的布设，从实践的需要出发，而不是出于对世界作出解释或追问世界的本源和本真形态是什么的要求，那么对于实践、行动而言，突出观察者的意义，就显得更加必要。

在讨论了认识与认识对象的关系问题后，我们再去看认识与实践的关系。一旦提出了这种要求，同样可以看到，由于认识论把认识与实践分离开来，认为认识与实践是一个过程的两个不同的环节或阶段，也使认识与实践成了两种不同的社会活动。不同于认识论的这一设定，在实践论的视野中，认识不是一个先于实践的过程，而是包含在实践之中的。考虑到风险社会及其高度复杂性和高度不确定性条件下的实践也就是为了人的共生共在的行动，那么就可以确认，认识无非是存在于行动中的一种活动，即所有认识都是行动中的认识。当我们把"知行合一"表述为"行动中的认识"时，其实是反对把认识与实践看作两种不同的社会活动的。就行动中的认识而言，认识与实践并不接受工业社会的分工原则，而是统一到了行动者这里，都是由行动者所担负的。也就是说，在行动者这里，在同一时间和同一空间的意义上，把认识与行动统一在了一起。这就是基于实践论的行动主义主张。

其实，从认识论中也是可以发展出一条行动主义路线的。在某种意义上，欧洲社会学中的所谓"行动主义"理论思潮就是从认识论中发展出来的。同样，从实践论中也可以发展出一条行动主义路线。从认识论中发展出来的行动主义所提供的是基于逻辑推理而形成的行动图式，没有或者说很少考虑现实需要和行动场境。我们所提出的合作行动主张则是实践论哲学的具体体现，表达了一种从现实的需要出发去开展行动的构想。

合作行动是从风险社会中的人的生存要求出发的，将人的共生共在确立为基本的社会目的。为了人的共生共在的一切行动都被放置在了具体的场境中，必须产生实效和真正地解决具体问题，而不是预设行动路径，更不去制作普适性的行动图式。所以，通过合作行动去加以表现的实践论是将认识植入行动过程之中的，是在行动过程之中使认识与实践统一了起来。反映在行动者这里，就是认识与实践融合为一的状况。

第二节 认识论的认识与实践

就哲学史而言，古希腊的本体论哲学范式被中世纪的基督教哲学承袭了下来，柏拉图的"洞穴"在基督教的世界观图式中是以两个世界的形式出现的，人在此一世界的全部生存目的是要成就彼岸之花。近代以来，康德将这种世界图式应用于其认识论建构，而海德格尔则通过在存在中区分出"此在"而再一次复制了这个世界图式，从而证明了基督教世界观的生命力。值得注意的是，胡塞尔做了试图逃离认识论框架的努力，而且也在一定程度上给人以突破认识论框架的希望。可是，当现象学被存在主义改造后，却又回到了本体论的范式中去了。特别是在萨特那里，在"存在"的名义下把本体论制作得更加精妙了。或者说，在把基督教的神改写成人之后，回答了古希腊关于"人是什么"的思考。不过，我们需要承认的是，认识论哲学代表了一个时代、一个历史阶段，反映了工业社会中人们认识世界和改造世界的追求，其历史合理性是应当得到肯定的。历史显然不应被抹杀，但我们的一切活动又都应有超越历史的追求。

当全球化、后工业化运动标志着工业社会这个历史阶段将为人类历史的一个新的阶段所代替时，哲学也必然选择一种新的形态。对于这种新的哲学形态而言，观察者、行动者等是具体的，而不是像认识论哲学中的"主体"那样以抽象的哲学概念的形式出现。其实，在20世纪的哲学研究中，大致从胡塞尔那个时代起，虽然出现了"现象学""语言学""解释学"等诸多并不相交的哲学流派,所用术语和概念也显得较为混杂,而在它们背后,却存在着一条趋近于观察者、行动者的思想脉络,而且这一思想脉络是有着重要的理论价值的。也就是说,这些哲学流派的思想中包含着一种指向,即越来越倾向于把观察者、行动者与对象融合到一起,而不是在它们之间划一条界线,更不是将它们区隔成不同的存在。如果我们同意"光速不变"是相对于观察者的不变而不是一种绝对性的不变,那么哲学发展中的这一趋向就是与科学的发展相一致的。事实上,当胡塞尔不愿意使用"主体""客体"的概念时,即要求用"诺耶思""诺耶玛"的概念取而代之,就已经表明了认识者与对象不可分割的一种理论立场。

杜威也反对近代以来的认识论在认识与对象、知识与行动、理论与实践之间所作的分隔,而且希望在知行合一的致思中着手解决这一问题。杜威说,"既然传统哲学概念的根源在于分隔知识与行动、理论与实践,我们所应注意的便是有关于这种分隔的问题。我们主要的企图是要指出:知识的实际程序,按照实验研究所形成的模式解释下的知识的实际程序,已经把知识从显明行动分隔开来的做法加以废弃"。[①] 显而易见,认识、知识和理论等并不独立于行动和实践之外,即便人们有了关于认识、知识和理论独立于行动和实践之外的意象,那也应当被认为是一种假象,而且是需要加以祛除的假象。如果说在工业社会低度复杂性和低度不确定性的条件下这种假象还能够被人们信以为真的话,那么在今天,在我们所在的这样一个风险社会及其高度复杂性和高度不确定性条件下,就只能认为,只有那些存在于行动之中的认识、知识和理论才是有意义的。或者说,存在于认识论哲学中的那种关于认识、知识和理论独立于行动、实践之外的假象,不应再被保留下来。

---

① [美]约翰·杜威:《确定性的寻求:关于知行关系的研究》,傅统先译,上海人民出版社2005年版,第35页。

虽然认识论将认识与实践割离开了，但对真理的追求又迫使它不得不思考认识的可靠性问题。为了解决认识的可靠性问题，吉登斯构想了一种"反思性监控"。不过，这个所谓"反思性监控"在很大程度上也许应当被理解成卢曼所说的"二阶观察"。卢曼说，"在二阶观察的层次上进行对观察的观察，要求在概念建构上特别谨慎。我们从每个观察者都必须使用区分这一点出发，否则便不能描述其所想观察的对象。只有在描述对象的区别这一基础上，描述才有可能，而区别则提供了描述区别之一面或另一面的可能性"。① 无论是"反思性监控"还是"二级观察"，都只是在认识的路径中再增加一重保险。

我们知道，一切事物都具有两面甚至多面，就描述也是认识的结果和认识的表现而言，是否作出全面描述，显然反映了认识的状况。如果描述的全面性只是一种可能性的话，就有可能遗漏一个或一些面。如果认识失去了那些面的话，也就会使行动出现不合乎目的的问题，至少不应看作实现了真理性认识。这一点用于理解吉登斯的"反思性监控"，也会发现同样的问题。如果存在着行动不合乎目的的问题，那么"反思性监控"也就无法达到所期望的结果。由此可见，认识的问题是不能在认识中去加以解决的，而是需要落实到实践中。对于需要落实到实践中去的问题，认识论范式中的一些理论也持有同样的主张。可是，如果在认识论的思维范式中去让实践检验认识结果的话，就会使实践中包含着先入为主的问题。所以，即使要通过实践去解决认识的可靠性问题，也需要站在不同于认识论和不从属于认识论的实践论的立场上，即不预设前提，也不受任何先在性的思想、观念的影响。

关于认识的问题，胡塞尔所持的基本立场是："一种体验未被、从未被完全地知觉，即它不可能在其完全的统一体中被充分把握。一

---

① ［德］尼克拉斯·卢曼：《风险社会学》，孙一洲译，广西人民出版社2020年版，第32页。

个体验就其本质而言，乃是一条长流，我们将反思目光投向它时，可从现在时刻开始在其中游动，而向后退去的部分已对知觉消失。只有在持存的形式中，或者在回顾性重忆的形式中，我们才具有对刚流逝者的意识。最后，我的整个体验流都是一个体验统一体，它必然不能在一'随其流动的'知觉中被完全把握。"① 就胡塞尔所讲的这种情况看，显然假设了"所与物"是固定的，或者场境是不变的，因而可以如王阳明那样"今日格一物，明日格一物"，进而在时间的流动中使永不可能完善的认识趋向于完善。可是，在风险社会及其高度复杂性和高度不确定性条件下，"所与物"肯定是处在变动中的，场境也是在变换中的，体验与所与物的遭遇也是偶然的，以至于连续的体验流是不可能出现的。因而，也就不可能有什么"体验统一体"了。

由此可见，面对近代以来的哲学语境，胡塞尔在反认识论的批判性叙事中又受到了认识论思路的引领。可以说，依然存在着认识论对胡塞尔的影响。所以，他的许多讨论是在认识论所设定的话语范围内进行的，没有从马克思所说的"实践"的角度去考虑更具现实意义的问题。如我们上述在谈到行动主义时所说的那样，在认识论的逻辑中也是能够通向实践端的，即在作为胡塞尔与之对立的认识论话语中，是能够形成行动原则的。不难发现，胡塞尔在对认识论发出挑战时，无疑也在一定程度上有着关于行动原则的确立和行动路线的规划。但是，如果从实践的角度去理解认识和从行动的需求中去理解现象学，所形成的思想以及理论思考还是有可能显现出很大的与胡塞尔的不同。我们认为，基于实践论的行动主义理论思考并不以反对过往的任何一种学说、理论的面目出现，但是，却又必须超越以往的任何一种学说。也就是说，不受它们中的任何一种正面的或反面的思路的诱导，而是要开拓出一条属于自己的思维进路。这样的话，也就不再耽于现象学

---

① ［德］胡塞尔：《纯粹现象学通论——纯粹现象学和现象哲学的观念》第1卷，李幼蒸译，中国人民大学出版社2014年版，第79—80页。

的意义上去反思认识论了,而是进入了实践论建构的进程。基于这种实践论建构的需要,应当更多地关注风险社会及其高度复杂性和高度不确定性条件下的行动。

胡塞尔在阐述现象学的方法时曾设想,"使用的字词可能取自日常语言,这类字词含义分歧,由于意义多变而词义模糊。只要它们在实际表达的方式中'符合'于直观所与物。它们就具有一种确定的、当下实显的和明晰的意义"。① 与实用主义者皮尔士所要求的"清楚明白"相比,胡塞尔的这一设想对于行动而言,也许更加实用。其实,在行动主义的行动逻辑中,就认识过程中的与"所与物"相关的符号而言,无论是词义的模糊,还是概念的清楚明白,都不是值得关注的主要的方面。这是因为,行动者并不需要那些嵌入的共识,而是经由自己的领会、理解和解释去把捉意义。只要在行动与所与物之间把握了意义,也就把握了本质,而且会表现为直观本质,从而使行动有了正确的方向。

当然,胡塞尔出于某种谨慎的考虑而提醒到,"永远需要警惕日常语言用法中的歧义性,在通行语言中一般尽可能避免外来专门性术语,并反复检查在以前语境中确定的词语是否以同一意义在新的语境中被应用"。② 对于胡塞尔而言,为了避免现象学追随者在理论思考中出现偏差,作出这种提醒是必要的。但是,就其确立的新的认识路线而言,又显得有些多余。实际情况是,对于行动者来说,关于所与物本质的直观以及在交流和沟通中对意义的把捉等,都是建立在自主领会、体验、理解之上的,因而能够解决和回避"日常语言用法中的歧义性"的问题。

"毫无疑问,一种表达是否履行了其表现功能,是根据真实性条

---

① [德]胡塞尔:《纯粹现象学通论——纯粹现象学和现象哲学的观念》第 1 卷,李幼蒸译,中国人民大学出版社 2014 年版,第 121 页。
② [德]胡塞尔:《纯粹现象学通论——纯粹现象学和现象哲学的观念》第 1 卷,李幼蒸译,中国人民大学出版社 2014 年版,第 121 页。

件来衡量的；而表现功能和互动功能的实现同样是根据类似于真实性的条件来衡量的。"① 然而，在近代以来的社会治理实践中，在政治生活中，这种"真实性条件"何时以及在何地出现，不仅是值得怀疑的，而且也可以毫不犹豫地指出：从未出现过。尽管如此，表达一直得到鼓励甚至得到了推崇，而且表达的表现功能得到了制度化认同、保障和促进，营造出了民主生活的景象，而且现实地发挥着作用。这岂不是说明了，在没有"真实性条件"的情况下，表达依然可以发挥表现功能吗？的确如此。

可见，在认识论意义上，关于表达及其功能的判断，是与现实中的实践不一致的。理论与实践的这种不一致性也是工业社会的悖论之一，也肯定是在后工业化进程中必须加以解决的一个重要问题。实践论的行动主义主张所指出的正是解决这一问题的出路，那就是将表达、言语行为置于行动之中，服务于行动的效用原则，而不是通过制度去先验地确定表达的意义和价值，也不是通过制度去为表达的表现功能提供保障。至于表达的内容以及所包含的取向，则以助益于行动的具体情况而定。在这里，效用原则成了第一原则。

应当看到，言语行为天然地就有着追求有效性的内在动力，但其有效性与真实条件的分离也是一个经常看到的现象。当人类的社会生活中分化出了政治活动、意识形态活动以及需要计谋而开展活动的诸多领域后，言语活动的有效性往往不是建立在言语的真值和真实条件的前提下的，而是为了有效性而不择手段了。在我们看来，只有在高度复杂性和高度不确定性条件下，只有在人的共生共在的主题被人们充分认识到了的情况下，言语活动的有效性才会建立在其真值和真实性的前提下。这个时候，言语活动的有效性与言语真值间的分离才能够得到超越。

在反思认识论哲学时，明显可见，对认识构成束缚的因素来源于

---

① ［德］哈贝马斯：《后形而上学思想》，曹卫东等译，译林出版社 2001 年版，第 110 页。

主体与客体两个方面。当主体与客体被当作分立的存在时，这种束缚也是同时存在的。只不过有的人更多地受到了来自主体自身的偏见、意见以及各种各样的既有观念的束缚，而另一些人更多地受到了客体是否复杂、是否具有不确定性的束缚。不过，如果消除了主体与客体的分立，使它们融合起来并处在交互作用的过程中，这两个方面的束缚也就会迎刃而解。在认识论中，主体与客体通过认识过程而联结起来，或者说，认识无非是沟通主体与客体的过程，至于主体与客体的融合，则是不可能的。对于融合的和交互作用的过程而言，原先被作为客体的东西成了现象学所说的"所与物"（所与物不仅是指客体，还指环境等相关存在，它们显现在交互作用的过程中），而原先被作为主体的认识者则还原成了意向性。它们都摆脱了原先束缚着认识的枷锁，从而使认识真正实现了对意义的揭示。在这里，认识不是为了达致真理，或者说，超越了真理追求。

即使站在认识论的立场上也不难理解，一切认识所要追求的真理都是相对于人而言的，离开了人的认识，就不会有真理。事实上，根本就不会有真理的问题。人通过认识探求真理，而人并不是为了探求真理而去认识，探求真理必然包含着某个目的。所以，真理是相对于人的真理，因为它是相对于人的真理而必然包含着意义。只有有了意义的真理才能算得上真理，对于没有意义的所谓真理，谁也不会在意。既然真理是与意义联系在一起的，甚至可以认为真理是从属于意义的，而意义又是在意向与所与物的融合和交互作用中取得的，那么在取得了意义的时候，也就实现了对真理的超越。

如果认识是以本质直观的形式出现的，那么认识中的意向就在本质直观中显现出了意向性，而所与物则显现出了所与性。一旦获得了真理和意义，意向与所与物的交互作用得以完成从而消失了，意向性与所与性则实现了融合。所以，发生交互作用的是意向与所与物，而融合则是意向性与所与性的合而为一。

不过，在我们使用了现象学的"意向性""所与物"概念时，人们也许认为我们不仅在搬弄现象学而且滑进了中世纪的经院哲学。其实，无论是现代现象学还是中世纪经院哲学，它们为之服务的或所形成的结论，都不是我们所要关心的，我们所思考的是风险社会的现实。当我们思考风险的问题时，就会发现，无论是将风险确认为客观存在的状态还是一种主观感知，都是不科学的。这是因为，只有当我们的意向与所与物发生交互作用的时候，才能知道风险意味着什么。也就是说，风险无非这样一种"交感"状态，是在"交感"中具有了存在上的现实性。简单地说，纯粹客观性的因素并不是风险，而我们感知为风险的因素也不一定是风险。另一种情况是，我们在此时此地认识到了风险，但在彼时彼地又不再是风险，它要么演化成了危机事件，要么自然地消失了。一切风险都存在于意向与所与物的交互作用之中，是一种交感状态。

一旦我们把风险看作一种交感状态，那么风险社会中的行动也就不可能与认识相分离。或者说，风险社会中的行动不是建立在认识的前提下的。因而也就不能够因为有了认识并根据认识成果制定了行动方案再去开展行动，而是在没有开始认识、没有取得认识成果的时候，就需要先行动起来，然后再在行动过程中进行认识。在这里，认识无非是行动展开的一个维度，而不是与行动前后相继的不同环节，甚至不具有认识先于行动的逻辑。这就是我们所说的"行动中的认识"。

这种经常被人们表述为"知行合一"的行动中的认识与认识论中的认识是不同的，无论是在表现形式还是在性质上以及功能上，都是不同的。所以，也就不能够再纳入认识论哲学范式中去加以理解和定义了。相反，从这种行动中的认识实践中，则可以演化出实践论的哲学，从而开辟出哲学史的一个新的阶段。

第三节　实践论的认识与实践

认识论在哲学史上的最大贡献就是明确地提出了"主体"与"客

体"的概念，也因为这两个概念的提出而把世界区分成两个部分，即"主观世界"和"客观世界"。主观世界与客观世界属于世界观的范畴，与主观世界、客观世界的表述有所不同，主体与客体则包蕴了主动与被动的含义，属于认识活动的范畴。在实践的意义上，主动与被动又是以"能动"与"使动"的形式出现了，即以回溯的形式复制了认识过程而构成了实践活动。这样一来，实践中的主体与客体也就属于实践的范畴了。

主体只有在与客体相对的时候才能够被认为是主体，一旦离开了客体，也就不再是主体了，甚至根本就没有什么主体。但是，哈贝马斯却谈论"主体间性"，而且在20世纪的哲学界产生了巨大影响。这说明，认识论的话语不仅征服了人们，而且认识论的概念也凝固成了僵化的实在，致使概念的相对性消失了。同时，在离开客体的意义上去谈论所谓主体和主体性，也是不可思议的。可见，理论的极端化造成了概念的僵化，也使概念脱离了实际情况，变成了理论以及思维游戏的工具。只是因为存在着大批书斋哲学家，才使没有实践价值的理论游戏变得非常活跃。

可以说，"主体间性"的概念是不可思议的。这是因为，第一，如果与两个或多个主体相对的是不同的客体，那么它们就是各自为主体的，而不是统一为主体的；第二，在群体行动中，人们可能是共同主体，但是，一旦对这个共同主体进行分析并将它分解开来，它也就不再是主体，而是人或行动者，他们之间的关系也就不是主体间的关系，没有这种主体间关系也就无所谓主体间性；第三，在人们之间的相互关系中，是一种互为主体或互为客体的状况，因场境、认识或行动的具体情况而定，但他们并不是全部作为主体而发生关系的。应当说，就哈贝马斯对人们之间的交往活动的关注而言，他主要是从人们之间的关系中领悟出了主体间性。不过，这却让人根据认识论的逻辑看到了所谓主体间性的不合理性。所以，"主体间性"的概念实际上意味着在主体与人两个概念之间画上了等号，这显然是从康德或黑格尔倒退到了文艺复兴的时期。

当然,从20世纪后期的社会现实来看,人的碎片化达到了无以复加的地步,致使人从社会中近乎消失了。同时,社会的组织化将人的集体行动推展到了一个非常发达的地步,让人们看到了人更多地需要作为主体而存在,而不是作为时时申述自己的权利、地位和身份的人。再者,无论是人们关于政治生活、经济生活还是其他的社会活动的观念,都转向了过程取向而不是本位取向方面,以至于需要重新来认识人的特征并对人作出新的定义。也许是出于这种现实要求,哈贝马斯要求把人改写成主体。但是,对认识论的这一核心概念的使用却又背离了认识论的逻辑,这不能不说是理论上的一种令人尴尬的结果。其实,这个问题是非常简单的,如果不是受到认识论的束缚,而是有了超越认识论的追求的话,使用"行动者"这样一个概念,就可以使这个问题得到解决。

实际上,在近代以来的认识论体系中是包含着本体、认识与实践三个方面的问题的。本体意味着认识的指向端,也同时是认识承载者;实践则是认识的输出端,在某种意义上,也可以说是认识的目的。杜威在谈到认识的目的时指出,现代性的认识论"寻求认识上的确定性的最后理由是需要在行动的结果中求得安全。人们容易自认为是为了寻求理智上的确定性而致力于寻求理智上的确定性。但实际上他们之所以需要理智上的确定性,是因为它对于他们所欲望和所珍视的东西起着保障作用。由于在行动上需要保护和成功,所以便需要证实理智信仰的实效性"。[①] 的确,认识的目的在于行动,而行动的目的却要达成认识的原初动机。面对不确定性,从认识向行动转变的过程,所欲通过行动而达成的结果,都是为了在不确定性中发现确定性,或驾驭不确定性,以求找到确定性而使自己得到安全保障。

在杜威看来,在认识论所确立的认识与行动的关系中,认识与行

[①] [美]约翰·杜威:《确定性的寻求:关于知行关系的研究》,傅统先译,上海人民出版社2005年版,第28页。

动是存在着区别的。在认识上也许能够发现不确定性的原因,甚至规划出寻求确定性的行动路线和方案,但在实际行动上,往往是不能尽如人意的。这个时候,基于认识论的行动路线往往会表现出一种情况:"既然行动上的痛苦和烦恼不能保证具有完全的确定性,于是人们改为崇尚知识上的确定性。在一些次要的事务方面,如比较专门的、专业的、'功利的'事务方面,人们继续经常改进他们的操作方法,可以比较更有把握地获得结果。但是在具有重大价值的事务方面,其所需要的知识,我们就很难一下子取得,而且改进方法又是一个缓慢的过程,它仅仅依赖许多人的同心协作才能实现。"① 所以,杜威要求在行动中引入"理智信仰"。

不过,就作为实用主义者的杜威上述所谈的"实效性"来看,在低度复杂性和低度不确定性条件下引入"理智信仰",应当说是可行的,而且也有无数事实可以证明。然而,在高度不确定性条件下,这种引入"理智信仰"的做法就会落空,或者说是没有什么用处的,反而会使认识及其行动都陷入寻求确定性而不得的状况,更不用说能够获得安全保障了。在风险社会中,我们所遭遇的是高度复杂性和高度不确定性。所以,近代以来的认识追求,甚至整个认识论的思想路线,都变得可疑了。

在我们进入风险社会的时候,近代以来为了"实效性"的确定性,"理智信仰"传统却支配着人们的认识和行动。基于认识论,总是将认识定位于寻求确定性,将行动看作达成确定性和驾驭确定性的过程,即便是遭遇了无数次的失败,也不愿意改变那种"理智信仰"。所以,对技术的崇尚,极力为每一项行动提供精准的方法等,依然被作为风险社会中的一种时尚。这样做,显然把人类推向了风险社会的更深处,可悲的是,人们却不愿承认这一事实。这说明,"理智信

---

① [美]约翰·杜威:《确定性的寻求:关于知行关系的研究》,傅统先译,上海人民出版社 2005 年版,第 28—29 页。

仰"以及对确定性知识的寻求不仅变得可疑了,而且已经把人类置于极其危险的状态中。

在另一个方面,我们是同意杜威的意见的,那就是,即使在低度复杂性和低度不确定性条件下,考虑到社会是一个系统,每一个人都处在这个系统之中,是相互关联在一起的,因而必须认识到单个人的认识和行动并不能达到控制不确定性的目的。也就是说,"人们所要和所要发展的艺术乃是具有社会性的艺术;单独一个人,对于控制那些有助于更好地获得重要价值的条件,是无能为力的,虽然他可以利用个人的机智和专门的知识来达到他个人独特的目标(如果他是幸运的话)"。①

事实上,就工业社会的现实来看,并不存在着这种如原始社会狩猎一样的个人行动,以至于思想家和学者们经常谈论的都是集体行动。不过,尽管关于集体行动的观念是积极的,但由于人们对技术的关注以及对方法的热衷,也使集体行动总是囿于单项的具体事务处置上,而不是在系统的意义上去对待行动事务。也许在处置某些具体事务时取得了成功,即获得了确定性和实现了对不确定性的控制。但是,当人们陶醉于这种表面上的成功时,更大的不确定性却悄悄地降临了,甚至会以危机事件的形式加予我们。

如果说本体论重点思考的是世界的本源是什么的问题,那么认识论则用真理的问题置换了世界本源的问题。真理追求是在认识与实践相分离的情况下付诸实施的,是因为认识活动可以超脱实践和凌驾于实践之上而进行纯粹的思想和理论建构,才会确立认识真理的目标。事实上,经历了工业社会古典哲学的认识论建构,对真理的追求也就成为纯粹的发现永恒不变的确定性实在的活动。或者说,只有经过了思想和理论确认为真理的东西,才被看作能够在实践中出现的实在。

---

① [美]约翰·杜威:《确定性的寻求:关于知行关系的研究》,傅统先译,上海人民出版社2005年版,第29页。

相反，如果认识与实践是统一的，是同一个过程，那么实践中的诸种情况就会对真理追求做出否定。比如，实践中的不确定性就会让真理莫衷一是。

从认识论哲学出发，人们往往把实践中所遭遇的那些不确定性说成芜杂的表面现象，认为在其背后是包含着真实实在的、永恒不变的东西，并将那些只呈现在抽象的思维中的东西说成真理。这样一来，似乎实践中所遭遇的实在并不是真实的实在，只有思想和理论以真理的名义加以确认的东西才被认为是实在。根据这样一种哲学观念，当我们在风险社会中需要行动的时候，就有可能怀疑我们所遭遇的风险、危机和危机事件，就会把这些东西说成虚幻的，从而去等待风险以及危机事件背后的安全等自动浮现出来。至少在逻辑上是这样的。如果出现了这种情况的话，那无疑会让人不寒而栗。所以，如果说我们在工业社会的历史阶段中遵循哲人的教诲而到存在的表象背后去寻找实在的话，那么在风险社会中就必须改变态度，即必须首先把我们所遭遇的现实接受下来。哪怕它是表象意义上的现实，也不应怀疑，而是要给予充分的重视，甚至需要基于这个表象意义上的现实而行动。

在认识论那里，无论是理性还是感觉，似乎都是外在于认识对象的。所谓对象，成了静止地存在于那里等待着人去观察和揭示的东西。同样，作为认识结果的结论，也被认为是从对象那里抽离出来的。特别是被制作成知识的时候，是被认为可以独立于对象的存在。总之，认识与所认识的对象只是在认识过程中才被联系了起来，就如被一条线强行地连接了起来一样。一旦认识过程终止了，这种联系也就不存在了，作为认识结果的结论、知识等也就成了可以独立存在的东西。所以，在作为认识结果的结论和知识被重新应用于实践的时候，无论是声言指导实践还是被作为实践的支持因素，都是自外界嵌入的，与实践所遭遇的问题以及实践的需求等之间，并不具有一致性，更不用说融洽了。对此，杜威评论道，"这只是把人的思想当作一种固定自足的模式在认识上再现而已。这主张既是传统上的把知行分隔开来的结果，也是维护这种传统的一个因素。它把实践中的做和行贬置于一个次要的和非理性的境界之中去了"。①

我们所说的风险社会及其高度复杂性和高度不确定性条件下的"知行合一"，是与传统认识论的这种认识与认识对象分隔开来的状况完全不同的。我们认为，认识是发生在行动过程中的，本身就是行动或行动的构成部分。所以，在这种行动中，无论是理性还是感觉都不是属于旁观者或参与者的，也不能被视为实体性的存在，无论是在物质还是精神的意义上。理性与感觉本身就是行动应有的属性，是存在于行动之中的，这就是实践论的基本主张。当然，这要求思想观念等实现一场革命性的变革，才能理解这种实践论主张。

舍勒注意到了人类认识史上的一种现象，"哲学上的各种假设时常只是在很久以后，才第一次受到科学的可证实性的影响"。② 也许正是这个原因，20世纪中的许多在现代化历程中落在了后面的国家都对哲学研究和思考表达了极度轻蔑，它们更重视科学的可证实性，甚至对即时得利的所谓科学研究表现出急切的热情。这种做法的直接后果就是，在一两代人那里表现出了国家、民族智力的全面下降甚至萎缩，使整个社会陷入"平庸的狂欢"之中，而那些继续从事哲学研究的人则受到嘲讽，甚至会被作为疯子对待。但是，我们现在已经置身于风险社会，面对的是一个危机事件频发的世界，如果哲学观念不发生改变的话，也就无法在这样一个世界中有所作为，甚至会因为旧哲学观念的影响而时常出现行动上的失误。正是考虑到了这一点，我们认为在人类堕入了风险社会的今天，需要重建哲学。按照马克思所指引的方向，我们将这种需要重建的新哲学称为"实践论"，并认为它有着巨大的开拓空间，可以实现对工业社会的认识论哲学范式的替代。

总的说来，在哲学研究中，"本体论""认识论""实践论"所指

---

① [美]约翰·杜威：《确定性的寻求：关于知行关系的研究》，傅统先译，上海人民出版社2005年版，第163页。
② [德]马克斯·舍勒：《知识社会学问题》，艾彦译，译林出版社2014年版，第146页。

的应当是三种不同的哲学理论范式，而不是在某种特定的哲学理论范式中去谈论它们。一旦我们将本体论、认识论和实践论作为三种基本的哲学理论范式看待，就可以依据历史的线索将哲学史划分为本体论时代、认识论时代和实践论时代。在这三种理论范式中都包含着认识与实践的问题，而且本体论中关于"世界是什么"的问题也贯穿于认识论和实践论理论范式之中，但在不同的哲学理论范式中，对认识与实践问题的解决是不同的。在认识论的哲学理论范式中，认识与实践被分隔成两个独立的环节或阶段，而作为认识论替代形式的实践论哲学，则要求将认识与实践表述为"知行合一"。在风险社会及其高度复杂性和高度不确定性条件下，重新梳理认识与实践的关系，并从此出发建构起适应于这个时代的实践论哲学，是我们这个时代必须承担起来的任务。

第一章

世界的观念需要调整

如果对工业社会这个历史阶段中所建立起来的全部意识形态进行定义的话,我们倾向于将"普遍主义"作为其本质看待。普遍主义是工业社会中的一种观念、信仰、思维方式,也是社会建构以及几乎所有行动的原则。在工业社会的哲学和社会科学叙事之中,普遍主义构成了一种所有思想无出其外的语境,也集中地表现在了对"普遍性""同一性"等概念的使用上。虽然辩证法认识到了普遍主义的缺陷,但也没有能够对普遍主义构成实质性的挑战。

在社会的运行中,在人们的实践中,普遍主义的观念、思维方式和信仰还物化为制度安排、行为模式,构造出了一个可以被称为普遍主义的世界。不过,我们必须认识到普遍主义的历史性。也就是说,我们应当认识到普遍主义是与工业社会这个历史阶段相联系的。在某种意义上,普遍主义的历史性也可以视作一种具体性,会随着工业社会的终结而终结。一旦普遍主义得到了扬弃和超越,也就说明普遍主义恰恰需要在具体性的意义上来加以认识和理解。风险社会及其高度复杂性和高度不确定性意味着一个突出具体性的历史阶段的到来。在这个历史阶段中,无论普遍主义以什么样的形式出现,对于人的生存和生活来说，都是有害的。所以，作为一种思想观念和思维方式的普遍主义必须得到终结，更不应允许人们基于普遍主义的信仰而行动。

风险社会及其高度复杂性和高度不确定性构成了一种社会形态，它是历史上从未有过的。如果将其与全球化、后工业化运动联系起来的话，就会发现，它是在对工业社会的历史阶段的否定中生成的。风险社会中的行动将面临许多根本性的哲学观念变革的问题，不仅普遍主义应当得到否定，而且必然性、偶然性等哲学概念也需要得到重新审视。事实上，对于构建风险社会中的行动模式而言，如何看待必然性、偶然性的问题，有着举足轻重的意义。在工业社会的低度复杂性和低度不确定性条件下，必然性、偶然性反映在行动中的价值得到了完美体现，但在高度复杂性和高度不确定性条件下，则遭遇了必然性无法认识和无法把握的问题，以至于人们必须基于遍布着偶然性的现实而开展行动。风险社会中的行动在性质上属于合作行动，在形式上更多地表现为应急响应式的即时行动，行动的目的则是为了人的共生共在。

此外，在我们置身于风险社会时反思工业社会，能够发现它的形式化的特征，这是与普遍主义的观念和信念密切联系在一起的。工业社会的发展是一直走在形式化的道路上的，这个社会的所有方面都表现出了对形式的格外关注，反映在人的生活和活动中的则是形式主义盛行。虽然工业社会的形式化并不是风险社会得以产生的直接原因，但这种形式化反映在思维方式上，却形成了一种只重形式而忽视本质的世界观。或者说，我们既有的世界观是不完整的，所反映的只是世界的形式方面。基于这种残缺的世界观而形成的实践方案并付诸行动，必然要陷入与世界的冲突之中。特别是在政治生活以及社会治理活动中，以形式民主的方式开展的活动，不仅不能解决人类所遭遇的问题，反而源源不断地制造出了各种各样的问题，生产出了诸多社会风险。这样一来，人类为什么会堕入风险社会，也就是不难理解的事了。

第一节　普遍主义的终结

哈耶克指出，"幼稚的实在论不加批判地认为，既然存在着普遍使用的概念，一定也存在着它们所描述的明确的'既定'事物。这种实在论在当前有关社会的现象的思想中如此根深蒂固，因此我们必须做出自觉而果断的努力才能摆脱它"。[①] 概念所反映的一般和普遍性是思维抽象的结果，或如黑格尔所说，是包含在具体和特殊性之中的，而事物的任何一种完整的形态又都是具体的，都是特殊性的存在。可是，被哈耶克认为实在论的浅薄观点却非常流行，而且影响广泛，以致人们形成了普遍性的信念，并总是基于这一信念开展行动。即便无法制作出普遍性的存在物，也要按照普遍性所指示的方向而努力打造"典型"或将某物确认为"典型"。

在社会低度复杂性和低度不确定性条件下，基于普遍主义逻辑而产生的各种做法并未使人的行动的负面影响立即暴露出来，反而在表面上表现出了能够达成目的的积极性。然而，在高度复杂性和高度不确定性条件下，普遍性则直接地遭到了现实的否定。这一条件下的一切存在都确定无疑地表现出具体性和特殊性，而且处在不停息的变动之中，以致人们无法对事物进行类别划分，也不可能在不同的类中去把握一般和普遍性。在高度复杂性和高度不确定性条件下，人们如果根据普遍性的信念去开展行动，就必然会置行动于被动，让行动表现出某种反目的的属性。所以，我们需要像哈耶克所说的那样，采取"自觉而果断的努力"去摆脱普遍性信念的纠缠，即告别普遍主义的信仰和信念。

对普遍性的追寻构成了工业社会的传统，而且这种追寻凝结成了

[①] [英] 弗里德里希·A. 哈耶克：《科学的反革命：理性滥用之研究》，冯克利译，译林出版社2019年版，第52页。

普遍主义的思维方式和文化，渗透到了人们的认识和实践的一切方面。普遍主义既是一种观念也是一种方法。作为一种观念，它让人们相信纷繁复杂的世界万象背后有着某种普遍性的因素，认为只要透过表象而深入事物乃至世界的内部，就能把握普遍性，而把握了普遍性也就意味着把握了某种规律。作为一种方法，人们在使用的时候就如同制作了一把标尺，用这把尺子随处度量一下，就能够形成一个意见，就知道了如何行动和形成了一个行动方案。

在工业社会的低度复杂性和低度不确定性条件下，普遍主义的思维方式和文化观念已经渗入了人们的骨髓，致使人类陷入了风险社会的时候，置身于高度复杂性和高度不确定性条件下的时候，也仍然表现出追寻普遍性的热情，以为把握了普遍性就能够在行动中获得事半功倍的效果。其实，风险社会及其高度复杂性和高度不确定性条件下的世界是一个具体性的世界。在这种条件下，希望透过具体事件的表象去把握普遍性，希望为纷乱的现象界找到某种运行和发展的规律，是非常困难的。不仅如此，只要人们持有普遍主义的思维方式和文化观念，在面对需要开展行动的具体事项时，就会丧失针对具体问题进行具体分析的积极性，遑论从实际出发和就事论事地解决问题。如果说作为思维方式和文化观念的普遍主义在工业社会的历史阶段中发挥了巨大的推动历史进步的作用的话，那么在人类告别了工业社会后，将会成为人类在新的历史阶段中生存和生活的巨大障碍。

一 哲学和科学研究中的普遍主义

我们这里所说的普遍主义不是指作为一个学派的普遍主义，也不是仅指伦理学研究中的普遍主义，而是指近代以来贯穿整个人文社会科学中的普遍主义精神，是一种话语，还是一种思维方式，也已经构成了一种文化观念。如果说某些学派宣称自己是"普遍主义"的理论，或者某些研究者声称自己所拥有的是"普遍主义"的学术导向，那么它们其实只是近代以来人文社会科学中的普遍主义的一种极端化表现，或者是因为领悟了普遍主义在工业时代的价值而打着这个名号而已。普遍主义是近代几乎全部哲学和社会科学的共同特征，它表现出了对普遍性、同一性的追寻，并在对普遍性、同一性的追寻中形成了我们今天所使用的和所看到的几乎所有研究方法和行动逻辑。

在普遍主义的语境中，辩证法能够指出普遍与特殊、一般与具体等是存在的两个方面，它们之间有着对立统一的关系。于此之中，其实包含着对普遍主义广泛流行之现状的一种矫正意图，可以说达到了近代以来哲学和科学思维的最高点。然而，从实践来看，工业社会的制度、行为模式以及心向等，都是由对普遍性的追求所驱动的，是在普遍性的基础上建构起来的。哲学和科学在工业社会中对普遍性的追寻取得了巨大成功，而辩证法只是在具体的行动及其场境中才被人们所提及和考虑。在制度设计、行动框架构建和心向塑造等方面，很难说辩证法切实地发挥了作用。尽管如此，我们还是应当看到，辩证法最为珍贵的原则就是要求"具体问题具体分析"和"一切从实际出发"，从来都不僭妄普遍性、同一性的理论理解。

辩证法是能够得到历史与现实的充分支持的。比如说，在道德的问题上，农业社会的家元共同体与工业社会的族阈共同体是有着不同的道德的，如果人们认为一些来自农业社会的道德规范也适用于工业社会的话，那就必须指出，一些存在于工业社会的社会现象，在性质上并不属于工业社会。再比如，诸多宗教团体是应归入家元共同体的范畴，如果人们希望从这些宗教团体中去发现属于工业社会的以及其他领域的一般性道德，就是理论的舛误。宗教团体中所拥有和倡导的道德，不可能具有工业社会的属性。

工业社会的几乎所有社会理论都寻求普遍性和同一性，总希望建立起一个能够包括未来在内的全部历史的统一解释框架。在风险社会及其高度复杂性和高度不确定性条件下，这一点显然是不可能的。正是因为这种理论追求的不可能性，要求我们的思维定位应当放在具体问题上。也就是说，在思考后工业社会的建构问题时，在思考风险社会及其高度复杂性和高度不确定性条件下的行动问题时，是不能按照工业社会给予我们的普遍主义观念去行动的。

在农业社会中，普遍性的标准是没有意义的，伦理关系、权力关系都从属于具体性的要求。正如费孝通先生所说："在这种社会里，一切普遍的标准并不发生作用，一定要问清了，对象是谁，和自己是什么关系后，才能决定拿出什么标准来。"① 我们知道，费孝通的人类学研究对象是中国江南一带的乡村，在他从事这项研究的时候，那个地区依然处在农业社会中，而不是他晚年出于自身研究的历史完整性要求所观察的那个地区的工业化、城市化进程。所以，在他对农业社会的江南乡村的研究中，所看到的是对父母的孝、对兄弟的悌、对朋友的信、对上级的忠，所有人都处于不同的具体性的关系中，因而在不同的场境中面对不同的交往对象时，都会有着不同的行为。

就人而言，在工业社会中是可以分类的，即分为不同的阶级、阶层、人群等。因为作为阶级、阶层、人群的人是在普遍性追寻中获得了同一性，是他们所拥有的共同的那种同一性而使他们可以被归为一个类。可以认为，在简单的和确定的社会中，甚至在低度复杂性和低度不确定性的条件下，普遍性的概念都是具有极高价值的方法论意义的，可以在将具体的特殊性的存在物纳入普遍性的范畴中而形成统一的世界构图。在普遍性的触角所及之处，都为人的征服提供了合理性证明。当然，普遍性本身并不是以实体的形式展现在人们面前的，而是需要人们通过抽象等一系列的方式、方法去在具体的特殊性存在中抽取出来。所以，在对普遍性的猎取中，形成了一整套科学方法论。也正是在此意义上，我们也将普遍性这个概念纳入方法论体系之中。

在高度复杂性和高度不确定性条件下，即使存在着同质性的事物、人群等，也会迅速地朝着异质化的方向运动。在这种运动中产生的事件，必然是互不相同的。因而，处理某一事件的方式、方法根本不可

---

① 费孝通：《乡土中国》，生活·读书·新知三联书店1985年版，第34页。

能在处理另一事件时得到复制。在这种条件下，每一事件都是具体的和特殊的。其实，由于失去了一般和普遍，使用特殊和具体的语词来指称它们，也变得没有意义了。也就是说，每一事件都具有独立的完整性，不可与其他事件通约，因而需要有针对每一事件的不同于以往也不同于其他的处理方式、方法，甚至不存在通行的和通用的处理方式、方法。不过，不同事件之间的联系依然存在，或者说，人们可以借助于相似性思维方式而在不同事件之间建立起联系。这样一来，经验理性就能够在每一有针对性的事件处理方法的形成中发挥作用。

哲学如果总是站在一个恒定的世界中去用上帝的眼睛看我们生活于其中的这个世界，就不可避免地要颁行普遍适用的教义。然而，我们所拥有的和所面对的是一个在具体性的意义上层层展开的世界，不管是在历史还是现实的向度上，都是具体性的层层展开。随着人类历史走进了全球化、后工业化进程，我们愈益感受到所有普遍性的哲学观点都离我们非常遥远，社会高度复杂性和高度不确定性条件下的一切都是那样的具体，以至于我们所看到的只是具体性这样一个界面。正是在具体性之中，我们才发现了理解多样性、差异性、流动性等几乎所有用来标示事物或事物属性的概念是鲜活的。

在全球化、后工业化进程中，甚至在风险社会及其高度复杂性和高度不确定性条件下，无论是在科学研究还是社会实践中，对普遍性的追寻依然是一种挥之不去的风气。在诸多具有普遍性的形式化、标准化的治理技术失灵的情况下，仍然有着大批学者以各种各样的方式去欢呼普遍主义的胜利。如果人们在全球化、后工业化中解读出了普遍主义的胜利，并按照这种想法去行动，不仅不会消除社会的高度复杂性和高度不确定性，反而会因为与这种状态的冲突而加深社会风险，从而使人类在风险社会中陷得更深。我们认为，全球化、后工业化进程中的全球化之维是与地方化并行的，全球化不仅不会遵从普遍主义的逻辑，反而会不断地推展出具体性、差异性。普遍主义这一在现代性演进逻辑中产生出来的思维趋向和行为偏好，恰恰是应当在全球化进程中加以扬弃的。

其实，尼采是较早意识到了现代性普遍主义消极后果的思想家，从他对艺术史的反思中可以看到，他借"神话"议题所表达出来的强烈的"反普遍主义"主张："现在人们不妨设想一下没有神话指引的抽象的人，抽象的教育，抽象的风俗，抽象的国家；设想一下艺术想象力不受本地神话约束而胡乱游荡；设想一下一种没有坚实而神圣的发祥地的文化，它注定要耗尽一切可能性，发育不良地从其他一切文化中吸取营养，——这就是现代，就是旨在毁灭神话的苏格拉底主义的恶果。如今，这里站着失去神话的人，他永远饥肠辘辘，向过去一切时代挖掘着，翻寻着，寻找自己的根，哪怕必须向最遥远的古代挖掘。贪得无厌的现代文化的巨大历史兴趣，对无数其他文化的搜集汇拢，竭泽而渔的求知欲，这一切倘若不是证明失去了神话，失去了神话的家园，神话的母怀，又证明了什么呢？人们不妨自问，这种文化的如此狂热不安的亢奋，倘若不是饥馑者的急不可待，饥不择食，又是什么？这样一种文化，它吞食的一切都不能使它餍足，最强壮滋补的食物经它接触往往化为'历史和批评'，谁还愿意对它有所贡献呢？"[①] 在全球化、后工业化进程中，当我们去思考如何走向未来时，也许尼采的这种富有激情的批判性思考能够给予我们某些启示。这种启示就是，首先怀疑，然后终结普遍主义。

在对人的生物体的把握上，我们看到中医与西医构成了两种不同的思维倾向，中医诊病时的"望闻问切"是在相似性中发现具体性的。也就是说，同一种病在每个人那里都是不同的，即使有着相同的症状，也需要差异化地对症诊疗。这就是人们常说的，"中医辨症，西医治病"。西医的思维路径是与中医不同的，即使病人的症状不同，也要从中发现同一性，普遍流行的病会被认为是具有普遍性的病，所

---

① [德]尼采：《悲剧的诞生》，周国平译，生活·读书·新知三联书店1986年版，第100页。

有患病者都被纳入同一性的理解中。也就是说，虽然人们染病后的症状不同，但通过对关键指标的把握而认定是某种疾病，从而把不同的病人所患的病归到同一名称中去，进而实现了治疗方案的简单化。

总之，在中医那里，所有病症都是属于病人的，离开了那个具体的病人，也就没有了那种病。所以，每个人所染的疾病都是不同的。即便是瘟疫，在流行传播阶段结束后，如果在一些人身上留下了后遗症的话，也需根据具体的人而施治。因而，人们生活环境、生活习惯、饮食内容等因素，都会被纳入施治之中。从诊到疗，都是建立在对具体的人的具体的病的系统把握。即便不同的人所患的是同一类型的疾病，在中医眼中，所看到的也仅仅是相似性。在西医那里，承认差异，但寻求普遍性和同一性，或者说从差异的特殊性中发现普遍性和同一性。所以，疾病是可以与人相分离的，是可以独立于人而成为研究对象的。也就是说，西医可以对疾病进行专门的研究而不需要去考虑患病的人。这可以看作两种思维方式造就了中医和西医两种科学。

当然，科学的发展是需要在整个科学体系的众多门类的互动中去获得生命力的。西医的发展表明，在与其他的科学门类的互动中得到了强有力的支持。在这种支持中，是以普遍主义为思维引领的。正是得益于普遍主义的思维方式，使西医可以同其他科学门类同步发展。与之相比，在中医所代表的思维方式中并未成长起由多门学科构成的科学体系。所以，既没有与中医互动的其他科学门类，也没有能够为中医发展提供动力的科学思想和理论，以至于中医几近消亡。或者说，只在民间存在着少数以养生为目的的中医爱好者，作为医疗机构的中医已经不存在了，至多也只是挂着中医的牌匾而使用着西医的技术。

普遍主义的历史观总会谋求一种思想、理论、学说的"普世性"。其实，一种学说或一种理论无论被建构得多么严密、多么完美，都有着历史适应性的问题，都属于特定的历史阶段。就人类历史是可以分为不同的时代和不同的历史阶段而言，任何普遍主义的幻想都是没有意义的，是不可能存在着适应任何时代的学说、理论的。同样，把所信奉的理论想象得无比完美，认为它具有普世性，作为一种信仰，是可以理解的，但是，如果从受过教育的知识人士口中说出，我们则会投以无比惋惜的目光。不是因为我们对他有了什么偏见，而是对我们自己过高地估计了他的智商而表示惋惜。

18世纪启蒙运动开辟了人类思想的一个伟大时代，因而确立起它作为各种现代性理论源头的地位。现代理论宗派繁多，但万宗之源则在启蒙运动那里，即使古希腊罗马的思想，在得到了现代性阐释后，也是源于启蒙运动的。所以，我们往往会产生一种幻觉，似乎柏拉图、亚里士多德离我们很近，我们可以时常与他们对话，那其实是对他们进行了现代性阐释而创造出来的假象。同样，当我们走进了后工业社会后，如果我们能够根据这个时代的要求而对现代性的思想作出成功的新阐释，也会将诸多桂冠戴在我们已经熟知的那些思想家的头上。但是，那绝不是因为他们的思想具有普适性，而是应当归于后工业社会的学者们的阐释之功。所以，我们只能说，普遍主义的历史观所带来的是虚构历史的各种荒诞做法。

二　普遍性与同一性

在宏观的历史视野中，我们把整个工业社会看作一个特殊的历史阶段，即具有特殊性和具体性。生成于这个历史阶段中的普遍主义观念，也是属于这个特定的历史阶段的，是这个历史阶段的特殊性意义上的普遍主义。农业社会不同于工业社会，不可以纳入工业社会的解释框架中。同样，后工业社会也将不同于工业社会，也同样不能按照工业社会这个历史阶段的思想和观念去加以建构并开展行动。

尽管普遍主义是工业社会的灵魂，但就这个社会自身而言，对它的解剖也让人们看到，它并不是只有普遍性的一面，而是包含着特殊性和具体性的。我们看到，列斐伏尔在解读马克思的阶级理论时就有这样一种体会："阶级冲突和对立都起源于历史的特殊性；那些历史特殊性产生的社会，在那个社会里，一旦'劳动者们'掌握了他们如何不同于其他人,他们就会带着他们异化劳动的伤疤,带着旧的特殊性而消失。"[1] 这种消失是作为特殊性的一个历史阶段的终结。虽然资产阶级以及与它并立的劳动者阶级都是具有特殊性的存在,但并不是一个阶级消灭或吞并了另一个阶级后就获得了普遍性,"均贫富"并不能够将特殊性转化为普遍性。即便实现了"共同富裕",也无非是用一种作为历史阶段的特殊性代替了另一种特殊性。在宏观历史的视野中,每一个历史阶段都只有在特殊性的意义上才能得到认识。

在认识论中,特殊性与普遍性构成了一种辩证关系;在实践论中,特殊性与普遍性间的辩证关系变得淡薄了许多,有的时候让我们更多地看到了特殊性和具体性。尽管工业社会的建构是以普遍性为轴心的,这个社会的人们是基于一些普遍性原则而开展社会建构的,但在人类历史的总体进程中,工业社会连同这个社会中的各种各样的存在物,都无非是特殊性的存在。即使它有着诸多版本,在全球化、后工业化运动中,也会遭到否定。我们正处在这样一场全球化、后工业化运动中,只有认识到了工业社会的特殊性,才能激发我们的创造激情,才能获得适应高度复杂性和高度不确定性的生存策略。

普遍性也是在同一性追求中获得的,在某种意义上,普遍性也就是同一性的另一种表述,而同一性在社会实践中往往是以"标准"的形式出现的。阿伦特认为,"在我们通常的用法中,'判断'这个词具有双重意义,这双重意义无疑应该加以区分,但在我们使用时总是混淆起来。首先,判断意味着将个人的、独特的东西组织和归纳到普遍的和一般的东西之下,从而运用能够辨识具体之物的各种标准做出有序的评估,据以做出决策。在所有这样的判断背后还存在一种预判,一种偏见。我们所判断的只能是个案,而不会是标准本身或标准作为某种东西衡量方法是否恰当。在某些情况下,我们

---

[1] [法]亨利·列斐伏尔:《日常生活批判》,叶齐茂等译,社会科学文献出版社2018年版,第634页。

会提供关于标准的判断，但那是因为这个判断已然被采用并且某种程度上成了提出进一步判断的一个依据。不过，判断也可以意味着全然不同的某种东西，事实上，每当碰到我们之前从未见过的东西并且没有现成可用的标准时，情况就总是如此。这种不受任何标准支配的判断只能诉诸被判断之物本身提供的证据，其唯一的必要条件是判断力。判断力与作出区分的能力之关联远远大过其与组织和归纳能力的关联。关于美学和品位方面的判断就是我们非常熟悉的这类不使用标准的判断。正如康德所观察到的，对于美学和品位的判断我们无法进行'驳斥'，但当然可以争论或表示赞同。每当在日常生活中碰到某些不熟悉的情况，我们就会意识到这一点，我们会说这个人或那个人对情况的判断正确或错误"。①

我们知道，阿伦特并不研究逻辑学和思维方式，她终生致力于观察的是政治的运行并发表对各种政治现象的看法，她上述关于判断的描述，应当说是她自己的观察和思考的经验，因而是非常可靠的认识。就阿伦特所描述的这两种类型的判断来看，前一种，典型地反映了分析性思维特征，即基于某种标准去做出判断，是从普遍主义中发展出来的一种思维方式；后一种，则是对相似性思维的判断方式的触摸，只不过阿伦特并不知道还存在着相似性思维这样一种思维方式，所以，才到康德关于判断力的论述中去寻求印证。其实，它可以看作一种反普遍主义的思维方式，表现出对差异性、具体性、特殊性等的尊重，并在这些属性的基础上去寻求事物之间的相似性。

普遍性、同一性是一种观念形态。哈耶克说，"人们确实以相同的方式对物做出反应，不是因为这些物有着自然意义上的同一性，而是因为他们学会了把这些物归类，因为他们能够赋予物相同的用途，或期待它们在相关的人看来有相同的效用。其实，大多数社会行为或

---

① ［美］汉娜·阿伦特著，杰罗姆·科恩编：《政治的应许》，张琳译，上海人民出版社2016年版，第99页。

人类行为,都不是科学所说的那种与'意见'相对立的狭义的'客观事实',根本不能从自然角度去定义它们。在涉及人类行为时,物只能是行动的人所认为的物"。[1] 形而上学意义上的纯粹客观的物,并不能成为认识的对象。当我们说"认识有选择"的时候,其实是指那些构成了"事实"的物。就这些物是事实而言,是进入了人的视野之中的,是在人的期望中赋予了意义的"客观存在",其客观性是作为意义的载体而成为认识对象的。

如果基于认识论而区分出"客观存在""事实""对象"三个概念的话,也许我们就会形成一种看法,那就是,形而上学观念中的客观存在并不是与人有关系的事实,而事实也不能等同于对象。如果说"客观存在"可以转化为事实的话,那显然是已经获得了意义,只有获得了意义的客观存在才是事实。进一步说,事实成为认识对象的条件就是它所包含的意义,假如说从事实中可以区分出有意义的部分和没有意义的部分,那么没有意义的部分其实就是客观存在。总之,有意义的客观存在是事实,而事实所获得的意义则是由认识者所赋予的。在认识者赋予事实以意义时,也就同时将事实转化为对象了。

认识者如何赋予事实以意义,并使之转化为对象?这是认识论哲学无法解决的问题,因为认识论哲学所提供的是分析性思维方式。依据分析性思维方式去开展认识活动时,只能对客观存在、事实和对象采取模糊化策略。也只有采取这种模糊化策略,才能够将认识打造成从客观存在中抽象出普遍性、同一性的过程。其实,真实的认识过程是建立在对客观存在、事实和对象的区分中的。一旦作出这种区分,也就清楚地看到意义在认识过程中的地位。一旦涉及了意义,也就不再有普遍性和同一性了。因为意义的存在或出现,决定了认识是因人而异的,因为认识者的不同而有不同的认识结果。

---

[1] [英] 弗里德里希·A. 哈耶克:《科学的反革命:理性滥用之研究》,冯克利译,译林出版社 2019 年版,第 23 页。

一切有了意义的存在，都是能够进入人的行动之中并显现出效用的存在。进而，人们也因此有了效用的经验，还能够根据这种经验而对成为事实的物进行分类。这个过程也许就是马克思所说的"一来一往"的认识过程，而不是康德所描述的纯粹理性生成过程。事实上，由于意义的出场和介入，使得认识过程复杂化了，因为人的观念而使认识不再是形而上学客观性设定中的纯粹科学，而是包含着人的目的。如果说自然科学拒绝承认这一点的话，那么研究人与物、人与人关系的社会科学则必须表现出了这一认识特征。其实，随着人的认识水平和科学发展达到了一定程度，特别是人的视线更多地投向了人的行动的时候，围绕着认识对象定性问题的争论是否还有意义，可能会变得可疑。

目前看来，在风险社会中，在社会的高度复杂性和高度不确定性条件下，社会发展也因为科学技术的进步而将一个信息社会赐予了我们，这个社会的实质表现就是数字化。信息社会以及它的数字化也提出了认识世界的要求，但是，就这个社会作为风险社会、信息社会、数字化程度的日益提升等，都意味着我们所面对的和生活于其中的世界是不能够简单地列入认识对象的范畴中的，而是提出了应将实践放在优先地位上的需要。也就是说，我们的关注重心必然转向行动以及行动的可能性上来，而不会再在对认识对象的客观性、主观性等的思考和争论方面投注太多的精力。一旦我们的关注点从主观性、客观性等方面移开，转向了风险社会中合作行动的效用方面，也就不会再信奉普遍主义的观念了。因为，行动所面对的是具体性的对象，在对象中寻求普遍性、同一性就不再具有什么意义了。

在辩证法中，差异与同一性被并列在一起，认为它们是相关联的。然而，即使在辩证法这里，两个概念也不被允许混同，差异所指与同一性所指是完全不同的。所以，同一性是存在于透过了表象而进入的一个层面上的，或者说，是包含在不同表象背后而赋予事物一致性的一个平面。正是有了这种同一性，才可以对事物进行归类，才认为它们表象上的差异并不意味着是对它们之间的联系的否定。所以,分析性思维的全部活动都表现在对普遍性、同一性的追求上。与之不同,在相似性思维这里,不会产生探求普遍性、同一性的要求,甚至根本就不会生成普遍性、同一性的观念。

相似性思维也会包含着对事物分类的要求,或者说,在对事物进行分类时加以应用,但这种分类的依据就是表象的相似性而不是事物的所谓普遍性、同一性。相似性思维也能建立起相互联系的世界图谱,但这个世界图谱不会以牺牲差异为代价,反而是以承认差异和包容差异为前提的,是既相联系又包含差异的世界。而且,这种包含着差异的联系更加直观也更加真实地反映了世界。由于相似性思维不求助于普遍性、同一性去认识和把握世界,从而在作为行动准备的思想意识和观念方面,大大地节约了用以准备的时间,也使行动的负担大为减轻。

虽然在工业社会这个历史阶段中产生了辩证法思想体系,而绝大多数的哲学思考是出于追求普遍性、同一性的要求而做出的。其实,普遍性、同一性是在形式上删除了所有枝蔓而形成的认识。人们以为对普遍性、同一性的把握是深入事物的内部而把握了其实质,实际情况恰恰不是这样的。普遍性、同一性追寻是永远都与事物的质无关的,而仅仅是在形式上的向中心跃进。对于认识而言,在多个认识对象上都将视线集中到了中心,发现了它们之间的一致之处,将那个一致的方面确认为普遍性、同一性。然后,再将普遍性、同一性扩展到对更大范围甚至整个世界的理解。所有这些,都是停留在形式上的。与同一性追寻不同,相似性的概念源于对事物质的把握。当我们看到不同事物间的相似性的时候,不仅表明我们已经承认了事物之间质的差异,而且是在相似性这种观念之中放置了对它们共同的质的认识,认为事物的相似性之中包含着它们之间的同质性。所以,相似性的概念同时包容了差异性和同质性,意味着差异性与同质性的统一。

相似性是直观的而不是分析的。在人类的认识史上,当社会呈现出来的是低度复杂性和低度不确定性的特征时，人们对直观表示轻视，甚至在认识活动中排斥直观，这都是可以理解的。因为，直观本质的活动是具有具体性的，更多情况下是对单一体的把握，肯定不合乎认识和把握所谓"普遍本质"的要求。

根据认识论的看法，能够直观的只是单一体的特征，在单一体的集合形态中，只有透过表象上的特征而深入内部，所发现的普遍性、同一性才被认为是本质。然而，在高度复杂性和高度不确定性条件下，对所谓具有普遍性、同一性的"本质"的把握既不可能也没有意义，对行动者有意义的恰恰是对具体的单一体本质的把握。这个时候，也许我们更应尊重胡塞尔的这样一种说法，"本质把握的一切明证都需要属于谈本质的单一体在其具体化中的完全明晰性"。[①] 对单一体的直观，恰恰是达致这种"完全明晰性"的有效途径。高度复杂性和高度不确定性的条件决定了，如果依照认识论的思路，无论通过什么途径去获得对"普遍本质"的把握，其结果都是模糊的，不仅不符合真理追求的思维取向，而且对于意义的把握也是没有意义的，更不用说在行动中能够显现出什么价值。

依据普遍性、同一性而在社会治理上作出的安排，最为典型的是体现在了法治上，即依据法律等规则而开展治理行动。然而，依据法律等规则的行动，必然要求建立起完备的标准体系，使行动所涉及的以及与行动相关联的所有因素，都能直接或间接地达到标准的要求或能够接受标准的检验。也就是说，包含于这类行动之中的就是普遍性、同一性。从工业社会这个历史阶段中的社会治理来看，普遍性、同一性追求反映在社会治理上，所表现出来的就是：政府采用大生产的方式批量解决社会问题，而不考虑每一问题具体的发生条件和具体特征，这在社会中造成了太多的不公正以及物质上和精神上的损失。

---

① ［德］胡塞尔：《纯粹现象学通论——纯粹现象学和现象哲学的观念》第1卷，李幼蒸译，中国人民大学出版社2014年版，第125页。

其实，在原子化个人得以发现之时，就已经实现了对个人间差异的抹除，黑格尔只不过是用哲学概念将其表述为普遍性、同一性而已。在整个工业社会中，通过抽象而搜寻到的同一性具有核心价值的地位、制度以及所有社会问题的解决方案，都是在追寻和获得同一性的过程中求解的。"同一性或等价性主张是对一些集合体的属性的神话性假设，以致后者被具体化为属性之一。我们轻易就能辨识出对劳动力的迷恋便是同一性的主张（在此，将劳动力和市场价值同一化）。我们可以从任何将所有现象简化为单面领域（如效用、权力、物质）的逻辑分析中辨识出同一性的主张。决策理论辨识等价性原则的一个很好实例，便是将所有的考量简化为统一的分析单元——效用。"[1]

与之不同，我们可以设想一种依据道德的治理，其行动则表现为按照具体情况和具体要求而做出行为选择。首先，道德之于人会表现出因人而异的状况。在每个人都是有道德的人的情况下，每个人的道德感、道德意志、德性等，都会呈现出与他人的不同。在良知、良能的意义上，人们之间都是不同的，在人的道德经验、智慧等之间，都会存在差异。其次，道德行动要求对人作出差异化的对待，因为对不同的人作出相同的对待有时恰恰是不道德的。实际上，道德并不对人们之间的公平给予过多的关注，而是更加重视公正的问题，认为公正是包含在对人的差异化对待之中的。或者说，道德行动更加注重去根据实际情况作出行动上的选择，而不是让实际去接受某种标准的剪裁。最后，道德行动并不追求某个明确的目标，而是从属于某种模糊的期待，所以其结果具有不确定性。易言之，道德行动更注重过程的道德属性，而不是必然要达到某个结果。当然，能够达到所期待的结果固然好，但在达不到那个结果的时候，是不会要求道德行动者承担责任的，至多引发的是某种惋惜。

---

[1] ［美］劳尔·雷加诺：《政策分析框架——融合文本与语境》，周靖婕等译，清华大学出版社2017年版，第81页。

20世纪60年代出现的多元主义主张虽然没有对普遍性、同一性直接提出挑战，但对差异性的强调已经包含了否定普遍性、同一性的内涵。这是因为，多元主义对多元性、多元化、差异性的强调使行动系统之间的关系有了新的属性。也就是说，行动系统之间之所以是有差异的，是因为它本身就是一个完整的系统，而众多的行动系统又是相互依存并能够和谐共处的。

行动系统的完整性不同于作为抽象存在的原子化个人，就原子化个人也被设定为实体而言，意味着所有的原子化个人之间的共同特性就是普遍性和同一性。与之不同，由于每一个行动系统都是完整的存在物，因而所具有的就是具体性，即行动系统之间没有可供观察和把握的普遍性、同一性。这种关于社会存在的认识和理解所包含的隐喻是：具有普遍性、同一性的社会设置是不适应于多元化社会的治理要求的，应当通过改革而使其弱化，即使存在着一些必要的具有普遍性、同一性的社会设置，也不应以强制力的形式出现，更不应具有专制独断的色彩。

在高度复杂性和高度不确定性条件下，如果希望通过普遍性、同一性设置而把所有行动系统都整合到一个体系中来，已经变得不再可能。即使勉强作出这种整合，面对高速变动的社会，不仅无法使行动者得到这个被整合为巨型体系的支持，反而会对行动者形成约束和限制，以至于行动者无法根据具体问题而开展行动，更不可能增强行动的随机反应能力。显然，在高度复杂性和高度不确定性条件下，每一个行动系统都应拥有自主性，实现高度自治，从而针对具体需要而开展灵活的随机反应。

三 风险社会与具体性

面对一个简单的和稳定的对象世界，随手拂去显露于外的表象上的芜杂，让深一层的谓之为"本质"的因素暴露出来，并不是多难做的事情。因而，有了古希腊哲学的那些判断性名句典章，甚至我们今天还会将那些判断挂在口头，并从中领会一些很难分清是属于古代哲人还是属于我们自己的智慧。当人们的视线转向了低度复杂性和低度不确定性的对象世界，透过事物表象而深入其内部去发现所谓"本质"，难度显然增大了许多。这个时候，就需要刷新思维和改进方法，以求借此实现对对象世界的认识和把握。近代以来的认识论及其科学就是走在这条路线上的。当对象世界获得了高度复杂性和高度不确定性特征时，认识主体方面的所有改进策略都无法再度取得认识上的突破性进展，或者说，无法通过对主体方面的改进而去达成把握高度复杂性和高度不确定性对象世界的目的。这样一来，也就只能改弦易辙。

根据思维经济的原则，我们认为，能够实现"改弦易辙"的一种最简单和最省力的做法就是，不再按照原先的思路轻视对象世界的表象，即不应放弃对表象的把握而到其背后去把握那个所谓的"本质"，而是应当直接地去把握鲜活的表象，在各别的表象之间建立联系。也就是说，在分散的、个别的、具体的事物之间去把握它们的相似性，让所有关于普遍性、同一性的僭妄转向相似性。在这样做的时候，想象的功能就会得到放大。

在思考高度复杂性和高度不确定性对象世界的认识问题时，我们并不关注主体是否需要得到改变的问题，但认识主体的改变又是确定无疑的。当我们说去把握事物表象间的相似性时，似乎是默认了一个立于对象世界面前的主体性存在。实际上，这只是在既有语境中而被迫选择的一种表述方式。严格说来，在高度复杂性和高度不确定性条件下，并不存在主客观世界分立的问题，也不存在模式化的认识和把握世界的方式，而且在是否存在主体的问题上，也需要根据复杂性和不确定性的观念去作出判断。可以确定的是，对事物表象的相似性的把握，在展开的过程中必然会因人、因事、因时、因地而凸显出具体性，是不可能将那些相似性的方面纳入某种确定性的模式之中的。没有一种普遍性的方法和认识过程，也不会有作为认识结果的普遍性、同一性。

如前所述，伦理学研究中曾经出现过以"普遍主义"标榜的理论，而且它对普遍主义的倡导也渗透到整个人文社会科学之中，甚至可以说整个科学体系都包含着对普遍主义的信仰。事实上，在关于道德问题的讨论中，如果基于抽象的个人和从原子化个人出发，如果脱离具体的情境，就会陷入莫衷一是的境地，争论就会永无休止地进行下去。辩证法要求具体问题具体分析，也许就是解决这类问题的一条可行路径。

显然，在普遍主义的思路中，对道德问题进行科学的讨论和思考，如果从个人出发的话，一般说来，必然会放在个人的行为所应遵循的原则和规范上。然而，在实践中，总会出现脱离原则和规范的偏差性行为。如果所出现的偏差距离原则和规范较近的话，是可以将其拉回到原则和规范之中来的；假如偏差已经达到了无法去根据原则和规范加以判定的话，普遍主义的思路也许就遭遇了尴尬，而且基于普遍主义的思路去开展争论也将变得没有意义。这意味着，在风险社会及其高度复杂性和高度不确定性条件下，伦理学需要做的一项工作应是：如何在社会发展和变化中去审查原则和规范的适应性，去发现补充、修订甚至重建原则和规范的可能性，甚至找到一条如何让原则、规范为现实行动的要求让路的途径。

对于伦理学研究而言，如果有人乐意于不分条件地探讨所谓行为遭遇的道德悖论的话，我们是可以对他的自娱自乐表示认可的。正如在某些被称作表演艺术的剧目中设置"小丑"角色一样，我们认为爱钻"牛角尖"的伦理学家的存在，也能为伦理学的研究带来许多乐趣。不过，我们更愿意人们在历史的大背景下根据时代的需求去确立研究主题，去提升研究、探讨的境界和意义，而不是像工业社会中的许多伦理学家那样在分析性思维的应用中去提出一些所谓道德悖论的命题。

总的说来，在社会低度复杂性和低度不确定性条件下确立一些具有普遍性的原则和规范是可行的和必要的，而在高度复杂性和高度不确定性条件下，普遍性的原则和规范就是不可行的。风险社会以及这个社会中频繁发生的危机事件都是具体的，它的具体性意味着每一项行动所面对的问题和所处的场境也都是具体的，唯有行动者根据具体情况的感知去做出回应式的行动，才能使内在的道德价值体现出来。

桑德尔在对功利主义和义务论进行比较时说，"功利主义者们把我们众多的欲望合并成一个单一的欲望系统，而康德主义者们则坚持人的独立性；功利主义把自我仅仅定义为欲望的总和，而康德式的自我则是一种选择性的自我，独立于它在任何时候所可能具有的欲望和目的"。① 显然，功利主义与义务论代表了对自我的完全不同的理解，它们在基本立场上是完全对立的。不过，究其实质，却可以发现，它们都因为对自我作了抽象定义而失去了自我。当功利主义把自我还原为欲望的时候，自我也就被欲望所置换；当康德主义把自我与欲望分离开来，认为自我先于欲望而存在，也同样是给了我们一个虚幻的自我。功利主义在自我之外设立了一个普遍性的欲望，而康德在挽救自我的时候却使自我失去了所有具体的属性而成为普遍性的存在物。

其实，自我是具有具体性的社会性存在物，是自觉地意识到了与他相关的他人以及社会的关系的存在物。如果说人具有自然存在和社会存在两重属性，自然构成了人的普遍性的一面，而社会构成了人的具体性的一面，那么自我就只能是社会存在物，会因为所在的社会位置、场境、行动事项以及自我的态度、认知等许许多多的因素而不同于非我。总之，所有的自我都是具体的，脱离开具体的社会环境去抽象地谈论功利主义和义务论道德原理，都会对实践形成误导，无论论证的思路多么严密，都只能说是与实践无涉的思维游戏。然而，恰恰是这两种主张以及在它们之间展开的争论，深深地影响了工业社会的实践，甚至导致了意识形态冲突。时过境迁，当人类置身于风险社会

---

① ［美］迈克尔·桑德尔：《公共哲学》，朱东华等译，中国人民大学出版社2013年版，第140页。

时，无论是功利主义的还是义务论的普遍主义道德原则和规定，都与这个社会所展现出来的具体性格格不入。

在工业社会这个历史阶段中，普遍性、同一性不仅代表了一种观念，也同时是以知识的形式为人们所占有的。表面看来，在工业社会中所形成的几乎所有知识，都有着不同程度的普遍性内涵，实际上，我们所看到的情况却是，即便在工业社会的低度复杂性和低度不确定性条件下，知识也是分领域的、分语境的，许多被作为知识看待的东西是需要在具体条件下加以理解和加以使用的，普遍性的、在所有领域都适用的知识，是极少的。特别是在专业化程度很高的社会中，知识渊博的人恰恰是专业不明的人，是一个没有拥有可供他踏实立足之地的人。相反，那些知识并不渊博而专业明确的人，则被当作稀有人才对待。

许多具有普遍性的知识可能正是不真实的知识，毋宁说它们只是一些观念。比如，"自由"这个概念或词语，在何种意义上能够被作为知识对待呢？如果我们认为"自由"这个词给了人们关于一种存在状态的知识，那么在每一个人那里，或者，每一个人在不同条件下对自由的理解，都可能是不同的。这样一来，人们就只能用知识的相对性来对这种现象作出解释。如果我们从效用的角度去看知识的话，还会看到，许多在社会生活中非常有用的知识（比如一些交往沟通技术）被引入日常生活中来，就会闹出令人捧腹的笑话。

对于打破普遍主义的思维桎梏来说，知识的相对性是一个有用的解释框架，但这个解释框架必然会遭遇知识传播、传授等如何可能的问题。一般说来，普遍性的知识属于二阶知识，是需要通过人们掌握的具体知识去加以理解的。也只有通过具体知识去理解所谓普遍性的知识，才能使之获得知识的属性，并确认普遍性知识的应用价值。对于人类来说，普遍性知识越少越好，即不应积累过多，更不应让普遍知识变得过于庞杂。这是因为，普遍性知识如果太多，就会使人们理解和掌握这种普遍性知识所需要的具体知识显得不足，或者说，人们因为必须更多地掌握普遍性知识而挤占了容纳具体知识的空间。这个时候，人们就会围绕普遍性知识展开诸多无谓的争论，陷入某种由争论引发的分崩离析局面。

在工业社会这个历史阶段中，之所以存在那么多社会矛盾和冲突，甚至出现了诸如"冷战"这种东西方的全面对立，在某种意义上，就是由普遍性知识引起的。所谓意识形态冲突，实际上也就是普遍知识层面的冲突。从全球化进程中出现的国际冲突来看，从美国带领西方国家在国际上挑起各种各样的冲突来看，主要是受到了那些普遍性知识的支配而采取的行动，并不是一些学者所说那样是由利益权衡引起的，至少利益考量不在主导性的地位上，反而利益考量也是由普遍性知识激发出来的。所以，我们认为，在21世纪前期的岁月中，中美之间存在着的所谓利益冲突，也基本上是一种假象。因为，实际情况是，利益之间的互惠之处是远大于冲突的。如果中美通过合作的方式去弥合利益冲突，不仅能够实现双赢，而且能为全球带来无尽福祉。然而，现实却与我们的设想相反，究其根本，是因为美国的精英阶层所拥有的普遍性知识促使他们不断地挑起冲突。也就是说，如果人们认识到普遍性知识有害的一面，并冷静地梳理那些普遍性知识，批判性地揭示普遍性知识的危害性，也许很多冲突是可以避免的。

就每个人都是社会成员而言，所拥有的绝大多数知识属于先天知识的范畴，即不属于他个人的经验知识。但是，如果经验知识不是那种狭义的、在个人经历中形成的知识，而是具有社会性的知识，也就迫使我们必须在"先天知识"体系中区分出抽象的纯粹理性知识和具体的混合理性知识——经验知识。这样一来，哪一类知识在实践中更能有效地发挥作用，就需要由实践的场境而定。

从条件允许的角度看，在低度复杂性和低度不确定性条件下，抽象的纯粹理性知识因为其更强的普适性而在发挥作用时显得较为经济，而具体的混合理性知识作为先天性经验知识在普适性方面是较弱的，而且在很大程度上受到运用这种知识的人的主观条件的影响。因而，当经验知识在实践中发挥作用时，会显得不稳定，放在更广阔的社会视野中看也不经济。所以，在工业社会的历史阶段中，人们对抽象的纯粹理性知识表现出了更多热情，重视这种知识而轻视经验知识，也就是，用纯粹理性知识的普遍性压制了经验知识的具体性。

在高度复杂性和高度不确定性条件下，抽象的纯粹理性知识与具体的混合理性知识在实践中的价值地位颠倒了过来。这是因为，高度复杂性和高度不确定性条件下的实践所面对的对象界是呈散布状的，每一项行动任务都似乎是孤立的、偶然出现的，抽象的纯粹理性知识的普遍性与具体的行为事项似乎没有关联，以至于运用纯粹理性的知识既找不到着力点，也无法资益于行动。相反，具体的混合理性知识则能够通过引发行为者的联想而在行动事项中发现相似性，进而发挥启发作用，甚至能够成为直接有用的经验知识。

就人与人的关系以及由人构成的共同体而言，抽象的纯粹理性知识因为具有普遍性而能够成为人与人之间、人与共同体之间相互理解的基础。这种促进人们相互理解的功能是经验知识无法相比的。但是，在高度复杂性和高度不确定性条件下，在风险社会中，人们并不是先谋求相互理解然后再开展共同行动，而是先行动起来然后再在行动中谋求相互理解。在高度复杂性和高度不确定性条件下，在风险社会中，有着一种强大的外在压力促使人们学会相互尊重、承认和包容并养成习惯，反映在知识共享方面，就是在尊重、承认和包容的前提下相互学习，从而在合作中实现知识上的差异互补。

在合作行动中，差异性的经验知识能够从根本上杜绝任何由纯粹理性知识引发的独断，能够让每个行动者的创造力都发挥出来。由此看来，抽象的、普遍的纯粹理性知识更适合于组织严密、统一指挥的行动，而具体的混合理性知识更适合于合作行动，即适合于无中心的、志愿性的合作行动。应当说，对于风险社会中的合作行动而言，工业社会中的作为普遍主义的重要范畴的理性概念需要重新定义。在开展合作行动的时候，对一切普遍性的、抽象的存在物的扬弃和否定，也就是对具体性的关注，这决定了理性不再是纯粹理性。合作行动中的理性是经验理性，它比纯粹理性要复杂得多。如果说纯粹理性是一种形式理性的话，那么经验理性则是一种实质理性。只是从形式的角度去观察它时，我们才将其称作混合理性，就它不再注重形式的方面而言，混合理性的说法也是非常勉强的。

在低度复杂性和低度不确定性条件下，把社会生活和共同行动建立在一些普遍原则之上，可以收获巨大的经济效果。因为，许许多多的矛盾、冲突、行为的不一致性，都可以在符合普遍原则中得到消除，从而在总体上大大节约社会运行成本。在某种意义上，人类在工业社会中所取得的辉煌成就，是得益于形形色色的普遍原则得到了建构的。作为工业文明基本构成部分的普遍原则对于人类的贡献，无论怎样评价都不会显得高估了。可惜的是，当人类社会进入高度复杂性和高度不确定性的状态时，不仅工业社会所拥有的那些普遍原则失去了合理性，而且任何试图寻求新的普遍原则的做法，都必然会遭遇失败。

高度复杂性和高度不确定性条件下的社会生活和共同行动拒绝任何普遍原则的指导，事实上，也不可能为这种生活和行动确立起任何普遍原则。正是这一点，决定了每一个行动者都必须向其内心窥视，并通过这种向内心窥视去发现行动的依据和寻求规范行动的力量。舍勒认为，"一个人从经验角度对他的同伴的经验的参与，以各不相同的方式实现自身，这一点是由其所在群体的本质结构决定的。应当根据理想类型来理解这些'方式'"。[①]

首先，合作行动的性质决定了行动者相互参与合作者的经验是可能的也是必要的。为了合作行动，他们愿意积极参与合作者的经验，有着内在的动力。其次，参与的方式有无限种，会因为客观情境、各种各样的约束条件而定，也会受到主观选择的影响。虽然要把握人们相互参与对方经验的所有方式是不可能的，但合作行动者从中去发现

---

① ［德］马克斯·舍勒：《知识社会学问题》，艾彦译，译林出版社2014年版，第66页。

某些理想类型并广为推荐，则是可以尝试的，也是他们乐于尝试的。不过，合作共同体中的人们相互参与合作者的经验更多地需要求助于人们在具体场景中的领悟，与其说推荐某些典型性的参与方式，倒不如倡导人们去根据具体的场景和合作行动的具体需要去领悟出适当的相互参与对方经验的方式。这样一来，知识之于合作行动，就是在行动者的领悟和体验中去加以选择的。在不同的场景中，面对不同的合作者，如何相互参与对方的经验，决定了对知识的取舍。

无论知识具有什么性质和以什么形态出现，都是为了资益于行动，都是为了解决人们所遇到的问题。在风险社会中，当我们确立起人的共生共在的观念时，也就意味着人与人、人与客观世界的承认关系的确立。也许我们需要通过法律等规则为这种承认关系提供保障，但我们更希望对这种承认关系寄托更多的道德想象。

高度复杂性和高度不确定性条件下的人的共生共在问题必然是非常具体的，在每一种情境中和针对每一个人都是具体问题，而且是取决于人的具体领悟和肯认的。尽管法律等规则因为其普遍性而能够对集体性的、社会性的行动提供一种一般性的保证，但就其是抽象的、形式化的而言，是不可能对人的共生共在之主题作出较好诠释的。因为，在风险社会及其高度复杂性和高度不确性条件下，不可能把人与人、人对客观世界的承认纳入同一性的模式之中并赋予其普遍性。所以，人的共生共在之主题，人与人、人对客观世界的承认，都因为具有具体性而必须谋求道德的支持。

在风险社会及其高度复杂性和高度不确定性条件下，我们所推荐的是一种合作行动的生存策略。对于合作行动的理解，必须摆脱现代性的宏大叙事。合作行动是发生在具体场景中的承担具体任务的行动，任何普遍的、一般性的宏大叙事相对于合作行动都是不着边际的，一切形而上的抽象原理和广泛适用的形式合理性原则，都不应当用于理解和框定合作行动。

风险社会在差异化程度方面达到了极高水平，社会的高度复杂性和高度不确定性本身就意味着这个社会的一切存在都必须放在差异的视角下去认识。而且，在高度复杂性和高度不确定性条件下，我们所看到的是一种流动的和具体的差异。20世纪60年代以来所出现的关于差异的理论，基本上是在现象学的观照中形成了对差异的认识。它虽然与传统的特殊性或普遍性的认识有所不同，但总的说来，都仍然是在静态的相对性存在之间形成的认识。当世界呈现出高度复杂性和高度不确定性特征时，一切存在物都将其动态性推展到了我们面前，要求我们必须在流动性的意义上去把握差异。这样一来，普遍的、恒定的差异就成了产生于认识者头脑中的幻象，现实的、真实的差异只是在具体的时点上才能得到认识和把握的，是因为其相对性而对实践有意义。对此，我们需要在历史转型的过程中来理解差异认识上的这种转变。

就全球化、后工业化是一场历史性的社会转型运动而言，被寄望的也是对工业社会这个历史阶段的扬弃式否定。如果说工业社会是人类历史上的一个普遍主义得到了充分张扬的时代，在全球化、后工业化运动实现了对它的扬弃和否定时，所意味着的就是对人类社会发展的一个个性化时代的开启。从20世纪80年代以来全球化、后工业化运动已经走过的历程来看，个性化已经构成了一个演进趋势。一旦我们的社会在个性化方面取得了积极进展，任何形式的普遍主义都将被个性化的追求撞得灰飞烟灭，更不会存在什么"普世性"的呓语。实际上，风险社会及其高度复杂性和高度不确定性已经用现实的具体性对普遍主义作了否定。所以，我们认为，在工业社会的历史阶段中形成的普遍主义，无论是以思想、理论、思维方式还是制度安排、社会治理实践等任何一种方式出现，都将终结于风险社会。

第二节 基于偶然性而行动

在不同的环境中，人的行动会有不同的特征，而人类的总体环境在不同的时代是具有不同特征的。人类社会的不同历史时期也就是那个历史时期中的人们生活和活动的总体环境。人们在工业社会中所开展的行动不同于农业社会，正是行动上的不同，说明作为总体环境的工业社会与农业社会是不同的。现在，人类在全球化、后工业化进程中堕入了风险社会，也意味着我们是生活和活动在这样一个风险无处不在的环境中的。

风险社会就是我们这个时代的总体环境，我们必须在这个环境中开展行动。因而，人类在工业社会中形成的各种各样的观念以及为了开展行动的认识和把握世界的方式，都需要再一次接受审查。当我们认为人的共生共在问题已经构成了时代的主题时，所表达的就是回应风险社会这一人类生存的总体环境的要求。关于人的共生共在，也可以表述为"构建人类命运共同体"的主张。就构建人类命运共同体主张中的"命运"一词来看，显然会引起我们关于必然性与偶然性问题的思考，即要求我们对必然性与偶然性的哲学问题发表意见。

风险社会显现出来的是高度复杂性和高度不确定性，意味着风险社会中的人们的一切行动都将发生在高度复杂性和高度不确定性的历史条件下。如果说人的行动的背后是思维方式在发挥着主导性的作用，不同形式的行动背后必然包含着不同的思维方式，那么在风险社会及其高度复杂性和高度不确定性条件下，因为既有的行动模式不再适用而需要重建行动模式时，也就意味着思维方式上的一场根本性的变革不可避免。

在风险社会及其高度复杂性和高度不确定性条件下，行动以什么样的形式出现，也是一个思维方式重建的问题。在认识论哲学所拥有的思维方式中，必然性与偶然性是一对基础性的范畴，在我们提出了思维方式重建的要求时，也就需要对这对哲学范畴作出思考。也就是说，当我们认为因社会总体环境的变化而需要建构起一种实践论的哲学，并实现对认识论哲学的扬弃和否定，那么这种实践论哲学也必然拥有属于自己的思维方式以及表征这种思维方式的基本概念。

一 认识论中的必然性、偶然性

"必然性"和"偶然性"是一对哲学范畴,是认识论哲学中的重要概念。在认识论哲学出现之前,本体论哲学中的认识理论就已经注意到了"必然性""偶然性"的问题,并作了一些探讨。在宗教哲学中,也转化成了人生观的一部分。如果说"命运"是宗教哲学观中的必然性的话,或者说,在一定程度上是与必然性相交集的话,那么也可以将必然性、偶然性的问题列入世界观范畴。特别是在"因果观"中,包含了必然性的信念和判断。

认识论哲学的主旨在于认识必然性。为了认识必然性,就需要排除认识过程中时时都会遭遇的偶然性的干扰。对偶然性的排除,需要有坚定的必然性信念。所以,与宗教哲学相比,在认识论哲学中,必然性、偶然性是世界观中的重要内容。如果说在宗教哲学中以"命运"指称的必然性是世界观中的一项内容,在很大程度上也是人生观的构成部分,那么在认识论哲学这里,必然性以及与之相对的偶然性,则成了世界图式中的主要脉络。在理性化的哲学和科学叙事中,基本上是用必然性或偶然性的概念置换了宗教哲学的"命运",而且这也是从宗教观念向科学观念转变的标志之一。

认识论的必然性和偶然性概念在历史哲学中是以"自由"与"必然"两个概念出现的,即将"自由"与"必然"配成了一对辩证法范畴。根据这种观点,如果没有必然,也就无法想象自由是一种什么样的状态,或者说,不知道自由是人的一种什么样的体验。所以,在德国的辩证法大师宣称人类社会必将从"必然王国"走向"自由王国"的时候,完全是在与必然王国相对应的意义上去表达一个不同于必然王国的社会必将出现的判断,而不是说在那个必然王国中的人们不会体验到自由,更不是指那个社会中的人们不会关注自由的问题。

如果说工业社会的人们在日常生活中也会使用"命运"一词,可能是因为认识论哲学的贡献,即人们普遍地拥有了科学观念,所使用的"命运"一词表达的是对偶然性的判断。因为必然性是可以认识和把握的，所以，偶然性被看作命运了。这一点，与宗教哲学的用词是不同的。这个时候，人们是将突然发生的对人有着巨大影响的偶然事件解释为"命运"的，所要表达的是偶然性，而不是宗教哲学所讲的必然性。世俗生活中所使用的"命运"一词，也是指一种反自由的状态，是因为人们无法驾驭的偶然性而构成了对人的自由的否定。这说明，对于科学观念已经建立起来的社会中的人们来说，"命运"一词的含义是不同于宗教哲学的。总之，在宗教哲学中，命运是一种必然性，而在认识论哲学中，命运恰恰是人们无法认识、无法把握的状态，表现为偶然性。就认识论哲学要求我们通过偶然性认识必然性来说，一旦人们把握了必然性，也就消除了偶然性，也就意味着驾驭命运了。

在认识论哲学范式中也容纳了一种历史哲学，认识论的必然性与偶然性在历史哲学中被表述为"必然"与"自由"。但是，在历史哲学中，必然性和偶然性又都是与自由相对立的一种状态。不仅必然性没有给予人以自由的空间，偶然性也对人百般戏弄，使人变得不自由。如果说根源于认识论哲学范式的历史哲学认为人在认识和把握了必然性的时候能够获得自由，那么偶然性却因为无法用认识论所提供的思维方式以及科学手段来加以驾驭，使得人因为偶然性而失去自由。反映到认识论上，或者说，将思考的范围从历史哲学重新缩回到认识论中，即对必然性与偶然性间的关系重新进行规定，所看到的争议结果就是：偶然性是必然性的表现形式，必然性则是偶然性的实质。在历史的维度中，必然性通过偶然性为其开辟前进道路。透过偶然性而把握必然性，所指示的就是人们获得自由的路径。这就是基于认识论哲学确定的一项基本原理。

萨特认为，"必然性涉及理想命题之间的关系，而不涉及存在物的关系。一个存在的现象永远不可能派生于另一个存在物，因为它是存在物"。[①] 虽然萨特这样说显得有些武断，却指出了一个事实，那就

---

① [法]萨特：《存在与虚无》，陈宣良等译，生活·读书·新知三联书店2007年版，第26页。

是必然性、因果关系都无非是一种观念。当人们带着这种观念去看世界的时候，虽然能够得到验证，却未改变它们作为观念的性质。同样，可能性亦如此，所代表的是一种推测。不过，在高度复杂性和高度不确定性条件下，与必然性、偶然性相比，可能性的观念更具有积极意义，因为这一观念可以促使行动者以开放的心态去承担任务，能够更主动地在可能性之间进行权衡并做出选择。

就历史过程来看，随着认识论哲学以及科学的兴起，"人的世界"取代了"神的世界"。在人的世界中，特别是当这个世界所具有的是低度复杂性和低度不确定性特征时，因为有了认识论哲学以及科学，让人们获得了认识和把握必然性的信念。但是，在这样一个人的世界中，即在这样一个人们相信必然能够认识和把握必然性的世界中，却发现人是这个世界中的"变数"。在科学的发展一日千里的情况下，在人征服自然界的行动取得了巨大成功的时候，在认识论哲学认为人能够认识和把握必然性的信念得到证明的时候，却又发现人为世界带来偶然性。

也就是说，在人之外的客观世界中如果存在偶然性的话，那只能说明人的认识是有局限性的，是因为人没有充分地掌握客观规律才使某些突然出现的东西以偶然性的形式出现。在人的认识局限性不断得到突破的时候，却发现人的活动赋予世界以不确定性。所有的不确定性，一旦反射到人这里，以事件的形式出现在人面前，就让人将其感知为偶然性。这说明，认识论哲学为人指引了一条认识和把握必然性的道路，却让人在这条道路上的一切活动都产生了偶然性。

在全球化、后工业化进程中，人类社会呈现出高度复杂性和高度不确定性特征。虽然高度复杂性和高度不确定性是一种社会特征，却对认识论哲学构成了某种挑战。具体地说，在必然性与偶然性的问题上，所显现出来的是整个世界处处弥漫着偶然性。在这种条件下，偶然性是实在的客观现象，而必然性却只是一种信念。这个时候，如果还以为人能够认识和把握客观规律的话，那只能说是"迷信"而不是

"自信"了。所以，如果坚持必然性的信念，即便通过科学的手段可以在特定的条件下构造出必然性，也不意味着它是一种客观实在意义上如此。

即便是在低度复杂性和低度不确定性条件下，由科学所认识到的必然性也是经不起深究的。因为，它在此处显现为必然性，而在彼处，就不再显现为必然性了。事实上，所有得到了认识的必然性都会在某个时间点上被证明是错误的认识。也许是看到了这一点，恩格斯才会提出"相对真理"与"绝对真理"的问题。不过，我们认为，偶然性是理性的增强剂。如果仅仅有了必然性的信念，就会对指向未来的行动抱有盲目的自信，就不会考虑行动中可能出现的困难。只有在同时也承认偶然性是客观存在的情况下，才会在行动中进行理性规划，并做好随时应对偶然性的准备。

在必然性的信念中，偶然性是被放在从属于必然性的地位上的，是必然性所指向的那条道路上的一种必然会出现的波动。也就是说，必然性是一根轴线，偶然性只是围绕着这个轴线的上下或左右波动。当偶然性呈现长波状态时，认识和实践的道路就显得平顺，相关的体系就显得稳定；当偶然性呈现短波状态，即高频波动时，就意味着风险，相关体系就显得动荡。这代表了工业社会的人们对必然性和偶然性的基本认识。在低度复杂性和低度不确定性条件下，这种认识是可以接受的。然而，在高度复杂性和高度不确定性条件下，这种让偶然性从属于必然性的看法，就应受到质疑。姑且不说高度复杂性和高度不确定性条件下是否存在着必然性的问题，即便存在着必然性，也只有在某些特定条件下才会显现为偶然事件间的连线。如果必然性仅仅是人的信念，那么在必然性与偶然性之间的所有思考，也都没有必要了。

偶然性并不意味着行动上的机会主义。实际上，机会主义也许正是在人们普遍拥有必然性信念的情况下才会出现的，是行为上的一种希望逃脱必然性的现象。一旦人们正视偶然性，就会寻求与偶然性相一致的行动方式。这种行动方式就是即时行动，是与建立在必然性信念基础上的行动完全不同的。我们可以从一个人人都关心的养生话题入手来看人们是如何对待必然性与偶然性问题的。养生是建立在必然性信念的基础上的，或者说，当必然性信念以决定论的形式出现后，人们就会在一些现象之间建立起因果关系。一旦建立了这种因果关系，就会认为，某个结果的出现必然有着相应的原因，只要在"原因端"进行控制，就能够获得所欲之结果。当人们根据必然性的信念而认为养生决定了人是否能够长寿，想长寿的人也就刻意地在作为原因端的养生这里着手。对于个人而言，一生注重养生，每天坚持节食、锻炼，处处谨慎，从不冒险，然而却死于一次坠机事故。对于这样的一个努力把威胁生命的风险降到最低程度的人来说，确实是非常可悲的。特别是与那些每天在冒险中寻求刺激的人比较起来，更显可悲。

当然，这种生命终结的偶然性不应成为人们放弃珍惜生命的根据。而且，我们也不是要从这个例子中去引申出个人的风险应对策略。我们的目的是要说明，必然性信念在风险社会中可能会显现出某种窘态。可以认为，在社会简单和确定的状态中，养生的人长寿概率是非常高的；在低度复杂性和低度不确定性条件下，养生能否带来长寿，就会受到偶然性的挑战；在社会高度复杂性和高度不确定性条件下，人们仍然可以养生，但不应将长寿的希望寄托于养生。在某种意义上，高度复杂性和高度不确定性条件下的人们要将观念转变到健康比长寿更值得追求上来。这样说，也许会让人觉得非常残酷，却又是我们面对必然性信念衰减而不得不拥有的人生观。也就是说，我们对待人生的态度是应包含着风险意识的。

在风险社会中，虽然每个人的风险意识的获得和增强都有益于整个社会风险意识的提升，但社会的（而不是个人的）风险意识应当渗透于制度、行动模式以及意识形态体系之中，而且是作为自觉建构的结果的形式出现的。认识论因为有了必然性信念而生成决定论的观念或观点，并展开机械决定论与"相对的"决定论的争议。其实，展开后的争议都没有超越认识论范式,而是在同一个范式中进行的争论。所以,决定论在历史哲学中也仅仅是一个解释框架,特别是决定论以因果范畴的话语出现时,似乎可以解释自然的以及社会的所有现象。但是,正如所有由人们建构起来的解释框架都有着历史适应性一样,决定论的各种解释原则也都只适应工业社会这个历史阶段。或者说,工业社会的低度复杂性和低度不确定性决定了决定论的适应性。一旦社会从低度复杂性和低度不确定性的状态转变为高度复杂性和高度不确定性的状态,决定论也就失去了着力点。

如果说工业社会是一个"决定论时代",那么全球化、后工业化运动则意味着人类进入了"概率论时代"。在社会的高度复杂性和高度不确定性的条件下,寻求必然性,按照决定论的逻辑去制定行动策略,将会发现,"回溯式"的归因和"前进式"的求果,都会遭遇失败的风险。我们面对的总是偶然性和可能性,我们的期望总会落空,以至于我们不得不把关注点调整到当下的现实。基于现实去作出行为选择,而不去关注行为以及行动受到了什么因素的决定。

二 必然性信念与行动

认识论中的必然性以及因果范畴也许都是从时间的存在特征中领悟出来的,但在作为哲学范畴确立起来后,在转化为人们的信念后,就在人的行动中发挥了非常重要的作用。必然性的信念给人以信心,而关于因果关系的信念则让人主动地通过对因的操控而达成所欲之结果。假如因果关系不是一种反映而是一种构造的话,也许它就是从人的必然性信念中产生的,是因为人们首先有了必然性信念,然后又将这种信念概括或提升为因果范畴,致使人们所确认的所有因果关系中都包含着必然性的信念。而且,这种信念也被植入全部分析性思维的逻辑分析之中。

昂格尔指出,"逻辑分析的真正奥秘在于,以它的纯粹形式,它怎能以及它以什么方式适用于现实世界。因果关系的矛盾则与具体因果关系判断的可能性有关。因果关系解释要求将特定的结果归于特定的原因,然而,说明越全面并且因此越精确,所有过去的事就越似乎对现在发生的任何事负责。因果关系链在空间和时间的每一个方向不断地延伸,这样,在因果认识当中,具体化的需要和全面性的需要之间就有冲突"。① 鉴于此,对因果分析的使用必须是有节制的。因为,因果关系的无限延伸会使分析陷入困境,以至于让思维无法承受。

就因果关系在思维上不可以无限延伸而言,也意味着它与逻辑关系是不一样的,即不是"纯粹形式"的,而是具有"质性"的。也就是说,即使不考虑思维展开时的环境,也会看到,与在纯粹形式的意义上展开的逻辑分析不同,因果关系因为有了内容,或者说有了浅浅的一层质性,从而获得了相对于逻辑关系的一定的特殊性,以至于在思维的展开中也不被允许无限地延伸开来。性质本身就意味着特殊性,性质决定了事物、事件的具体性。对于一切与性质相关的存在的认识,都必须在具体性的意义上去加以把握。

如果把因果关系等同于逻辑关系而视之,并按照逻辑分析的方法去对待因果关系,还有可能陷入因果循环论,即认为具有相关性的事物和事件是互为原因或互为结果的。关于因果关系与逻辑关系的这种不同,还只是理论表现上的不同。如果考虑到现实的话,就会看到,在一些简单的事件上,因果关系是清晰的,不需要去进行因果分析就可以把握事件运行的脉络。低度复杂性和低度不确定性条件下的事物、事件,或者说具有低度复杂性和低度不确定性的事物、事件等,其中的因果关系则会显得不甚清晰。这个时候,就需要求助于因果分析。所以,我们对低度复杂性和低度不确定性条件下因果分析方法的运用是抱持承认的态度,而不像昂格尔那样提出批评。但是,在高度复杂性和高度不确定性条件下,因果分析是不可能的。如果此时的人们还

---

① [美] 昂格尔:《现代社会中的法律》,吴玉章等译,中国政法大学出版社 1994 年版,第 9—10 页。

试图运用因果分析的方法，无论是对认识还是行动来说，都是无益的。

从根本上看，逻辑分析和因果分析的共同之处在于，都要赋予事物、事件以有序性。事实上，在高度复杂性和高度不确定性条件下，事物、事件之间的"次序"是根本无法获得的，更不用说为事物、事件规划和建构秩序了。这也构成了对逻辑分析和因果分析的否定。昂格尔在对逻辑分析和因果分析作出批评后所提出的设想是，"代替那些与从具体环境中抽象出来的因素联系在一起的有序性模式，我们则需要一种描述和解释某种社会状况的不同方面在时间世界中的联系方式。任务再一次是把我们关于事件如何以及为什么前后相继的认识与承认一种状况中的所有因素彼此相互联系调和起来"。[①]

实际上，在高度复杂性和高度不确定性条件下，昂格尔所说的这种"描述"和"解释"也是不可能的，更不用说达成什么"调和"的效果。若能把握事物、事件间的联系，固然是好事，尽管不一定把握逻辑关系或因果关系。可是，这在高度复杂性和高度不确定性条件下完全是一种奢望。因而，一种客观性的要求就提了出来，那就是，人们必须在无法把握事物、事件间的联系的条件下开展行动。

如果基于"实践哲学"的观念去考虑一切行动都应当从现实出发的话，那么在高度复杂性和高度不确定性条件下，当认识被纳入行动之中时，或者说，这种条件下的行动与认识是统一起来的，也意味着不会出现在纯粹认识过程中去把握事物、事件的联系这样一种想法和做法，至于是否需要和能否把握事物、事件间的联系，则完全取决于行动展开的具体境况。

为事物、事件确立次序，把握事物、事件间的逻辑关系或因果关系，在主观追求上都是指向必然性的。一旦高度复杂性和高度不确定性条件下的行动所遭遇的是偶然性，特别是这种条件下的行动基于直

[①] [美]昂格尔：《现代社会中的法律》，吴玉章等译，中国政法大学出版社 1994 年版，第 13 页。

观本质而展开，所面对的就只是表象上的具体性而不是必然性。也就是说，在高度复杂性和高度不确定性条件下，行动者满眼所见的都是偶然性，行动失去了必然性的支持，即无法以必然性为依据而开展行动。其一，是因为高度复杂性和高度不确定性而使人无法借助现代性的哲学以及科学方法去透过偶然性而认识和把握必然性；其二，在具有高度复杂性和高度不确定性特征的风险社会中，人们又必须行动，不行动就只能被动地承受风险的压力，就会使得人类命运受到风险的支配。这意味着，在风险社会及其高度复杂性和高度不确定性条件下，我们必须抛弃认识和把握必然性的追求，必须正视偶然性的行动条件。总之，在认识和把握必然性变得不再可能的情况下，而在这种情况下又必须行动的时候，也就不再能够将行动建立在对必然性的认识和把握的前提下。

从空间感知上看，逻辑分析和因果分析所欲获得的必然性给我们展示的是线性关系，或者说，无论是逻辑关系还是因果关系，都是以线性关系的形式出现的。在高度复杂性和高度不确定性条件下，即使我们希望去把握事物、事件间的关系，也不应满足于对其线性关系的把握上，至少需要在一种"网络空间"的观念中去把握那些关系，更不用说要基于事物、事件的具体性而不是它们间的必然性联系去行动了。所以，在风险社会及其高度复杂性和高度不确定性条件下，实践论的"实事求是"和"一切从实际出发"才是最为根本的依据。思维上的逻辑分析和因果分析，都只有从属于这一行动原则，才是有价值的。实际上，一切分析都因具体情况而定，而不是普遍性的方法和思维方式。

在历史哲学的视野中，从资产阶级革命中能够找到某种客观必然性，或者说，从农业社会向工业社会的转变具有历史必然性。但是，就现代民主政治以及"法治国"的出现来看，是与启蒙时期的思想、理论有着直接关系的，甚至可以说整个现代社会都是启蒙运动的设计所得的产品。也就是说，现代社会是这个样子而不是其他的样子，现代化所走过的道路是这一条而不是另外一条，都可以从中看出设计的痕迹。

的确，人类历史的进步也反映在人的能动性的增强上。特别是出现了伟大的思想家并著述了经典，让更多的人可以按照他们的规划参与到社会建设中来，从而造就了现代性的生活方式和治理模式。可是，当我们看到现代社会在一定程度上是设计出来的时候，也就对关于历史必然性的看法抱持某些保留态度了。如果说启蒙思想反映了历史进步的要求，包含着对历史必然性的认知，那么由它提供的现代社会建构方案，至多具有二级必然性，而不是对历史进步必然性的一级认知。

一种设计方案的提出，显然是有着某种偶然性成分的，尽管思想依据中包含着客观认识。果若如此，那么人们就完全可以推测出，现代化也许不只有既成事实这样一种方案和一条道路，只是因为其他的方案和其他的道路没有被设计出来或没有找到而已。不过，当中国致力于"中国特色的社会主义"建设时，却包含了探索另一条现代化道路的内涵。当然，就历史是既成事实来看，是不可以去作假设的。但是，指出一个历史阶段的起点所具有的偶然性，则是必要的。这是因为，处在全球化、后工业化中的我们需要持有这种观点，以便激发我们探索走向未来道路的热情。

全球化、后工业化是一场人类历史再一次转型的运动，处在这场运动中的人们显然肩负着探索走向未来和设计未来社会的使命。特别是这场历史性的社会转型运动与风险社会相伴随，似乎无比急切地将人类生存和发展的课题推展了出来，从而使我们必须主动地以拥抱未来之姿回应现实中的挑战。也就是说，需要以设计师的姿态参与到全球化、后工业化运动中来。

拥有必然性的信念，人们就会生成预测未来的信心，并对行动作出理性设计。然而，在如何将必然性的信念放置到预测中来这个问题上，还需要有着更多的考虑。诚如贝尔所说，"对预见和预测有所区分……预见是对'点事件'的规定，即是说：某一事件将在特定的时间和地点发生。预测则识别哪些结构脉络出现问题,或者哪些动向将可能出现。一系列的事件——这正是人们企图预见的东西——常常是结构的动向与特殊的偶然性的结合。由于诸如此类的偶然性是无法预测的(它们不可能服从于规则或定型为某种公式),人们在预见未来时,可以乞灵于'智慧'(内在的信息),可以乞灵于种种敏锐的猜测和学问常识,但是却不可能求助于任何社会科学的方法论。简言之,人们可以预测条件,却无法预测催发因素;可以预测结构变化,却无法预测偶然性。这是任何预测都具有的局限性,纵然分析并不一定具有这种局限性"。①

就认识的价值而言,它指向未来的价值显然要高得多。事实上,社会科学以及人文科学的研究,都是指向未来的,即便声言出于解决当下问题的需要,也是指向近距未来的。之所以既有的社会科学方法难堪高度复杂性和高度不确定性条件下的预测之任,是因为它过于重视分析而忽视了想象。未来是尚未呈现出来的,分析是难于找到着力点的,只有想象,才是把握未来的门径。今天,人们之所以轻视、忽视想象,是因为它显得不具有科学性。其实,任何一种思维方法的科学性都来源于人的建构。就想象缺乏科学性而言,恰恰是人的失职,是因为人们没有对想象进行科学形塑而使它游离于科学思维及其方法之外。所以,我们不应当轻视想象,反而应当在建构想象和赋予想象以科学性方面进行探索。一旦我们拥有了作为一种科学思维方式的想象,预测就将成为微不足道的思维训练。因为,对于风险社会及其高度复杂性和高度不确定性条件下的行动而言,作为一种科学思维方式的想象将会有着非常广泛的用途。

在工业社会的背景下观察人的行动时,滕尼斯指出了预见的有限性。他说,"正确的预见省去无谓的尝试,能鼓励进行别的、更有前

---

① [美]丹尼尔·贝尔:《资本主义文化矛盾》,赵一凡等译,生活·读书·新知三联书店1989年版,第260页。

途的尝试。但是，正是这种预见，只有在有限的领域里才是可能的：作为纯粹实际的认识，它是极不可靠的，作为从原因得出的认识，它是极不充分的——倘若它既可靠又充分，那么它就可以扬弃偶然的概念，然而，在一切可能发生事件的领域里，作为不寻常的或者未知的情况的作用，仍然留给偶然以最广阔的回旋空间：遗忘越是遥远，成果越是不依赖我们自己的力量，越是不依赖由一种坚忍不拔的意志的性质所确定的我们自己的力量，偶然的活动空间就越大，虽然这种力量仅仅时不时是其命运的一种可靠的因素"。①

我们知道，在滕尼斯开展著述活动的 19 世纪末和 20 世纪初，社会所呈现出的还是低度复杂性和低度不确定性。这个时候，因为科学信念的确立和人的社会活动的能动性的增强，使这个社会成了人们大谈必然性的时代。在这个时代，人们相信规律，认为遵循规律就可以在社会生活的每一个方面都进行可靠的预测，能够大跨度地预见到未来所发生的事件。然而，正是在这一社会背景下，滕尼斯却对预见持有保留态度，而是要求人们关注偶然性，不应因为对必然性的把握而变得信心满满。这无疑是一种表现得比较理智的意见。在今天，当我们的社会显现出了高度复杂性和高度不确定性的时候，滕尼斯的这一意见更应引起重视。也就是说，我们不应因为对预见有着过高的期望而将行动引到错误的方向，也不应因为对必然性的信念而在所谓科学预测方面作出过度投入。与其把精力放在了预测上，还不如将有限的资源应用于即时行动上，即随时准备回应迎面而来的突发性事件。

三 超越必然性信念

在维特根斯坦的逻辑世界中，一切都是必然的，没有偶然性。作为一种信念，这也许在工业社会中是能够经常性地得到证实的。然而，

---

① ［德］斐迪南·滕尼斯：《共同体与社会——纯粹社会学的基本概念》，林荣远译，商务印书馆1999年版，第178页。

在风险社会及其高度复杂性和高度不确定性条件下,逻辑世界本身能否成立,就变成了一个问题。在宗教宣称的上帝创造的这个世界中,也许包含着一个逻辑世界,在逻辑世界之外,也许还存在着其他的世界。如果说逻辑世界并不是上帝所创造的,而是在现代化进程中才被建构起来的,那么这个世界本身也证明了自己是在人类发展史的特定阶段,才是社会生活、科学以及思维方式赖以展开的空间。

即便在工业社会这个历史阶段中,逻辑世界给予我们合乎逻辑的想象也是:在逻辑展开的每一处地方,都不会有新的事物和新知,在指向未来的维度中也是如此。事实上,在工业社会的行进中,无论是指向一个待开发的领域,还是指向未来,都会遭遇诸多未能得到预知的东西。所以,无法对"逻辑充满着世界;世界的界限也是逻辑的界限"[1] 形成支持。显然,逻辑世界与我们的生活世界并不重合,它只是我们生活世界中的一部分,或者说,是我们生活世界的一个维度。这个维度之于我们生活世界的重要性,也是变化着的。而且,世界的变化并不一定接受逻辑的规定,也许根本就不运行在逻辑的轨道上。

逻辑使人显得理性,逻辑也使人的行动显得有条理,逻辑还赋予人的构造物以秩序。可是,人们又似乎天生地有着把握行动契机的愿望和追求。所谓契机,并不是必然出现的,不在逻辑演化的轨道上出现。然而,当契机出现时,如果能够及时把握住的话,对于行动而言,就会起到事半功倍的效果。所以,人们会非常关注契机,并希望也努力在契机出现的时候,将其把握住。特别是在较为复杂的环境中面对较为复杂的行动事项时,更渴望能够有适当的行动契机出现在面前。

契机意味着偶然性,它不存在于逻辑世界的构想中,我们无法将其安置在逻辑世界之中,扩大而言,在运用认识论哲学所提供的分析性思维方式时,也是无法把握它的。所以,在认识论哲学中去思考契机的问题时,必须将其还原为偶然性,然后,在对必然性与偶然性关

---

[1] [奥]维特根斯坦:《逻辑哲学论》,郭英译,商务印书馆1985年版,第79页。

系的辨识中给出某个答案。尽管如此，那个答案也只是一种理论推定，并不能让人在实践中获得切实可行的把握契机的方法。也许人们从学者们那里学习了许许多多把握契机的方式方法，认真地分析和科学地预测，准确地定位契机出现的时点、地点，但在把握那个所确定的契机时，却没有想到它从手边滑脱了，空余一腔失望。

对于实践论而言，也许把握契机是可能的，因为我们所说的实践论拥有相似性思维，而这种相似性思维至少引起了人们对契机的重视和关注。其实，在注重探寻规律、信奉必然性的工业社会中，对于注重逻辑的分析性思维方式而言，是不会给予契机以什么位置的。这也就是我们所说的，在逻辑世界中是没有契机的。即使在工业社会后期，随着社会复杂性和不确定性的增长，要求人们不得不给予偶然性以重视的时候，也还是表现出倾向于将契机表述和理解为"时间窗口"，而不是直接将其视作具有偶然性的契机。显然，在将契机表述为"时间窗口"时，人们只停留在形式上，而契机所包含的质性因素则流失了。甚至可以说，所谓"时间窗口"的说法，根本上就是一种反科学也反认识论的比喻，因为通过分析的方式，是不可能找到时间窗口的，客观的科学探讨也不可能在时间中找到窗口和开辟窗口。不过，就它是个比喻而言，却证明了人们是拥有相似性思维方式的。

其实，在认识论哲学盛行的工业社会中，在非模式化的社会生活和活动领域中的各类事项上，对行动契机的把握包含着某种成功的可能性。与公共领域相比，在私人领域中，商人、企业家等因为营利的需要，都表现出了重视把握契机的行为特征。如果说公共领域中的行动能够更好地得到制度的支持，不需要去把握所谓行动的契机，那么市场中的行动除了得到排斥性规范的约束之外，成功或失败都更多地取决于行动者的自觉性和主动性。所以，市场主体才会表现出不愿意放过任何一个契机的行动热情。即便在公共领域中，在以政治家身份出现的人与行政角色扮演者之间，在是否有着把握契机的主动性方面，也是有着很大差别的。对于社会高度复杂性和高度不确定性条件下的行动来说，对于应对危机事件的行动来说，关注和把握契机，有着非常重要的意义。

在人的几乎所有行动中，一旦人们将视线投向了契机，就意味着必然性信念的衰减。把握契机，就是不放过偶然性带来的机遇。在简单的和确定的社会中，人们很难在社会的运行和变化中发现契机。相反，社会的复杂性和不确定性，在某种意义上，所予人的就是开展行动的契机。如果说社会的低度复杂性和低度不确定性已经唤醒人们去把握行动的契机，那么社会的高度复杂性和高度不确定性将会对人形成某种刺激，充分地调动起人们努力把握行动契机的热情。事实上，人们将不难发现，在高度复杂性和高度不确定性条件下，契机在量的意义上增多了。一方面，由于契机对人的行动效果有着非常重要的影响；另一方面，契机的增多，又会激发出人们把握行动契机的要求，甚至会生成一种将契机作为行动资源的意识。

虽然我们说契机意味着偶然性，但又不能将契机完全等同于偶然性。这是因为，在认识论哲学的熏染下，我们所形成和拥有的观念要求我们持有必然性与偶然性并存的观点。实际上，对契机的认识是不适用于这一原理的。无论人的行动契机在数量的意义上增长到了什么样的程度，都改变不了契机所具有的"时间之点"这一重属性。契机与契机之间并无联系，甚至契机的出现与逝去也无规律可寻。在"时间之点"的角度看契机，就会发现，简单的和确定的社会中的契机，是包含在必然性的结构之中的；低度复杂性和低度不确定性的社会中的契机，既可能包含在必然性的结构中，也可能具有偶然性的性质；高度复杂性和高度不确定性的社会中的契机则意味着偶然性，而且是脱离了必然性的偶然性，不再与必然性之间有什么瓜葛。

在风险社会及其高度复杂性和高度不确定性条件下，一旦人们普遍地获得了把握行动契机的愿望和要求，行动者也就不会仅仅被动地等待契机。相反，会在制造契机方面也发挥其主动性。契机在这种条件下表现为偶然性，如果说通过人的行动不能造就必然性，那么造就偶然性则是完全可能的。在人所造就的偶然性中，就会包含着契机。

总之，生活和存在于风险社会中的人们应当更加关注和把握各种各样的契机，以求在应急行动中获取更多的优势。也就是说，风险社会中的人并不像农业社会中的人们那样等待播种和收割的契机，而且也没有那种呈现出规律性的契机可供把握。所以，需要在复杂性和不确定性的条件下去识别和把握行动的契机，将契机转化为资源而加以利用。最为重要的是，人们应拥有契机意识，并借助于这种意识去捕捉每一个到来的契机而不使其错过。如果说人们通过行动去创造契机的话，也应尽可能地避免这个过程产生风险。

就契机意味着偶然性而言，一般说来，是不能够在分析性思维中得到把握的，分析性思维方式至多可以用来把握"时间窗口"。总的说来，分析性思维始终对偶然性抱持畏惧心理，因为偶然性的出现意味着逻辑链条的断裂，从而使分析性思维发生中断。但是，从现代科学的发展来看，偶然性往往成为各种各样创新活动的机遇。一旦遭遇了偶然性，人们就可以在偶然性的时间维度和空间维度周边去发现其他因素，以便把断裂的链条接续起来。结果，把偶然性纳入必然性之中，消除了偶然性。这无论是反映在理论还是实践上，都意味着创新成果的出现。

所以，虽然分析性思维会担心偶然性破坏了思维的连续性，但在社会的运行中，人们则会得益于偶然性所提供的创新机遇。对每一个创新机遇的把握，都需要建立在不同于分析性思维的相似性思维的应用之前提下。与分析性思维不同，相似性思维从不畏惧偶然性，反而会表现出非常习惯于偶然性的状况，会认为偶然性本身就是一种常态。相似性思维所擅长的是，轻而易举地在很多偶然性事件之间建立起联系，并在所建立起来的那些联系的基础上形成行动方案。

得益于认识论哲学以及科学的发展，分析性思维方式在工业社会这个历史阶段中得到了充分发育。因为人们拥有了分析性思维方式，从而树立起了从偶然性之中去发现必然性的信心，也确实找到了在复杂性和不确定性条件下开展行动的各种路径。我们既已拥有的经验表明，对于分析性思维而言，复杂性和不确定性并不构成对必然性的否定，或者说，复杂性和不确定性只意味着更多的偶然性。所以，人们总是认为，是可以对必然性、偶然性进行分析的。正如汤普森所说的，"复杂性意味着更多和更深的相互依赖，从而更多的偶然性节点"。[①]按照这个逻辑，偶然性节点的增多，在方向上是与复杂性和不确定性程度的提升相一致的。也正是这个逻辑，把人们引进了一种自反的境界，遭遇了把握偶然性的困难，甚至可以说使得对偶然性的把握变得完全不可能了。

根据汤普森所说的复杂性与偶然性节点的正相关关系，复杂性和不确定性程度每提高一分，都意味着偶然性节点的倍增。这样一来，在高度复杂性和高度不确定性条件下，必然性完全被偶然性所掩盖，那时就会发现，我们既已拥有的关于必然性的信念，有可能误导我们的行动。如果借助于分析性思维去把握汤普森所说的"偶然性节点"的话，显然是不可能的。至少今天，我们无法借助于分析性思维去把握偶然性节点，而且在分析性思维中也无法找到把握无限增多的偶然性节点的合适路径。所以，如果希望去把握偶然性节点的话，就只能抛弃分析性思维，转而寄托于通过直观、想象的方式去把握偶然性节点。

直观、想象等都是相似性思维的构成要素，而相似性思维是一种不同于分析性思维的思维方式。从思维方式的历史性特征来看，在前工业社会中，相似性思维是最为基本的思维方式。之所以人类在工业社会的历史阶段中选择了分析性思维而抛弃了相似性思维，是不能简单地用偶然性来加以解释的。对于这个问题，也许从这两种思维方式的可操作性的角度来作出解释，会显得较为合理。

比较而言，分析性思维的线性特征意味着它的可操作性是很强的，

[①] ［美］詹姆斯·汤普森：《行动中的组织——行政理论的社会科学基础》，敬乂嘉译，上海人民出版社2007年版，第150—151页。

而相似性思维的运行则要显得复杂得多，以至于人们掌握它和运用它都会显得较为困难。不过，我们需要辩证地看所谓操作性的问题，就如操作机器的人与操作家务活动工具的人互换角色后都会显得笨拙一样。所以，我们并不能武断地说哪一种思维方式更具有可操作性，而是需要在具体的历史场境中去理解这两种思维方式得以应用的情况。

工业社会所显现出来的是低度复杂性和低度不确定性特征。在这个社会中，分析性思维已经能够满足人们认识和实践的要求，而在全球化、后工业化开启的高度复杂性和高度不确定性社会中，分析性思维作为认识和实践工具则无法满足认识和行动的要求，以至于不得不让位于相似性思维。作为相似性思维的基本要素和重要环节，直观、想象等在高度复杂性和高度不确定性条件下所承担起来的认识功能，是根源于行动的需要的。首先，行动所面对的环境和任务的高度复杂性和高度不确定性决定了分析无从着手，即使强行地去进行分析，也不会获得所欲之结果；其次，任何一项分析，越是合乎现代科学的要求，也就越会耗费一定的时间，行动的即时响应特征意味着分析会遇到时间容许的问题。所以，放弃对必然性的把握，根据偶然性现实，基于直观、想象而取得的认识成果去开展行动，也可以认为是高度复杂性和高度不确定性条件下的一种无奈选择。

我们不难发现，工业社会中的日常生活往往不受必然性的支配，或者说，在这个社会中的日常生活领域，人们并不会要求将行动建立在对必然性的认识和把握的前提下。在人的日常生活中，在人的交往活动中，有许多细微的方面是无法在逻辑性的认知中得到反映的。这些细微的方面不只是人的情感、行为上的，更多的是综合性场境所给予人的。能否把握这些细微的方面，对人的行为选择有着很大的影响。这就是为什么工业社会中的人们对很多历史现象无法理解从而将其归入偶然性范畴中去的原因。也就是说，人们在认识论的逻辑性认知模式中无法把握那些细微的方面，以至于觉察不到其原因。一旦人们拥有了相似性思维方式，就能够把握那些细微的方面，也就不会感觉到许多历史现象不可理解了。人的认知敏感性是反映在对事物的细微方面的感知上的，有了相似性思维，人们就会表现出认知敏感性。这不仅是人的精神能力得到提升的表现，也会反映在人的行为选择以及行动上。这一点是不难理解的，因为我们总是发现，带有文学色彩的传记作品所描述的人物，总比学术作品的记述更加真实。

总体看来，工业社会这个历史阶段中的主导性思维方式是分析性思维，认识论哲学在这种思维方式的生成和定型中发挥了基础性的作用，分析性思维方式其实就是由认识论哲学建构起来的思维方式。或者说，是认识论哲学将这种思维方式系统化和定型化，然后推荐给其他科学，使人们可以借助于这种思维方式开展科学研究。当科学研究使用分析性思维方式的时候，认识论哲学的几乎所有关键性的范畴都是以信念、观念的形式而为科学研究者所持有的。必然性、偶然性是认识论哲学的基本范畴，也反映在了工业社会的科学研究中，而且也是实践中须臾不可缺失的信念和观念。

基于认识论的科学研究，对于每一个研究对象，都需要从其内部结构和外部空间结构去加以解析。因为，"事件、性质和过程的实现，以及各个个体的特殊行为，都以在时空中存在着的物体的结构为转移，物体的内部结构和外部关系决定着和制约着每一事件的发生和消失"。① 否则，所看到的就只能是"事物发生的先后顺序或事物存在的各种依赖关系，都是一些偶然的联系，而不是某种固定的、统一的、具有逻辑必然性的模型的体现"。② 虽然必然性、偶然性都是认识论哲学的重要范畴，但这种哲学似乎有着天然的排斥偶然性的倾向，总是极力捕捉必然性，甚至将对偶然性的排斥当作人类的事业。

四　必然性受到现实否定

在一个人的成长道路上，也许是某个偶然的原因促成了他成为现

---

① 涂纪亮：《美国哲学史》第2卷，河北教育出版社2002年版，第284页。
② 涂纪亮：《美国哲学史》第2卷，河北教育出版社2002年版，第285页。

在这个人。从教育的角度看，可以将此说成他的选择，以便激励年轻人去自觉地选择他未来的道路，但是，除了一些杜撰出来的故事，我们何曾见过一个人的自觉选择是成功的。我们其实只能将一个人的成功或失败、闻达或堕落归于交互作用中的某个偶然性的契机。我们承认，在人走向成功的道路上，最初出现的某个动机也许是偶然的，但在走上了那条道路之后，所做的坚持不懈的努力，则在很大程度上指向了成功。尽管如此，这条道路上的各种各样的交互作用才是真正的现实，而交互作用带来的则是偶然性，是发生在任何一种可能的交互作用节点上的偶然性。也许我们可以找到许许多多有着坚定信念的人走向成功的案例，对于失败者，我们能够都将其失败归于缺乏坚定信念上吗？也许成功者都有坚定的信念，执着地走一条通向成功的道路。但是，在这条道路上，他的信念在交互作用中起到的作用，其实是微不足道的。所以说，成功都是偶然的。这样说可能显得比较残酷，而事实就是如此。

在历史的大视野中，可以说一个人所处的时代决定了他成为什么样的人，就如在我们的时代不可能出现柏拉图那样的哲学家，而在古希腊不可能出现图灵这样的工程师一样。时代中的既定场境决定了一个人必然会带有那个时代的烙印，他能够凭着自己的信念、毅力、能力等超越自我，但那只是相对于他人的自我超越，却无法超越它所在的时代及其他所在的场境。这就是历史唯物主义的决定论观点，是与在具体事项上寻找决定与被决定关系的机械决定论完全不同的。

在个人成了什么样的人的问题上，要为其找到一个明确的原因，也许基于宗教中的"因果观"能够给出某种令人信服的答案，而传记作者所给出的往往只是他的个人判断，而且在很大程度上具有臆造的成分。比如，说某个人因为在杭州西湖边遇到了一个澳大利亚人才成了中国的首富，那要么是传记作家的杜撰，要么是那个首富的臆想。在他没有成为首富的时候，他也许根本就没有想到那个澳大利亚人对他有什么意义。如果没有改革开放，如果不是进入了一个互联网时代，他即便遇到了那个澳大利亚人,也不可能成为首富。这就是时代意义上的必然性。

在社会发展的某些时刻,虽然一个人成为什么样的人具有偶然性,但某个人的贡献却有可能改变历史,或者创造出一个世界。正如亚当吃了苹果或不吃苹果是偶然的一样,因为他吃了苹果而有了人类所拥有的世界;如果他没有吃苹果的话,也许人类所拥有的就不是一个带有"原罪"的世界。同样,盘古如果不是一时兴起抡起了他的大板斧,那么人类也许就是混沌中的生物,先天地具有了混沌气而不会竞争、争抢、掠夺。所以,世界是怎样的,都有可能是某个偶然的原因造就的,人亦如此。

必然性、理性选择在某些方面是可以得到证实的,而在另一些方面则是无法看到的。必然性是秩序、规则等之中的必然性,而超出了秩序和规则,那就是偶然性的世界。所以,对必然性或偶然性的执着,都不可取。提出这种观点,在工业社会的语境中,也许会被看作某种类似于中世纪的"异端"。然而,在我们置身于风险社会时,满眼所见或亲身感受到的都是高度复杂性和高度不确定性。如果此时人们还带着必然性的信念去开展活动,所显现出来的就是盲目自信,因而会处处碰壁。

在工业社会低度复杂性和低度不确定性条件下,人们在所有方面都试图去把握那些被认为具有必然性的事物。因为,在人的心灵深处持有一种观念,认为具有必然性的事物是重要的事物。重要的,也就是需要认真对待和倾心去做的,是应当努力做好的。可是,当我们在风险社会开展行动的时候,在社会高度复杂性和高度不确定性条件下,还能把必然性与重要性相等同吗?显然不行。这是因为,在风险社会及其社会高度复杂性和高度不确定性条件下,必然性也许消失了,或者说,远离了我们的视野,以至于我们无法寻觅到具有必然性的事物。事实上,在高度复杂性和高度不确定性条件下,我们满眼所见的都是具有偶然性的事物。如果我们因为必然性信念而将某事看得无比重要,放弃了对威胁到我们生命财产安全的事项的关注，即因为这个事项被认为是偶然性的事件而认为它并不重要，其结果将是什么样子？

如果说必然性与偶然性构成了"概念共生"意义上的一对范畴，那么在必然性消失了的时候，我们也不再倾向于使用偶然性的概念了，而是用"突发性"一词替代了偶然性的表述。所以，对于人们的行动而言，重要性已经与必然性失去联系，反而是那些意味着危机事件的"突发性"，与"重要性"之间重合了起来。正是这一点，意味着风险社会中的人们必须有着不同于此前的人们所拥有的思维方式。工业社会的人们把具有必然性的事项看得非常重要，那是因为它具有战略意义，是基于对规律的认识而发现的事项。在风险社会及其高度复杂性和高度不确定性条件下，当我们无法把握必然性的时候，如果将某个事项确认为具有必然性，其实只是我们的一厢情愿，并不是客观上如此。

在近代早期，或者说在现代政治建构的初期，马基雅维利看到了现代政治有可能遭遇的偶然性和流动性，所以寄情于对制度稳定性的追求，以求通过制度的稳定性来克制偶然性和流动性。正是这一点，确立了马基雅维利在现代思想源头上的某种地位。在今天，当我们置身于风险社会及其高度复杂性和高度不确定性条件下，关于制度稳定性的追求变成了一种奢望。我们必须接受任何稳定的制度都无法确立的现实，并在行动方面去寻求社会治理重构的方案。

也就是说，风险社会及其高度复杂性和高度不确定性的现实要求我们，在社会治理的问题上，需要实现从制度关注向行动关注的转变。这是因为，偶然性、流动性都已经是无法再通过制度来加以控制和调节的了，而且制度的稳定性也会被这种偶然性、流动性轻易地冲垮。在我们已经无法获得制度稳定性的情况下，如果我们还把社会治理的希望寄托于制度的稳定性，显然是不明智的做法。所以，并不是我们想要将视线转移到行动上来，而是风险社会及其高度复杂性和高度不确定性的现实迫使我们不得不把视线转移到行动上来。

既然偶然性是与必然性相对应的概念，那么在没有必然性的情况下，也就无法理解偶然性。在风险社会及其高度复杂性和高度不确定性条件下，我们很难寻觅必然性的踪迹，处处遭遇的都是突发性的事件。虽然从逻辑上讲这种状态是不应该用偶然性的概念来加以描述的，但因为工业社会已经赋予我们必然性信念，而且这种信念直到今天仍然显得非常稳固，从而意味着我们不能不把突发性事件与偶然性的概念联系在一起。

如果说风险社会及其高度复杂性和高度不确定性条件下的行动不是按照预测所制定的方案进行，而是一种根据情境和任务要求的即时行动，那么行动就是非模式化的，就会表现为一种随机互动的状况，是在与行动事项以及行动伙伴间交互作用中展开的。反过来加以观察，交互作用的发生是随机的和偶然的。当然，会因场境而定，反映了场境的需要。总体看来，风险社会及其高度复杂性和高度不确定性条件下的现实所表现出来的是，一切都处在流动中，每一场境都有着高度流动性，从而使得每一个现实存在物的相遇都具有随机性和偶然性。反映在行动中，所表现出来的就是行动者因为任务的需要而共同行动，而不是因为制度或规则的要求，让人们必须成为共同行动的合作伙伴，也不是按照制度和规则的要求必须去开展行动。

个人的行动是为了生存和生活，在工业社会中主要表现为谋求利益。对于社会而言，特别是发生在公共领域中的行动，则是指向社会秩序的。或者说，发生在公共领域中的所有行动，最终都是指向社会秩序的。因为，秩序是最基础性的公共产品。对于20世纪的社会科学研究而言，在如何规范社会并获得秩序的问题上，大致有两种基本的认识取向和认识视角：一种是注重观察和理解社会及其组织的秩序；另一种则着重于认识社会及其组织中的冲突。"秩序观"要求防范冲突、消弭冲突，实现社会及其组织的稳定，进而在稳定中做出科学的安排，并选择正确的道路而求得发展。"冲突论"把既有的秩序看作不合理的，把目光盯在一种未来的合理秩序上。

应当说，还存在着试图调和这两种观念的立场，即肯定冲突的动力功能和秩序的必要性，并形成了认识秩序中的动态平衡机制的要求。但是，一般说来，在这种调和立场上产生出来的只是一些空泛的宏论，并不打算转化为实践上的可操作性方案。比较而言，秩序观与冲突论会在现实的社会和组织发展中交替占据上风。在社会发展的某个时期，人们倾向于对秩序观表达赞同；在另一个时期，也就是在人们感受到秩序的压抑时，便会接受"冲突论"的各种主张。表现在语言上，就是"革命""改革""再造"等词语开始流行起来。其实，这两种基本的社会和组织发展观都默认了社会的低度复杂性和低度不确定性条件。在社会的高度复杂性和高度不确定性条件下，无论是秩序观还是"冲突论"，都会显得不合时宜。

我们根据高度复杂性和高度不确定性条件下的"构建人类命运共同体"的要求而提出了一种合作秩序主张。对于合作秩序，是不能在以往任何历史经验中去理解的，它甚至不能被理解成动态平衡。因为，合作秩序本身就是一种"非平衡态"。在社会拥有网络结构的情况下，在组织是合作场域中的行动体的情况下，并无静态存在着的结构性要素，因而也就不存在由这些要素互动而生成的动态平衡，而是一种由所有参与到合作过程中来的流动着的要素所形成的流动性的秩序。当秩序以一种平衡态的形式出现时，当秩序意味着稳定性时，相对于行动来说，展现在面前的是一条必然性的通道。相反，当秩序本身就是一种非平衡态，不具有稳定性，那么行动就必须接受偶然性的挑战。

在高度复杂性和高度不确定性条件下，人们也许认为会出现冲突普遍化的局面。确实，构成了社会和组织的所有因素都会处在冲撞之中，但所有的冲撞都不一定是相对的，更不可能是定向的，而是表现出一种偶然性冲撞。人们至多可以凭着科学手段去把握冲撞概率，而不会为了某种目的而进入冲突中去开展支持某个冲撞方的行动。也就是说，风险社会及其高度复杂性和高度不确定性条件下的冲撞和冲突，都将不是我们的历史经验中的任何一种由目的引发的冲突状态。

其实，如果人们在高度复杂性和高度不确定状态下确立起了人的共生共在理念，那么所有冲突和冲撞的主观基础都将被消除。因而，也就不再会出现能够对"冲突论"形成支持的力量。人的共生共在是风险社会中的基本社会目的，人的一切行动都从属于这一目的的实现。在所有行动方式中，合作行动是最合乎人的共生共在之要求的行动方式。

合作行动是体现了人的自主性的行动。这种自主性可以理解成不受外在性因素约束和支配的行动，不是由必然性决定的行动。也就是说，在高度复杂性和高度不确定性条件下，关于行动者自主性的规定，要求人们凭着自己的经验而行动，抛却任何普遍性的原则，不受任何教条的束缚。或者说，行动者不仅在以何种方式行动的问题上，而且在运用什么样的思维方式的问题上，都有自我选择的自主性。就个体已经消融于行动者之中而言，这种自主选择是行动者而不是个体的人的选择。个体可以选择进出某个合作体系，但行动中的选择则是由合作行动者做出的。

在风险社会及其高度复杂性和高度不确定性条件下，行动者面对的是充斥偶然性的事件，在无法把握因果关系的情况下，只有凭借经验而将相似性的存在编织和联系起来。事实上，高度复杂性和高度不确定性意味着，即便人们抱持工业社会中的任何一个基于普遍原则建构起来的框架，那个框架也将不再具有康德知性范畴的功能，既不能对高度复杂性和高度不确定性现实中的社会现象进行解释，更不能对行动形成正确引导。所以，只有行动者的自我经验和依据经验的自主选择，才能保证行动者走在正确的道路上。这就是基于偶然性而行动的原则，尽管偶然性已经很难构成有价值的哲学概念了。

第三节 工业社会的形式化之维

如果将我们所面对的和生活于其中的世界分为形式的方面和本质

的方面，那么对普遍性、同一性的追求，对必然性的把握，都不会触及本质的方面，而是会让我们永远耽于形式的方面。在社会建构上，这些做法也肯定会将我们的所有努力都囿于形式建构方面，在本质方面所取得的建构性成果只能是一种听天由命的结果，而不是反映了我们的自觉性和主动性。

就社会发展的现实来看，20世纪后期出现了公私边界模糊的现象。公私边界的模糊化，不仅在社会的意义上，而且在经济的运行中，都有着明确的迹象。不只是许多行动事项很难被确定属于公共的还是私人的，甚至许多组织的性质也难以确认，即无法截然断定这些组织是公共组织还是私人组织。这种情况意味着工业社会前期的那种基于公私区分的社会治理模式变得不适应了。从世界各国的改革看，基本上是通过公共事业私人化的方式去回应这种情况的，即引进私人部门的一些运作方式或实现"私有化"。在一段时期中，这种改革的确提高了公共部门的效率，增强了回应性，但也造成了一些社会基本价值弱化的问题。

也许是因为社会基本价值的弱化，使得人们更加耽于社会的形式面而不愿意去感知社会以及人的存在的本质。也就是说，人们更加满足于在社会的形式面上开展行动，沉迷于实质性内容较为稀薄的形式化的社会目标（比如GDP）。当人类踏入21世纪的门槛时，遭遇了风险社会，面对着社会的高度复杂性和高度不确定性，要求我们回过头来省察工业社会。结果，我们在工业社会的发展路程中，看到了一条形式化的历史轨迹。可以说，在整个工业社会这个历史阶段中，人们都沉浸在社会生活和活动的形式方面，不愿意去认识和理解社会以及人的本质。

社会是一个巨型系统，当系统的本质发生变化时，会有各种各样的表现，公私边界的模糊化就是其表现之一。对于公私边界模糊化的问题，应当理解成社会本质层面上的一种变动，并需要开展触及社会本质方面的改革。应当看到，已经有许多学者认识到了工业社会后期的社会变革触及了一些根本性的问题。比如，罗尔斯、阿玛蒂亚·森等人对公平、正义等问题的讨论，显然在论题上已经触及本质的方面。不过，即使人们对这些本质性的论题进行了讨论，也都一直是在社会的形式面上去观察和思考问题的，是在形式面上去寻求公平、正义等的实现方式，根本未能深入社会本质层面上去思考改革的问题。

所以，始于20世纪后期的全球性改革运动也没有真正地在社会本质层面上找到适切的改革方案，更不用说在社会本质层面取得什么改革成果了。在历史前行的道路上存在着社会变革的要求，而改革的行动却未触动社会本质，以至于人类在全球化、后工业化进程中遭遇了风险社会。总之，改革未能满足社会变革的要求，是构成风险社会的原因之一。如果我们希望解决这个问题的话，终结工业社会的形式化，应当成为改革的目标之一。我们对普遍主义的反思，对必然性追求的诘问，是应落脚于否定和造就什么样的世界上来的。

一 工业社会的形式化历程

自人类进入工业社会以来，形式主义就是一个挥之不去的梦魇。在一切存在管理的地方，人们都会受到形式主义的困扰。在政府以及其他的官僚机构中，形式主义一直是一个严重的问题。之所以管理以及社会治理活动中会存在严重的形式主义的问题，与工业社会的发展进程一直走在形式化的道路上是有关的。形式化构成了工业文明的一个维度，而且是一个非常重要的维度，并深入地植入了意识形态和形成了思维习惯。当这种形式化反映在人的行为上，就会以形式主义的形式出现。在某种意义上，是因为人们对形式方面的刻意关注已经成了一种思维定式，而这种思维定式又会自然而然地转化为形式主义。

工业社会的形式化是社会生活和活动的规范化、模式化的表现形式，或者说，这种规范化、模式化就意味着形式化，而形式主义又是由形式化引起的，是社会的形式化在人的行为和行动上的表现。人的行为以及行动中的形式主义可能是有意为之，也可能是不自觉的。如果是有意识的，那么这种意识也是对形式化的一种扭曲的反映，或者说，是对形式化的一种错误的解读。

形式主义的行动必然是存在于管理体系之中的，在社会治理体系中表现得尤其典型。由形式化引起的不自觉的形式主义往往是逐渐形成的，是一步步地将形式化转化为了形式主义。在这种不自觉的形式主义中，官僚以及形形色色的管理人员也许并未意识到要用形式主义去博取名誉、利益等，只是用自己的行为和行动诠释了形式主义。自觉的形式主义是由官僚以及形形色色的管理人员刻意营造出来的，其中包含着某种不道德的动机，甚至对社会、对组织体系都具有严重的危害性。

在所有官僚制组织中，形式主义都是官僚主义的一种表现方式，甚至可以说是官僚主义的主要表现方式。在当下中国的语境中，所谓"低级红，高级黑"，如果是以行动而不是话语的形式出现的话，基本上都表现为形式主义，是一种用形式主义的方式去"拍马逢迎"。当然，形式主义有着各种各样的表现，其危害也是多种多样的，但就其根源看，都可以归结到工业社会的形式化上来，是工业社会的形式化的结果。

如果我们回到古希腊思想那里，就会看到，在亚里士多德"四因说"中，"形式因"只是"四因"中的一种，或者说，是"四因说"中的一个维度。可以说，在亚里士多德的"四因说"中，"目的因"是包含在"质料因""形式因""动力因"之中的，为它们确立方向。一旦目的实现了，也就意味着一个结果出现了，目的转化成结果，也就不再是"因"了。在从"目的因"向结果转化的过程中，"动力因"发挥了作用，是"动力因"的作用而将质料转化成了某种结果。

结果必然是有形式的，形式既是结果的因也是结果的样态。其实，在亚里士多德的"四因说"中，"形式因"有着非常重要的地位，"目的因""动力因""质料因"都包含着或承载着"形式因"。也许正是领悟到"形式因"在亚里士多德"四因说"中的这种特殊地位，才使西方思想走上了形式追求的道路。当思想物化为社会建构的实践并体现在社会生活和活动中时，也就走上形式化的道路。

在翻译柏拉图的作品时，对于他的一个重要概念有过争论。在翻译成"理念"还是"理式"的问题上，学者们曾经表达过不同的意见。的确，在中文里，"理念"与"理式"两个词的差别是比较明显的，"理念"是有质的，而"理式"只关乎形式而忽略了本质。其实，在西方思想语境中，对柏拉图的"理念"已经作出充分形式化的理解，其质性的内容基本流失了，人们是不会从柏拉图的理念概念中产生质的联想的。从古希腊起，西方思想的发展一直集中于对世界形式方面的关注，特别是近代以来，对形式的关注排挤了其他视角。当这种思想付诸社会建构时，也使社会的发展走上形式化的道路。世界的质受到忽略或受到轻视，因而，这种思想的片面性也造就了世界的单向度性，致使完整的世界越来越远离我们而去。

工业社会的本质就是形式化。这似乎是一个矛盾的表述，却又是能够准确地描画出工业社会发展史的状况的一个表述。虽然认识论哲学要求对一切事物都进行形式与内容、本质与现象的区分，但对形式的注重，却构成了工业社会的本质。这可以说是一个不争的事实。对于这一现象，也许只有运用辩证思维才能理解它。也就是说，在形式与内容、现象与本质的形而上学区分中，根本无法理解形式化构成了工业社会的本质这个问题，因为它在语义上和逻辑上都是矛盾的。

人们也可能在农业社会的艺术生产中看到工业化的影子，比如，中国农业社会的年画，每年的消费需求和生产量都是很大的。但是，这种每一件作品都必须经由手工而不是机器制作的情况，在本质上并不能归入工业化的范畴。即使普通的消费者在选购时，也会逐件进行比较，努力去发现每件作品的个性和自己之所爱。与之不同，在工业社会，工业化的艺术品生产使人们在艺术消费过程中去进行选购和鉴赏变得没有必要了。因为，艺术成了失去实质性内容的某种形式，只要能给人的感官带来第一印象上的刺激，就已经能够满足消费者的审美需求。特别是同一作品可以被大量复制，也就同时通过这种复制而把人的审美感官驯化成同样的品味和同样的审美需求。至于对不同作品的复制品的偏好，也与人们对日常消费的工业品的偏好一样，同属于那种品味和审美需求。在这里，生产者和消费者的个性都被完全销蚀掉了。在《判断力批判》中，康德指出，在所有美的艺术中，最本质的东西无疑是形式。这不仅表达了他对艺术的看法，也确立了工业社会思想和行动的原则，是对整个工业社会的本质所作出的最为精要的阐释。形式就是这个社会的本质，除了形式之外，这个社会不再有本质。

人类社会中的一切事物、事件，都只有实现了形式化才可以复制，因为本质的方面都是独特的。所以，我们也看到，在工业社会的公共领域和私人领域中，重复发生的行为以及事件都无非是一次又一次的复制，是因为形式化而可以还原为具有同一性的行为和事件。因而，不仅在不同地区，而且在不同时间节点上，所发生的行为和事件都可以归入同一模式，是在同样的程序和规则之中发生的。

当然，日常生活是个例外，虽然重复的行为和事件在日常生活领域中也会每日发生，但在它们每一次出现时，都会有新的内容。比如，会增强人的声望、促进人的友谊、确立起人们间的信任关系，或者相反。当然，你也可以说，这些现象也偶尔出现在了公共领域和私人领域中。可是，对于公共领域和私人领域的理想形态而言，如果行为和事件每一次出现时都具有独特的个性，那肯定是不被允许的。政府不能有区别地对待张三、李四，企业也不能让张三、李四以不同的价格购买同样的商品。如果出现了对张三、李四区别对待的情况，那只能说是日常生活领域对公共领域和私人领域殖民的结果。

应当承认，工业社会中的日常生活领域一直表现出了拒绝形式化的状况。也正是在这一点上，近代以来，当社会分化为公共领域、私人领域和日常生活领域后，日常生活领域往往需要在"情""法"之间作出选择。在许多情况下，是无法将法治的原则严格地贯彻到日常生活中的，而是需要在人际关系的调整方面为习俗、习惯以及情感发挥作用留下一定的空间。如果我们看到日常生活领域是以家庭为基本单元的，而且在家庭的扩大化的范围中，从理论上讲，也存在着某种形式的组织，但组织的轮廓往往是较为模糊的，而且家庭生活的原则和行为特征也充斥于这种组织之中。所以，来自前工业社会的传统文化以及家庭中的血缘、情感等因素，都会在这种组织中发挥着重要作用。一旦法治的原则以及法条介入日常生活领域中，就有可能对这个领域中的和谐构成破坏性的影响。

比较而言，私人领域的组织化程度较高，但在靠近日常生活领域的那些边缘部分，又往往具有较多的家庭色彩。比如，家族企业就是这样。靠近公共领域的那些边缘部分，又往往具有较强的形式化、抽象化的特征。比如，一些公有制企业或事业单位则如此。公共领域、私人领域是现代性造物，而日常生活领域则更多地保留了传统。正是这一点，决定了日常生活领域并不像公共领域、私人领域那样有着强烈的形式化追求。

工业社会中最引人骄傲的是在"科学"与"法治"两个方面所取得的成就，然而正是这两个方面，却诠释了什么是形式化。在科学研究中，自然科学对精确性的追求也许是必要的，尽管20世纪也出现了关于"模糊性"的一些讨论。然而，社会科学中的精确性追求则将人们的视线引向了形式方面，而且这种情况在人文科学中也有所反映。所谓精确的科学，其实只不过是关于对象形式方面的分析、抽象和描述，是因为不涉及对象的本质而能够做到精确。我们关于精确科学的概念无非是用数字来表达的，是对量的描述，反映的是对象量的方面的状况。也就是说，一切可以计量的，都只限于形式方面，一旦涉及本质，数量的表述就会显得不知所云。

在人的认识中，经验是认识过程的始点，也是认识过程赖以展开的材料，但经验是关于对象形式与本质整体的经验。在关于对象形式方面的经验中，计量的表达方式是具有合理性的，但在关于对象本质方面的经验中，直观的方式则是最佳路径。事实上，关于对象的本质也只能在直观中获得，而从属于科学精确性的定量分析，永远都只能停留在形式上，不可能在量的积累和获得全面的量的情况下达到本质。

当科学研究将视线放在形式方面，也就必然会关注形式合理性的问题。所以，工业社会的一切形式合理性追求都要求"祛魅"。特别是在社会科学研究中，所依赖的主要是统计法则。法默尔认为，"在一个强调科学的社会里，数字常常带有情感价值；数字的这种特殊运用所具有的附加情感力量，是与……技术机器的巨大成功联系着的"。[1] 不管情感的因素如何渗透到了数字之中，都是受到科学研究客观性的排斥的，至多也只是潜藏在数字的背后。以数字的形式展现给我们的，往往是关于认识对象的形式。

在形式上用功，即在形式的方面开展科学研究，必然会要求研究者"价值中立"。然而，在一切具有现实性的行动中，在超出科学研究意义的社会实践中，价值中立是不可能的。所以，科学研究上的原则性要求与社会实践中的不可能性的问题，一直困扰着人们。昂格尔说，"以立法问题为例。有两个理由说明，为什么自由主义社会的立法方法不可能被认为是真正中立的而为人们所接受。首先，程序与结果密不可分。每一种方法都会使某种立法选择优于其他考虑，尽管它还很难在任何具体问题上打下自己的烙印。第二，每一种立法体制本身都体现了某种价值观，它已经包括了如何在社会中分配权力以及如何解决冲突的观点。它必然循环论证地证明它所依据的观念"。[2] 这的确是工业社会法治中的现实。

不用说执法者的价值判断在所有执法行动中都会发挥作用，而且立法过程中的立法者也不可能做到价值中立。事实上，在工业社会的

---

[1] [美]戴维·约翰·法默尔：《公共行政的语言——官僚制、现代性和后现代性》，吴琼译，中国人民大学出版社2005年版，第264页。

[2] [美]昂格尔：《现代社会中的法律》，吴玉章等译，中国政法大学出版社1994年版，第167—168页。

所有社会活动中，都不可能保证行动者做到价值中立。但是，这个社会的法治却要求"法律面前，人人平等"，即要求法律无差等地对待每一社会成员，以至于法律展现出来的就只是形式，至于价值等因素，都是深深地隐藏在其背后的。因为，一旦法治更多地考虑价值因素，就失去了可操作性，只有在形式方面，才能够做到公平、公正和无所偏袒。

在历史上，农业社会并无公共服务的问题，只是在工业社会，才出现了这个问题。所以，公共服务是工业社会中的一种特有的现象。或者说，是因为公共领域、私人领域和日常生活领域的分离，才派生出了公共服务的问题。在20世纪，公共服务的问题得到了较为充分的探讨。公共服务必然会遇到社会公平等问题，虽然这个社会消除了身份等级，但社会意义上的经济不平等却是客观事实，而且人们之间仍然存在社会地位上的差别；在组织中，职位、岗位上的等级制恰恰是一种管理上的安排，没有这种等级，管理也就无从开展。这样一来，公共服务如何在本质的意义上实现社会公平、公正，是很难找到可行路径的，以至于只能追求形式上的公平。在形式背后的本质面上，尽可能保留一种模糊性原则。

形式公平就是一种形式主义，它在实质上恰恰是不公平的。所以，经常有人批评工业社会的治理体系制造出来的问题远比解决的问题要多。其实，不仅是在公共服务的问题上，在我们上述所例举的这几个方面，形式化追求都带来了各种各样的问题。可是，工业社会走上了形式化这条道路，而且生成了路径依赖。一方面，在形式化追求中产生了各种各样的问题；另一方面，又只能在形式面上再行寻找解决问题的方案。由于世界以及人的完整性的丧失，形式面上的一个问题得到解决的同时，又会派生出更多的问题。结果就是，将人类引入了风险社会。

二 理性化与形式化

工业社会是一个崇尚理性的社会，这个社会中人的思想、行为、行动以及所有的创造物,都被要求具有合理性。所谓合理性,简单地说,就是合乎理性。合理性概念的提出本身,就是将理性默认为其前提,是因为有了理性这个标准,才有了合理性的问题。

在笛卡儿、斯宾诺莎那里,理性主要是一个认识问题,即要求认识的过程以及解决认识问题的所有行动都具有理性的属性。可是,在解决认识问题的思想集中到了康德那里,而且建立起了以思想体系的形式出现的认识论,也就不再将理性严格地限制在认识过程中了,而是试图扩大到实践过程,从而有了"实践理性"的概念。总的说来,在近代以来的所有思想叙事中,在哲学和科学的话语中,"理性"都是一个出现频率最高的语词。不过,许多与理性相关的概念所指的都是形式理性,具有实质理性内涵的"价值理性""实践理性"等概念虽然也经常为人们所提及,但其话语地位是很低的。如果说关注公平、正义等问题的哲学理论能够尽可能地从价值理性、实践理性出发去思考问题的话,那么在广泛的社会科学诸领域中,思想与学术都散发着纯粹理性、科学理性、技术理性的气息。特别是受到了实证主义哲学思想的影响,人文社会科学走上了对纯粹形式关注的道路,作为"快餐文化"构成部分的所谓实证研究,不仅以反价值的面目出现,而且表达了对知识的轻蔑。因为,只要搞到一些数据,就可以制作出非常精致的文本,至于价值因素以及传承而来的知识,都变得没有什么用处了。

也许是对理性的崇尚,使工业社会走上了形式化的道路,在这个社会的几乎所有领域和所有方面,都表现出了对形式化的亢奋追求。只要我们说话和使用语言,就能够感受到,这个社会总是通过语言的形式化去把词放置在固定的结构中,因而削弱了词的多变性。语言在形式化方面所取得的成功已经使它可以为机器所掌握,不仅不同语言之间的翻译可以让机器去做,而且文学作品的创作都可以由机器完成。不仅语法的出现使语言呈现出这种特征,而且这个社会中占主导地位的思维方式——分析性思维,也是建立在语言形式化的基础上的。

只有当语言实现了形式化，才能适宜于用在科学研究以及科学成果的阐述上。如果我们看到一些与我们在时间上平行存在的地区或民族所使用的语言尚未实现形式化的话，或者说显现出某种形式化程度不足的状况，那么这些地区、民族在科学研究以及科学研究成果的阐述上就无法使用自己的语言，而是需要使用那些形式化比较充分的语言。所以，无论是在自然科学还是社会科学领域中，都存在着这样一些学者，他们并不使用其母语发表科学成果（这里需要指出，汉语在白话文运动中已经实现了形式化，是能够满足于科学研究和科学成果阐述需要的。在这种情况下，如果人们追求用外语去发表科学研究成果的话，则不是由于语言无法表现的原因。在很大程度上，是某种民族自卑心理的表现，目的是向发达国家的学术界炫耀自己的研究成果，而不是为了这些研究成果增益于人类的事业）。

语言的形式化是合乎工业时代的运行逻辑的，体现了分析性思维务求准确和精确的特点。但是，在后工业社会的高度复杂性和高度不确定性条件下，如果语词丧失了多变性，就会大大地削弱语言的沟通功能。或者说，语言担负了沟通的功能，而语言的形式化却使它在沟通和交流中束缚了行动者的创造力。一旦行动者丧失了创造力，缺乏创新的积极性，也就无法在高度复杂性和高度不确定性条件下开展行动。所以，如果相似性思维在全球化、后工业化进程中取代了分析性思维而成为主导性的思维方式，那么与相似性思维相联系在一起的语言，将把词的多变性作为语言生命力的源泉，会借助于词的多变性而使语言获得支持创新的功能。

虽然语言学告诉我们思维方式是受到语言决定的，但语言的使用状况却反映了思维方式。工业社会中的主导性思维方式是分析性思维，它代表了理性和体现了理性，在某种意义上也是理性的代名词。之所以工业社会拥有了这一思维方式，是与认识论的建构分不开的。如上所述，正是认识论哲学使分析性思维体系化和模式化了。而且，从分析性思维方式在社会生活各个领域、各个方面的应用来看，与工业社会的形式化是如此吻合，从而成为工业社会取得如此辉煌成就的一大助力。

认识论是诞生于工业社会的一种哲学理论范式，它替代了古希腊时期创建的本体论哲学范式。认识论也是工业社会的最伟大科学成就，没有认识论及其所提供的分析性思维方式，也就不可能有现代科学，也就没有工业社会在几百年的历史中所取得的巨大成就。在认识论的思想框架中，理性显然是需要由思维方式来提供保证的。所以，康德规划了完整的分析性思维方式。在形式理性与实质理性的区分中，可以看到，分析性思维就是建立在形式理性之上的思维方式，或者说是体现了形式理性的思维方式。当然，康德是把形式理性表述为"纯粹理性"的。

对于康德而言，如何保证认识的过程是理性的，这是一个他必须加以解决的问题。否则，他就不能够超越笛卡儿"心""物"的模糊性，也无法撤除包含在"心"中的杂质。这样的话，也就不能把哲学变成科学，更不用说建立起作为现代科学之母的认识论了。在认识论体系中，分析性思维是认识过程具有理性之属性的保证，而分析性思维又主要是以对认识对象的抽象为基本内容的。为了保证抽象不偏离理性，还要使抽象过程严格地运行在推理过程中。可是，一切本质都是拒绝抽象的，也不可能在抽象中获得，因为本质永远都是具体的。抽象只是一种从形式到形式的思维活动，可以从具体的、特殊的形式抽象到一般的、普遍的形式。

认识论将一般的、普遍的形式当作本质看待，以为通过分析性思维的抽象就可以透过表象而深入对象的内部，从而把握其本质。这是非常错误的看法。因为，分析性思维提供的抽象等认识方法都只能从一层形式到另一层形式，永远都是与本质无涉的。也就是说，通过抽象、分析、推理等分析性思维的运作方式而级级深入，无论走到了哪个层级（阶梯），依然是停留在了形式这个面上，根本就没有触及本质。

就认识而言，对本质的把握只能通过直观，直观是通向对象本质的唯一途径。在具体性的意义上，形式的方面与本质的方面是统一的，但当分析性思维运用于认识的过程，以为经过了抽象可以获得关于对象的本质，实际上则是将本质撤除了，即完全无视本质的存在。这就是形式与本质在思维中实现了分离，一旦认识成果应用于实践，也就通过实践对世界的改造而使世界成了失去本质的形式化存在物。所以，认识论中的认识所承诺的对对象本质的认识，其实是与本质无关的。

具体的存在首先给予认识者的是形式上的差异，形式上的差异也的确是由本质决定的。认识每深入一层，形式发生了变化，原先的差异处出现了同一性，同时也意味着本质不同了。但是，认识论以及从认识论中成长起来的全部科学都停留在形式面上，并未把握本质，在使用"本质"一词或谈论本质时，是把下一阶的形式误作上一阶的本质。其实，形式面上的每一阶都有自己的本质，只不过它是不可能通过抽象、分析、推理等方式而得到认识和把握的。对本质的认识和把握，必须借助于直观，只有通过直观，才能实现认识者与对象的勾连、耦合和融通。本质是存在于形式背后的，但它只是这一层面形式的本质，如果通过分析、抽象、推理等方式从这一层面的形式走到了下一层面的形式，就如从平等宇宙的这一宇宙走到了那一个宇宙，那一层面的形式（宇宙）又有着属于它的本质。由此可见，认识论的贡献是发现了形式具有多个层面，或者说是有无限个层面，并找到了通过各种各样的逻辑学和科学方法打通从此一层面到另一层面的通道，但对每个层面的本质，都未触及。

抽象本身是以推理过程的形式出现的，而推理永远都只能实现对对象的形式的把握，是从一种形式推及另一种形式，或者从一个形式面而推及另一个形式面。与推理不同，直观能够实现对对象的形式和性质的综合性把握。也就是说，推理仅仅是从一个层面的形式到另一个层面的形式的演进过程，始终是在形式上用功的。无论推理的过程多么冗长和烦琐，都不会向本质的方面迈进哪怕很小的一步。

在对对象形式的认识和把握的问题上，直观只限于所观察到的形式，直观不能从一种形式推及另一种形式，更不能从表面上的形式推及掩蔽于表面之下的形式。因而，直观必须得到想象的补充，即借助于想象而达到对尚未观察到的形式的把握。当然，想象不会停留在形式上，想象本身也包含着直观。所以，一切直观都是指向本质的，尽管直观也首先触及了形式。也许直观会出现指向了错误的地方而没有获得关于本质的认识，但就直观本身而言，却不是停留在形式或表象上的。

如果说近代以来的科学认识偶尔在揭示事物的本质方面取得了成果的话，那么在认识过程中，肯定有着直观的介入。所以，认识论对直观的贬抑是无理由的。如果从实践的需求来看，在我们堕入了风险社会并面对着世界的高度复杂性和高度不确定性时，认识论的推理进程也就变得无法在行动中展开了。另一方面，在风险社会中，满足于对对象形式上的认识和把握是没有意义的，反而，所形成的认识结果有可能对行动形成误导。风险社会中的认识应当指向对象的本质，以至于我们对对象的认识和把握不得不更多地求助于直观。这就要求我们不仅不能接受认识论对直观的贬抑，反而要去努力培养人的直观能力，并发掘任何可以对直观提供支持的因素。

理性的标准是纯粹理性，而直观的标准则是经验理性。一切直观都是经验性的，或者说，直观是形成经验的途径，也是经验的构成要素。如果在功能上去看直观的话，也许人们会因为直观不能全面地把握本质而表示对它的失望，并会因为推理能够较为全面地把握对象的形式而对推理表示赞许。可是，风险社会及其高度复杂性和高度不确定性不仅意味着对形式的认识和把握是没有意义的，而且也无法实现对形式的认识和把握。在这种情况下，认识的需求就只能由直观来满足。

虽然直观在认识的意义上所指向的总是本质的一个点或作为一个点的事物的本质，但直观毕竟指向了本质，而不像推理那样停留在形式上。仅此就能成为对直观加以肯定的理由。这就是胡塞尔所说的，

"感性直观,尤其是经验,是关于一个个体对象的意识,'它'作为直观意识'使这个对象被给予',作为感知使这个对象原本地被给予,使意识能够'原本地在'在其'真实的'自身中把握这对象"。① 在这里,胡塞尔是将直观区分为"感性直观"和"本质直观"的。在胡塞尔看来,如果说"感性直观"是外向的,那么"本质直观"则是指向自身的。也许是因为有了笛卡儿思想这个参照系,胡塞尔才对直观作了"感性直观"和"本质直观"的区分。不过,笛卡儿在对"思"进行思考的时候,是从个体的人出发的,而胡塞尔在区分出感性直观和本质直观的时候,仅仅是把感性直观看作个体的直观,而本质直观则不限于由个体来承担,甚至可以认为它更多的是属于非个体性的直观。

尽管胡塞尔区分出了感性直观和本质直观,但他认为本质直观在功能上是与感性直观完全相同的,都是指向本质的。胡塞尔之所以要将直观分成两类,只是为了要求人们不要把所有的直观都看作个体的人的直观。考虑到近代个人主义的语境,这种区分是非常必要的。在功能的意义上,感性直观也同样是本质直观。所以,胡塞尔说,"与此完全相同,本质直观是关于某物,关于一个对象的意识,是关于这本质直观所看到的并在本质直观中'自身被给予'的某物的意识;但这某物也可以在其他的行为中'被想象',被模糊或清楚地思维,成为真实的和错误的直言判断的主体——就像所有在形式逻辑的必然广义上的对象一样"。②

总的说来,当人的思维掌握了"抽象"这一工具后,世上万物都可以化繁为简,让人的生活变得简便。比如,面对繁复多样的商品,跨越其质上的差异所构成的界限,从中抽象出某种共同的因素(劳动

---

① [德]埃德蒙德·胡塞尔:《现象学的方法》,倪梁康译,上海译文出版社1994年版,第86页。
② [德]埃德蒙德·胡塞尔:《现象学的方法》,倪梁康译,上海译文出版社1994年版,第86—87页。

价值论所说的"价值"),就可以发明一般等价物,或者说,对作为一项古老发明的一般等价物作出了合理性证明。抽象导致事物质的流失,面对低度复杂性和低度不确定性的世界,或者说,在社会的低度复杂性和低度不确定性条件下,这种质的流失不仅未在人的思维以及社会生活实践中带来无法承受的消极后果,反而使思维以及社会生活实践更加方便。然而,在高度复杂性和高度不确定性条件下,事物质的流失实际上会以对象的消失这样一种形式出现,以至于我们可能陷入一种不知道针对什么和为了什么而去开展行动的状况之中。在高度复杂性和高度不确定性的世界中,我们必须基于具体的事实去开展行动,浮现在我们思想中的也是具体的事实及其联系。这种联系是不可分析、不可抽象的,而是需要通过直观和领悟去把握其本质。

三 政治及其形式民主

启蒙思想家在政制设计中提出了民主的原则性构成,但如何落实和付诸实施,只有在形式化的思路中才能解决这个问题。事实也的确如此,是到了19世纪,随着"代议制"发明了出来,才使这个问题得到了解决。在代议制中,谁有资格代议?基于人的平等的原则,显然是要通过选举来决定的。即使在代议的过程中,所有事项也都需要通过票决的方式来定。因而,民主政治也就以选举和票决的形式出现了。在民主政治定型为选举和票决政治后,也就确立了形式民主。

单就选举而言,无非是被作为一种确认政府合法性的手段而加以利用的。正如杰拉尔德·庞珀所说,"对公众来说,它们只是一种象征性的安慰而已","无论是形式上的选举,抑或是在某种程度上体现了一种真正的选择,它们的共同目标是为了维护当权者的合法地位"。[①] 当然,选举有助于"抚慰在具体政治行为方面产生的不满和

---

① [美]托马斯·戴伊、哈蒙·齐格勒:《民主的嘲讽》,孙占平等译,世界知识出版社1991年版,第213页。

疑虑，增加对本制度合理性和民主性的认识，进而培养顺从未来的行为习惯"。① 由选举所代表的政治或者说通过选举来加以体现的政治，失去了政治本应有的质而成为形式民主，即蜕变成了以形式民主为标志的政治。

在《公共行政的语言》中，法默尔把选举说成一种"理性的狂欢"。的确，在政治生活形式化的条件下，利用狂欢节来让人们发泄政治压抑是非常积极的举措，它要比其他节日所能带来的可计算的经济价值更有意义。所以，虽然20世纪后期以来的许多学者对工业社会的形式民主作了各种各样的批评，但我们必须指出，就人类文明化的进程而言，这是一个必经的历史阶段。

我们必须看到，形式民主的历史性功绩表现在它作为一个训练机制而在人类文明化进程中发挥了作用。比如，在代议制中，想成为代表的人，必须表明自己是有社会责任感的，同情社会中的那些弱势群体，力求在个人生活中（至少在不为人知的意义上）遵守社会主流文化所认同的道德。尽管其中有很多表演的成分，但在一代又一代的传递中，发挥了训练出一批又一批优秀的社会成员的作用，至少发挥了强化某些主流价值观的作用。

之所以形式民主的这些功能未能充分地显现出来，可能是学者、理论家们一直扮演着不光彩的角色所致。那是因为，他们不是看到形式民主也能对社会生活本质方面产生影响，而是停留在形式面上去努力对形式民主进行各种各样的辩护，以转移人们对社会本质面上的问题的关注，从而把形式民主形塑成民主的唯一形式。正是这样一批人，反反复复地念叨着个人主义、"经济人"等词语，时时提醒人们，你是自私自利的存在，不要太多地把社会责任、道德观念当作一回事儿，才消解了代表的责任感和道德意识，麻痹了选民对民主性质的关注，

---

① ［美］托马斯·戴伊、哈蒙·齐格勒：《民主的嘲讽》，孙占平等译，世界知识出版社1991年版，第224—225页。

使政治的形式化更加稳固地以形式民主的面目出现。

在以选举为基本内容的形式民主中，虽然平民都拥有选举权，可以运用手中的选票来行使其公民权，但在日常的政治活动中，平民却被排斥在了政治过程之外。当政治活动交由代表时，也就拉开了精英与平民的距离，使政治生活成了与平民无关的社会事项。也就是说，精英与平民的分离也就演化成了政治活动对平民的拒绝。为了改变政治生活中平民受到排斥的状况，在20世纪后期出现了所谓协商民主的构想。根据艾丽斯·杨对协商民主的认识，"协商民主的理想模式是促进自由与平等的表达机会。然而，如果缺乏平等的另一种条件，即，不受支配的自由，那么，这种状况就不可能实现。在协商民主的理想过程中，各种参与者在下述意义上讲必须是平等的，即，他们中间没有任何人处在一种可以强制或者威胁其他人接受某些提议或者结果的地位上"。[①]

本来，自由与平等就是民主的前提条件，但在形式民主的结构和程序中，自由和平等都被加上了各种各样的限制条件，实际上受到了排斥。协商民主所要做的，就是要恢复自由和平等。要恢复自由和平等，就不能让政治仅仅交由政治精英，而是要还政于民，即让所有公民都在与自己相关的事务上开展政治活动。这样一来，协商民主也就是一种不同于形式民主的新构想。或者说，从注重程序的形式民主转向了每个人都可以在与自己相关的事项上参与的活动，从而使民主获得它本应有的质性。协商民主理论家们甚至认为这是民主政治唯一可行的路径，即通过协商对话的方式去恢复自由和平等，或者说，通过包容原则的确立而把自由和平等引入协商对话的过程之中，使民主真正合于作为前提条件的自由和平等。

如果说民主是一种寻求共识、消除差异的途径，那么差异的客观

[①] [美]艾丽斯·M.杨：《包容与民主》，彭斌、刘明译，江苏人民出版社2013年版，第28页。

性则意味着这种民主体制只能在形式上用功。当我们将民主政治的运行与这个社会的思维方式联系在一起时，就会发现，对形式的理解，求助于逻辑，求助于抽象、推理等，一层层地将形式解剖、剥离，也就能够获得了一阶阶形式。在每一阶上，都得到了某些同一性（共识）。如果获得了两种以上的同一性，仍然是以差异的形式出现的，这种差异也就会朝着矛盾、对立的方向演化，进而以斗争的方式相处，或者一种同一性消灭另一种同一性；或者以冲突的形式长期并存。当这一阶的矛盾、冲突、斗争等造成了无法承受的后果时，或者，在人们不愿意耽于这种状态时，就再沿着从差异中寻求同一性的路径深入一级。到了下一阶，也就在这个下一阶上重演上一阶上的全过程。政治生活和活动就是通过如此复制下去而像机器一样地运行着的，这也是科学、思想以及人类社会在近代走过的历程。反映在社会的运行上，就是我们能够看到的对矛盾、冲突、斗争、分化等所有这些社会表象的解释，并根据这种解释寻求对冲方案。我们业已建立起来的制度、社会治理模式等，就是这些对冲方案的典型代表。可见，这与我们上述所谈到的认识论及其分析性思维方式的运行，有着同样的形式。实际上，它们都从属于和拥有着同样的模式。

如上所述，在达成共识的问题上，民主政治的目标可以归结为消除差异，而达成共识的手段则是票决。事实上，在达成共识的问题上，民主政治的实践也的确形成了对票决的路径依赖。如果认真地审视票决，就会发现，虽然在形式上可以把投票结果视为共识，但那显然不是真正的共识，反而是将多数派的意志强加于少数派。这也是民主退化为霸权的标志。

正是求助于票决的形式民主，将人们区分为多数派与少数派，使少数派受到压制，从而使民主演化成了霸权。20世纪后期，协商民主的探索似乎就是为了解决这种形式的而非实质的共识问题。不过，就协商民主并未找到切实可行的操作性方案而言，或者说，就协商民主仅仅停留在学者的诗意憧憬中来看，所描述的往往是一些空洞的信念。

在某种意义上，似乎在颁布一些具有感悟色彩的教义。对于协商民主的这一问题，艾丽斯·杨也意识到了，"即使当人们怀着一种合作精神来行动的时候，那种全体一致同意的情形也是非常罕见的。这可能是由下述原因导致的，即人们不具有充分的时间进行讨论，组织讨论过于困难，人们失去了关注的兴趣并变得心灰意懒等"。①

不难意料，这种情况必然是真实存在和非常普遍的，而且也意味着协商民主的理想会因为这种情况而遭遇致命的冲击。艾丽斯·杨却通过对一种信念的描述去说明，上述问题都是可以不予考虑的。艾丽斯·杨说，"只要各种群体与人们有理由认为他们有机会影响那种结果，那么，那些由多数规则与妥协所组成的程序通常就是必不可少的，并且它们也不会违背有关民主正当性的承诺"。② 应当说，在几百年前，也就是在社会契约论提出的那个时代，假定人们都做出了对民主的承诺，而在此后的民主政治运行中，虽然这种承诺也似乎得到了维护而没有发生改变，但不愿参与、不愿移步到投票站的人却也一直存在，他们似乎并不在乎一定要履行先辈们代他们做出的那个严肃的承诺。如果协商民主求助于这项人们对民主的承诺，在何种程度上是有保证的？这肯定是一件非常可疑的事情。

同样，就协商民主理论希望将自己打扮成不同于经典的、传统的、过往的所有民主理论的新设计而言，也不应求助于根源于社会契约论的那项人们对于民主的承诺。可是，就协商民主理论依然是把自己作为民主政治的一个新的方案而言，它其实是仅仅要求将自己定位在对形式民主作出一些矫正的位置上的。所以，协商民主虽然构想了不通过代议的协商这样一种方式，但在参与协商过程中的人们存在着通过商谈无法达成共识的问题时，却仍然面对一个不进行票决而有结果

---

① ［美］艾丽斯·M. 杨：《包容与民主》，彭斌、刘明译，江苏人民出版社2013年版，第148页。
② ［美］艾丽斯·M. 杨：《包容与民主》，彭斌、刘明译，江苏人民出版社2013年版，第148—149页。

的问题。可见，正是在这个最为重要的环节上，协商民主理论没有找到一个对形式民主的替代方案。并且，在以启蒙思想为起点的民主演进逻辑中，无论对形式民主做出了什么样的矫正构想，都无法在实质民主方面取得进展。这就是由工业社会的形式化这样一个总体环境决定的。

就民主是一个共识生成机制来看，除了通过票决而形成质性完全流失的形式共识之外，是不可能有其他出路的。然而，在此问题上，艾丽斯·杨却认为，参与协商过程中的人们只要有着对自我利益的理性自觉，就可以解决无法形成共识的问题。她说，"民主过程首先是一种对于各种涉及利益或需要的问题、冲突与主张的讨论。通过意见交流，其他人会检验或者挑战这些提议或论点"。[①] 根据对民主的这一认识，协商民主似乎成了最能反映民主真义的一种民主模式。因此，"在协商模式中，民主是一种实践理性的形式。在这种民主过程中，参与者对于如何最佳地解决问题或者满足正当的需要等提出建议，并且他们也会提出各种相应的论据——他们致力于通过这些论据来说服其他人接受他们的提议……由于那些参与协商过程的公众不会抵制这种对话式的审查，所以，他可能会拒绝某些提议，或者会改善某些提议。各位参与者不是通过确定哪些偏好获得了最大数量的支持来达成决议的，而是通过确定集体所赞同的哪些提议得到了最佳理由的支持来达成决议的"。[②] 根据艾丽斯·杨的这一设想，显然给出了一种不通过票决的票决。不过，它仍然是需要求助于多数支持的做法，因为，"最佳理由的支持"如何判断，就是一个问题。一旦准备回答这个问题，又必然会回归到形式民主的操作方案上来。

根据艾丽斯·杨对协商民主的设想或期许，通过对话去达成意见

---

① ［美］艾丽斯·M. 杨：《包容与民主》，彭斌、刘明译，江苏人民出版社2013年版，第27页。
② ［美］艾丽斯·M. 杨：《包容与民主》，彭斌、刘明译，江苏人民出版社2013年版，第27页。

一致要比传统的票决具有更多实质民主的内涵。我们看到，把民主简化成一些程序、投票过程和计票结果是民主政治实践一直采用的基本方式，它也就是典型的客观化的形式民主。与之相比，在把民主作为一个协商过程对待时，也许一些合理性较高的建议在一开始并不被多数人接受，但在对话中却能够让更多的人认识到其合理性；同样，一些最初由多数人提出的意见，则有可能经历一番对话后而让人们认识到那并不是一项具有合理性的建议。所以，协商和对话所形成的一致意见更能反映民主的实质和体现民主的价值。当然，协商并不是无条件的，对于进入协商过程中的人而言，需要做到包容和平等；对于协商的事项、议题等，则需要具有合理性和公共性。所以，所要遵循的是包容、平等、合理性与公共性的理念。这样一来，意味着协商民主触及了民主政治的本质，因而对传统的形式民主造成某种冲击。可是，正因为它触及了民主政治的本质，决定了它无法在形式化了的工业社会中付诸实施，因为它与这个社会相冲突。事实上，从20世纪后期以来的情况看，协商民主仅仅存在于学者构成的小圈子中，从来也没有付诸政治实践。

不过，在协商民主试图对形式民主进行改造的愿望中，反映了工业社会后期各个领域中的一种追求。虽然它们并未汇聚成一个思潮，但对工业社会中的形式化问题的反思则是可以经常性地看到的。进入21世纪后，人类陷入了风险社会，这意味着近代以来的理论和实践基于形式而展开的思路在运行上是有问题的。或者说，不应仅仅限于形式的方面开展科学探察、社会建构等，而是需要在本质方面开辟出一条道路。如果这个设想是可取的，那就会展开一幅全新的画卷。

在既有的思想库中，也许"现象学"能够对如何描绘这幅新画卷有所启发。柯林武德在评述希腊思想时说："希腊的精神在其反历史的倾向上趋于僵化而束缚了它自己。希罗多德的天才战胜了这种倾向，然而在他以后对于知识的永恒不变的对象的追求却逐渐窒息了历史意识，并且迫使人们放弃了希罗多德式的对人类过去活动获得科学知识的希望。"① 如果我们套用柯林武德的这一表述方式来描述近代以来的思想史，所作出的判断应当是，笛卡儿的天才思想被18世纪的启蒙思想扭曲了，以至于现代科学发展和社会建构走向了形式化的方向，人们总是在形式方面寻求把握世界、改变世界和开展社会建构的方案，而直观、现象通融的道路则被封堵住了。在此问题上，可以认为，"现象学"有可能成为一种以笛卡儿为起点再出发的探路行动，尽管目前还只表现为思想而没有付诸行动。也许是因为现象学的思想未在行动中有所体现，致使20世纪的思想演进不仅没有解决工业社会的形式化的问题，反而所有被人们误以为取得了进展的成果，都只是在强化工业社会的形式化方面做得更加极端也更加精致了。所以，要改变这种状况，应当到20世纪前期产生的现象学那里去寻求启发。

---

① ［英］R. G. 柯林武德：《历史的观念》，何兆武等译，中国社会科学出版社1986年版，第32—33页。

第 二 章

把握社会的新特征

　　观察社会，一旦关注它的结构，首先映入眼帘的就是其等级存在的状况。人类社会最早的分化就是等级化，即分成不同的等级。在人类历史上，等级也是一种长期存在的社会现象。农业社会是一个等级身份制的社会，近代以来一直有"去等级化"的追求，而现实却表明去等级化的道路并不顺畅。在资产阶级革命的过程中，取缔了等级制却未消除等级，而且等级的表现形式更加多样化了，诸如阶级、阶层等都是等级的具体表现形式。在组织建构及其管理过程中，官僚制的科层结构是必要的设置。

　　人类之所以在走进21世纪的时候出现了风险社会，是与人类历史上的社会等级结构分不开的，正是在社会的等级结构中，源源不断地生产出了社会风险。这些社会风险在人类行进的过程中又被积累了起来，并最终以风险社会的形式出现了。风险社会是以高度复杂性和高度不确定性的面目出现的，而且社会的流动性也在不断地增强，所有这些，都对等级构成了否定。在18世纪启蒙时期，人们是用"平等"的概念去与等级对冲的。在启蒙思想的传承中，"去等级化"一直被作为工业社会演进过程中的一项重要任务。走过了几个世纪的历程，却发现那是一项未竟的事业。随着风险社会的降临,则有了彻底实现"去等级化"的希望。

　　社会客观意义上的等级结构是与主观意义上的自我中心主义交织在一起的,而且正是它们的交织,构成了工业社会的一幅整体图谱。我们知道,在近代以来的自我意识觉醒过程中所生成的人际关系表现出了以"自我为中心"的中心——边缘结构。所以,近代以来的工业社会发展历程也可以看作一个中心化过程。自我与他人的关系、社会以及世界的中心——边缘结构,无非是中心化的结果。资产阶级的民主政治是拥有中心——边缘结构的政治,不仅经典的代议制民主,而且作为民主理论的最新成果的协商民主和作为民主实践的最新表现形式的参与式民主,都包含着中心——边缘结构。一方面,工业社会将去等级化作为政治文明的标志;另一方面,这个社会出于管理的需要,又一直走在中心化的道路上。正是工业社会的中心化,把人类领进了风险社会,但也开启了"去中心化"的进程。风险社会中的人类命运共同体的客观现实,社会的高度复杂性和高度不确定性,都促使中心化进程发生了逆转,也已经显现为一种历史趋势。这也意味着风险社会中的一切积极性的社会建构都必须基于"去中心化"的现实去寻找思路和开展行动。

　　工业社会的人具有个体性,或者说,个体性是这个历史时期的人的社会属性,它让人以个体的形式拥有人权和参与各种各样的社会活动。人的个体性是历史地生成的。在农业社会的家元共同体中,人是同质性的存在物,不具有个体性,只是到了工业社会,人的个体性才得以生成,人因为获得了个体性而成为原子化个人,并成为全部社会建构的基础。随着人类历史进入全球化、后工业化进程,随着社会呈现出高度复杂性和高度不确定性,随着风险社会的出现,人的个体性无论是在积极的历史进步的轨道上,还是在消极的风险社会压力下,都正在呈现出消解的状况。人的个体性是资本主义赖以成立的前提。因为,在人的个体性中产生了利益意识和利益追求的行动,开始了人与人的竞争，从而开始了人类在不知不觉中走向风险社会的行程。在风险社会中，个体性以及从个体性出发的所有行动都是有害的。因而，必然要为人的共生共在的客观要求所替代。从人的共生共在出发，将会建构起合作行动模式，并通过合作行动开辟出一条人类在风险社会中的生存之道。

第一节 等级结构的解构

我们业已走进了风险社会，但是，这个社会的结构应当是什么样子的？人际关系的结构应当是什么样子的？可能是需要思考的问题。显然，我们走进风险社会是不自觉的，是工业社会在行进中生产和积累起来的社会风险将我们的生活和活动空间转变成了风险社会，但我们既然已经置身于这个社会中，就需要自觉地对这个社会进行建构，因而要求我们首先应有这个社会的初步想象，即想象这个社会的结构应当是怎样的，人际关系的状况应当是怎样的。

吉登斯说，"社会生活的历程确实像一些学者所强调的那样，一般说来是可以预见的。然而，就许多方面而言，这种可预见性都是社会行动者'造成的'；如果没有社会行动者在行事时所采用的那些理由，所预见的社会生活就不会发生。即便说，分析行动的意外后果和未被认识的条件构成了社会研究的主要部分，我们仍需强调，始终要把这些后果和条件放在意图行为流中来解释。在分析中，我们还必须考虑社会系统再生产中那些被行动者反思性监控的方面和意外的方面，以及偶然行为的意外后果在某种具有历史意义的场合中导致的'长远'影响"。[1] 历史是由人创造的，正如马克思所说，人是历史的剧中人，又是历史的剧作者。在某种意义上，社会进化不同于自然进化之

---

[1] ［英］安东尼·吉登斯：《社会的构成：结构化理论纲要》，李康等译，中国人民大学出版社2016年版，第269页。

处就在于，它不是"天择"而是人自己的选择。在人写就的历史剧目上演的过程中创造了风险社会，尽管风险社会并不是编剧所设想的，却是其剧目上演的客观结果。所以，在风险社会出现时，意味着改写和调整剧本的任务被提了出来。

经历过工业社会的文化熏染，我们现在都坚定地相信，人类有着追求平等、向往自由等基本理念和心向追求，人类有着合群共生的天性，认为这些都决定了人的选择。有了选择，并对选择作出再选择，而且不断地对选择加以改进，一步步地前行而创造了历史，还在创造过程中同时改变了人类自身。在此社会发展过程中，科学发挥了举足轻重的作用，其中，最大的作用则是能够作出预见，为预见指明方向，证明了预见。现在，当人类堕入风险社会，面对着社会的高度复杂性和高度不确定性时，要想对未来进行科学预测和提出某些预见，变得不再可能。但是，有一点是不变的，那就是，面向未来的社会建构必然会反映我们的意愿。虽然人类是在不自觉的状态中走进了风险社会，或者说在无意之中用自己的行动制造了风险，并使风险积累起来而造就了风险社会，但在我们进入了风险社会之中时，还是需要自觉地建构人际关系结构以及社会结构的。如果我们在历史演进中领悟到了某种趋势的话，并根据这种趋势去开展我们的建构性行动，那就是科学的。事实上，从人类历史来看，社会的"非等级化"一直是人们致力于追求的，而且人类历史上的每一次社会变革，也都在社会的非等级化方面前进了一步。在风险社会中，非等级化的历史进程应当再行展开。在某种意义上，这也是一次历史机遇，将在回应风险带给整个社会的"消极平等"中真正地实现社会的非等级化。

一 等级是社会建构的结果

等级是人际关系的一种状态，反映在个人那里，也是由个人所承载的，但在一个人的独自存在中是没有等级问题的，只有当人处在群体之中和有了人际关系的时候，才会以等级的形式出现。不过，人们也会把这种状态移情到自然界以及人之外的所有存在中去，把各种各样的存在区分为不同的等级，或者说，按照类别而给予人造的物品、自然界的各种存在物以等级序列。可以认为，在人的世界中，一切与人相关的事物、存在物等都被分成了等级，而所有的等级都根源于人的观念，是因为人有了等级观念，才不仅把人这个类中的存在物分成等级，而且也把与人相关的一切存在物分成等级。

关于等级的划分，包含着人的认识、判断和情感偏好。客观存在的、以事实的形式出现的等级，实际上只是人的观念的物化形态，是因为人把等级加予人的认识所及的世界，从而使之呈现出等级以及等级秩序。在涉及社会和人的学术叙事中，为了表示不同社会或历史阶段中的人际关系上的等级差别，也将其表述为阶级、阶层、层级等。就这些表述而言，实际上只是为了突出等级在不同的历史或社会场景中的具体性，是等级的不同表现方式。在官僚制组织中，特别是对于从事人事管理的人来说，是直接地将组织成员区分为1、2、3……级的，即用数字来标识某个组织成员属于什么级别。当然，人的等级可以用来指个人间的人际关系，而阶级、阶层、层级等概念往往更多地指群体间的等级关系。等级似乎是人类社会中一种普遍的社会现象，无论是从个人的角度还是从群体的角度看，社会都在结构的意义上有着等级差别。

人的等级观念也许是在混沌初开之时就产生了，可以说人的等级观念是人对人以及世界的认识和理解的结果，也可以认为，等级观念属于康德所说的知性范畴，是用来整理关于人际关系状态的感觉时而赋予的。当然，根据一般性的解释，原始形态的人与人之间可能会在体魄强弱等方面存在差异，就这种差异能否构成等级而言，则取决于人的认识和理解，在很大程度上，是因为人们赋予其等级的意义并从属于等级的理解而使人的差异以等级的形式出现了。再如，人的体魄上的强弱在社会的意义上不能构成将人区分为不同等级的依据，但人们却要代之以用财产、权力占有等为标准而将人们区分为等级。这些都可以指向人的等级关系生成的合理解释，甚至可以从这些描述中引申出许多解释。人类社会等级化的实际情况究竟是怎样的，也许是很难通过考古等科学手段而获知的。显然，在等级生成的问题上如果开展争论，也许无法形成一个人人都同意的共识，而且也没有什么意义。不过，可以肯定地说，在人的等级观念形成后，等级就成了一种理解和解释框架。在没有等级的地方，人们也会从中区分出等级，或者，建构起等级。这是一个经验事实。

不过，将人区分为不同等级的依据和标准是变化着的；在不同的领域、针对不同的类别，用以框定等级的依据和标准是不同的。所以，在人有无等级观念或是否有着强弱不同的等级观念时，人与世界中的等级状况也会显现出不同。在很大程度上，我们可以说，是因为人有了等级观念，是对人与世界作出了等级的理解和解释，才有了似乎是客观性的等级构图。不过，人的等级观念的形成和持有又是有着客观条件的，在世界是相对静止的情况下，在社会有着稳固秩序的情况下，可以从中发现等级或作出等级理解，并将等级作为一种结构来看待。但是，对于一切迅速变动着的存在物，都无法从中发现等级，也无法用等级的概念去框定它。在风险社会及其高度复杂性和高度不确定性的条件下，社会流动性的不断增强以及社会网络结构的生成，会对人的等级作出否定。

在纵向比较中可以看到，农业社会的稳固性决定了这个社会的等级关系的状况。在工业社会中，因为人的流动性初步展现了出来，在社会以及政治的意义上产生了否定等级的要求，而在组织中，则因为对管理秩序的强调，使等级被作为管理手段而得到强化。虽然人类历史显现为一部等级建构的历史，人们也把社会的等级结构理解成和解释成具有客观属性的社会存在状态，但风险社会展现了社会等级结构解构的前景。如果说人类在进入21世纪的同时也遭遇了风险社会的话，那么我们在风险社会中的这段经历中已经发现许多事件对人的等级关系构成了挑战和否定。

我们认为，自然界本身并不存在等级，只是在人有了等级观念后，才对自然界作了等级化的理解。即便如此，也只是在某个生态环节的有限范围内，等级化的理解才能得到证实。如果把整个生态置于我们的视野中的话，等级观念立即就面临无所适从的状况。这说明，自然界是允许人们做出多重理解的，关键要看这种理解是从什么角度出发，运用的是什么样的思维方式，以及视野的宽度有多大。

社会现象显然是人所建构起来的，但人的这种建构一旦成为客观性的事实，也就可以从多角度进行观察和允许多重理解，这种理解权应交给观察者和理解者，而不是事先要求观察者和理解者全都拥有同一种观念。就此而言，分析性思维在人类认识史上的表现是，让所有的观察者、认识者、理解者都拥有同一观念和运用同一方法，并坚信这是消除分歧和达致真理的唯一途径。不过，我们的疑问是，这究竟在多大程度上能够获得真理性的认识？如果我们对作为现代认识活动全部根基的分析性思维方式表达怀疑，那种认识路径显然就变得可疑了。显然，在面对高度复杂性和高度不确定性的认识对象时，出于多种理解的需要，应当运用一种不同于分析性思维的相似性思维去加以把握。一旦我们运用的是相似性思维而不是分析性思维，也许就不会关注社会结构中的等级，而是会在人们之间去发现相似性。

在对相似性思维的构想中，我们应当表达的一个基本点是：基于相似性思维去把握世界，体悟、想象、隐喻等这些路径是可以共同使用的，但理解和把握的视角、方法、观念等则属于理解者的自由，每一个理解者都有自己的主动权。只有完成了这一步，人们才会开展讨论和谋求共识。实际上，一旦人们拥有了相似性思维，也就不再会产生谋求共识的要求。所以，在相似性思维这里，真理和共识等不是预设的，也不可以在逻辑上预成，甚至是不去追求的。在等级的问题上，根据分析性思维，就会谋求人们对等级的普遍承认和认同。为了承认和认同等级，在不同的领域是允许确定不同的区分和划分标准的，但认识和理解等级的方式和路径只能是一个。与之不同，根据相似性思维，作为认识者和理解者的每一个人都有自己的视角、认识和理解方式，即不谋求认识方式上的同一性。因而，也就不会去要求每一个人都承认和认同等级。反映在社会安排上，每一个行动体在是否承认等级和做出等级安排的问题上，都有不受任何外在性影响的自主性，整个社会是不是有着等级结构，也不是以事实的形式出现，而是取决于人们的理解，每个人都有自己的认识和理解。

风险社会所呈现出来的是高度复杂性和高度不确定性，不仅作为认识和理解对象的风险具有高度复杂性和高度不确定性，而且风险社会中的人的生活境遇也具有高度复杂性和高度不确定性。事实上，风险社会中的一切存在物和一切事件都具有高度复杂性和高度不确定性。这意味着，认识和理解这个社会需要运用相似性思维。运用这种思维方式，等级也许就不会被确认为一种客观性事实，对等级的承认和认同完全取决于个人。事实上，在这种条件下，人们是不可能生成和持有等级观念的。因而，无论等级在人类历史上以什么形式出现和发挥了什么样的作用，都不会在风险社会中得到承认和认同，更不会作为客观性的事实而存在。

总的说来，社会的等级建构有着悠久的历史。可以认为，在人类社会产生的最初时期，就开始了对社会的等级建构，人的自然差异在人类社会的早期是社会等级建构的依据。在农业社会，等级关系是一种社会关系，表现为人与人之间的等级差别，而且是以人对人的压迫的形式出现。近代以来，在社会的层面，人从属于政治设定而获得了平等地位，可以平等地交往，使得人对人的压迫丧失了合理性。然而，近代以来的社会并未消除等级，而是将等级搬入组织之中。

随着等级被搬入组织之中后，人的平等关系与等级间的逻辑矛盾也得到了解决。因为，组织中的等级不是人的等级，人的平等在组织中也是需要得到遵循的社会原则，组织中的等级仅仅是组织岗位、职位上的等级，反映在人的角色扮演上。之所以人们在组织中会看到人的地位落差，那是因为，组织的岗位和职位是需要人去填充的。在人与岗位、职位结合在一起的时候，也就产生了人的等级差别。实际上，这种等级差别仅仅是岗位、职位而不是人的差别。然而，由于人们在组织中开展活动时难以避免地以等级的形式出现，以至于行为的异化也就发生了。

在某种意义上，组织中的这种异化现象是由理论的不彻底性造成的。18世纪的思想家们把注意力过多地集中到了宏观层面的社会建构方面，对组织现象思考甚少。在后世，当组织理论兴起后，学者们既缺乏思想建构的勇气，也缺乏理论彻底性的追求，而是把注意力放到了组织运行的各项技术方面，以至于没有在人的平等与岗位、职位等级间去做出理论探讨，才使得上述影像一直未得消除。不过，组织中的这种等级是显露于外的，只是在表象的层面上，仍然以等级的形式出现。在社会的意义上，等级是不被承认的，尽管并未真正地消除，而是使它变得隐蔽了。

农业社会中的等级是以身份的形式确立起来并变得稳固的，如果不是建立起了身份制的话，那么等级就会处在变动之中。有了身份制，也就有了身份上的尊卑，从而使等级得到了社会心理的支持。在工业社会中，或者说，通过工业化、城市化以及资产阶级革命，身份制被取缔了。在民族国家建立起来后，国家范围内的所有成员都获得了同一个身份——公民，而在人们参与社会活动的时候，则通过组织和经由组织。当人们在组织之中而成为组织成员的时候，身份转化成了角色。人们在组织中所开展的是角色扮演活动，并通过角色扮演获得社会生活和开展社会生活。身份有尊卑，但角色无贵贱。

在官僚制组织中，傲慢、歧视等却俯拾皆是。这说明，在工业社会中，人们还保留了农业社会等级身份制的某种文化基因。这一点是不应由官僚制组织的设计者负责的，而是因为文化中的一些腐朽因素未能去净，致使傲慢、歧视等成为官僚制组织中的一种社会现象。与农业社会中人的社会地位由其出身的等级来决定不同，人"在现代社会中所占据的地位，已不是按照出身来预先决定的，在（成人的）生命历程中，也不是固定不变的，而是永远处在竞争协商之中"。① 变动和变化都对人的等级关系构成挑战，使等级以及与等级相联系在一起的奴隶、压迫、歧视等各种现象的合理性丧失。

在全球化、后工业化运动所开拓和所指向的那个社会中，也许人们不再是因为出身而获得在社会中的地位，也不是因为竞争而谋取和确定自己的社会地位，而是在社会行动中以自己的能力、知识、经验、智慧和道德等去获得社会地位。那样的话，等级的外在性以及自我利益追求的依据，都将消失。不过，在这样一个社会中，人们将不会看重自己的社会地位，虽然人们会拥有某个社会地位，却不会在意，而是把参与合作行动和为了人的共生共在作出贡献，作为念念不忘的追求。

在工业社会中，人的社会地位在很大程度上是农业社会等级观念在工业社会的物化。从另一个角度看，也是由于工业社会依然保留了让社会地位继续存在下去的土壤。所以，人们才会很在意自己的社会地位，而这种社会地位恰恰就是一种等级地位，至少会对人的等级关系的强化形成支持。就社会的运行而言，工业社会的复杂性和不确定性程度都还比较低，社会的流动性也显得不足，人在社会中的位置也是相对稳定的，以至于人们之间的社会地位差别是能够生成和得以保持的，从而使社会以显性的或隐性的等级形式出现。

从理论上讲，在资产阶级革命中开拓出来的现代社会应当是一个非等级化的社会。启蒙时期的天赋人权观念的确立，为社会的非等级化奠定了思想基础。然而，从根本上革除等级，却是一项未竟的事业。直至风险社会的出现，才提供了从根本上消除等级的机遇。这是因为，等级以另一种形式表现了出来，以社会的中心—边缘结构的形式出现和包含在了社会的中心—边缘结构中。这种中心—边缘结构中的不平

---

① ［德］哈特穆特·罗萨：《新异化的诞生：社会加速批判理论大纲》，郑作彧译，上海人民出版社2018年版，第33页。

等，是最为隐蔽的等级状态。也就是说，本质上看，社会的中心—边缘结构仍然意味着等级，只不过它是一种更为隐蔽的等级状态。

关于社会的中心—边缘结构与社会等级的联系，我们是可以举一个较为极端的例子的。虽然近代以来在消除人们的等级差别方面取得了革命性的成果，但由于社会的中心—边缘结构得到了强化，致使处于边缘地位中的人们必须在社会救助中去获得生存保障。久而久之，形成了福利依赖的问题。对于福利制度，人们给予很多赞颂，以至于福利制度中所包含的等级隐喻，却被人们忽视了。即使有人认识到了福利依赖造成了人的等级差别，也不愿意指出这一点。当然，对福利依赖问题的矫正，除了需要在文化再造中谋求出路，还需要对政治、经济结构进行重建，只有从根本上打破既存的社会中心—边缘结构，才能消除福利依赖的问题。或者说，只有从等级的角度去认识福利制度，才能在等级结构的解构中去谋求人的共生共在而不是福利。

如上所述，在从农业社会向工业社会转变的过程中，资产阶级革命在打破等级身份制的行动中作出了历史性贡献。不过，根据马克思的看法，对等级身份制造成了根本性冲击的，正是市场经济以及货币的广泛使用。马克思认为"货币是天生的平等派"，包含着社会公平的隐喻。然而，如果说货币所隐喻的公平能够转化为社会结构的话，必须以每一社会成员都拥有同等数量的货币为前提。现实中，这是不可能的。因而，当货币的公平隐喻在货币成为交换的媒介和人际关系的构成要素时，因为人们所占有的货币不同，不仅不能对冲社会结构上的不平等，反而强化了这种不平等，更无公平可言。尽管货币在身份等级制的解体中曾经发挥过重要作用，而在市场经济得到确定后，货币却成了重建不公平世界的基础。只要交换关系依然是社会关系中的重要组成部分，货币就一直是我们无法抛弃的一般等价物，也仍然是一种社会尺度。但是，社会公平的追求却无法从货币的公平隐喻出发，也不可能寄托于货币，而是需要另辟蹊径。所以，市场经济以及货币的广泛使用并未真正消除社会等级，只不过使等级变得更加隐蔽了，不再有着张扬于外的形式。

韦伯认为，"赤裸裸的阶级状况具有重要意义的时代和国家，一般都是技术的—经济的变革的时代；而每当经济的变革进程缓慢立即就会导致'等级的'形成的增长，社会的'荣誉'又会恢复其重要性"。① 等级分化和阶级分层是一个动态的过程，在直至20世纪后期的整个近代历史时期中，社会被分成不同的等级、阶级、阶层等，都显现出有利于社会稳定的状况。反过来说，一个稳定的时代也是通过等级秩序的确立而造就出来的。然而，社会的等级分层是不是一种社会风险的生产机制？在表面上所营造出来的社会稳定背后是不是包含着源源不断地生产社会风险的问题？答案应当是肯定的。

关于风险社会产生的原因，根据贝克的看法，是不清楚的，因为无法把风险社会的出现归结为某个具体的原因。但是，显而易见的是，风险社会是在人类社会运行和发展中所生产的风险积累起来的结果。也许人类在前进的过程中不断地排除各种各样的风险，但那些没有被人们认识到的风险则被积累了起来，并在积累到了某个临界点的时候以风险社会的形式出现了。虽然我们只能作出构成了风险社会的那些被积累起来的社会风险是在社会运行和发展中生产出来的这样一个模糊的判断，但就整个社会都是围绕着等级结构展开而言，将那些社会风险归结为社会的等级结构，是不为过的。更何况等级事实在工业社会中往往以阶级矛盾和阶级冲突的形式出现，而阶级矛盾和阶级冲突本身就构成了社会风险，而且，解决阶级矛盾和阶级冲突的几乎所有社会方案，也生产着社会风险。

二 流动性及其对等级的否定

可以认为，等级、层级、阶级、阶层等概念基本上是同义的，如

---

① ［德］马克斯·韦伯：《经济与社会》下卷，林荣远译，商务印书馆1997年版，第260页。

果说这些概念之间有什么区别的话,那么我们在文献解读中所看到的是,阶级的概念主要是指不同群体的人因为财产占有不同而表现出来的等级状况;阶层的概念更偏重于对人在社会结构中的等级状况的描述,强调人在社会中的不同地位;层级的概念具有更多的客观性描述的功能,一般说来,被用于理解和解释微观社会系统中的纵向等级结构。在组织研究中,有人认为,"层级是一种已经根植于我们的期望之中的约定俗成的做法。然而,层级中蕴藏着一种智慧的说法似乎更有道理,这种智慧源自组织大批人员参与复杂活动的经验。如果是这样,那么更多的挑战将来自于如何对层级进行改造,以便扬长避短,而不是如何废除层级。这也是很多有关新组织形式的思想所强调的"。[①] 这只能说明,人们所拥有的是一种线性思维,还没有真正理解网络的含义。

在网络中,任何一种存在都不是独立自为的,都不可能形成自身相对稳定的层级结构。组织在网络中的互动,会使它自身的层级失去意义。当我们说组织的液态化时,也就意味着我们指出了在组织刚性形体之外,还有另一种组织形式。当组织不再有刚性的形体,也就不可能有稳定的层级了。事实上,在风险社会中,不仅组织,而且诸多社会要素都因为社会的流动性而呈现出液化的状况。也正是因为越来越多的社会构成要素显现出液化的状况,使得人们既有的实体性思维无法适应。

原先,我们是把一切存在都看作实体性的存在物,即使对于一些非实体性的存在物,我们也是将其比作实体,是在实体的意义上认识和把握它们的。比如,我们会使用液体、水体、流体等词语。这本身就表明,我们是在实体的意义上去把握它们的。然而,在社会构成要素液态化的情况下,这种实体性思维与现实存在的冲突,也就显现了

---

① [英]约翰·查尔德:《组织:当代理论与实践》,刘勃译,华夏出版社2009年版,第73页。

出来。思维与现实存在的冲突，致使我们无法开展有效的行动，从而使我们在风险社会中陷得更深了。

吉登斯认为，应当"把阶级看作'阶级社会'的制度秩序对集体形成所产生的影响。这种对于阶级结构化的理解意味着将作为制度形式的阶级社会理论，与阶级关系在具体的群体构成和群体意识中如何得到表达联系在一起……阶级社会的起源可以看作资本主义社会的某种结构性特征：相互独立的经济领域和政体形式的形成，以及其中经济活动与直接的政治控制的相互分离。因此，资本主义国家与阶级社会之间存在着直接的和必然的联系"。[①] 如果把文化、意识形态的向度也引入其中，更加证明了吉登斯的判断。

在前近代的农业社会中，虽然社会被分成多个等级，但他们共享同一种文化，每个人所在的等级以及对自我身份的认同，都是非常清楚的和确定的。当然，我们也必须承认，在概念外延收窄的意义上，即在狭义上，阶级不同于等级。在许多情况下，人们所在的阶级需要通过定义和重新定义才能得到理解，有些阶级（如无产阶级）的成员除非在因革命等的需要而集结起来采取行动的时候才会短暂地拥有阶级意识，在不需要采取行动的漫长时期中，他们做梦都想变成资产阶级，时刻想着能有一个背叛自己阶级的天赐机遇。所以，他们在本心上并不认同所在的阶级，根本不愿接受除了革命、反抗、斗争等之外的阶级意识。总之，阶级是资本主义社会的产物，也仅仅与这个社会联系在一起。

资本主义社会是发生在工业社会这个历史阶段的，或者说，资本主义社会与工业社会两个概念的所指，基本上是重合的。这意味着，当人类走出了工业社会的历史阶段，将会消灭阶级。当然，不是说阶级趋同化了，而是因为社会的进一步分化的持续展开，将资本主义条

[①] ［英］安东尼·吉登斯：《社会理论的核心问题：社会分析中的行动、结构与矛盾》，郭忠华等译，上海译文出版社2015年版，第120页。

件下的阶级肢解、再肢解，形成了差异化的却又平等的群体。一方面，社会由多样化的群体构成；另一方面，群体构成也是有差异性的；再一方面，群体处于不停歇的聚散离合之中。可以认为，作为工业社会之后的那个社会——后工业社会——将是群体取代了阶级的社会，而风险社会已经展现了这种迹象。

同样，在历史抛弃了阶级的时候，也会抛弃资本主义社会以及与它并存的对立物。从20世纪后期以来的情况看，在政治领域中，随着阶级的式微和群体的兴起化为一种潮流，政党失去了所代表的阶级的支持、支撑，导致了民主的变异，转化成了民粹。在时间的绵延中，这种趋势越来越明显。一旦民粹得以终结，人们也许就不再需要以民主的名义开展活动，计较于政治的、社会的活动是否按照民主的原则进行和采取了民主的形式。虽然我们走进风险社会的时日仅仅20多年，但这段时间的经历已经让我们看到阶级在存在的意义上受到了挑战，而且诸多社会行动是不能从阶级的立场出发的。

阶层是等级的一种形式，也是阶级的另一种表现形式。工业社会的社会固化引发了阶层，阶层是社会固化的产物，并不存在什么阶层固化。有的社会研究者谈论所谓"阶层固化"，说明他既不理解社会，也不理解历史，更不理解现实，因为阶层本身就是一种固化状态。如果社会没有出现固化，也就不会有阶层。如果我们把"固化"一词翻译成"结构化"，事实就清楚了。因为，阶层是社会结构化的一种状态，而阶层本身并不存在结构化的问题。社会的固化即结构化产生了阶层，如果社会具有流动性的话，就不会产生阶层。

在静态的意义上，阶层仅仅意味着社会的分层，但在不同的阶层之间，则会产生冲突。这种冲突实际上就是阶级斗争。不过，社会的流动性决定了阶层和阶级斗争的状况。随着社会流动性的增强，阶层也就会陷入瓦解的状态，阶级斗争也就会呈现不断衰微的状况。事实上，在风险社会中，高度复杂性和高度不确定性条件下的社会高流动性，使得社会不可能出现固化，不可能提供阶层得以产生的稳固基础，因而，也就会使传统的阶级移出人们的视线。如果说人们还识别出阶级斗争的话，那么这种阶级斗争也不会有任何积极意义，而是会表现出巨大的危害性。如果人们根据传统的观念而坚持维护阶层和开展阶级斗争的话，所造成的危害可能是社会不堪承受的。

应当说，阶级斗争的弱化是包含在全球化、后工业化运动中的一个隐喻。全球化、后工业化进程中的流动性增强已经构成一个重要的历史趋势，首先是横向的区域间的流动性增强，随后是纵向的突破社会阶层的流动性，使整个社会的几乎所有构成要素都处于流动状态了。这样一来，一个必然要发生的结果就是，资本和财产并不固定地与某些人联系在一起，而是在人们之间不断地转移。至于谁能获得资本、财产等，则与自己的知识、智慧、能力以及所捕捉到的机会相关联。这样一种流动性所表现出来的就是占有资本、财产的不确定性。这样一来，就会在人的心理层面产生两种影响：要么在自己掌握了资本、财产的那个时期及时行乐；要么减少了追逐资本、财产的热情。

如果占有了资本、财产的人选择了及时行乐，就会加速资本、财产的转移，因为及时行乐无非是资本、财产转移的一种方式，而且使人堕落。一旦人们认识到了这一点，就不会做出那种选择。如果人们失去了追逐资本、财产的热情，根据工业社会的理论，社会的发展就会丧失动力。但是，在风险社会中，却有可能迫使人们去为社会的发展寻求另一种动力，更何况这个社会的人们首先关注的还不是社会发展的问题。当然，如果仅仅是人们追逐资本、财产的热情出现了一定程度的降温，也许会把人导向运用自己掌握的资本、财产去促进公益事业的方向，并于此之中去体验做人的满足感。在个人主义以及私有意识弥漫的今天，后一种猜测也许为人所不屑。但是，这不意味着正在发生的全球化、后工业化不会走向那个方向。如果我们的意识中有了更多风险社会的分量，那么我们就会意识到风险社会所提出的客观要求正在唤醒更多的人运用自己掌握的资本、财产去促进公益事业。不过，这可能只是人类初入风险社会时的一种过渡性的社会现象，并不意味着风险社会中的人们必然如此。

从学术的角度看，基督教的人的"原罪说"沉淀在了西方哲学中，对近代以来的制度设计和社会建构产生了巨大影响。但是，在人的"原罪"的问题上，西方哲学虽然意识到了却未给予深入的探讨。其实，人类的"原罪"就是等级制。等级制是绝对的恶，人类社会中的绝大多数恶行，都直接和间接地是由等级制引发的。18世纪的启蒙运动虽然确立起平等观念，但对等级制之恶的揭露，是远远不够的，以至于现代化进程中消除等级和实现平等的成绩是不能令人满意的。

当我们说社会等级是一种绝对的恶的时候，并不意味着我们主张人与人的完全平等。比如，人的自然禀赋、拥有知识和财富上的完全平等，就是无法做到的。但是，所有这些都应归入差异的范畴，而不应在是否平等的意义上去加以审视和理解。也就是说，人与人之间的差异是必然存在的，也是必须得到承认的，但差异必须驻足于差异范畴所能够覆盖的范围，而不允许在社会的结构化中转化为社会不平等的社会结构。无论是农业社会的等级差异还是工业社会的阶级差异、阶层差异以及其他各种形式的差异，都是结构性的，或者是社会结构化的结果。在风险社会中，所有结构性差异都将遭遇解构。虽然风险社会中的"风险面前，人人平等"背后的差异化程度比人类历史上任何时期都要高得多，但其差异是非结构性的。任何一次突发性的危机事件，都会对结构性的差异造成极大的冲击，使差异的形态和内容发生根本性的变化。也就是说，结构化意义上的等级、阶级、阶层在危机事件频发的情况下随时会得到改变，风险社会中无处不在的风险本身就对等级、阶级、阶层形成了否定。

历史经验表明，等级是与权力联系在一起的，在一切存在社会等级差别的地方，在不同等级间的势差中，就必然会产生权力。权力作为一种社会力量必然会被用于支配和控制。随着社会的去等级化的任务彻底完成，即无论是经济的或官僚制的原因而引发的等级彻底消失，人们便会处在平等的地位上。但是，平等的人之间是存在差异的，而且差异化的程度之高，将是人类历史上从来没有过的。由于人们之间存在差异，也就会因为这种差异而生成一种社会力量，只是这种社会力量不会以权力的形式出现，反而可以通过整合而转化成一种重要的社会资源。

就差异作为一种社会资源来看，是不定型的，却又能够构成推动社会运行的主要动力。我们知道，权力总是通过支配的形式去表现其存在的，反过来说，有权力就有支配。无论是在统治模式还是管理模式中，权力的支配性质都是一样的。至于支配效应上的区别，是由其他因素决定的。比如，在农业社会的传统模式中，对权力支配过程形成支持也同时构成制约的是权力意志，此外，还有道德、人情等因素从旁辅助和制约。在工业社会的管理模式中，单就权力支配而言，与经济模式中的支配并无什么不同。但是，法的精神以及各种各样的原则性规范和法条划定的范围，对权力支配过程形成规范，致使其表现出了不同于统治模式中的权力支配过程。

既然权力意味着支配，那么消除支配的要求也就必然会指向权力。因为，只有在没有权力的地方，才会没有支配。如果再进一步地追溯权力的来源，就会发现，权力生成于结构化的人的等级差别，权力支配无非是等级差别的势能发挥作用的过程。所以，权力的解构实际上就是等级差别的消除。显然，在一个不具有流动性的社会中，人们会自然地倾向于建构等级差别。在低流动性的社会中，如果出现了等级差别的话，是不甚稳固的，会受到流动性的冲击。

一般说来，在低流动性的社会中，往往是在诸如组织这样的人造系统中，才会有着明确且稳定的等级差别。这是因为人造系统通过各种控制手段压抑和限制了流动性，才使等级差别得以维系，因而有了管理权力。风险社会及其高度复杂性和高度不确定性也意味着社会的高流动性，或者说，社会的高度复杂性和高度不确定性首先表现为社会的高流动性。在这个高流动性的社会中，等级差别无法形成。因而，权力得以生成的基础消失了。进而，也就不再会有基于权力的支配过程。人们之间也不再有支配关系，从而建立起了完整的合作关系，并开展合作行动。也只有这种合作行动，才能把风险社会所造就的消极的人类命运共同体转化为积极的命运共同体，将人们之间的消极平等转化为积极平等。

三　解构等级与应对社会风险

长期以来，在人如何能够不受支配的问题上，有着不可计数的讨论。对各种支配形式、人支配人的原因和后果等，在每个时代都是人们重点关切的问题，各种各样理论上的批判之声不绝于耳，关于消除支配的实践建议也层出不穷。然而，人受到支配这个问题一直无法消除。同样，在人们找到了消除受到某一种支配方式的时候，又会落入另一种方式的支配中。历史的进步或人类的文明化所表现出来的只是支配方式或形式的变化，希望让人走出受支配的状态的要求却一直是梦想。

撇开自然界对人的支配不谈，就人对人的支配而言，主要经历了从人对人的直接支配向间接支配方式的转变。它们是两种基本的支配形式，都是与社会条件相关联的。在社会简单和确定的条件下，所存在的是人对人的直接支配；在社会的低度复杂性与低度不确定性条件下，人对人的直接支配让位给了通过制度等中介因素的间接支配。就这两种支配形式的目的来看，直接的支配是为了从支配中获取对支配者有益的东西，而间接支配则是为了把人们整合到共同生存的框架中，甚至在一定程度上，包含着去整合出应对复杂性和不确定性力量的内涵。尽管我们也完全可以把间接支配看作服从阶级、阶层利益的需要，是制度化的支配形式。

如果说一切支配都意味着恶的话，那么终结一切支配也就是人类合理的理想。但是，这种理想的实现是需要与人类所遇到的整体条件联系在一起的。那样的话，人类终结支配的理想得以实现的状态，也许并不是我们所期望的社会。相反，那可能是一个针对整个人类都非常残酷的社会。不过，今天看来，在社会呈现出高度复杂性和高度确定性的时候，人的共生共在的问题浮现了出来，从而迫使我们认识到，无论是直接的还是间接的人对人的支配，都是那样的无聊、毫无意义。在为了人的共生共在而开展行动时，哪怕偶尔发生的无意识的人的支配行为，都会显得与合作的氛围格格不入。也就是说，社会高度复杂性和高度不确定的条件决定了一切支配形式最终都将移出人们的视线。

虽然人类堕入风险社会的时日尚短，仅仅几十年的时间，但我们在风险社会中的经历证明，以支配的方式去应对风险，可能会找错风险点；被定格了的风险应对方式，也可能是错误的。相反，以合作的非支配的方式应对风险，则能够使任何错误的做法都及时得到纠正。

吉登斯要求把人与自然的关系放到人的社会关系中去认识，在他看来，人类社会的"早期文明和现代资本主义都与自然形成某种'外在的'或者工具性的关系。在这两种文明中，对自然的剥削都与社会剥削关系相联系，直接适应于社会剥削，我认为这是具有根本重要性的一点。在封建社会，收税收、纳捐等为表现形式的剩余产品剥削并不是直接生产过程的一部分。农奴必须把其部分产品交给地方封建领主，这种剥削关系尽管是阶级支配的基础，但却并不是生产过程的组成部分。在早期文明社会，情况不是这样，当代资本主义社会也不是这样。在这两种社会里，阶级剥削关系是生产过程的组成部分，社会/自然关系在这两种社会都主要是一种工具性的关系。但在早期文明中，权威性资源而非配置性资源是剥削自然和社会的主要媒介，生产技术的进步和对财产的控制则不是主要的，起决定作用的是权威式的劳动分工中对'人机'的使用。现代资本主义以一种不同的方式将剥削自然和劳动剥削联系起来，而且这种方式是欧洲封建社会解体的特殊结果"。[1]

虽然吉登斯对剥削关系所进行的这些比较性阐述都是常识性的，但其中包含着一个很重要的思想，那就是，不应把人对人的剥削与人

---

[1] ［英］安东尼·吉登斯：《社会理论的核心问题：社会分析中的行动、结构与矛盾》，郭忠华等译，上海译文出版社 2015 年版，第 176 页。

对自然的剥削分开来看。在某种意义上，在对人的剥削之中，已经包含了人对自然的剥削。今天我们所遭遇的自然条件恶化，也许就是剥削关系及其行动在漫长的历史中留下的累积效应。根据这样一种看法，是剥削造成了人类今天不得不共同面对的自然条件恶化的后果。合乎逻辑的结论显然是，如果希望自然条件恶化的进程得到逆转，就必须从解构剥削关系开始。

在人与人之间之所以会产生剥削关系，答案显然就在等级那里。是因为有了等级，才会产生剥削，不管这种等级是身份等级，还是因为资本等造就出来的等级。就吉登斯的这一思想来看，与马克思主义非常相似。或者说，吉登斯是认同马克思主义者关于剥削关系的认识的。不过，在剥削关系如何得以解构的问题上，苏联所代表的实践是不成功的，因而需要根据人类社会发展的总体趋势去加以探讨。从理论上说，全球化、后工业化给我们提供了提出新构想的契机，而风险社会的现实，则使这种构想一下子清晰了起来。这是因为，在风险社会中，任何一种形式的剥削关系都会生产风险，会使人类在风险社会中陷得更深。如果对剥削关系提出质疑并作出否定的话，就必然会指向其背后的等级。

剥削关系以及在生产和再生产过程中存在的剥削行为，是社会两极化的主要原因。社会的两极化，不仅意味着社会风险，而且会使社会陷入非常危险的境地。表面看来，社会的两极化也许是对等级的否定，意味着走出等级状态和打破等级结构，而实际上，社会两极化只不过是等级的极化。就两极的存在必然是处在同一个系统来看，两极化仅仅使等级简化了，即简化为两极存在。工业社会的资本主义属性决定了，在这个社会中，"一无所有的人将无法生存，除非他能忍饥挨饿，或者接受有产者的恩赐。任何人有多大的自由，取决于他有多少所有权"。① 当一

---

① ［美］弗兰克·奈特：《风险、不确定性与利润》，郭武军、刘亮译，华夏出版社2011年版，第261页。

个人没有任何财产的时候,被称为无产阶级,但他拥有对自己所具有的劳动力的所有权,因而可以用自己的劳动力去交换生存必需品,甚至在实现了某些盈余时而有了一些财产。但是,就无产者拥有对自己的劳动力的所有权而言,他既是自由的,又是不自由的,他若申述自己的自由,就需要以生存为代价;他若考虑自己的生存问题,就不得不放弃自由。无产者的这一命运,就是受到了工业社会的两极化所决定的。

在20世纪,当两极化的趋势导向了社会存续危机的时候,各种各样的规范劳动力交换过程的法律得以出台,以保证无产阶级在出卖劳动力的时候能够最大限度地获得生存下去的物质保障。同时,也通过建立、健全社会保障体系,以保证无产阶级即劳动者不遭受毁灭性破坏,从而使劳动力的交换不至于终止于某一时刻。所有这些做法,对社会的延续都是积极的,但其背后所包含的终极性的个人主义观念,却是有问题的。即便说这种观念如其理论所宣称的那样具有合理性,也必须在合理性之前加上"历史"二字作为定语。走出了工业社会这个历史阶段,或者,当我们的社会褪去了资本主义的属性,其合理性也就丧失了。最为重要的是,在社会呈现出高度复杂性与高度不确定性的时候,由法律制度、社会保障体系加以维护的劳动力交换过程以及无产阶级再生产的社会平衡,都将变得无比脆弱。一旦这种平衡被打破,社会的延续就会成为一个大问题。

事实上,风险社会使两极平衡难以维持下去了,贫穷的一极比以往任何时候都显得更为脆弱。所以,作为整个工业社会设计理念的个人主义,需要废止。也就是说,我们需要实现根本性的观念转变,将个人主义的观念转变为人的共生共在的观念。我们承认,个人主义以及从个人主义出发的一切行动,在原则上,都是反等级的,即要求平等,但其所造成的一切结果,又都只不过是使等级改变了形式,从某个角度看,甚至是强化了等级。在风险社会中,一切在个人主义的观念下进行的社会安排和行动方案,都是风险的生产车间,会源源不断地生产出风险,只有当人们的观念修正到人的共生共在上来,才能使人的行动获得更多的积极性,才能使风险社会对人的威胁发生逆转。

贝尔认为,"在资产阶级社会中,对于社会来说,基本的单位是个人,不是国家,个人的目的是第一位的。这就是 19 世纪关于自由的概念:个人摆脱与家庭、社会或国家的归属关系;个人仅对自己负责;个人依照自己的抱负去塑造甚至再造自我。采用经济学的术语加以表达,即每个人根据他自己选择的目的(常见的情况是,如果他属于中产阶级,他的目的就是要效仿上层阶级),替自己工作,替自己积蓄财物"。[1] 但是,流动性的增强使这些做法变得不再可能。因为,流动的社会犹如无际的海洋,个人及其愿望在这样的海洋中显得微不足道。事实上,风险社会的现实也证明了,那种确认自我以及为了自我的追求是没有任何现实意义的,因而也使相关的理论失去了意义。

事情就是这么简单,单单是社会的流动性,就终结了资产阶级社会的观念、做法以及全部意识形态。贝克的论断可以看作对这种状况的一种具体说明。在贝克看来,工作形式的变化、技术的进步对就业体系所构成的冲击,使得阶级关系出现了紧张,并成为风险社会的一个助推因素。"工作时间和场所的弹性化模糊了工作与非工作之间的界线。微电子技术带来了一种跨越生产各部分的部门、工厂和消费者之间的新网络化。随之而来的是,早先的就业体系的法律前提和社会前提被'现代化掉了':大规模失业被整合进以一种崭新的多元化不充分就业形式出现的职业体系,伴随而来的是所有与之相关的危险和机会。"[2]

也许个人对财富的追求以及财富本身就是风险社会的原因,但是,即使这一点可以得到理论证明,也不意味着要通过重新激发出阶级意识的途径去加以解决。按照 19 世纪以及 20 世纪所倡导的那种号召不

---

[1] [美] 丹尼尔·贝尔:《资本主义文化矛盾》,赵一凡等译,生活·读书·新知三联书店 1989 年版,第 280 页。

[2] [德] 乌尔里希·贝克:《风险社会》,何博闻译,译林出版社 2004 年版,第 8 页。

拥有财富的阶级去对富人开战的做法,在风险社会中似乎并不可行。但是,顺应社会流动性增强的客观趋势,取缔那些旨在维护财富稳定占有的社会规则体系,则是可以尝试的。而且,社会的流动性需要首先在个人这里被理解成财富追求和持有的非现实性。当然,这绝不能转化为剥夺财富的运动,而是需要在社会流动性的流动节奏中去认识和解决个人追求的问题。

流动的社会使人的共生关系得到增强,特别是在贝克所说的全球风险社会中,整个人类都被迫成为命运共同体。有人把人类命运共同体泛泛地理解成人的共生关系,其实,人的共生关系有多种类型。在广义上,甚至包含着寄生关系。就社会而言,只要构成了共同体,无论是什么类型的共同体,都意味着共同体成员之间有着共生关系。不过,在工业社会中,我们看到处于主导地位的是对抗性共生。比如,资本家阶级与工人阶级之间显然是一种共生关系,但两个阶级又是对抗的。

19世纪以来,关于这个问题的理论思考往往是在突出强调对抗性或共生性之间展开争论,有些理论把视点放在了对抗性上,有些理论则极力论证共生性。一般说来,谋求改变"对抗性共生关系"的思考即便以最为温和的形式出现,也只能是"调和论";如果让一方战胜或征服另一方的话,就是对共生关系的破坏了。所以,现实中的对抗性与共生性的颉颃一旦以理论的形式出现,也就无法找到终结这种或者对抗、或者共生、或者对抗性共生关系的出路。然而,在社会呈现出高度复杂性与高度不确定性的情况下,出现了这三种可能性的关系难以维系下去的压力,致使我们不得不去构想人的共生共在。也就是说,去寻求非对抗性共生关系能够得到建立的可能性。

人的共生共在超越了平等还是不平等的关切,是对一切等级化的人的共生关系的否定。这是因为,在风险社会中,任何一种等级以及等级化的共生关系都不具有合理性,反而是非常有害的。正是认识到这一点,才促使我们去构想人的共生共在,这种状态是超越了任何等级及其派生形态的,是风险社会中的一切积极行动必然指向的人的生存状态。

第二节 去中心化的征程

当我们说地球在运动时,是相对于我们自己作为地球人所站立在地球上的某个位置还是相对于地球外缘以及地球之外的参照系?关于这个问题的回答是那样的容易,因为这个问题立马就把我们引向了我们的身体以及立足点之外,想到某个参照物或参照系。然而,在社会生活中,在社会观和历史观中,人们却不愿意承认类似于"地球在运动"的基本事实,而是把"我"的欲望、要求、意志、观念等放在优先考虑的位置,甚至以自我为参照系、为标准。这就是近代文化、哲学等形塑出来的怪胎。在某种意义上,近代以来的思想、文化因为突出了自我中心主义而成了托勒密宇宙观的合理注释。虽然康德宣称自己实现了"哥白尼式的革命性变革",实际上,这场变革也许要在全球化、后工业化进程中启蒙后工业社会时才能完成。

正是在全球化、后工业化进程中,我们陷入了风险社会。在这一社会状态中,无处不在的风险表达了对任何中心的蔑视,即不考虑中心与边缘的区别。在风险以危机事件的形式出现的时候,并不刻意选择地点,不因为我们观念中以及现实中的中心而给予特别照拂。风险社会所展现出来的是去中心化,意味着人们在有中心—边缘结构的工业社会中所做出的各种各样的安排以及行动策略都不再有效。

风险社会是出现在全球化、后工业化进程中的,也表现为社会的高度复杂性和高度不确定性。这是一场从工业社会向后工业社会转型的运动,不仅不会沿着工业社会的中心化方向前行,反而会使中心化的进程出现逆转,即走上去中心化的道路。事实上,从人类进入21世纪的社会变革看,去中心化已经构成了一个历史趋势。今天,当我们面对着去中心化的现实,需要根据这一趋势去思考社会重构的问题,即打破一切中心性的观念和物化设置的束缚，建构起无中心的社会运行机制和开展无中心支配的行动模式。

一 自我中心及其社会结构

诚如贝尔所说，"现代西方社会的发展方向，与卢梭曾经寻找过的方向是背道而驰的：在经济上追求个人利益，满足个人贪欲；在文化上增进自我，扩展自我……从而在市场上去追逐个人经济利益的积累。为了个人奋斗'成功'，人们从世界文化的储藏中自由地选择一种个人的生活方式，将形形色色的文化产品融成一体，仿佛它们是文化方面的独立成份，与过去的延续性和过去的传统毫无瓜葛。在经济和文化这两个方面，人们都在追求奢望的满足，而奢望是没有止境的"。[①]

现代社会，无论是经济还是文化，所表现出来的都是以自我为中心的社会生活方式，自我的利益追求、欲望的满足和不可实现的无尽贪婪，都是与工业社会的资本主义性质相一致的。在社会的低度复杂性和低度不确定性条件下，虽然这些都是时常招致批评的非伦理性的社会污点，但在得到法律规范的情况下，并不对人类的存在和发展构成毁灭性的威胁。因而，也就得到了人以及社会的容许，除非导致了群体以及国家间的战争。然而，当社会进入高度复杂性和高度不确定性状态时，情况就不同了，这些以自我为中心的追求和行动，对整个人类构成了威胁。如果说我们现在所面对的风险社会是工业社会几个世纪发展的结果，那么工业社会中的自我中心主义以及社会的中心化历程，都可以看作风险社会生成的原因。而且，在我们陷入了风险社会的时候，自我中心主义以及社会的中心—边缘结构都仍然在源源不断地生产着风险，致使我们在风险社会中陷得越来越深。

在与古代社会的比较中，人们也把工业社会称为现代社会，或者

---

① [美] 丹尼尔·贝尔：《资本主义文化矛盾》，赵一凡等译，生活·读书·新知三联书店1989年版，第315—316页。

说，人们把走出中世纪之后的整个历史阶段都定义为现代社会，认为这个历史阶段中包含着现代主义、现代性等。关于现代主义的实质，贝尔的看法是，由现代主义驯化和形塑出来的现代人追求无限和超越自身。"在现代人的千年盛世说的背后，隐藏着自我无限精神的狂妄自大。因此，现代人的傲慢就表现在拒不承认有限性，坚持不断的扩张；现代世界也就为自己规定了一种永远超越命运——超越道德，超越悲剧，超越文化。"[①] 自我是立足点和出发点，对自我的超越恰恰是要证明自我的存在和无所不能。

应当说，现代主义的踌躇满志是可以理解的，因为理性和科学的发展给予人力量。使人变得志得意满，似乎世上没有不可征服的存在。在陶醉于一切都可以征服的想象中的时候，人们把传自先辈、历史上的一切也都不当一回事儿，甚至把自身的肉体和思想也看得不是那么重要，无非都是随时准备超越的存在，所有外在于人的存在（包括自己的身体）都无非是自我超越和自我实现的手段。这是因为，当人们有了自我中心的观念和意识时，就会傲然屹立于一切之上，无论是传统还是当下的一切，都被看作围绕着自我和可以为自我选择、利用的。可以认为，大致到了20世纪70年代，人类已经达到了傲慢、狂妄的顶点。然而，人们也很快就发现，全球风险社会却在不远处冷冷地发出讥笑。

事实上，自20世纪80年代起，社会逐步地将高度复杂性和高度不确定性呈现在了人们面前。那些原先以为面对着一个静止不变、等待着人类征服的世界的人，在根本没有来得及考虑自己的尊严是否受到侵害的情况下，就陷入了恐慌之中。正是从那一刻起，人的精神世界也遭遇了行进过程的转折点，或者说，陷入了类似于原始人敬畏自然的那种不自信状态之中。在形式上，毋宁说这是人类——至少是精

[①] ［美］丹尼尔·贝尔：《资本主义文化矛盾》，赵一凡等译，生活·读书·新知三联书店1989年版，第96页。

神——历史的一个轮回的起点。虽然人们还陶醉于现代主义的成果之中，大谈与现代主义相关的各个方面的问题，也在努力推进现代化，而风险社会的现实却表明，现代主义终结了。社会的高度复杂性和高度不确定性投射到了人的精神世界，无论是以恐慌、不自信还是隐忍回应危机事件的意志和意向，都意味着人类精神史的新开端，在人的精神深处，包含着对风险社会的恐惧。

站在风险社会中回望工业社会的历史，可以清晰地看到它所形塑出来的是一种自我中心主义的文化，处处突出自我，把自我置于同他人对立之中，同时又把他人当作围绕着自我的而且不可缺少的工具和手段。人们总是站在把"我"与"他"对立起来的立场上去观察人的行为和思考人的观念、品性等，从而形成自私与无私、利我与利他的认识。与之相反，如果我们看到的人不是"你""我"对立的存在，而是一种共生共在形态，就肯定会形成对人的完全不同的认识，即把人类作为一个命运共同体。

历史已然表明，在工业社会这个自我中心主义的社会中，人被形塑为自私的动物，以至于无法理解人的共生共在是一种什么样的形态，不愿意把你我都包容到命运共同体之中。不仅如此，个人主义、自我中心主义派生了"首位意识"和"唯一感"，使人们努力去发现自己在哪个方面或所做的哪件事是世界第一的或唯一的，并于此中找到自慰的优越感和自豪感。比如，足球、风筝都有地方去争发祥地，西门庆、潘金莲这类虚构人物也会出现归属地之争，甚至考古工作有了"青年曹操墓"和"孙悟空墓"的发现。个人主义驱动下的争夺，往往制造出了令人啼笑皆非的、荒唐的"世界第一"或"唯一"，目的无非就是要证明自己天然地应当成为竞争中的胜者。

显然，当自我是目的时，他人就成了手段，是围绕着自我这个中心并接受中心的支配和安排的。在利用他人而实现自我的利益需求时，也可能制造出了风险。因为利用他人是理性的，是建立在筹划和计算的基础上的，所以，在自我收获了利益的时候，是把风险加予他人的，让作为手段的他人承担风险。但是，在将风险赐予他人时，却使整个社会的风险度持续提升，直到把整个人类都引入了风险社会。与之相反，如果目的是合作行动，是人的共生共在，那么，任何"中心主义"的取向都将不会发生。所以，当我们被置于风险社会的时候，当我们的社会呈现出高度复杂性和高度不确定性的时候，就会发现人类已经被动地结成了命运共同体，必须在对人的共生共在的理解和追求中去获得生存之道。

当中心化以观念的形式固定在我们头脑中的时候，我们在看所有的问题时，都会在空间形态上显现出中心与边缘。似乎一切事物的存在，只要是一个完整的各级组织系统，就会有中心与边缘的结构形式。中心性的存在是稳定的，也是整个系统稳定的基础；边缘性的存在是灵活多变的，也是整个系统发展运动的动因所在。

在关注变革的问题时，无论是社会变革还是组织变革，人们往往都会把某一系统变革的动因归结为外部的和内部的两个方面。但是，如果有了中心—边缘的意识，就会看到，变革动因发挥作用的过程有着非常清晰的线条。所谓内部动因，也是来自边缘性存在的。一个系统变革的外部动因之所以能够发挥作用，是因为那是经由系统的边缘性存在而影响了系统。任何外部因素，都不可能对系统的中心性存在发挥直接影响。这就是有了中心化观念而看到的一切系统变革的动因结构图式。

如果在中心—边缘结构中对文化因素进行定位，则可以看到，文化结构中的族群林立和政治经济结构中的阶级、阶层对立，也都是以中心—边缘结构的形式出现。或者说，中心—边缘结构是一切社会系统的另一重属性，它意味着我们可以中心—边缘结构为视角去把握各类社会系统。就组织而言，可以看到，工业社会中的官僚制组织在结构上不仅是层级化的，而且是具有中心—边缘形式的。其实，任何组织，只要强化其行政管理方面的内容，只要中心—边缘结构是稳定的和清晰的，就必然会在文化上表现出官本位的特征。一旦官本位文化生成了，对于组织活力、创新精神等都是致命的"克星"。在国际关系中，由资本主义世界化所造就的世界中心—边缘结构使得"人口的运动走向与货币背道而驰；货币是从繁荣的国家流向价格低的地区的；而人则是被较高的薪水、被拥有充裕货币的国家所吸引。因此，穷国家有居民减少的趋向；穷国家的农业和工业会恶化，贫苦就增加了。相反，在富裕的国家，劳动力的汇聚能开发新的财富，财富的买卖成比例地增加了流通着的金属货币的数量"。① 结果，中心与边缘之间的差距变得越来越大。当然，这只是在静态的分析视角中所看到的情况，而且排除了这一人口与货币流动过程中的诸多繁杂因素。在现实中，中心国家依据其在资本主义世界化进程中所确立的优势地位，还可以进行诸多人为的推动，以实现对边缘国家财富的掠夺。无论是官僚制组织还是国际社会的运行机制中的中心—边缘结构，都在生产着风险，也正是这些，把人类引入了风险社会。

在工业社会中，中心化表现在几乎所有领域中，甚至在时间计量方面，也存在着中心—边缘结构。也就是说，在世界的中心—边缘结构中，人们也会依据这种中心—边缘结构引起的思维和实践中的实际交往需要而在时间上做出某种标准时间安排，让其他具体时间遵从这一标准时间，或者时时换算成这种标准时间。不过，随着世界中心—边缘结构的解构，地方性的时间将会得到承认和尊重，人们将会根据地方性时间安排社会事项，又同时会关注差异性的地方性时间之间的洽接。这个时候，差异性的时间之间会有着协调机制，但不会从属于某个标准时间。

在工业社会中，标准时间的确立造就了时间上的中心—边缘结构。在宏观的意义上，时间的中心—边缘结构与空间上的中心—边缘结构是一致的，甚至是重合的。不过，在微观上，时间上的中心—边缘结

---

① ［法］米歇尔·福柯：《词与物——人文科学考古学》，莫伟民译，上海三联书店2001年版，第248—249页。

构要比空间上的中心—边缘结构更为复杂。这是因为,越是微观的系统就越会遭遇更多的偶发事件,从而打破既有的时间上的中心—边缘结构。在这种情况下,空间意义上的中心—边缘结构要比时间显得更具稳定性。比如,官僚制组织的权力结构往往不会受到偶发事件的冲击,而在时间结构的维度上,官僚制组织的权力结构则有可能因为一项偶发事件而乱套了。只有当偶发事件的影响消除了,才会重新回归到时间的中心—边缘结构上来。如果仔细地考察官僚制组织的权力结构的话,可以看到,空间意义上的权力结构是较为抽象的,可以看作抽象权力生成和存在的基础;时间意义上的权力结构则要显得更加具体一些,可以认为,它是以具体权力的形式出现的。

总之,工业社会在社会所及的一切方面都在中心化的过程中形成了中心—边缘结构。比如,当工作获得了中心地位后,生活也就遭受了边缘化。本来,我们是把生活作为目的而把工作作为手段的,即通过工作所得到的收入去支持生活和开展生活,但工业社会通过诸如人的自我实现、职业生涯规划和工作的仪式化等方式,使人的观念与生活要求相异化,并投身工作中,从而在工作与生活之间建立起了中心—边缘结构。结果,似乎工作不是为了生活和更好地生活,反而是生活从属于工作,是为了支持工作和为工作提供保障。

当然,在我们将全球化、后工业化进程中必将发生的启蒙运动视为"生活启蒙"时,绝不是谋求把工作与生活之间颠倒了的关系重新颠倒过来,即改为以生活为中心,而是要打破这种中心—边缘结构,实现"去中心化"。具体地说,就是把生活融合于工作之中,让工作具有生活的属性,至少让工作构成人的生活的基本内容。事实上,在风险社会中,我们无以确立中心,也不可能围绕着某个中心去开展活动。一切被作为中心的存在和事项,都具有不确定性。也许一些事项被我们认为是需要开展行动的中心事项,但在实际上,可能恰恰是没有意义的事项。所以,在风险社会中,在高度复杂性和高度不确定性条件下,预先确立的中心都不会赋予行动任何意义,反而会误导行动、妨碍行动。

二 中心化的政治表现

从历史上看，社会中心化在地理的意义上是率先通过城市化运动实现的。我们看到，在欧洲，始于中世纪后期的欧洲城市化运动在19世纪呈现出加速的迹象，根据蒂利的考察，"在19世纪和20世纪期间……制造业和工人涌向城市……制造商住在他们能降低获取原料的成本和使他们的产品接近市场的地方，可以正确地假定，工人们将会到制造商所在的地方去。最后一波的集中极大地加速了欧洲的城市化，产生出了人们现在已知的城市化的大陆"。[①] 具体地说，"在欧洲，城市增长的巨大加速是在1790年后到来的，伴随着19世纪的资本集中、工作场所规模的增大和大规模运输的产生"。[②] 在此过程中，经济实现了根本性的转型，原先的自然经济形式基本上被市场经济所改造和替代。相应地，社会结构也发生了变化，城市成了分布在欧洲各地的一个个中心，而农村则成了围绕着各自中心的边缘，即使农民在市场中开展活动和从事生产，也是受到市场的影响甚至支配的。

在欧洲从绝对国家向民族国家转变的过程中，城市发挥了重要作用。从中世纪后期的历史看，当绝对国家从神权国家中分离出来后，开始面对着诸多与君主争权的世俗贵族，这些贵族在是否臣服于君主方面，总是表现出患得患失的状况，甚至不时地出现反叛君主的行动。为了避开贵族而开展社会治理，君主往往利用了城市，即通过城市建立起一整套与贵族无涉的行政管理体系。随着这种行政管理体系建立起来之后，贵族的力量相形失色，而君主则变得强大起来。其结果就

[①] [美] 查尔斯·蒂利：《强制、资本和欧洲国家（公元990—1992年）》，魏洪钟译，上海人民出版社2007年版，第55页。
[②] [美] 查尔斯·蒂利：《强制、资本和欧洲国家（公元990—1992年）》，魏洪钟译，上海人民出版社2007年版，第55页。

是，一方面，促进了社会治理朝着现代化的方向前进；另一方面，面对君主的强势，贵族也不得不作出臣服的选择。随着贵族力量的削弱而仅仅成为一种称号时，国家则走向统一，君主的绝对性地位得到确立，这是绝对国家走上顶峰的标志，也是绝对国家向民族国家转变的起点。最为重要的是，君主通过确立起城市相对于农村的中心地位，迫使贵族不得不臣服。城市与农村间的中心—边缘关系的确立，进一步扩大到了整个社会，从而为整个社会确立起了中心—边缘结构。这就是近代社会早期的中心化运动。

在民族国家的形成中，向海外扩张的行动发挥了驱动作用。这倒不是因为海外扩张的行动也把贵族纳入动员对象并要求他们给予物资上的支持，而是因为海外扩张使城市成为最大的受益者。向海外市场输送的，是城市生产出来的工业品，而从殖民地掠夺回来的，除了供给城市生产的资源外，也有大量的本国农业产品的替代品，以至于土地贵族变得可有可无。在海外扩张中，所需要的兵源主要来自农村，即把贵族土地上的农民转变成战士，甚至会使贵族土地上的人口下降到无法再组织生产的地步，从而对贵族形成了另一重打击。

不过也应看到，贵族衰落了，即使君主还存在，也已经失去了作为贵族中最大贵族的意义。也就是说，君主是与贵族共在的，没有贵族，君主的性质和功能都发生了转变，以至于他能否被保留下来，也主要取决于新生社会因素的意志或偏好。不管君主是否被保留下来，国家的性质都发生了变化，即转变为民族国家。这就是近代民族国家生成的基本情况。离开了对城市作用的认识，也就无法理解民族国家生成的奥秘。但是，这只是近代欧洲民族国家生成的自然历史过程，至于"二战"后的民族国家建构运动，所遵从的则是另一种逻辑。如果说近代早期与"二战"后民族国家生成从属于不同的逻辑的话，但在造就世界中心—边缘结构方面从属于同一个逻辑。在某种意义上，正是因为有了"二战"后的民族解放运动以及民族国家的大面积产生，使整个世界有了完整的中心—边缘结构。或者说，欧洲率先建立起了民族国家的地区通过资本和军事征服造就的世界中心—边缘结构在"二战"后延续了下来。

虽然一些民族国家保留了君主体制，但它的封建主义属性已经不存在了（尽管还会保留一些仪式性的因素，用来唤醒人们对传统的回忆），而是获得了资本主义性质，并与自由市场融合到了一起。与自由市场相适应的，就是建立起民主政治。关于民主政治，我们撇开经典的争论不谈，仅就当代政治理论家们的讨论来看，也是潜在地包含着中心—边缘结构图式的。格林在谈到根源于达尔的多元主义民主理论时说，"多元主义针对'多数人暴政'和'统一的精英群体'的观念的批评是卓有成效的"[1]。这是因为，"多元论者否认国家拥有一个被某些人占有且同时将其余人排除在外的权力中心，他们认为在一个多元民主政体中，扮演主要行动者的群体——政府官僚阶层、政治党派、民族以及宗教组织、职业协会、公司、公共利益组织、公民社会中最多元的自治组织——在关键时刻会根据特定的重要议题，建立各种同盟来共享及交换权力"[2]。

由于多元主义民主理论所持的是一种反对单一中心的主张，所以，多元论者对民主政体中的"统一的单一主权"是持否定态度的。"他们对于现代代议制民主中的权力的多中心性的坚持，对于民主理论中的另外两种观点做了非常有益的矫正。一方面，多元主义表明：盛行于19世纪的民主理论家……中间的对多数人暴政的恐惧是一种夸大……另一方面，多元论者强调享有权力的群体的多样性，以及在不同群体之间存在着特殊的竞争和谈判，他们抛弃了'统治精英'……这一观念，因为该观念对于现代代议制系统中的权力所作的单调解释

---

[1] ［美］杰弗瑞·爱德华·格林：《人民之眼——观众时代的民主》，孙仲等译，华夏出版社2018年版，第61页。
[2] ［美］杰弗瑞·爱德华·格林：《人民之眼——观众时代的民主》，孙仲等译，华夏出版社2018年版，第60页。

既过分简单又毫无必要。"①

尽管格林给予多元主义民主理论诸多肯定性的评价,肯定了这种理论在批评和试图超越代议制民主理论方面所作出的贡献,但他也提醒人们,应当对多元主义民主理论的一些缺陷引起注意。其中,多元主义民主理论的一个问题就是,"忽视了同样也属于常态的另一事实,即在涉及大多数统治决策以及通常的政治事务方面,大多数公民与讨论和决定集体约束性决策的过程之间,至多只有非常微弱的关联。另外,日常政治经验的突出特征之一就是明显缺乏清晰的、可供精英决策充分反映的政策偏好"。② 其实,这不仅是存在于多元主义民主理论中的问题,也是许多民主理论都忽视了的或有意地回避了的问题。

在某种意义上,协商民主理论可以看作为了解决这一问题而提出的。不过,在多元主义民主理论这里,既然忽视和回避了公民与决策之间的极其微弱的关联这样一个事实,也就同样把作为公民绝大多数的民众放在了观众席上。就此而言,多元主义民主理论依然陷入了代议制民主理论的泥淖之中,仍然带着中心化的色彩,表现为中心化图式中的一种理论。即便提出了"多中心"的主张,也不可能对中心—边缘结构造成实质性的冲击。这就是格林评价的,"这种常态——被统治的公民——不仅被多元主义的模型所忽略,而且也表明多元主义对中央统一主权的批评是有局限的"。③

协商民主理论是在20世纪后期得以流行的,根据艾丽斯·杨的看法,一些协商民主理论家也考虑了如何将协商民主模式推广到整个社会的问题,即应用于大规模社会的决策。但是,他们在这种思考中陷入了哈贝马斯的思路。

---

① [美]杰弗瑞·爱德华·格林:《人民之眼——观众时代的民主》,孙仲等译,华夏出版社2018年版,第60—61页。
② [美]杰弗瑞·爱德华·格林:《人民之眼——观众时代的民主》,孙仲等译,华夏出版社2018年版,第63页。
③ [美]杰弗瑞·爱德华·格林:《人民之眼——观众时代的民主》,孙仲等译,华夏出版社2018年版,第63页。

在哈贝马斯那里，存在着一个"中心式的"民主过程的设想。"某个单个的协商团体，也就是某个立法机构或者宪法大会，可能会将作为整体的社会当做协商对象，并且讨论那种用来组织其机构、制定法则的最好、最公正的方法。当那种决策制定过程随着时间的发展而发生时，它就成为一种有开端和结束的单一过程。"① 在这里，那些组织机构中的协商代表了社会，也开放性地与社会联结在一起，所以，是整个社会的中心。但是，如果考虑到传统的议会，那么这种"中心化的"协商民主又不是什么新发明。至多也只能说是因为视角或关注点的某种转变而看到的情况，而且仅仅停留在理论的构想上了。对此，艾丽斯·杨针锋相对地提出"去中心的"民主政治构想。

艾丽斯·杨认为，根据"去中心"的概念，"我们不可能从总体上将关于民主的主题设想为社会机构或组织。由于社会具有比政治更加庞大的规模与范畴，并且它也超出了各项政治制度或机构的界限，所以，必须假定民主政治活动发生在大规模的复杂的社会过程的环境中"。② 一旦设想民主政治发生在大规模的复杂的社会过程之中，也就会看到，一个"由具有开放性与公共性的民主政治组成的沟通过程会跨越广阔的地域并且经历较长时间；与之相伴的是，各种社会群体既会跨越时间与空间，同时也会跨越那些不同的观点与视角进行交流"。③ 也就是说，"相对于大多数协商民主理论家而言，像这样一种去中心的民主过程的观点将会给各种讨论过程以及公民参与市民社会中的各类社团赋予更多的重要性。依据这种观念，民主沟通与影响将会在各种国家机构与公民社会中的非国家机构之间进行流动"。④

---

① [美]艾丽斯·M. 杨：《包容与民主》，彭斌、刘明译，江苏人民出版社2013年版，第56页。
② [美]艾丽斯·M. 杨：《包容与民主》，彭斌、刘明译，江苏人民出版社2013年版，第56—57页。
③ [美]艾丽斯·M. 杨：《包容与民主》，彭斌、刘明译，江苏人民出版社2013年版，第57页。
④ [美]艾丽斯·M. 杨：《包容与民主》，彭斌、刘明译，江苏人民出版社2013年版，第57页。

由此看来，为了解决协商民主的适应性问题，艾丽斯·杨煞费苦心地从作为协商民主理论源头的哈贝马斯那里去进行反思，试图提出一种完全对立的假设，即提出"去中心"的民主政治过程。这种"去中心"的民主政治过程不是发生在国家、立法机构或法院等机构之中的，而是发生在各种社会群体的流动和交换中的。艾丽斯·杨对这种"去中心"的民主过程的设想是，"虽然在这个过程中会存在着各种会议与讨论，但是，并不会存在最终的决议时刻，以至于民主讨论本身也可能处于审查与评论中"。① 也就是说，在艾丽斯·杨看来，民主政治的要义在于让人们享受民主的过程，关于是否形成最终的决议，这个问题是可以成为民主过程的目标的，但并不一定要达至这个目标。

如果说只有在静态的图谱中才会看到中心—边缘结构的话，那么就协商作为一个过程而言，是不可能有什么中心的。所以，在艾丽斯·杨看来，只有"去中心"这个概念，才反映出协商民主的实质。当然，艾丽斯·杨对于协商民主的去中心规定是建立在对传统民主理论的反思的基础上的。她认为，代表制所反映的是一种典型的中心化政治，它经常性地以没有代表和不完全代表的方式或理由而实施着对边缘的排斥。

艾丽斯·杨说，"在复杂的大规模的政治环境中，一种被人们经常听到的对于排斥的抱怨将会援引各种关于代表的规范。人们通常会宣称，他们发现，自己身处其中的或者与其有密切关系的社会群体并没有在下述具有影响力的讨论与决策制定的机构中被恰当的代表……"② 所以，艾丽斯·杨认为民主理论的任务就是改变人们关于代表的观念，同时也改变传统的代表模式，让人们走出每个群体推举出看似属于自己群体的代表参与到议事过程中去这样一种认识误区。

---

① ［美］艾丽斯·M. 杨：《包容与民主》，彭斌、刘明译，江苏人民出版社 2013 年版，第 57 页。
② ［美］艾丽斯·M. 杨：《包容与民主》，彭斌、刘明译，江苏人民出版社 2013 年版，第 151—152 页。

没有了代表，政治也就不再以代表以及代表再度集中为中心了。

在艾丽斯·杨看来，"许多关于代表权的讨论都含蓄地认为，代表是处于某些代替许多被代表者的关系中，或者与那些被代表者具有同一性的关系中，并且他或者她是在被代表者缺席的情况下代表他们出席的。与像这样的将代表描绘为代替或者具有同一性的观念相反的是，我将代表概念化为一种政治行动者之间的具有差异的关系，而这些代表参与了某种在时间与空间上存在延伸的过程。鉴于代表过程所具有的暂时性和间接的空间性会使这种观念去中心化，它既揭示出了各种政治机会，又揭示出了各种政治危险"。① 我们看到，在艾丽斯·杨进行写作的时候，风险社会并未作为一个概念而进入她的头脑中，她也没有关注到社会的高度复杂性和高度不确定性，而是仅仅就协商民主过程的实际进行了考量。正是这种考量，促使她提出了去中心的主张。这可以说是一项巨大的理论贡献。

"参与"的概念最为典型地反映出对中心的肯定性承认。从政治以及社会治理实践看，对于20世纪后期开始出现的参与运动，社会批判理论也作了批判性分析，认为"参与作为生存的意义之一，本身具有霸权要素，正如将社群整体人格化"。② 我们知道，关于参与的设计是包含着消解权力的追求的，"以参与式的方法进行项目的规划和实施，其设计是为了消除专家权威、技术官僚和专家独控带来的弊端"。③ 但是，就"参与"一词而言，本身就是对社会治理体系中心—边缘结构的默认。

在既有的政治以及社会中心—边缘结构中，参与仅仅是一种行为，根本就不可能对中心—边缘结构作出改变，更不用说如社会批判理论

---

① ［美］艾丽斯·M. 杨：《包容与民主》，彭斌、刘明译，江苏人民出版社2013年版，第154页。

② ［美］劳尔·雷加诺：《政策分析框架——融合文本与语境》，周靖婕等译，清华大学出版社2017年版，第82页。

③ ［美］劳尔·雷加诺：《政策分析框架——融合文本与语境》，周靖婕等译，清华大学出版社2017年版，第82页。

所指出的那样，把参与者假想为人格化的群体了。事实上，参与者的差异和分歧是客观存在的，如果参与者陷入了争斗之中，那么处于中心的社会治理者似乎就不得不出面去扮演调停者的角色。事实上，在参与成为风潮的情况下，社会治理者往往不断地抛出一些问题，让参与者围绕那些问题去展开争论，直到争执白热化，甚至到了不死不休的地步，社会治理者站了出来，抛出某个（些）专家的意见。这个时候，因为专家意见的出场，所有的参与者都感到了自惭形秽，不仅屈服而且是服膺于专家意见了。所以，参与无非是绕了一个大圈子又回到了起点，似乎是因为人们闲得慌了而自编自导的一出闹剧。这一闹剧的演出，是以社会治理的中心—边缘结构为舞台的，同时又反过来证明了这一结构的重要性。当然，参与过程生产了合法性。

在民主政治的框架中，"当代地缘政治中的安全风险的极端特征，以及控制这些风险的秘密政治，使得普通公民只有完全依赖于少数被挑选出来的领导者的善意以及才智，才能避开灾难"。[1] 这显然是一种关于集权的幻觉，而不是对民主政治的感受。而且，这种幻觉还反映在了当前风险社会中的行动上，说明人们在风险社会中所开展的那些行动是存在着许多认识上的问题的。从21世纪初期的风险和危机事件应对实践看，民主与集权的界限变得越来越模糊。在应对不力的时候，集权者可以轻而易举地把责任推诿给民主；在积极应对的过程中，民主的观念总是以集权行动的方式去加以表现。这是因为，民主政治本身就包含着中心—边缘结构，在向集权转化的过程中不会遇到任何实践上的障碍。即使长期以来防范民主向集权转化的观念，在风险社会中也很容易受到忽略。

其实，20世纪后期以来风险类型的爆炸性增长意味着，在对风险特别是危机事件的应对中，无论是直接的政治决策还是通过政府来反

---

[1] ［美］杰弗瑞·爱德华·格林：《人民之眼——观众时代的民主》，孙仲等译，华夏出版社2018年版，第41—42页。

映的政治行动，都仍然具有"密谋"的性质，会要求人们保密，会努力涂抹上一定的神秘色彩。至少，公众是无权成为决策者的。表面看来，公众投身应对风险的行动中来了，但公众是在"风险管理"的名义下被组织起来的，他们的行动并不是或无法被断定为自主的行动。因为，他们对于行动，有着太多的不知道为什么。这说明，在风险社会中，民主政治模式在结构上剥夺了公众成为自主行动者的资格，把应对风险的决策权牢牢地控制在了少数人手中。面对突发性的危机事件时，直接受到影响和涉事其中的公众，而行动者往往需要等待领导者做出决策和下达命令。不难想见，这在高度复杂性和高度不确定性条件下必然会造成一种灾难性的影响。

可以断言，在当下社会所呈现出的高度复杂性和高度不确定性的时代背景下，由民主政治形塑出来的行动模式在根本上是不适用的。因为，它妨碍了或杜绝了每个人在需要的时候成为自主行动者的可能。高度复杂性和高度不确定性所带来的社会风险，以及风险社会中的危机事件频发，要求每一个人都应当成为行动者。也就是说，在每一个需要行动的时刻和场所，人们都应当成为自主的行动者。任何不能为此提供支持和保障的制度以及运作方式，都不具有合理性。就民主制度不仅不能为此提供支持和保障反而设置了障碍而言，显然丧失了继续存在下去的社会基础。

三 在去中心化中寻求出路

古尔维奇在概述马克思的观点时指出，"整体社会现象是生活的源泉……在整体社会现象与整体人之间存在一种对应的趋势。不存在经济的人、政治的人……人只能作为所有这些以及其他方面的总和存在。不能把这个'整体的人'还原为他的精神生活，甚至也不能还原为集体意识。他是社会的一个参与者，由团体所组成的阶级的一个参与者，我们的一个参与者，同样也是一个主体：全部都代表整体社会现象。通过这种相互的参与，正像人加入到整体之中一样，整体社会现象也参与到人之中"。①

在这里,古尔维奇所使用"参与"一词,只不过是出于行文的方便,所表达的显然是社会与人的相互型构、嵌入和渗透。从人的角度看,那就是社会构成了人,社会的整体是存在于人之中和反映在人这里的,人的存在本身就意味着社会的总体性。关于人的总体性的这种认识,其实是否认了任何中心,即不把人的自我看作中心,也不要求人围绕着他之外的任何中心旋转。

不过,在世界是否需要有个中心的问题上,许多政治学家都可能给出一个肯定的答案。因为中心—边缘结构本身在许多政治学家的眼中就意味着秩序,似乎一切社会治理的技术和操作方式也都只有在这一中心—边缘结构中才能发挥作用。但是,在美学家的眼中,情况就不一样了,因为他们深知西洋绘画的焦点布局与中国画的散点布局同样都能给人以美的体验。音乐也如此,西洋音乐必然要有一个主题,而中国的传统音乐所追求的只是令你陶醉的意境。从中国的绘画和音乐中,我们无法找到布局和安排上的中心—边缘结构,但是,如果说它们也包含着美的元素的话,那么那些元素也构成了一种和谐秩序,所以满足了人的审美需要。这给予我们的启示是,并非所有的存在都只有拥有了中心—边缘结构才有秩序。

就我们的社会而言,打破中心—边缘结构后,同样可以建构起一种秩序。我们关于合作秩序的构想,在这里也是可以得到一定程度的证明的。我们知道,中国画讲究留白,通过留白,景物的空间就被延伸到了画外,或者说,空间的延伸任由你去想象。这一技法的应用表明,一幅画并不构成画中的封闭系统,而是开放的。画是有边界的,而景则可以无限延伸开去。既然画中的景是没有边界的开放系统,既然一曲过后余音绕梁,三日不绝,也就不可能拥有一个稳定的中心—

---

① [法]乔治·古尔维奇:《社会时间的频谱》,朱红文等译,北京师范大学出版社 2010 年版,第 26—27 页。

边缘结构。

也就是说，一个封闭系统——无论这个系统有多大——往往会拥有一个稳定的中心—边缘结构，而一个开放系统则不可能建立起这种结构。全球化、后工业化正在向我们展示的恰恰是一切封闭系统都正在走向衰落的景象。不用说是否存在平行宇宙，也不用计较人的开拓地外空间的技术能否有所突破，单就地球上的一切事物都进入一个流动的状态而言，一种网络互动的景象也已经证明，中心—边缘结构的基础正在被掏空。因为，我们世界中的一切都被纳入网络之中后，所呈现出来的是一幅流动的画面，任何事物都不会安静地处在某一处而将那个地点宣布为中心或者边缘。

梯利在人是"天生自私"还是"无私"的问题上强辩说，"每个人都既是利己的又是利他的，既是自私的又是无私的。父母热爱他们的儿女，为了孩子的成长甘愿牺牲自己的舒适，他们是利他的。出于对祖国的热爱拿起武器保卫国家的战士也同样有着无私的动机。正像行为的效果既利己又利他一样，动机也可以同时是利己的和利他的"。[1] 从哲学上看，这种辩解是无力的，除非是对众生宣教才会有些意义。

如果自私是在还原论上所确认的人的品性，那么梯利的例证不仅不能否认人的自私，反而恰恰证明了人的自私。这是因为，在人的自私扩大了范围后去以家庭、国家的形式加以表现，完全是合乎情理的。所以，并不能把人对家庭、国家的奉献视为无私，反而恰恰是自私的另一种表现形式。也就是说，在个人被设定为社会图卷的中心点的情况下，我们所看到的整个图卷都无非是个人光芒辐射开来而形成的景象，都从属于个人和服务于个人，会随着个人的心意而动，因而也都透射着个人的自私品性和弥漫着个人的自私气息。如果这幅社会图卷

---

[1] ［美］弗兰克·梯利：《伦理学导论》，何意译，广西师范大学出版社 2002 年版，第 174 页。

不是以个人为中心，而是全部社会构成要素的共生共在形态，那么人的自私与无私都不再是值得关注和思考的问题了。因为，基于人的共生共在的理念建构起来的社会，既不会要求人无私，也不会让自私的心理和行动拥有产生的土壤。

贝尔认为，在资本主义初期，由于存在着新教伦理，整个社会是有着超验道德体验的。随着资本主义的发展和完善，其制度将新教伦理驱逐了出去，以至于人们在这个社会中失去了超验道德体验，其结果是，"资本主义保障经济增长的能力在今天甚至也产生了疑问——即便承认这种观点，我们仍不难看出——一旦社会失去了超验纽带的维系，或者说当它不能继续为它的品格构造、工作和文化提供某种'终极意义'时，这个制度就会发生动荡"。① 要想让资本主义重拾已被抛弃的超验体验，是不可能的，因为逝去的历史不可回复。但是，重建另一种类型的超验体验也许是可行的。其实，新教伦理所提供的是基于信仰的超验道德体验。在农业社会的历史阶段中，类似的超验道德体验存在于世界上的几乎所有地区中，只不过新教成功地将这种道德体验带入了资本主义的发生过程之中。资本主义依靠这种超验道德体验而成长起来，但在资本主义走向成熟的时候，又抛弃了这种超验道德体验。所以，新教伦理在时间的持续上也很难说比农业社会中其他地区和其他类型的宗教所提供的超验道德体验走得更远，至多是多走了几步而已。

总体看来，资本主义以及与它携手并行的工业社会并不倚重超验道德体验，而是寄托于法治，依赖法的精神这一时时处处都可以物化的意识形态。但是，20世纪后期以来，在社会呈现出高度复杂性和高度不确定性特征时，风险、危机事件频发等，却为人们带来了另一种超验性的体验，那就是对人类命运共同体的体验。虽然这种超验性体

---

① ［美］丹尼尔·贝尔：《资本主义文化矛盾》，赵一凡等译，生活·读书·新知三联书店1989年版，第67页。

验不是道德的，却有可能把人引向对道德的渴求上来。当然，人们也可以在此条件下主张进一步地完善法治，但是，如果人们在对新的超验性体验进行反思，特别是对作为资本主义早期超验道德体验失落后的替代品的法治表示怀疑，那么对道德的渴求立马就会涌现心头。

所以，在全球化、后工业化进程中，风险、危机事件带给人的是另一种超验体验。这种体验将人的共生共在施予人。就新教伦理给予人的是在从农业社会向工业社会转型过程中让人们直接地在信仰的基础上获得超验道德体验而言，在从工业社会向后工业社会的转型过程中，则是风险、危机事件频发等让人获得对社会"反伦理"后果的一种超验体验。虽然人的共生共在是根源于风险社会的压力而获得的超验体验，但给予我们的是对道德的渴求。

中心化的观念形态主要表现为一种思维定式，而这种思维定式却包含着反理性的倾向。我们知道，近代以来的人们确立起了对理性的信仰，因为有了对理性的信仰而在行动中追求合理性。从近代以来的社会建构看，在社会治理的问题上，人们在合理性追求方面从未感到过厌倦。可是，"在发展至极端的情形下，随着合理性的增加，随着它的中心和控制点由个人转移到大规模的组织，大多数人运用理性的机会将被扼杀，所以将出现不依托理性的合理性。这种合理性与自由格格不入，反而是自由的毁灭者"。[①] 比如，"只有在理性化结构中的少数几个领导职位，有时可能就是特权位置，我们才可能较容易地理解在整体中发挥作用的结构性的力量，这种力量影响了普通人所能把握的整体中的有限部分"。[②] 普通人是普罗大众，他们能够把握的只是整体中的有限部分，而且是理性化结构事先给予他们的。至于整体，则操纵在了少数人的手中。这个整体有着理性化结构，但操纵这个整

[①] [美] C. 赖特·米尔斯：《社会学的想象力》，陈强等译，生活·读书·新知三联书店2016年版，第189页。

[②] [美] C. 赖特·米尔斯：《社会学的想象力》，陈强等译，生活·读书·新知三联书店2016年版，第187页。

体的人却不一定是理性的。如果操纵这个整体的人是非理性的话，那么理性也就丧失了，更不用说受到操纵的普罗大众。然而，人们却时时处处倡导合理性，而且会用非理性的方式去强化合理性。

解释学所要回答的是"以文本为中心"还是"以解释者为中心"的问题。如果以文本为中心的话，那么文本的创造者就是主体，而解释者就被放在了理解作者意图的位置上，即通过文本去理解作者。这样的话，就会成为作者的追随者，还有可能被作者驯化。相反，如果以解释者为中心的话，那么解释者也就成了主体，就可以借助于文本为中介去与作者交流，从而构成了主体间关系。实际上，对于一个文本来说，往往是文本诞生了而作者死亡了。即便作者通过对文本的修订而证明他没有死亡，那也无非是在证明他是一个新文本的作者。至于那个修订前的文本的作者，却已经死亡了。所以，当解释者面对文本时，是不可能与一个死亡了的作者进行交流的。

这样一来，以解释者为中心也就暗示了只有解释者才是主体，他对于文本有着解释的主动性，可以赋予文本他希望赋予的意义。文本的作者死了，而文本自身却因为解释者而获得了生命。在解释者赋予文本生命的时候，也就证明了解释者的主体性，是具有创造能力的能动的主体。文本经作者之手被创造，又在解释者这里得到复活。所以，在解释者这里呈现出的得到了复活的文本，也包含着解释者的创造性贡献。至少，文本中的意义是由解释者赋予的。这就是中心化观念带来的问题，是一种可以永远争论下去而找不到人们一致同意的答案的问题。

如果我们不是带着中心化观念去为文本寻找一个主体，如果我们不是围绕着静止的文本去看问题，而是在面对着流动的现实开展行动，那么主体就变得模糊了，或者说，主体转化为了行动者。事实上，在风险社会中，在社会高度复杂性和高度不确定性条件下，并无静止的、稳定地摆在我们面前的文本。我们面对的，往往是不确定性的风险和随机性出现的事件，无论是文本的意义，还是我们建构的意义，都不是一个必须计较的问题,我们需要解决的是如何做出应急反应的问题。这样一来,文本中心还是解释者中心的问题,也就都在必须开展的应急行动中变得不再有意义。而且,对于行动者来说,并无以什么为中心的问题。

中心—边缘结构的解构是为了再造出一个"平"的世界,而不是用一种新的中心—边缘结构去取代既有的中心—边缘结构,也不是回复到某个旧的中心—边缘结构上去。用这个标准来看,女性主义运动如果希望把女性置于世界的中心,国家间的竞争如果希望用新的霸权取代既有的或旧的霸权,都只不过是这个世界的持存。就像农业社会的一个王朝取代另一个王朝一样,它不是对社会的既有结构和性质的改变。如果历史的进步不是通过打破中心—边缘结构开辟道路,而是中心与边缘位置的变化,那么人类就会在风险社会中陷得越来越深。以世界体系为例,如果仅仅是一个或者一些国家挤进了中心地区,而将现在中心地区的国家排挤到边缘地区去,必将付出世界动荡的代价。而且,在工业社会已有的成就面前,这种动荡的代价是否能为人类所承受,可能是一个在今天难以作出评价的问题。

我们认为,全球化的唯一前进方向就是消除任何形式的中心,从根本上打破世界的中心—边缘结构。斯洛特戴克对全球化作了这样的描述,"全球化逐层地把脚踏实地的、定居一处的、以自我为导向的,以及从自我中来有着强大治愈力的集体生活的梦想外壳炸裂开来……它炸开了自我生长的内部球面,并把它们放置到网状结构上去。纳入网状结构中,扎根于一地的人们的定居生活就失去了思想上原有的认为自己就是世界的中心的优先权"。[①] 也就是说,其一,拔除了原先一切稳固的存在;其二,实现了去中心化。这的确是全球化的奥义所在。

在低度复杂性和低度不确定性条件下,对于从个人以及自我出发

---

① [德]彼德·斯洛特戴克:《资本的内部:全球化的哲学理论》,常晅译,社会科学文献出版社2014年版,第43页。

所实现的对人类的理解和对社会的建构，是无法进行合理性质疑的。虽然对这个社会的各个具体的方面都存在着合理性问题的争议，但在原则性的基本面上，从个人出发去进行思想、理论以及社会建构，却有着不可替代的完美性。然而，在高度复杂性和高度不确定性条件下，从个人出发所进行的所有思考和所提出的所有解决问题的方案，都不再具有合理性，更不用说去作出完美的评价了。当社会的高度复杂性和高度不确定性成为我们的认识对象时，真正地意味着思想和理论建构的一个"后形而上学"时代的到来。在这个时代，不仅个体、个人、整体、集体等概念将被从话语中心移出，而且整个实体性思维都将为我们所抛弃。在我们即将走进的这个时代中，思想者的优越感将为行动者的自豪感所取代，一切行动都紧盯着具体问题，并通过每一项具体问题的解决增益于人的共生共在，把消极性的人类命运共同体转化为积极性的人类命运共同体。

在工业社会的低度复杂性和低度不确定性条件下，德里达已经意识到了事物因为意义的多样和不稳定而无法被精确地界定，无法确立一种中心性的和主导性的意义。现在，当我们置身于风险社会及其高度复杂性和高度不确定性条件下，对这一点的感受更深，有可能因为这种感受而放弃对事物的终极意义的追寻。的确，在对意义的追求这个问题上，如果彻底地摆脱了中心化的观念，也不存在什么终极性的意义。一旦人们在风险社会中放弃了对终极意义的追寻，就将变得非常现实，从而转向致力于解决生存问题的方面上来。

对此，即便放在个人主义的逻辑中去认识，也会形成一种看法，那就是，为了自我的生存，就需要去为他人的生存提供保障，从而实现所谓共生。倘若如此，凡是不利于人的共生的观念和行为，都应遭到唾弃。但是，如果这样去看人的共生的问题，就会把他人的存在作为自我存在的手段，至于主动地去为他人的生存提供保障，也是不得已而做出的选择，自我的存在仍然是被作为目的，亦即自我仍然处在世界的中心。这实际上又重新陷入了工业社会的运行逻辑之中。因此，在风险社会中，面对着社会的高度复杂性和高度不确定性，为了寻求人的共生共在问题的解决，就需要在思想上告别一切中心化的观念，并以去中心化为思想和行动的出发点，切实地找到构建人类命运共同体之路。

第三节　个体性的消解

在工业社会中，人的个体性是被作为人的社会属性而加以建构的。是因为人有了这一社会属性，才会认识到人在自然的意义上也是个体。否则，人在自然意义上的存在形态，就是一种混沌。历史地看，作为一种社会属性，人的个体性是在社会发展到了工业社会这个历史阶段时才得以产生和得到确认的。随着人类走出工业社会这一历史时期，人的个体性也将随着人类进入新的历史阶段而消失。进入21世纪后，当风险社会成为现实的时候，这一点已经显现出了明显的迹象。

风险社会是工业社会发展的后果，也正是在全球化、后工业化运动中，人类社会呈现了风险社会的特征。就全球化、后工业化运动是一场历史性的社会转型运动而言，风险社会也意味着工业社会的终结。我们认为，人类社会的发展呈现出高度复杂性和高度不确定性是具有历史必然性的，而且这将是一个趋势，未来的社会将是高度复杂性和高度不确定性的社会。就风险社会是社会高度复杂性和高度不确定性的一种显现形式而言，出现在全球化、后工业化进程中的风险社会特征可能并不只是社会转型过程中的一种过渡现象，而是意味着人类历史从此走进了风险社会。

在风险社会中出现的所有社会变动，都将预示着人类社会的某种未来走向。不过，也许人们更希望把风险社会看作人类历史演进中的一个过渡阶段。即便如此，风险社会中所产生的诸多社会变动也是值得关注的。就人的存在形态和表现方式来看，在风险社会中就出现了颠覆性的变化。

一　个体的人与人的个体性

在人类历史上，无论是在农业社会还是在工业社会的历史阶段中，风险都是与人相伴的。从人类社会的早期更多遭遇自然风险到工业社会后期社会风险的迅速增多，都是人们无法回避的问题。风险与人相伴，在风险中产生的危机事件，总是在人们没有预料到的时间或地点造访人类。不过，总体看来，以往人类所面对的风险都是相对于具体的地域、群体、个人等而言的。与之不同，风险社会则意味着整个人类面对着共同的风险，人类被迫而成为命运共同体。在风险社会中，首先在人的存在形态上造成的影响就是人的个体性的消解，人的个体性转化成了人的共同性，至少是在必须承受风险这一点上显现出了共同性。

在工业社会这个历史阶段中，整个社会建构都是在人的个体性前提下展开的，是从人的个体性出发而开展社会建构的，全部社会治理活动都是从属于护卫个体的人的目的，一切社会行动方案也都根据人的个体性去进行设计。然而，在风险社会中，在高度复杂性和高度不确定性条件下，人的共生共在的主题被突出出来。这是因为，风险社会意味着，基于人的自我以及自我利益实现的要求去做出行为选择和开展行动，将会带来严重的社会后果。

在认识到我们已经置身于风险社会的时候，我们倡导建立起人的共生共在的理念。这首先应当被理解成根源于一种外在压力而提出的要求，不过，它却意味着，只有人的共生共在，才是在风险社会背景下解决人的生存问题的一条必须得到自觉的道路。也就是说，在风险社会及其高度复杂性和高度不确定性条件下，如果不把人的共生共在作为一种追求的话，那么个体主义所宣称的自我，就不具有现实性。就现实要求来看，人在风险社会及其高度复杂性和高度不确定性条件下已经发生了根本性的转变，即转变为行动者。在开展行动的过程中，随着个人转化为行动者，人的个体性也就得到了消解。行动者是一种角色，可以由个人、组织、群体等去扮演。事实上，无论什么样的社会存在因素，一旦成为行动者，也就不再拥有个体性了。风险社会是包含着这种隐喻的，而且也必然会将这种尚且以隐喻的形式出现的图景转化为现实，并显现出了某种迫切性。

在从农业社会向工业社会转型的过程中，个体的人的出现是一项积极成就，是历史进步的重要标志。正是个体的人的出现，造就了工业社会的人的存在以及人际关系模式，而且，个体的人也是整个社会建构和社会治理体系建构的基石。如果说社会发展是在否定中前行的，那么在从农业社会到工业社会再到后工业社会的历史演进中，人的存在形态也发生了相应的转型。在农业社会中，人是融入共同体之中的，人与人之间所具有的是同质性。在这一时期，也许自然意义上的人是独立存在的生物，但我们也知道，仅仅有了自然的身体的生物还不能被视为人，只有具有了社会存在属性的生物才能被称为人。正是在人的社会属性的问题上，农业社会的人的同质性意味着他并不是独立的存在物。在工业化、城市化过程中，随着人的自我意识的生成，同时也在物理的意义上出现了"脱域化"这一人的流动的现象。人在"脱域化"过程中走出家庭而进入城市，脱离了家元共同体而成为独立的个体。这就是人的个体化和人的个体性生成的过程，是与工业社会的成长同步展开的。

工业社会中的人是以个体的形式出现的，个体性是人的基本属性。在社会建构的过程中，关于人的个体性，也许可以比喻成现代砖混结构建筑中的钢筋。无论这类建筑在什么地方以什么样的形式出现，包含于其中的钢筋都发挥着非常重要的作用。所以，如果对工业社会的认识不是停留在表面上，而是要透过表象去揭示其深层的存在形态，也就必然会触及人的个体性的问题。大致是自20世纪80年代起，工业社会走到了自己的巅峰，出现了后工业化的问题。这意味着人类历史再一次面临社会转型的问题。也就是说，将实现从工业社会向后工业社会的转变。

在全球化、后工业化运动中去看人的存在形态时，所看到的是人的一种新的形态的出现，人在很大程度上已经不能再被作为一种实体性的存在物了，而是处在流动之中的。至少，人的社会属性是时刻处在变换之中的。在某种意义上，同工业社会中的诸多其他社会存在一样，人也开始呈现出虚拟化和液态化的特征。由于社会运行和社会变化的加速化，由于时间和空间的可变性的增强，由于社会的高度复杂性和高度不确定性，人的存在形式呈现出不定形的状况，处在不停息的流动之中，以至于人的个体性变得模糊和不可识别了。

如果从人的存在形态的角度去看历史，我们所看到的是：农业社会呈现出来的是一种混沌态；工业社会则以固态的形式出现；在全球化、后工业化进程中，我们发现了社会的"液态化"，一个包括绝大多数社会存在液态化的过程正在展开。可以想象，在液态化了的社会中，个体、原子都不再是处在某个固定的位置上的，而是处在流动之中。因为处在流动之中，致使个体性被流动性取代。所以，我们看到的人不再是存在和出现在我们面前的个体，而是一种流动着的存在。

个体的人是历史的产物，人的个体性也是人的历史性的一重内涵。在工业社会中，个体性是个体的人的基本社会属性。可以认为，个体的人是有着两种存在形式的，可以是自然意义上的个体，也可以是社会意义上的个人。在农业社会的家元共同体中，存在着的是自然意义上的个体，而在社会意义上，家元共同体的成员则是同质性的存在物，他们并无自我意识，因而不是个体的人，不具有个体性。个体的人生成于现代化的过程中，或者说，是在近代以来的社会发展过程，形塑出了社会意义上的个体，并将其附着在自然意义上的个体上，形成了自然与社会相统一的个体的人。尽管如此，社会意义上的个人还是取决于认识和理解的。

在理论分析中，社会意义上的个人可以被证明是真实存在着的，也可以被证明是虚幻的。即便站在一种中立的立场上，也是把社会意义上的个人看成附着在自然意义上的个人上的，是人的一重存在。对于缺乏理论分析能力的人，也许不去对自然意义上的个体和社会意义上的个人进行区分，而是把它们看成同一个东西。不过，正是这种无须分析的直觉性认识，对个体性的概念提供了支持。因为，所谓个体性，无非是自然意义上的个体与社会意义上的个人相统一的情况下所表现出来的人的一种社会属性。虽然我们说人的个体性是人的社会属性，但离开了自然意义上的个体，社会意义上的个人也无法被认为拥有个体性。因为，这种得不到自然意义上的个体支持的人是一个内涵不确定的概念，或者说，可以得到完全对立的不同观点的证明，以至于无法对人的个体性这样一种人的属性加以确证。如果脱离了自然意义上的人而单纯在社会的意义上去看人的话，至多可以把作为理论抽象的"原子化个人"与"个体性"看作同一个概念，但那就仅仅是一个概念，而不是人的实存状态。

在家元共同体中，人们的生活和活动起初也许是无目的的，特别是共同体，可能没有什么目的。因为，它更多地具有自然属性。对于家元共同体来说，血缘、情感以及共同生产的习惯是共同体的基本纽带。正是这些纽带，把自然的个体凝聚起来而构成了共同体。应当说，人的生存所面对的外在威胁给予了家元共同体扩张的动力，或者说，当人们发现以家庭、族群形式出现的共同体面对一切外在威胁而感到势力单薄时，就有了使共同体扩大的冲动。于此之中，共同体也就获得了目的。考古学、人类学所编写的人类社会早期的故事为我们讲述的是，狭义的家庭这种形式的组织，是较晚出现的，要比氏族、部落晚得多。这些故事是否真实，我们可以不去计较，因为在我们的思考对象中，并不涵括那部分历史，我们所关注的是农业社会的历史。因而，在共同体生成的问题上，我们看到的是一个首先有了家庭而后扩大为共同体的逻辑。

在农业社会，共同体是家庭的放大，而家庭则是浓缩了的共同体，它们是有着共同内容和共同特征的两个"版本"。事实上，在农业社会，家庭是社会的基本单元，也可以比喻说家庭是社会的细胞。所以，我们将这种形式的共同体称作"家元共同体"。在家元共同体是家庭的放大的意义上，我们不仅看到共同体获得了目的，而且为了目的的实现而有了社会治理。所以，共同体所拥有的目的，无论是在历史上，还是在逻辑上，都可以视为社会治理的起点。从认识的角度看，家元共同体成员是以相似性为社会纽带的，人的自然意义上的个体存在形态是从属于对相似性的把握的。在超出了血缘范围的社会中，相似性也构成了人们建立密切关系和开展交往的重要前提条件。这种相似性是通过直觉就能够把握的，不需要运用理性化的智识去识别、认识和把握。

到了工业社会，族阈共同体兴起了，并取代了家元共同体。族阈共同体成员由于有了自我意识，因而在社会生活中形成和扩大了个体的差异性。个体的出现不仅意味着作为个体的人具有个体性，而且个体的人的各种各样的放大了的形态也具有个体性。个体性因而成了族阈共同体中一切差异性存在的基本特性。但是，族阈共同体赖以建立的前提和基础，则是可以用"同一性"的概念来加以定义的。同一性的因素，而且无止境地追求同一性的过程，是族阈共同体存在和发展的基本动力。族阈共同体成员相互尊重差异，对每个人的个性都表达认同和宽容，但相互之间建立起的关系以及所开展的交往活动，则必须以某种在逻辑上可以追溯到的终极同一性因素为依据。所以，就人际关系和交往活动的前提和基础看，家元共同体与族阈共同体的区别反映在"相似性"与"同一性"的不同上。相似性抹平了差异，而同一性则承认差异，而且是以差异为前提的，是在差异中去寻求同一性和获取同一性的。所以，族阈共同体的同一性追求包含着对个体性的张扬。

近代早期的个人从家元共同体中解放出来，最大限度地消除了自身存在上的自然属性而实现了社会化，即获得了个体性这一属性。人的个体性以及从个体性中所派生的其他属性，使人成为自由的个体。正是这一点，为资本主义的发展提供了充足的劳动力资源。所以，人的个体化使资本主义成为现实，使得资本主义出现在了人类历史上，并在与工业社会的相结合中，构成了一个历史阶段。

总的说来，个体化使人有了自由之身，即摆脱了家庭、地域等的束缚。因为摆脱了这种束缚，从而在劳动力市场中流动起来，可以自主地选择自己的教育和职业等。这在现代化的语境中被视为一场"政治解放"的运动。因为这种解放，使资本主义前进途中的所有障碍都能够得到清除。现在，当我们处在全球化、后工业化进程中的时候，个体化的运动是否依然在行进，则是一个需要我们通过认真观察而做出回答的问题。如果人类社会依然走在个体化的进程中，也就意味着资本主义仍将有着强劲的生命力，只不过需要更新换代而已。相反，如果全球化、后工业化意味着个体化的道路中断了，即以新的形式向未来延伸，社会的发展也就不再走在原先的道路上了，而是会通过一次变轨走上新的方向。

二 个体性的人的社会表现

在思想史上，也与社会发展的客观过程一样，人逐渐地凝缩成了个体。关于人的属性的问题是近代以来哲学思考的核心问题，几乎每一位哲学家都对此发表过自己的意见，所以存在着各种理解。概括起来，无非是把思考的重心放在了人的自然方面还是社会方面的问题。但是，不同的理解却意味着提出了不同的社会建构方案。比如，强调人的自然方面的话，就会要求从个体出发去开展社会建构；强调人的社会方面的话，则会要求从集体出发开展社会建构。实际上，在终极性的逻辑源头，这两种观点并无根本性的区别，但在以意识形态的形式出现时，强调人的自然方面的主张占据了上风，也构成了近代以来文化思想的主流，并把人类培育成了眼中只有个体、只有自我的物种。所以，人在理论证明和观念形态中，是以个体的形式出现的。

个体是具有独立性的存在物。在个体以自我的形式出现的时候，围绕着自我这个中心而形成了与他人之间的边界。此人不同于他人，社会是联系他们的纽带。社会不仅使个体联系在了一起，而且也是个体开展竞争、斗争的角斗场。每一个人都为了自我这个个体而把他人当作工具利用，同时又以自我利益实现的要求而排斥他人。无论如何去规定、营造或迫使个体对外开放，而其封闭性的一面又都是个体成为个体的必要条件。不过，随着人的概念为"行动者"的概念所置换，就会打开不同的视野。行动者首先是以场的形式出现的。

当原子化的个体因为社会条件的变化而丧失了存在的合理性时，发生了从个体向场的转化。结果是，原先的个体不再具有个体的形式，而是具有了场的特征，而且所有由个体转化过来的场，都获得了融合而不是排斥的性质。场的出现显然是在个体的自我否定中实现的。个体的这一自我否定本身就是开放的过程，是因为开放而构成了场，也因为是场而具有了开放性。所以，对于行动者而言，一旦告别传统的对人的机械论理解，即把人定义为"场"而获得了行动者的属性，也就让我们在行动者的概念中看到了合作的内涵。而且，行动者是存在于行动体系与过程中的，是以合作行动的形式出现的。与合作关联在一起的信任、道德等，都必然包含在行动者之中。

斯洛特戴克认为，在资本主义开拓出的世界中，"任何的个体都是要适应不断增长的商品供给，适应越来越丰富的角色扮演，适应越来越有入侵性的抱怨以及越来越任意形成的人为环境。市场生活让人们随时随地地意识到存在着各种选择可能性以及替代的道路，从而取代了原有的信念、一元论和粗鲁的纯朴。用这样的方法，市场生活使这些慢慢消失。后果则是：人变得越来越单色调，而客体则是彩色的，无色的人却被要求在多彩的物中做出选择。伴随着关于'灵活化了的人'的话语，这种事实状况令人感到悲恸，而随着'新时代'、'网络时代'的话语，人们却又喜迎它的到来"。[1]

---

[1] ［德］彼德·斯洛特戴克：《资本的内部：全球化的哲学理论》，常晅译，社会科学文献出版社2014年版，第330页。

人的个体化意味着人能够通过自己的行动去决定和去证明自己做什么样的人，人在广泛的社会生活和活动中能够面对着许多可供选择的事项去展现自身多样的风貌。但是，工业社会的同一性追求却使人成为单色的个体。比如，仅仅成为为了自我利益谋划和行动的个体。在利益面前，其他任何表现出来的东西都成了幻象。对人的除了利益之外的因素即便必须给予关注和需要认真对待，那也只不过是一些会发生实际影响的假象。当然，利益实现的过程也可以是多样化的。比如，人的利益追求有着无限条实现路径，人可以通过任何一种理性化的方案去达成自己利益实现的目的。但是，当风险社会在人的活动中被造就出来后，在"风险面前，人人平等"的意义上，所有的人都被风险的压力压扁成一张薄膜，不仅是单色调的，而且是同形的。对于这种同形的人，当作个体对待，还有什么意义。

对资本主义形成基础性支撑的是市场经济，而市场经济又是在竞争行为中获得运行和发展动力的。没有竞争，也就不可能有市场经济。竞争行为是一种普遍现象，在自然界就存在着这种现象。这是达尔文立足于社会去观察自然界的时候就作出令人信服的论证的事情。但是，就社会意义上的竞争行为模式而言，应当说是在人的个体化的过程中生成的，至少是在工业化、城市化的进程中开始形塑出竞争文化。所以，竞争文化的生成与人的个体化是同步的，而且竞争文化也包含着人的个体性的内涵，以人的个体存在为前提，凸显人的个体性。

文化的基本功能就是形塑出人的行为模式，虽然竞争文化是人的竞争行为及其心理的积淀，但有了竞争文化，人的竞争行为变得更加稳定了，并以竞争的行为模式的形式出现。所以，当我们置身于风险社会时，首先要做的工作就应是对竞争文化进行反思。只有当我们在这种反思中寻找到文化变革的路径，并切实地实现文化变革，才能重新形塑出非竞争性的行为模式，并重建人在风险社会中的人际关系和行为模式。

在风险社会中，竞争是非常有害的，任何竞争行为，如果得不到规范的话，或者说，如果不与竞争文化脱钩的话，都会把人更深地打入风险社会中。事实上，在风险社会中，在我们的社会呈现出高度复杂性和高度不确定性特征时，人的共生共在的主题就被推展了出来。在这种情况下，人们必须把整个人类作为一个命运共同体来看待，通过合作而不是竞争去赢得人的共生共在的可能性。显然，人的共生共在代表了人的一种关系模式。如果说人的个体性必然会反映在竞争行为中，必然要以竞争文化去加以表现，那么由人的共生共在代表的另一种关系模式也就包含着对人的个体性的否定。至少，在逻辑上是这样的。

从历史上看，在社会存在的意义上，随着个体的形成和确立，随着人获得了个体性，让人们更多地看到社会的不公平、不公正。一方面，是个体间的不平等；另一方面，则是个体受到的压制。利科指出，"以经济的方式得到界定的社会本质上就是一个斗争、竞争的社会，在这样的社会里，个体被排斥在劳动成果之外；在这样的社会里，各个阶层和集团相互对抗而没有裁判。理性社会引起了不公平感，面对社会被分成各个集团、阶层和阶级，使得被推向社会机器的个体处于孤立和不安全中。总之，劳动，在这样的经济社会层次上，似乎技术上是理性的，而在人性上是荒诞的"。[①] 不仅是在"经济社会"上，而且在生活和活动赖以展开的整个社会上，都因为人的个体化而引发的竞争、斗争等造成了不公平、不公正。所有这些，都确定无疑地生产出了社会风险，从而把人类引向了风险社会。

其实，在资本主义正在生成时的19世纪，马克思就揭示了利科所说的这些问题。马克思之所以在资本主义刚刚开始迈开前行脚步时就能够透过经济的表象揭示出其政治实质，正是因为撕破了各种各样的政治伪装，把政治置于经济的视角中去审查，使政治服务于经济利益

---

① ［法］保罗·利科：《从文本到行动》，夏小燕译，华东师范大学出版社2015年版，第439页。

实现的真实面目暴露于世人面前而无所遁形。所以，在马克思的思想逻辑中，所指向的是一条对个体的人以及人的个体性的否定之路，只不过在工业社会及其资本主义条件下，这条道路显得不甚清晰而已。

从异化劳动的角度看，可以看到，"在劳动的现代社会，个体没有得到满足甚至还被撕裂了，因为在简单对抗自然和有效计算的赞美中他没有发现意义。这是如此的真切以至于——至少是在发达工业社会——意义越来越需要在工作之外去寻找，而劳动变成了一种获得空闲的简单方式，而空闲反过来又在劳动的技术模式上得到安排"。[①] 是因为人的个体化，是因为个体的人具有个体性，才使劳动成为异化劳动，或者说蜕变成了异化劳动。这是因为，此时的劳动不再是生活，甚至不是与生活相联系在一起的，而是生活得以维系的手段。因而，人们在劳动中无法找到实现自我的途径，只有到劳动之外去寻找一方自由的空间，从而有了休闲。

由于休闲是劳动之外的一种用来矫正劳动异化的手段，致使人们在这里所谋求的仅仅是告别压迫上的短暂放松，并不打算在这里去实现因为劳动的异化而无法实现的自我。严格说来，休闲不仅不是矫正异化的途径，而且也因为变得庸俗化而成了一种异化状态。也就是说，当劳动与休闲相分离而被放在了两个不同的场域中的时候，都不再属于人，反而是与人相冲突的，是人的异化状态。人在异化劳动中丧失了自我，也同样在休闲中体验一下暂时的堕落，以至于休闲也是一种使自己暂时与自我分离而不是人的回归的状态。虽然劳动、生活等与人的分离并不直接生产出社会风险，但从这种状态出发开展的社会活动，却源源不断地生产社会风险，并在风险的积累中造就了风险社会。

在人们站在人的个体性的立场上主张自我利益的优先性时，也会出现另一种与之对立的立场，即阐释"他者"的存在以及与自我这个

[①] ［法］保罗·利科：《从文本到行动》，夏小燕译，华东师范大学出版社2015年版，第489页。

个体的相互影响甚至相互依存。根据哈贝马斯的构想,"只有接受了他者的视角,才能在个体当中形成一种新的社会整合。要想彼此承认对方是具有行为能力的自律主体,并且是永远能够对自己的生活历史负责的主体,参与者就必须自己创造其社会整合的生活方式"。[1] 根据哈贝马斯的意见,接受他者、承认他者就能够实现自律,就会愿意对社会、对历史负责,就能够创造出社会整合的氛围,使社会和谐。但是,在竞争文化主导的工业社会中,人的个体性决定了人们总是为了自己的利益而去开展行动,从来没有把社会整合的内容放在自己的行动中。

在人类进入了风险社会时,也许我们应当想到一条不同于哈贝马斯的思路,那就是,对他人的接受和承认不应从自我的个体性出发,既不是从我也不是从他者的个体的角度去考虑问题,而是需要在命运共同体的意义上去加以认识和理解。在风险社会中,在社会高度复杂性和高度不确定性条件下,基于个体性的视角去在你我之间识别界限,不仅没有任何积极意义,反而是非常有害的。因为,风险并不承认人们之间有什么界限,当一种病毒的大流行并对人实施攻击时,不会承认男人、女人、种族、国家的边界,而是会将他们都作为传染对象。所以,风险社会所提出的要求是,人们必须通过合作行动去谋求人的共生共在。在合作行动中,每一个行动者,或者说每一个人,都将以自己的行动去实现社会整合。事实上,我们也必须相信,在这种状态之下,每个人也都能够以自律去增益于社会整合,并为合作治理贡献力量,并证明自己是对社会负责的。

人的个体性还会引发各种各样的道德观点和伦理主张。比如,在个体的人之间进行比较,道德原则的规定可以是,"任何个人的利益都不比别人的利益更为重要。一个人在道德上必须尊重他以外每个人的利益,就像尊重自己的利益一样,除非我们确实公平地判明那个人

---

[1] [德] 哈贝马斯:《后形而上学思想》,曹卫东等译,译林出版社2001年版,第221页。

的利益要少些，或难以确知、难以达到"。① 但是，在人的共生共在的主题之中，就不再能够在我与你之间去要求尊重"他人"的利益，而是要把探索人的共生共在的路径放在第一位。在这里，不仅是一个谁的利益优先和相互谦让的问题，不是面对一个既有的蛋糕如何进行分配的问题，而是应当把握共同命运的问题。

就人的共生共在的问题来看，即便我与你的扩大形态——个人与集体——的关系，也不相类同。人的共生共在已经超出了关于个人之间、个人与群体之间关系的任何一种关系模式的理解阈限，是在历史上一些极其特殊的情况下才有的区域性状况。在历史上出现的一些大规模、大范围的危机事件中，人们可能忘却了人与人、个人与群体的区别，而是共赴危难。不过，由于这种状况在历史上只能说是一些偶然发生的事件，因而未引起人们的认识和思考，既未形成认知意义上的理论，也未留下可资借鉴的系统性经验描述，更不用说产生了相应的道德机制。

然而，在风险社会中，在社会的高度复杂性和高度不确定性条件下，必须认识到人的共生共在已经是一个迫切性很强的问题。可以断言，在这一条件下，最为致命的危险就是，许多人因为受到的教育和文化熏染等方面的原因，深深地困于工业社会的思想、理论和思维牢笼之中，不愿正视、更不愿思考人的共生共在的问题。其实，作为一个全新的问题，人的共生共在恰恰是置身于风险社会中的我们必须承担起来的课题。其实，认识个人之间、个人与群体之间关系模式上的这种不同，正是因应人的共生共在的要求而进行新的道德建设以及社会伦理建构的出发点。

三 个体性的消解

个体性与个体是两个不同的概念，它们的不同在于，个体是一种

---

① ［美］弗兰克·梯利：《伦理学导论》，何意译，广西师范大学出版社2002年版，第114页。

存在形态，而个体性则是一种属性。我们可以这样来理解它们之间的区分：在农业社会中，人在自然的意义上也是个体，但没有个体性，而在工业社会中，人既是社会意义上的个体，又获得了个体性。可见，也只有在社会的意义上，个体与个体性才是统一性的存在。在这里，个体成了个体性的载体。在工业社会中，不仅个体的人具有个体性，而且群体、组织、民族国家等也具有个体性。在某种意义上，可以把个体性看作一种价值形态，取决于人的认识和理解，是人赋予各种各样的实存形态的事物以个体性。但是，我们又必须把个体性视作客观存在着的一种价值形态，是在某种条件下必然显现出来的一种价值形态。在某种条件下，这种价值形态是客观存在着的；在另一种条件下，这种价值形态就会隐匿甚至消失，并为其他价值形态所代替。

在风险社会及其高度复杂性和高度不确定性条件下，个体已经无法作为社会的"硬核"而存在。风险社会把人置于一种消极平等的地位上了，在风险面前，人也根本没有自由可言。虽然人在风险面前被加予的是消极平等，但人的身份丧失了，完全以角色的形式出现在社会生活和活动之中。当人以角色扮演的形式在社会中出场的时候，个体所呈现出来的也是流动的特征，甚至人的生物学意义上的个体也从属于角色扮演的需要。我们大致可以作出这样的推断，当新技术对人的生物机制及其功能进行干预的时候，人们会随时根据角色扮演的需要而求助这些技术。对于人来说，我们不倾向于认为这是人的再一次解放，而是人的一种转变。不是进化意义上的转变，而是人的自觉干预带来的转变。一旦实现了这种转变，我们也就难以认定人是个体性的存在了。在历史的维度上，这也许是个体化进程的中断和另一个新的行程的开始。

在人类置身于风险社会的情况下，我们也听到过许多积极的声音，比如，关于互惠互利的合作的主张，关于人的相互依存的认识等，都是非常积极的，是与"囚徒困境"的假设截然不同的。不过，我们也必须指出，从个体、个人的视角出发，在社会风险中的确能够读出人的相互依存。然而，风险社会中的人所遭遇的还不仅仅是相互依存的问题，而是共生共在的问题。作为人类命运共同体的人的共生共在，是与人的相互依存不同的，或者说，我们不应在人的相互依存的意义上去理解人类命运共同体。从现行舆论上看，由于人类陷入了风险社会，谈论人的相互依存的言论日益增多。不过，我们需要指出的是，把风险社会条件下的人的共生共在解读成人的相互依存是一种肤浅的认识，所反映出来的还是个人主义主张，是基于人的个体性而做出的错误解读，尽管人的共生共在中包含着相互依存的内容。

　　风险社会施予人类的压力与工业社会中人们所遭遇的那种利益追求条件下的压力是不同的。在工业社会的语境下，在利益一致性的条件下，可以基于人的个体性去发展出接受他者、承认他者的策略，去充分地诠释人的相互依存的内涵。然而，在风险社会中，这种策略于事无补，而是需要从根本上告别一切与个体性相关的意识形态。如果说在工业社会中出现了某种把人们压制到让人们去感受相互依存之重要性的环境，迫使人们采取合作的方式应对压力，那还是借助于相互依存人群中的每个人对自我利益的理性认识的。在某种意义上，人们认识到了他们之间的相互依存关系，就已经取得了一项理性成果，即计算出了这种关系中包含着他们以个体的形式开展行动而无法达成的利益。

　　这样的话，人们对相互依存状况的把握，往往是将其放置在利益权衡之中的，即时时对人的相互依存作出权衡。一旦发现有更好的利益实现途径，就不再去维系相互依存的关系，甚至会采取破坏这种关系的行动。所以，相互依存关系是具有脆弱性的，无论是通过规则还是道德的强化，抑或通过意识形态的灌输，都无法从根本上改变人的相互依存关系的脆弱性。在风险社会中，人们是因为社会风险而成了命运共同体，客观存在着的社会风险所给予人们的压力，不仅是需要人们共同承受的，而且表现出了风险面前人人平等的状况。所以，这种社会风险所造成的压力抹杀了人的个体性。

第二章 把握社会的新特征

个体性的另一面是实体性。当我们说个体性是人的社会属性时,其实是把人设定为一种实体性的存在物,认为这种实体性的存在物有着个体性这一社会属性。所以,个体性与实体性可以作为人的存在的两种属性看待。在人的扩大的意义上,组织、群体、国家等也都同样合乎这一道理。进而,在人的视野中,不仅社会存在,而且对于自然界中的绝大多数存在物,也可以作出实体性、个体性的解读。也许只在面对大气、海洋等时,人们才放弃从实体性、个体性的角度去进行解释。

从思想史来看,近代以来的所有思想,都是围绕着实体展开的,尽管这个实体是个体性的人、物质性的存在、系统、组织等,只是在展开的过程中,才看到了关系、秩序、机制、动力、规律、制度等。可是,当我们置身于风险社会时,当我们面对社会的高度复杂性和高度不确定性时,则需要抛弃这种实体性和个体性的观念。这将是思维上的一场革命。这场思维上的革命首先要实现的就是出发点的变更,即不再从实体性存在开始思维的行程。既然不从实体性存在开始思维的行程,也就不再能够看到个体性。

从社会加速化的角度看,对于个人,因为社会运行和社会变化的加速化,"知识技能不断快速地老化。生活经验被贬值。有人说,人得灵活和不停地改学专业。经典的工作履历几乎不再存在;今天一份履历拥有为多种工作履历的填写而留下的位置,即估计到失业的空白时间"。[①] 这意味着,社会的加速化也导致了个体的变动,使个体处在不断的变化之中,此时的个体在下一时刻就变成了另一个个体。虽然个体在延续的意义上留下了足迹,这些足迹也构成了一条前进的线,但这条线是由无限个间断的点组成的。那无数个间断的点意味着,虽然每一个点都具有个体性,而且由这些点构成的线也具有个体性,但

---

① [德]吕迪格尔·萨弗兰斯基:《时间——它对我们做什么和我们用它做什么》,卫茂平译,社会科学文献出版社 2018 年版,第 120 页。

在点与线汇总在一起的时候,却不具有个体性。这种汇总应当说只是想象中的汇总,而不是说我们在现实中能够把握点与线汇总到了一起的状态。在想象中,虽然点与线被结合到了一起,但人的个体性却失去了附着物。所以,就个体的人来看,其个体性也被消解了。当然,在风险社会中,这种逻辑论证也许是没有意义的,风险社会所需要的是切实有效的行动以及对现实存在形态的把握。

萨弗兰斯基认为,对于个体的人来说,在社会加速中的体验,就如被绑缚在一个越转越快的车轮上,而且人的灵魂也会陷入高度紧张而无法安宁的状态。"在加速的社会系统中,社会的运行速度支配个人的时间节奏,以及他的自身时间。介质的魅力,征服心理的免疫系统,由此制造出麻木不仁和歇斯底里。灵活的人证明自己是被过高要求的人。也就是说,加速的驱动系统不仅外部地发生功能,它还进入个体内部,而他会受到自己可能会错过什么的想法驱动。结果是这样的感觉,即被绑在一个越转越快的轮子上。"① 其实,当个体被绑在了社会加速的车轮上一起转动的时候,在何种意义上还能被看作个体?既然风险社会是社会加速化所造成的,或者说风险社会是社会加速化的一种表现形式,那么,当社会加速化带动了个体一道运转起来的时候,社会风险也被施加于个人了,而且是平等地施予个人的。这个时候,个人与加速运行的社会就是一体化的,以至于无法把个体的人看成是与社会相分离的存在,更不用说人的个体性还能够展现出来。

对于风险社会,需要在系统性的意义上去加以把握。不过,即使不将视野限制在风险社会这一问题上,而是从历史发展的趋势来看,也可以看到,在人类陷入风险社会之前的20世纪,社会发展已经走在了个体性消解的道路上。即便是在进入21世纪后,我们也同样看到,如果说风险社会消解了人的个体性,那么从另一个方面去看,技术的

---

① [德]吕迪格尔·萨弗兰斯基:《时间——它对我们做什么和我们用它做什么》,卫茂平译,社会科学文献出版社2018年版,第127—128页。

发展也走在消解个体性的道路上。比如，无人驾驶汽车让我们认识到，物体不再是以个体的形式出现，而是一整套完整的系统。在无人驾驶汽车上路后，运行的不仅仅是汽车本身，而是与汽车不停进行信息交换的系统。这个系统的任何一个部分出现问题或停止工作，都可能带来非常严重的后果。这种情况是可以移植到对风险社会的认识中来的。所以，从这两个方面出发，我们都同样会联想到合作行动者，从而发现整个合作场域构成了行动者开展行动的要件。也就是说，我们是不能就个体的人或作为个体的人的集合形态本身去认识行动者的，而是需要在整个合作场域中去认识行动者。对于合作行动，可能还要超越系统的观念，或者说，用场域的观念取代系统的观念。在当前阶段，系统观念已经是工业社会意识形态演进中的最高成就了，所以，在观察个体性消解的现实行程时，我们不仅要看到，技术的发展把人们的视线引向了系统性而不是个体性，而且在政治以及社会的许多领域中，都出现了个体为系统所置换的状况。

利科在解释学的意义上对个体性消解的问题作了观察和思考。我们看到，利科是在视域融合而不是风险社会的意义上去解读个体性遭致消解的状况。他在描述"视域融合"的概念时谈到了自我与他者的关系，认为"从自己与他者的关系中，前判断概念获得了它最后的辩证元素：正是当我设身置于他者的处境时，我带着我当下的视域——我的各种前判断——呈现了我自己。只有在他者与自己的张力中，在过去的文本和读者的观点之间，前判断变得在历史上是有效的和构建性的"。[1] 虽然这仍然是认识过程中的视域融合，而且隐含着个体是认识主体的判断，也就是说，是在广义认识论（也可以称为广义解释学）的逻辑中去对这个认识过程进行描述的，但是，由于把对真理追求中的排他性改写成了视域融合，意味着所要达到的目的地改变了。也正是因为改变了

---

[1] [法]保罗·利科：《从文本到行动》，夏小燕译，华东师范大学出版社2015年版，第387页。

目的地，主体与客体的对立，转化成了自我与他者的切近，而且这个他者既可以是平行的也可以是纵向存在着的。

在纵向存在着的关系中，很遥远的（比如亚里士多德）某个他者的意见，其实也是我的构成部分，是以我的前判断的形式存在的。对于平行存在着的自我与他者而言，也许因为有着共同的祖先和导师而有了共同的前判断。而且，这个共同的前判断如果没有差别的话，就无法区别它是属于你的还是我的，毋宁说我所拥有的这一前判断也就是你的。即便我们在行动中走向了不同方向，这个不分你我的前判断，也构成了我们相交的那个切点或那个切线。在这个地方，我们不仅实现了视域的融合，也在更为广泛的存在意义上实现了融合。有了这个融合的经历，即使再度出发而远离开，也似一条若隐若现的线而把我们连接在了一起，构成命运共同体，让我们时时去体验人的共生共在的意义。在这里，因为视域融合，个体性消解了。

如果说在社会个体化的进程中产生了原子化的个人，又以原子化的个人为基础建构了工业社会的制度和社会治理体系的话，那么当个体消失在了风险社会及其高度复杂性和高度不确定性状态之中的时候，再沿用工业社会的制度和社会治理模式，无异于居住在一个地基已经被抽空了的高楼中。显然，在工业社会的制度主义导向下，个体化了的人被制度的标准化取向形塑成了无个性的人，他们在社会生活和行动中追求同一模式，厌恶差异和反对特殊性的一切，在人际的比较中则生成忌妒，在社会分配中不是去比较贡献而是计较收入，任何一个对社会做出突出贡献的人都会成为一切人的仇敌。这就是基于个体及其个体性建构起来的社会所带来的人际关系状况。

从理论上看，在自由至上的社会中，个体化应当与个性化相一致，个性的张扬和自我实现的需要，是能够激励人们去作出优异表现的，并有可能通过这种优异表现而去证明对社会做出了更大贡献。但是，当个体化以每个人都关注自我利益的状况出现的时候，情况发生了质的变化，他人的突出表现似乎就成了自我利益实现的障碍。在这种情况下，又必须通过制度去加以矫正。因而，走上了制度依赖并陷入了恶性循环之中。制度营造出的是标准化环境，通过法律以及各种各样的规则去护卫个体，却消磨了个性，即用标准化代替了个性化。在个性化消失的地方，个体性却得到了张扬。

在后工业化进程中，当我们的社会以风险社会的形式出现时，随着个体被分解成以角色形式出现的碎片，也随着人的共生共在的主题被社会的高度复杂性和高度不确定性呼唤了出来，对自我利益的观照逐渐地被冲淡了，并对制度也构成了冲击。这个时候，角色扮演中的个性而不是作为社会存在的个体，将成为社会的主色调。也就是说，个性化取代了个体化而开始在历史行程中展开。

第三章

对人及其价值的素描

　　风险社会是人类历史上从未出现过的一种新的社会形态，也是人类不得不接受的现实。当人类陷入风险社会时，也就意味着进入了一个新的历史阶段。人类历史上创造出来的一切，在人类进入了风险社会时，都需要接受重新审查，从而去证明其此在性。其中，最重要的是，需要建立起属于风险社会的生存意识和生命观念。因为，一种全新的生存意识和生命观念的确立，决定了社会建构和行动模式的形塑。风险社会中的人不再是以原子化个人的形式出现的生命体，或者说，原子化个人在风险社会中不再具有此在性。实际上，风险社会中的人是将人的共生共在作为人的生命本质的，而人的共生共在的可能性又通过构建人类命运共同体而获得了现实性。其中，合作行动是人的共生共在获得现实性的具体路径，而合作政治则是关于合作行动的政治。

　　就人类走进21世纪的现实看，人的生命因为风险社会而遭受了威胁，而且这种威胁处在不断增强的过程中。特别是在一些危机事件降临时，往往会使人的生命陷入直接的危险之中，甚至在资源"挤兑"的情况下，出现了对人的生命进行选择的状况。这种情况引发了人们对人的生命的再度关注，也围绕着人的生命价值问题展开了各种各样的讨论。近代早期的文艺复兴运动发现了人的生命价值,这是在历史进步中取得的一项伟大成果。在经历了启蒙运动的理论证明之后,人的生命价值在社会价值体系中的序位优先性得以确立。然而,在工业社会的发展过程中,由于功利主义取得了话语权,也由于"工具"与"目的"的区分越来越清楚,出现了舍勒所说的"价值颠覆"的问题,"有用价值"取代了"生命价值"而成为优位价值。

在风险社会中,我们需要重申生命价值的优先性。但是,这种重申是建立在实现了对个人主义超越的基础上的,即不再从个人主义的角度去考虑利己还是利他的问题,而是把人的生命价值纳入社会生活以及社会治理的风险意识之中,作为人的共生共在的原则确立起来。显然,风险社会的降临是人类历史上的一次重大的社会变动,要求我们重估价值和变革行动模式。从价值的视角看,工业社会颠倒了目的与手段的关系,把有用价值放置在了人的生命价值之上,致使一切行动都以是否有用作为判断和评估的依据。这样做的缺陷在风险社会中充分地暴露了出来,并以一些极其荒唐的行为表现了出来。

就风险社会的生成看,也许正是有用价值当令而把人类带入了风险社会。在风险社会中,这种有用价值所形塑出来的思维方式是非常有害的,会把人类推向风险社会的更深处。所以,当我们置身于风险社会的时候,必须坚持人的生命价值的优先性。风险社会使人类命运共同体凸显了出来。人类命运共同体正是包含在人的生命之中的,而人的生命价值的实现,则是以人的共生共在为标志的。风险社会中的人的行动模式应当是合作行动,也唯有合作行动,反映了人的共生共在的要求和特征,赋予人的共生共在以现实性。

第一节 人的生存意识和生命观

一个时代会有着与这个时代相称的基本观念。同样,在古代地域化的社会中,也有着属于该地域的基本观念。在中国的农业社会中,仁、义、礼、智、信以及忠、孝、节、悌是人们必须拥有的基本观念，哪怕行有不逮，也必须拥有这种观念。在西方，柏拉图倡导的智慧、公正、勇敢和节制四种品德，也是人们所应拥有的基本观念。在工业社会中，民主、自由的观念有着至高无上的地位，其他所有的观念都应从属于民主、自由的观念。如果人类告别了工业社会这个历史阶段而进入了一个新的历史阶段，相信会有一种替代性的观念被确立为这个新的时代的基本观念。

工业社会在社会治理方面是以国家治理的形式出现的，或者说，是以国家治理为引领的。因为，工业社会与民族国家相伴随，也以民族国家为这个社会的基本特征。民族国家是民主、自由的观念得以确立和得以实现的保证。在职能的意义上，国家治理首先以确保民主、自由的观念的实现为其基本使命。这是由民族国家的人民主权原则决定的。但是，工业社会的另一面却是资本主义，而资本主义又对国家治理提出了人的利益实现的要求，并将民主、自由观念的实现置于利益实现的要求之下，或者，将民主、自由作为利益实现的工具和保障。这就是我们在工业社会中所看到的一切社会冲突的总根源。因为利益上的要求，造成了各种各样的冲突。

在风险社会中，国家治理能力会反映在应对危机事件上来。虽然发达国家在平时表现出了较高的国家治理能力，而对如何在风险社会中展现国家治理能力的问题，却没有准备。从本质上看，几乎所有发达国家都属于资本主义国家，在国家治理方面都是出于规范竞争秩序和平衡利益关系的需要，基本上是不包含"人民至上"观念的，关于人民的生命财产安全，并未植入制度设计之中。与之不同，中国共产党的"全心全意为人民服务"的理念是蕴含在国家治理体系之中的，始终把"人民至上"放在首位。因而，在危机事件面前，"人民至上"的观念也就反映为"生命至上"，是将人民群众的生命保全作为头等重要的事项对待的。在风险社会中，"生命至上"不仅是社会治理的基本理念，也应成为每一个人都必须拥有的基本观念。

一　生存挑战与生命至上

置身于风险社会，我们深深地感受到了杜威所说的情况："情境是动荡而危险的，如果要维持生命的活动，就要有当前动作对于未来动作所发生的那种影响。只有当我们所执行的动作使得环境有利于后来的有机动作时，生命过程才能得以延续下去。"[①] 虽然杜威仍然在现在和未来之间作了区分，但在他要求当下的动作包含着未来的考虑时，其实已经有了把未来拉入当下的设想。这显然是非常积极的想法。

之所以杜威能够作出这种设想，是因为他把不确定性、情境的动荡等作为思考的前提确立了下来。在风险社会及其高度复杂性和高度不确定性条件下，作为杜威的思想前提的不确定性和情境的动荡，已经不再是一种假设，而是我们必须接受的现实了。在这种情况下，生命的保全成了一个非常严峻的问题。如果说在以往的世代，我们追求人生的幸福和生活更加美好，那么在风险社会及其高度复杂性和高度不确定性条件下，我们也许需要将目标降低到生命的保全上来，需要为了生命的保全而开展行动。

基于对风险社会的感知，中国作了这是"人类百年未有之大变局"的判断，并提出了"构建人类命运共同体"的主张。一方面，人类命运共同体是建立在人的生命保全的基础上的，只有在人的生命得以保全的情况下，人类命运共同体才具有现实性；另一方面，人类命运共同体是从属于人的生命保全的需要的。在风险社会及其高度复杂性和高度不确定性条件下，当个人的生命受到威胁的时候，只有在融入了人类命运共同体之中时，才能应对这种威胁，从而使个人的生命得以保全。这就是风险社会的生存原理，即突出了生命价值的优先性，要求人的一切活动都从属于生命价值。无论是社会发展的指标、社会

[①] ［美］约翰·杜威：《确定性的寻求：关于知行关系的研究》，傅统先译，上海人民出版社2005年版，第181页。

治理行动的开展以及全部政策和规则，都必须贯穿人的生命价值。

事实上，人的一切行动都需要首先反映人的生存要求，是在生存要求的总纲中展开的。就如杜威所说的，"任何方式的动作都不能达到绝对的确定；动作只能保险，不能保证。行动总是要遇到危险的，遭受挫折的危险"。[1] 高度复杂性和高度不确定性条件下的行动更是如此。虽然不以保证人的生存要求和生命存在一定得到满足，但所有行动都贯穿生存要求和生命优先的原则则是必要的。也就是说，在风险社会中，一切都是为了人的生存和为了保障人的生命，而且是为了追求更高质量的生存以及生命存在，因而必须通过行动去争取机会，去寻求"保险"。总之，行动虽然不能为生存和生命提供保证，即不能获得确定性，但没有行动的话，可以确定的一点就是生存机会的丧失和生命存在遭受威胁。

我们既有的现实是历史赐予我们的。我们无法准确地确认，是什么因素造就了我们不得不接受的这个风险社会，却必须认识到它是历史行进到了当下而出现的一种社会形态。在历史的行进之中，每一代人对自然以及他人所犯下的"罪行"——许多这种"罪行"都是无意中犯下的，而且人们也没有将其认作罪行——都会积累起来，而且是以制度安排等社会设置的方式将其积累了起来。也许那些社会设置在直接的意义上是以禁止、惩罚那些"罪行"的形式出现的，却以这种否定性的承认而推动了社会复杂化和不确定性化，以至于我们今天不得不面对一个高度复杂性和高度不确定性的社会。

社会的高度复杂性和高度不确定性不是人类欠下的债务（本雅明的看法），而是一种客观结果。我们知道，一切债务都应清偿，而作为一种客观结果，却是我们必须接受的。因而，我们必须寻找一种在高度复杂性和高度不确定性条件下生存下去的方式。恰恰是对于这一

---

[1] ［美］约翰·杜威：《确定性的寻求：关于知行关系的研究》，傅统先译，上海人民出版社2005年版，第23页。

点，我们必须保持清醒的认识。而且，从当下开始，社会的高度复杂性和高度不确定性也就是我们的一切行动的起点和基本背景。或者说，这是我们开展一切行动的基本条件。我们的生存状况以及保全生命的希望，都需要从正视这一开展行动的基本条件开始。一方面，风险社会及其高度复杂性和高度不确定性对人的生存和生命构成了挑战；另一方面，我们又必须在这一条件下去创造支持生存和保全生命的机遇。

如果说农业社会中的人们爱幻想，而且也幻想出了许许多多影响至今的经典篇章。比如，我们迄今所见的宗教以及神话，大都是农业社会中的人们想象和创造出来的。其中，很多东西在今天看来，是属于幻想的成果。但是，它们却凝练到了文化之中，形塑了我们的观念。工业社会的人们因为变得理性而不再耽于幻想，而是使幻想转型为理想，并为了理想而开展行动。大致是在20世纪80年代，人类进入了全球化、后工业化进程。与此同时，社会的复杂性和不确定性也显性化了。在人类踏入21世纪的门槛时，遭遇了风险社会，需要面对社会的高度复杂性和高度不确定性。

风险社会意味着，我们不再能够奢谈理想了。面对着社会的高度复杂性和高度不确定性，人的生存以及生命保全遭遇了巨大挑战。在这种条件下，与其谈论理想，还不如关注生存以及生命保全的现实。我们所应关注的严峻现实是，任何用理想来麻痹自我的做法都是有害无益的。其实，早在19世纪，尼采就告诫我们，理想是因为与现实的冲突而成了蒙蔽人的谎言。"理想这一谎言统统是降在现实性头上的灾祸，人类本身为理想所蒙蔽，使自己的本能降至最低限度，并且变得虚伪——以致朝着同现实相反的价值顶礼膜拜，只因受了它的欺骗，人类才看到繁盛，未来和对未来的崇高权利。"[1]

在风险社会及其高度复杂性和高度不确定性条件下，我们无法认

---

[1] [德]弗里德里希·尼采：《权力意志——重估一切价值的尝试》，张念东等译，商务印书馆1996年版，第5页。

定一种生活方式是典范性的,理想对于我们并不像在工业社会低度复杂性和低度不确定性条件下那样可以追寻,甚至可能是完全没有意义的。任何一种生活方式都是特定的,是不可复制的,更何况我们面对的现实要求是生存以及生命的保全。因此,人们只有在风险社会的现实中随时准备应对突发性的危机事件,去迎接一切对生存和生命存在构成挑战的因素。如果说人的生存和生命是需要通过生活方式去加以表现的,那么在生活方式的建构方面,就要带着创新意识去寻求适合于自己所在场境中的生活方式,而不是去模仿他人或他地区的生活方式。

虽然我们的社会处在一个全球化的时代,但我们的生活方式则应是"地方化"的。每一个人在全球化的时代都有着对属于自己的生活方式的自主选择,全球社会的每一处都应建构起与其环境相适应的生活方式。生活方式的地方化只是就形式而言的,就生活的性质来看,都应当具有自由、自主的属性。首先,每一个地方和每一个人的生活方式,都应当表现出人们自己决定了自己的生活方式,而不是由他人强加于他。其次,无论人们选择了什么样的生活方式,都应当在自我的生存与他人的生存中包含着人的共生共在的内容,将自我的生存寄托于人的共生共在之中。这样一来,人们基于生存的需要和为了生活所开展的一切行动,都会有益于人的共生共在。

从人类陷入风险社会后这一段时间的社会表现来看,无论是在国际社会还是在一国内部,都可以看到人际关系上的某种"戾气"弥漫。在这种戾气笼罩了整个社会的情况下,我们似乎感受到人类又陷入了霍布斯所说的"一切人反对一切人"的战争状态中。但是,我们必须认识到,同样是"一切人反对一切人"的战争状态,其根源却是不同的。如果说霍布斯所面对的"一切人反对一切人"的战争主要是因为争夺生存空间和生存机会而引发的,那么我们在风险社会中遭遇的这场"一切人反对一切人"的战争更多的是由怨恨引发的。因为人的心中有恨,所以采取报复行动。在没有明确的对象时,则报复社会,把怨恨发泄到无辜者身上，或者，拆社会的"墙脚"。即便自身也会受到伤害，仍然不惜代价地发泄怨恨。怨恨在人们之间引发了连续行动，相互之间陷入一轮又一轮"用报复回应报复"的行动中，而且每一个人都参与了进来。

在风险社会中，人们恰恰不应去争夺生存空间和生存机会，反而是要在对生存空间和生存机会的共享中去获得生命的保全。当人们因为怨恨而破坏了生存空间，其实也是将自己的生存机会抛弃了。这说明，我们在风险社会中所应承担的，是与霍布斯不同的任务。既然霍布斯所找到的规范人的行为的路径很难有效地解决怨恨引发的问题，那么我们当前的任务就是，必须寻求一条不同于霍布斯的社会规范路径。考虑到人类已经陷入风险社会的现实，考虑到每一个人的生存和生命存在都是建立在人的共生共在的前提下的，也就应当提出我们这个时代的要求，那就是，建构起不同于工业社会的生存意识和生命观念。这种要求是与构建人类命运共同体的理念相一致的，而不是从个人出发去与他人开展竞争和斗争，也不是将自我作为世界的中心而将他人作为自我利益实现的工具。

在风险社会中，我们所看到的是已经超出了单纯社会意义上的矛盾、冲突和危机。我们应当将其理解成，是在更为广泛的意义上存在着高度复杂性和高度不确定性，致使人的生活、生存等遭遇了莫名的挑战甚至威胁。工业社会，特别是在资本主义的意义上，所存在着的矛盾和冲突自马克思起已经得到了非常深入的探讨。虽然终结资本主义矛盾和冲突的革命性方案并未在现实中得到广泛认同的成功验证，但诸多改革尝试都取得了非凡的成果。然而，怎样在风险社会中生活甚至处理生存的问题，则是在20世纪后期才开始成为一项被人们意识到的问题，进而成为人们加以研究的课题。所以，风险社会研究可谓方兴未艾，在当下以及未来的一个较长的时期内，都是需要我们投注大量精力去破解的课题。其中，建构起适应风险社会的生存意识和生命观念，则是需要我们首先承担起来的任务。

二　生命的"此在性"

在我们谈论生存和生命的问题时，所指的都是人的生存和生命，而不是泛指包括动物在内的生存和生命。一般说来，是可以用人的生存和生命来定义人的，但能否将生存和生命当作人的本质，却一直存在着争论。因为，过于偏重生存和生命，在某种程度上会将人与动物混同起来。特别是在要求用人权来定义人的语境下，把人的生存和生命问题提出来讨论，似乎是冒天下之大不韪的事。其实，关于人的定义有许多种，似乎每一位思想家都有着自己关于人的定义。但是，当海德格尔用"存在"一词指称人以及与人相关联的一切时，不仅终结了关于人的定义问题上的一切争论，而且消解了主体与客体、物质与意识等之间的界限。因为，在这里，所有的东西都无非是存在，只要从存在中区分出"此在"就足矣。

存在会不会因为包罗万象而圆满自足、不动不变呢？为了避免出现这种状况，海德格尔引入了时间的概念，要求关注存在的时间性。至此，海德格尔实际上是将胡塞尔掀起的哲学革命引向了更为深入一步的境地。不过，海德格尔自己的独特贡献更应被理解为突出了人的存在这一问题，这一点到了萨特那里，轮廓变得更加清晰了。

可以认为，海德格尔是一位在哲学史上真正地把哲学转变成了"人学"的思想家，他的长期被人们误解为哲学的作品，实际上是一部关于"人的存在学"的开山之作。对于置身于风险社会中的我们来说，深切地体验到了创设一门"人的存在学"的科学是非常重要的，也因此产生了一种对将近一个世纪前致力于这样著述的海德格尔的敬意。海德格尔的前瞻性的思想虽然因为学者的误解和偏见而没有资益于"人的存在学"这门科学的产生，但风险社会中的人们肯定会发现他，并创立起可以称为"人的存在学"的学科，从而去思考人的生存问题。

在是否需要创立一门关于人的存在的科学的问题上，海德格尔其实已经作了明白无误的阐释,"世界之为世界本身是一个生存论环节。如果我们对'世界'作存在论的追问,那么我们绝没有离开此在分析的专题园地。'世界'在存在论上绝非那种在本质上并不是此在的存在者的规定,而是此在本身的一种性质"。① 世界作为存在,是第二性的存在,是由人创造的存在。人对世界的创造,无论是出于什么样的目的,归根结底,都是从属于人的生存要求。至于世界与人的关系的异化形态,只是远离、背离了生存之目的的一种表现。如果说人只有生存才能证明生命,那么生命则是世界之魂。没有生命,也就无法想象人的世界是什么样子。

我们看到,对一般存在的思考是具有极高哲学价值的,因为它属于建构世界观的基础性思考。对人而言,是在世界观中获得意义的。一种正确的世界观,意味着可以形成关于人自身真正价值的认识,并致力于此一价值的实现。所以,关于一般存在的思考和世界观建构,是关涉到现实的,会反映在社会建构、生活方式建构和人际关系规范中。这种关于一般存在的思考一旦渗透、沉积到了现实的世界中,就会引起人们对"此在"的关注。关于"此在",海德格尔将其定义为"如此存在",但也看到了,那是相对于人的"此之在"。人的存在就是此在的坐标,而人的存在又需要落实到人的生存以及生命的存在上来。是人的生存和生命存在的此在性,决定了此在的现实性,并将此在与一般性的存在区分开来。

在高度复杂性和高度不确定性条件下,人们所面对的"如此存在"是那样令人目不暇接,致使人们根本无暇顾及一般性存在了。在这样的时代和这样的背景下,人们也许会对往世哲人投去无限仰慕的眼光,艳羡他们有着那么多无比悠适的时间去冷静沉思一般性存在,而自己是如此生不逢时。也就是说,处于高度复杂性和高度不确定性

---

① [德] 马丁·海德格尔:《存在与时间》,陈嘉映等译,生活·读书·新知三联书店 2014 年版,第 76 页。

条件下，人们必须面对此在而立即行动。稍有迟疑，就不得不承受社会风险的压力，就不得不承受危机事件带来的毁灭性破坏。

在风险社会中，此在就是一堵墙，此在之外的存在都在墙的那边，我们所能见到的就是这堵墙。由于此在把我们圈定在某处，让此处以风险社会的形式出现。这也就意味着，此在无非是与人的生存和人的生命相关的存在。或者说，生存和生命存在就是此在的目的。这样一来，我们就被引向了对另一个问题的关注，那就是，生存和生命是真实的还是一种假象；是一种现实还是一种可能？根据人们来自传统的偏好，作为"此在"的"如此存在"如果是静态的，那么生存就是真实的、现实的。可是，风险社会却使此在具有了时间属性，是具有高度复杂性和高度不确定性的"如此存在"，以至于生存的真实性和现实性成了必须加以思考和加以破解的难题。不过，也正是对此在的关注和思考，自然而然地将我们导向了人的共生共在。只有在人的共生共在中，作为风险社会中的此在的生存问题，才具有真实性和能够获得现实性。

根据海德格尔的说法，"此在总作为它的可能性来存在。它不仅只是把它的可能性作为现成的属性来'具有'它的可能性。因为此在本质上总是它的可能性，所以这个存在着可以在它的存在中'选择'自己本身、获得自己本身；它也可能失去自身，或者说绝非获得自身而只是'貌似'获得自身"。[①] 如果说人的生存和生命是此在的基本内容的话，那么选择本身就使人的生存和生命有了不确定性。也就是说，如何面对此在的可能性而作出选择，如何将可能性转化为现实性，或者说，如何让此在在获得了自身这一现实性的时候保留可能性和仍然是可能性，都取决于行动。

什么样的行动堪当此任，我们给出的是"合作行动"的答案。只

---

① ［德］马丁·海德格尔：《存在与时间》，陈嘉映等译，生活·读书·新知三联书店2014年版，第50页。

有合作行动，才能在风险社会及其高度复杂性和高度不确定性条件下给予人的生存和生命以现实性，这也就证明了人的生存和生命的不确定性就是现实性。一方面，合作行动是发生在高度复杂性和高度不确定性条件下的；另一方面，合作行动并不改变高度复杂性和高度不确定性，而是证明了人的生存和生命的不确定性就是现实性。

在海德格尔那里，我们所读到的"此在"恰恰让我们联想到了风险社会中的存在。虽然海德格尔并未想到风险社会，在他那个时代，已经有了对风险的认知，但风险社会还是一个未曾为人们所想象的问题。不过，当海德格尔将时间引入了存在的概念之中时，也就获得了对存在的历史性、可能性的把握。所以，他才能作出适应于我们去理解风险社会中的"此在"的天才论述。

海德格尔说，"此在总是从它所是的一种可能性、从它在其存在中这样那样领会到的一种可能性来规定自身为存在者。这就是此在的生存建构的形式上的意义。但其中就有这种存在者的存在论阐释所需的提示：要从这种存在者的存在的生存论建构中发展出它的存在问题的提法来"。[①] 显然，海德格尔仅仅想到了要在"生存论建构中发展出它的存在问题的提法来"，至于这种提法是什么样子、有什么内容和具有什么性质，他并未想清楚。然而，当我们置身于风险社会的时候，这个问题猛然袭来。这个关于"存在问题的提法"，其实就是人的共生共在。人的生存以及生命，只有在人的共生共在中，才能从可能性转化为现实性。

海德格尔说，"此在根本就能够在其最本己的可能性中来到自身，并在这样让自身来到自身之际把可能性作为可能性保持住，也就是说，此在根本就是生存着"。[②] 在低度复杂性和低度不确定性条件下，个体

---

① [德] 马丁·海德格尔：《存在与时间》，陈嘉映等译，生活·读书·新知三联书店 2014 年版，第 51 页。
② [德] 马丁·海德格尔：《存在与时间》，陈嘉映等译，生活·读书·新知三联书店 2014 年版，第 370 页。

是为了生存而捕捉可能性、俘获可能性并将其拉入本己之中。在此过程中，也许剥夺了他人生存的可能性。对于把自我作为目的的社会而言，这种为了自我的生存、生活而剥夺他人的生存可能性的做法，无论是在法律还是在伦理上，都是容许的。资本家之所以让雇佣工人生存着，是因为需要工人成为他的再生产的工具，而不是让工人像人一样生存着。这就是我们在过往几百年中看到的日益典范化的生存模式，也是以社会运行方式去加以展现的。在高度复杂性和高度不确定性条件下，此在的根本并没有发生变化，仍然是"生存着"，但在如何将生存的可能性转化为现实性的问题上，却与过往的一切设计、筹划等完全不同了。这是因为，如果不是把人的共生共在作为生存的目的，那么生存本身所具有的可能性就会成为泡影。所以，风险社会是以其历史特殊性而决定了生存问题的解决不同于人类历史上的任何一个阶段曾经使用过的方式。

我们知道，在黑格尔那里，如果说人是以自在的形式出现的，那么"自在"则因为有了自我意识而能够"自为"。但是，若自我不是孤立的存在，他就必然是存在于具体的场境中的，与各种各样的因素发生关系，因而受到了各种各样的制约。既然会受到各种各样的制约，也就意味着人的存在不可能是自在的，更不可能是自为的。也就是说，那种形式的此在只是被动的此在。

当然，在近代早期，甚至在整个工业社会中，人所处的场境以及整个社会，都属于低度复杂性和低度不确定性的状态。在这种情况下，是能够将人与他人区分开来的，可以设想存在独立的个人，并认为这个独立的个人是自在的存在。沿着这个逻辑的进一步设想就是，独立的个人也是自为的。所以，虽然在理论上推断受到了制约的存在不是自在的和不是自为的存在，但在现实中，这种情况却没有不可接受的问题，不是自在的和不是自为的存在并未对人的存在构成实质性的困扰，尽管那是人的存在的一种异化状态。或者说，人们在现实生活中，生存以及生命存在虽然受到各种各样的制约，却能够加以忍受。比如，人们为了就业，愿意接受资本家的剥削，愿意遵守管理中的各项要求，甚至会将自己的生存寄托于工作机会的获得。虽然生命表现为生存方式和以生存为内容，但就生存的可能性建立在工作机会的获得上来看，生命也是在受雇用的过程中一点点地交付了出去的。

在风险社会及其高度复杂性和高度不确定性条件下，如果将个人抽象出来，并将其作为独立存在的个体，那其实是否定了他的此在性。作为此在的存在，人是处在各种各样的关系之中的，甚至如马克思所断言的那样，人本身就是社会关系的总和。因而，即便有了自我意识，并受控于自我意识，也是在意识到了所在场境的自我意识。这样的话，他的自我意识就会走向对自我的否定。显然，人的共生共在的理念并不包含着否定自我的要求，而是赋予自我以现实性。在此意义上，人的共生共在不是一种否定自我的社会关系，而是成了肯定自我的伦理关系。

如果把风险社会及其高度复杂性和高度不确定性条件下的人的自我意识理解成人的自觉性的话，那么他也就能够表现出自为的状况。首先，他的自觉性表现为对人的共生共在的自觉；其次，他作为行动者，在合作行动中超越了外在于他的规则的规范，从而接受内在于自身的道德的规范。这种情况既是他拥有了自我意识的状况，也是他能够自为的前提。总之，黑格尔发现了自我意识，并将自我意识作为人之为人的根据，但当他将视线从个人这里转移到社会的时候，则陷入了"二律背反"，以至于他不得不求助于辩证法去解释这种现象。在风险社会及其高度复杂性和高度不确定性条件下，由自我意识造就的人与社会的冲突不仅不会被动地接受社会施加于他的制约，更不会促使他为了自己的利益要求而与他人开展竞争等，反而会迫使他将他人作为自我的生存和生命的条件和支持因素对待，即在人的共生共在中去使生存和生命的可能性转化为现实性。

另外，我们也能够理解，在人与人之间的关系是一种竞争关系的时候，对于维护自我的利益和权利来说，突出强调自我以及自我意识，可以认为是积极的。但是，在风险社会及其高度复杂性和高度不确定性条件下，人与人之间因为生存的需要而转换为合作关系，从而使对自我以及自我意识的理解，需要实现视角的转换。也就是说，自我意识不只是使人成为独立的个体，反而恰恰能够使人自觉地和主动地融入人的共生共在之中。显然，人首先是自我，也只有有了自我意识，才能与他人开展合作。如果没有自我意识，一道开展行动就会演变成主人与奴隶的共同行动。所以，合作行动中的人必然是有着自我意识的，但这种自我意识不是一种"为我意识"，或者说，不是起始于那种原始为我冲动的意识，而是一种"自觉的我"的理性化的意识。这种意识是理性的，也是直观的，不会表现在反复权衡中。

　　如果有自我意识的存在才是真实的此在，才是属于自我也属于特定场境的此在，那么能够在自我意识的基础上开展自主的行动，即自觉地融入合作行动之中，就是具有主动性、能动性的此在。在此意义上，海德格尔的"本己的此在"也就不会显得空洞了，而是显现为实实在在的此在了。这种此在，不仅是生存的形式，而且构成了生命的本质。

三　生命价值的历史性

　　海德格尔认为，"历史意味着人的、人的组合及其'文化'的演变和天命，在这里，历史主要不是指存在者的演历这一存在方式，而是主要指存在者的一种领域；人们着眼于人的生存的本质规定性，即通过'精神'和'文化'把这一存在者的领域与自然区别开来，虽说如果这样理解历史，即使自然也以某种方式属于历史"。[①] 自然肯定有历史，宇宙也有着演化的历史，但那都只是在人的视野中的历史。我们所谈论的历史，主要是人的生存的历史，当我们谈论人之外的、与人无关的存在的历史，其实是我们所理解的历史，是将一种思维构造

[①] ［德］马丁·海德格尔：《存在与时间》，陈嘉映等译，生活·读书·新知三联书店2014年版，第429页。

的历史强加给了那个世界。

其实,历史学也是明确地将人的历史界定为自己的研究对象的。关于自然史的研究,往往是由各门自然科学做出的,并未被纳入历史学的研究中来。所以,海德格尔说,"历史是生存着的此在所特有的发生在时间中的演历;在格外强调的意义上被当做历史的则是:在共处中'过去了的'而却又'流传下来的'和继续起作用的演历"。[①] 也就是说,历史无非是人类的,是人类意义上的此在。当然,海德格尔这里所说的只是一般意义上的历史概念,当我们在风险社会中看历史时,关于"'流传下来的'和继续起作用的",就需要进行重新评估。因为"流传下来的"能够具有此在性,也是由这个时代的人赋予了它此在性。

如果我们能够意识到风险社会是"流传下来的"和"继续起作用的"因素综合作用的结果,那么行动者就会考虑在自己的每一项行动中如何把积极的东西"流传下来"。但是,"流传下来"的也仅仅能够被认为具有此在性,而不能被认为是此在的全部,我们甚至不能将"流传下来"的当作此在中的主要部分。因为,此在是历史演进到了当下的此在,属于这个特定的历史时期,是构成了这个时代基本特征的因素。比如,我们所在的时代呈现出来的是风险社会,或者说,构成了此在的是我们不得不接受的风险社会,以至于作为此在的人的生存以及人的生命,都是风险社会中的此在。只是人们不愿意随波逐流,而是要求在风险社会中生存下去,希望让生命成为能够具有延展性的存在,才会寻求行动的支持。

在对各种可能性的行动模式的省察中,我们发现了合作行动,并认为,只有合作行动能够在风险社会及其高度复杂性和高度不确定性条件下为人的生存和生命存在提供如杜威所说的"保险",尽管还不

[①] [德]马丁·海德格尔:《存在与时间》,陈嘉映等译,生活·读书·新知三联书店 2014 年版,第 429 页。

能够提供"保证"。舍此,这份"保险"也许都难以求得。如果沿用工业社会的那种包含着竞争和体现了竞争的行动模式的话,就会加剧风险,就有可能对人的生存和生命存在构成某种毁灭性的冲击。

当我们在风险社会中去思考人的生存和生命时,当我们为了人的生存和生命寻求合作行动的保障时,是反对从人性的角度去看问题的。但是,在试图去理解从包含着竞争的行动模式向合作行动模式的转变的可能性时,从任何一个角度去证明这是一项历史选择,都是可以接受的,至少任何一种能够证明历史选择的解释都可以发挥意识形态的功能。所以,我们并不排斥曼海姆关于人性是需要改变的看法。

在曼海姆看来,对历史的理解应当建立在人性是可以改变的这一认识上,而不应认为人性的某种状态是永恒的。正是在这个问题上,"那些在经济和政治上是进步的思想家在其政治分析中往往认为永恒的人性是当然的。在这样做的时候,他们不知不觉地把人类与他们在现代社会秩序中发现的那种人混为一谈"。[1] 其实,曼海姆所说的这种将某种人性表现视为永恒的人性的观点,是反映在工业社会的几乎所有社会科学理论中的。因而,使人们获得了一种似乎人有着自私的本性的认知,而且是被作为一项不容怀疑的公理看待的。

如果认为存在着永恒的人性的话,那么基于这种人性观去看历史,就会曲解历史甚至伪造出原先并不存在的历史。同样,去看未来时,就会以为既有的社会状态及其基本设置是不会发生变化的,即使需要调整,也只在一些细节方面作出修正就可以了。最多,会认为是原先的设计不够完善,因而需要加以调整,而不是认为时代的变迁对既有的社会设置构成了冲击和否定。所以,曼海姆认为,这种"认为人性永恒不变与假定它可以随意塑造并且是无限可塑的,同样都是错误的"。[2]

---

[1] [德]卡尔·曼海姆:《重建时代的人与社会:现代社会结构的研究》,张旅平译,生活·读书·新知三联书店2002年版,第179页。
[2] [德]卡尔·曼海姆:《重建时代的人与社会:现代社会结构的研究》,张旅平译,生活·读书·新知三联书店2002年版,第179页。

人性是具有历史性的，每一个时代都会有着不同的特征。那是因为，不同的时代或历史时期有着不同的社会主题。既然人性是变化着的，那么人的生存方式、生命价值等，也是处在变化中的。进而，为了人的生存方式的建构，为了人的生命价值的实现所采取的行动，无论在性质上还是在形式上，都不会与其他历史时期相同。或者说，当一个时代中有着不同以往那个时代的人的人性时，必然会反映在生存方式上，也必然会反映在体现了人的生命价值的行动上来。

重新回顾走出中世纪的过程，就能够理解，在需要将人从神的阴影下解放出来并获得生产力的时代，把人的自我关注呼唤出来显然是非常必要的。这个时候，认为人性是自私的对社会发展有益，因为它能够从虚无中呼唤出无尽的社会发展动力。但是，在所有人共同承受着生存挑战和生命威胁的情况下，就必须从人的共生共在出发去重新发现、重新定义人性。总的说来，没有抽象的、一般的和每一个时代共有的人性，只有具体的历史条件下由特定的社会主题呼唤出来的人性。所以，我们并不认为风险社会及其高度复杂性和高度不确定性条件下的人仍然是自私的，也不可能是以自我为中心的，更不担心这一条件下的人缺乏能够承载起合作行动的道德素质。

如果说风险社会中的人性也是在竞争中生成的话，那么这种竞争不是在个人的意义上展开的，而是新旧社会之间的竞争，甚至斗争。于此之中，教育所能发挥的作用就是强化人的共生共在的理念和形塑人的合作意识。相信教育也能够改造人，而且教育也应当担负起这样的使命。曼海姆就认为"人能够得到改造，以便他适合其主要动因不是竞争和自然冲突的社会"。[1] 一旦人得到了改造，一旦人性发生了变化，即不再是自私的了，那么人的生命价值就发生了根本性的变化，原先用来证明人的生命价值的生存方式、行动模式，也就丧失了存在

---

[1] ［德］卡尔·曼海姆：《重建时代的人与社会：现代社会结构的研究》，张旅平译，生活·读书·新知三联书店2002年版，第181页。

的合理性，而新发现的生命价值则需要通过新的生存方式和行动模式去加以诠释。

工业社会是一个竞争的社会，所有关于竞争的理论，都是将个人作为竞争行为的原点。因而，在这个社会中生成了个人主义学说，而且个人主义也是工业社会中的主导性意识形态。个人主义往往把人的存在状态归结为人的选择，你有今天的成就，那是你选择了做正确的事并坚持不懈，所以成为"达人"。反之亦然。这对于激励个人或促使人反省，显然是有积极意义的，但作为一种解释是较为肤浅的。因为，在这种解释中没有看到人的选择的条件，或者说无限夸大了个人选择的意义，至少是把个人看作孤立的、抽象的存在了。

的确，个人在任何条件下都可以作出选择，但他只是在此在的综合体中进行选择的。在很大程度上，他的选择只是证明了或增强了此在的性质。比如，在竞争的文化以及生活环境中，他因为选择了竞争而不是做"佛系"众生，因而走向了在他人看来的成功而不是完善自己的精神境界。如果他在竞争的社会中选择了做"佛系"众生，选择了"躺平"，那么他的选择只是他作为此在中的"异物"的证明。同样，在合作的社会中，一个人如果选择了竞争而不是合作的话，也就是在破坏自己的此在性，使自己从此在中游离出来。如果他从此在中游离了出来，对于他的生命体来说，可能并不是向存在的转化，而有可能造成了一种湮灭。所以，选择绝不单单是个人的事。

就个人主义所谈的选择总是指行为选择而言，可以看到，在非抽象的意义上，即在行为只在自身的连续统（行动）中才能获得现实性的意义上，其实是无法谈论所谓行为选择的。当我们从行动而不是行为的角度去看人，或者说，当我们把人看作行动者的时候，就只有在作为综合性存在的此在的意义上去看人的选择。这样的话，在风险社会及其高度复杂性和高度不确定性条件下，人只有参与到合作行动之中而成为合作行动者的时候，才是真正合乎选择这个词的词义的选择，才能最大可能地成为具有正确性的选择，也才能获得具有此在性的生存方式，并证明其生命的价值。

全球化在客观上成了"构建人类命运共同体"的前提，而风险社会则提出了"构建人类命运共同体"的需要。可以想象，农业社会的地域性存在是封闭的，即分割为一块块的地域性存在，人们之间很少交往和交流，所形成的是地域性的共同体。这种地域性的共同体显然与人类命运共同体相去甚远。在工业社会中，人们各自以自我为中心，社会关系基本上是建立在出于利益实现要求的相互利用的基础上的；一切人把一切人作为自我利益实现的工具并开展竞争。

为了使这种为了自我利益实现的竞争如果不导致整个人类陷入毁灭的危机中，就需要通过契约而将人们整合为共同体。但是，这种共同体是外在于人而不是内在于人的共同体，本身就构成了与所有人的存在和发展的矛盾。随着民族国家的出现，当全球被民族国家分割成了诸多不同的构成部分时，共同体也成为"新左派"口中的"虚幻共同体"或"想象共同体"，而不是实存的共同体。也就是说，根据"新左派"的看法，在现实中并不存在真实的共同体。这是因为，不仅国家自身的每一个成员都以邻为壑，而且国家间的关系也反映了人与人之间关系的"自我中心主义"。这说明，近代以来的社会是可以纳入矛盾的普遍性的解释框架中来的。

全球化作为一场运动，首先通过经济，然后通过人的交往和交流，还通过再度反映到政治上的求同存异的协商和共同行动，不断地拆除了民族国家的隔离物，使生存在这个地球上的一切人的共生共在日益显现了出来。在环境问题、气候问题等诸多全球性问题上，人类命运共同体意识在全球范围内的觉醒，正在成为事实。显然，全球化不仅造成了地理及其观念上的变动，也带来了利益格局的重大变动，必然会触动既得利益的国家和人，以至于引发了"逆全球化""反全球化"的行动。他们不仅不接受构建人类命运共同体的主张，反而时时处处采取针锋相对的行动，破坏人类命运共同体建构的行动。

但是，一切"逆全球化""反全球化"的行动都只不过是全球化进程中的逆流，只会延缓全球化的进程，而不会中止全球化运动。不过，也正是因为存在着"逆全球化""反全球化"的力量，使得构建人类命运共同体的任务更加具有迫切性。全球化提供了构建人类命运共同体的前提性条件，甚至可以说是全球化启发了构建人类命运共同体主张的提出，而风险社会则表明，构建人类命运共同体并谋求人的共生共在，正是根源于所有人的生命保全的需要。虽然在此过程中存在新旧力量的冲突，但从工业社会的虚幻共同体向作为人的共生共在表现形式的真实共同体的转变，则是一项历史性的选择。

我们也需要看到，如果历史仅仅为我们呈现出了全球化这一个维度的话，那么"逆全球化""反全球化"的历史逆流并不会带来多大的消极后果。可是，在全球化进程中，人类也同时陷入了风险社会，面对着社会的高度复杂性和高度不确定性。这意味着，进步与保守之间的观念以及行为冲突，将会置人类于极其险恶的环境中。在这种情况下，要求人们正视风险社会，重新定义人的生命价值，就显得非常迫切了。

其实，在人的自我实现的追求中，生命价值是一个需要去加以证明的问题。然而，在风险社会及其高度复杂性和高度不确定性条件下，在生存遭遇危机、生命受到了威胁的情况下，生命价值就不是一个需要去加以证明的问题了，而是一个能否得以存在的问题。为了保证生命的存在，就需要赋予生命以此在性。人的共生共在就是生命的此在性的根源，合作行动则是生命此在性的实现途径。

四 生命实现的政治途径

狄尔泰要求把人的生命作为哲学思考的出发点，但是，应当从人的哪种生命开始呢？一旦考虑到人有着"自然生命"和"社会生命"，这就是一个需要提出的问题。如果从人的自然生命出发，就难免陷入传统哲学的某一种理论中去，甚至会陷入宗教哲学的思想起点中去。看到了以人的自然生命为出发点的哲学思考会带来这类问题，也就只能认为,所谓以"人的生命"为哲学思考的出发点的倡议,无疑是要以人的社会生命为出发点。人的社会生命又无非是在人与社会、人与人之间的关系中得以产生和得以发育的。所以,一个社会中的社会关系状况,才是哲学应当首先关注的对象。当然,对社会关系的关注应当是动态的而不是静态的。只有这样,才能将思想合于现实。

当然,人的自然生命也肯定是不应受到忽视的,而且也不应把人的自然生命简单地视作动物属性的部分。至少,人的自然生命的存在方式是不同于动物的,不完全是动物属性的。特别是人的自然生命与社会生命在现实中不可分离地联系在一起,是人的社会生命的载体,决定了人的自然生命可以通过社会的方式加以维护和保养,至少这是一种可能性,也是倡导养生的人的思维的出发点。但是,这绝不意味着对人的自然生命进行人工选择可以视为合理的现象。比如,基于达尔文进化论的所谓的优生学提出的对人的生育进行干预的主张,既不合理,也不道德。如果说某些人的生育体质会带来不确定性的话,那也应当在生育过程实现之后交由医生去解决相关问题。我们认为,每个人都拥有平等的生育权,并可以根据自己的意愿而生育。这种生育绝不能等同于工业生产那样追求优质产品,而应是一个自然的过程。也许借助于医学手段而作出育前谨慎的和适度的干预,是生育者所乐意接受的,但不应成为人们应不应当生育的判决。当然,这是在一般的意义上就人的生命发表的意见。在风险社会这一特定条件下,生命的意义在于它是人的共生共在的基本内容。人的共生共在意味着绝不排斥任何一个生命的此在性,而是将每一个生命的保全,都作为一种神圣的使命看待。

人的共生共在是风险社会中的基本社会目的。在这一目的中,包含着把他人作为我的存在条件之内涵。也就是说,人不再是抽象的原子化个人,而是现实性的实在。人的现实性就在于生存和存在于具体的场境中,并以这个场境中的完整的关系为自我存在的条件和内容。人的共生共在既是人所在的场境(社会)的目的,也是他作为个人而存在的前提。所以，人的共生共在不只是个人所应拥有的观念，同时也是他的生活和存在的前提，赋予他的生活和存在以现实性。

本来，这一点在工业社会中也应当是不言而喻的，只不过工业社会的意识形态把人形塑成了原子化的个人，让人们以竞争的方式去诠释人的"共生"关系。以竞争去加以诠释的所谓"共生"，是为了保证竞争关系得以延续。因为，如果没有了"他"的存在，"我"也就没有了竞争对手。应当承认，在工业社会的低度复杂性和低度不确定性条件下，人们通过竞争去诠释这种共生关系也是这个社会能够容许的。这个社会不仅容许人们之间的竞争，而且是在人与人之间的竞争中获得活力的。然而，在风险社会及其高度复杂性和高度不确定性条件下，个人如果沿用工业社会的这种存在和交往方式的话，那么人的"共生"就会丧失现实性。所以，需要通过合作行动去重新诠释人的共生关系。这就是确立人的共生共在这一社会目的的原因所在。

总的说来，在个人主义语境中，他人是在自我的世界之外的。自我的世界也是一个为我的世界，自我必须竭力捍卫自我世界的边界。竞争、冲突、协作共事等，都发生在边界上；利益增损、能量得失等，都发生在边界上的交易中；他人是不被允许突破边界而直入自我的核心地带的。在风险社会及其高度复杂性和高度不确定性条件下，随着人的共生共在这一目的的确立，人们将会把自我世界的边界拆除，从而使自我的世界融入更大的世界中。此时，自我的存在与人的共生共在统一了起来。从社会治理的角度看，如果工业社会是通过民主政治的方式去协调人与人的关系和调整人的利益冲突，那么在风险社会中，我们则需要建构起一种新型的政治，这种政治也可以命名为"合作政治"。

关于政治与哲学的关系，阿伦特是这样看的，"在传统的开端处，政治的存在源于人的生存于世并且终有一死，而哲学关心诸如宇宙之类的不朽之物。然而，只要哲学家也是终有一死的凡人，他就会关心政治。但这种关心与他身为一名哲学家的存在之间只是一种消极的关系：正如柏拉图所充分阐明的，哲学家所担心的是政治事务管理不善会令他无法追求哲学"。① 显然,阿伦特对哲学以及哲学家是存在误解的。其实,即便在哲学家那里,纯粹的形而上学思考也是少之又少的。即便在柏拉图那里,哲学也是源于对政治的直接思考。

虽然柏拉图对雅典城邦的政治现实是持否定态度的,但他所构思的,则是一种在他看来受到哲学驾驭的政治。当然,政治对于哲学家而言,只是思想需要观照的极小的一部分,哲学所追求的——阿伦特也意识到了这一点——是对整个宇宙的解释。正是在哲学家对宇宙不朽之物所作出的解释中,包含着将那种解释用于政治、社会生活以及人的全部活动实践的要求之愿望。所以,哲学家所关心的,绝不仅仅是他们自己的哲学活动环境,而是时刻关注着和思考着包含他们在内的所有人的生存问题,希望通过政治去改善人的生存,甚至不乏有着构思永恒的"理想国"的构想。

当然,与单纯政治的关注者相比,哲学家有着居高临下的优越感和傲慢,这是不可取的。但是,就他们对政治的思考而言,丝毫不弱于那些单纯关注政治的人。尽管如此,在风险社会中,关于人的生存和人的生命,既是一个哲学问题,也是一个政治问题,是需要在哲学中加以思考和需要在政治中加以解决的问题。

我们知道,阿伦特在开辟每一个话题时都从古希腊谈起,但她所描述的则是近代以来的政治。比如,在关于人们对政治的态度的问题上,阿伦特说,"对政治的蔑视,相信政治活动是一种必要的恶,部分原因是生存的必需迫使人们作为劳动者而生活,或是支使奴隶来提供生计所需,部分原因是来自共同生活本身的恶,即这样一个事实:希腊人所谓的大众威胁着每个个体之人的安全甚至生存"。② 也就是说,政治是那种为了让每个人的生存都具有保障而不得不存在或保留

---

① [美]汉娜·阿伦特著,杰罗姆·科恩编:《政治的应许》,张琳译,上海人民出版社2016年版,第83页。

② [美]汉娜·阿伦特著,杰罗姆·科恩编:《政治的应许》,张琳译,上海人民出版社2016年版,第85页。

的恶。

　　的确，政治包含着阿伦特所说的那种恶，但政治的积极方面也一直是存在着的。在等级社会中，政治为了某些特定等级的利益实现，也会采取各种积极手段。在近代以来，特别是20世纪后期以来，政治在国内、国际政治方面的各种积极出击，在关系到社会发展的诸多问题上，制订战略性规划和作出前景描述，也是我们经常看到的现象。所以，我们不认为政治如阿伦特所描述的那样消极晦暗。当然，近一个时期以来，也许是风险社会，导致了国际政治上的恶行达到了某种疯狂的境地。这无疑加重了人类的风险，使风险社会呈现出迅速恶化的迹象。特别是作为世界秩序主导者的美国，已经完全抛弃了它的立国信念，扮演起比"撒旦"还要邪恶的角色。这本身就是人类面临的重大危机。如果人类不能成功地用合作政治替代旧的竞争政治的话，不仅阿伦特关于政治的所有担忧会变成现实，而且人类命运也是堪忧的。也就是说，人的生存和生命会因此而完全失去保障，甚至会迎来真正的"历史终结"。

　　其实，从西方民主政治的运行状况看，一方面，在形式上越来越具有游戏的特征；另一方面，在财阀政治与民粹主义两极之间所发生的变动，使政治本身就成了制造不确定性的机器。因为这种政治，普通人的生存甚至生命受到了忽视，只是出于争取选票的目的，才会象征性地表达对普通人的生存状况的关注。在政治与公众相脱离的道路上，不仅阿伦特所说的政治之恶暴露得越来越明显，而且其规模也持续扩大。

　　之所以工业社会中的政治会如此脱离早期的自由主义规划方案，并呈现出无限膨胀的走向，是应当归结为政治的竞争属性的。是因为竞争文化渗透到这个社会的每一个方面，反映在人的交往以及全部社会关系之中，并使政治成了竞争的政治，才会使整个政治体系有了自发膨胀的动力。一旦实现了从竞争政治向合作政治的转型，这种内在于政治体系中的动力也就会消失。因而，也就不会有着体系巨大和功能似乎无限的政治了。

从另一个方面看，在工业社会这个历史阶段中，政治的运行消耗了太多的经济资源、社会资源等，大量的人力、物力被用于政治活动。每一次为了选举某个人充任领导人，就会占用大量的社会资源。从竞选者无所不用其极的筹资，到大量的传单发放，再到没完没了的集会挤占人们工作以及休息的时间，不仅造成了许多无谓的消耗，而且遏制了用于生产和创造财富的资源和时间。政治体系的不断膨胀所造成的消耗虽然没有表现出对社会构成巨大压力，却通过社会而将压力转嫁到了自然界，造成了对自然界的破坏。所有这些，都意味着人的生存资源被挤占。所以，在风险社会中，即便出于资源合理利用的要求，也需要对政治体系加以压缩。虽然阿伦特所断言的社会"去政治化"进程不一定会发生，但风险社会中的合作政治将是一种规模上很小和功能上很弱的政治，是从属于优化合作行动需要的政治，是为了人的共生共在提供保障的政治，是尊重每一个人的生存和生命的政治。这种政治，将始终恪守人的生命至上的理念，并基于这种理念而开展政治活动。

也许人们会认为，风险社会中的政治是以风险分配为主要内容的，即协调各种社会力量，使人们公平地承担风险的压力。如果这样想的话，那无疑是一种复制工业社会政治的思路。的确，在低度复杂性和低度不确定性条件下，将复杂性和不确定性的压力分散承担也许是一个好的思路，但在高度复杂性和高度不确定性条件下，这种分散承担压力的做法则是不可行的。即便是在有着分散承担风险压力的需要时，也绝不是精心谋划而去制定分散承担风险压力的策略，而是表现出政治上的总体性社会安排。

在我们构想的合作社会中，合作制组织以及行动者所扮演的是对风险以及危机的主动响应的角色，不会产生对风险进行控制的追求。最为重要的是，每一个行动体都能够为了人的共生共在而积极地行动，是用为了人的共生共在的行动去诠释对人的生命至上的恪守。这也可以认为是对复杂性和不确定性的分散承担，但不是通过规划的方式做出的分散承担的安排，而是一种自动响应的分散承担。显然，每个人的禀赋不同，能力有差异，承受复杂性和不确定性压力的能力也会不同。对于行动体来说，即使不是以个人的形式出现的，也会存在这些不同。但是，行动者的所有这些不同，都会成为出于人的共生共在的要求而自觉地承担了所能承担的那份压力的优势条件，并形成互补。因而，行动体的各个方面的不同，恰恰是在风险社会中开展行动的前提，能够最大限度地化解高度复杂性与高度不确定性对人的生存和生活所构成的威胁。这就是风险社会中的政治，也可以认为这是根源于行动者道德的政治。

第二节 重估人的生命价值

在21世纪20年代的一场全球性瘟疫流行期间，一些事件引起了人们对人的生命价值的关注。特别是当一些国家在人的生命之间做出选择的时候，引发了公众的讨论。在工业社会所拥有的自由、平等等基本社会价值之中，生命价值应当放在什么位置上？人们是否有权在不同的人中进行生命选择？这的确是难以回答的问题。不过，对这个问题进行讨论也许有益于人们正确认识人的生命价值，至少能够唤醒人们去关注生命价值，甚至确立起生命价值优先性的观念，并在这种观念的引领下去开展日常性的活动。所以，对于寻求风险中的生存之道来说，进行这种讨论是有益的，也是必要的。

应当说，在工业社会的常态运行中，人的生命价值其实是一个不容讨论的问题，因为文艺复兴时期就确立了生命价值高于一切的原则。但是，在风险社会中，在危机事件已经发生了的条件下，生命价值能否得到认真考虑，却又是一个非常现实的问题。实际上，在人类社会发展的每一个时期中，人的生命价值的实现的状况，都有着不尽如人意的问题。比如，在工业社会的工具性思维之中，在各国政府把 GDP

作为基础性社会发展指标的时候,人的生命价值是否得到了普遍尊重,就是一个可以提出的疑问。

舍勒在对工业社会的反思中就对"有用价值"冲击了"生命价值"做出了批评。风险社会已经不同于工业社会常态运行的状况了,在这种新的条件下,如何看待人的生命价值,是一个值得再行思考的问题。我们认为,尽管在这一问题上要形成共识是非常困难的,但是,在将人的共生共在作为一个基本原则来看待的问题上,是应当得到申述的。在工业社会建构的过程中,特别是在这个过程的早期,考虑到前工业社会历史阶段中的人受压迫被束缚的状况,申述人的自由是必要的,但在风险社会中,我们也许需要申述人的生命至上的原则,用以代替对人的自由的申述。而人的生命至上又需要放置在人的共生共在理念的落实中才能成为现实。

在某种意义上,我们的视野可能需要打开,不应仅仅在人与人的比较中去看人的生命价值,不应囿于个人主义的观念去理解生命价值,更不应在利己还是利他的意义上去对人提出道德要求或道德指控,而是需要确立起与风险社会相一致的风险意识。只有在人们确立起了风险意识并依据这种意识去采取积极的行动时,才能最大可能地避免陷入一种必须在生命之间做出选择的困境中。就这种风险意识的实质而言,是与人类命运共同体意识联系在一起的。也就是说,需要带着风险意识去致力于构建人类命运共同体的事业,需要在人类命运共同体的意义上去对包括自然在内的整个社会系统以及人的行为模式进行反思,从而发现最有效的人的生命价值最大限度实现的路径。

一 生命受到了威胁

贝克认为,由于资本主义生产"从技术—经济'进步'的力量中增加的财富,日益为风险生产的阴影所笼罩。在早期阶段,这些还能被合法化为'潜在的副作用'。当它们日益全球化,并成为公众批判和科学审查的主题时,可以说,它们就从默默无闻的小角落中走了出来，在社会和政治辩论中获得了核心的重要性。风险生产和分配的'逻辑'比照着财富分配的'逻辑'（它至今决定了社会—理论的思考）而发展起来。占据中心舞台的是现代化的风险和后果，它们表现为对植物、动物和人类生命的不可抗拒的威胁。不像19世纪和20世纪上半期与工厂相联系的或职业性的危险，它们不再局限于特定的区域或团体，而是呈现出全球化的趋势，这种全球化跨越了生产和再生产，跨越了国家界限。在这种意义上，危险成为超国界的存在，成为带有一种新型的社会和政治动力的非阶级化的全球性危险"。① 风险社会中的人们，构成了一个命运共同体，使传统的利益政治和群体分化的进程走向终结。特别是风险的全球化，让国界线形同虚设。民族国家几百年为了自身利益而相互斗争的历史如果持续上演的话，必将把整个人类置于非常危险的境地。

辩证唯物主义认为世界是运动的，所以，从理论上说，自然界也是处在演进过程中的。但是，与社会的发展相比，自然界的自然演进速度几乎是不可觉察的。相反，我们处处所见的，都是因为人的作用而对自然界构成的破坏。或者说，在"人化自然"的意义上而把自然拉入了社会之中，成为社会的构成部分，加入了社会运行之中。随着社会发展的加速化，对自然界构成的压力也持续增长。社会的加速化使自然付出了惨痛的代价，而且这种加速的每一次提升，都意味着向自然界的又一次更大的索取和压榨。

事实上，"我们消费的自然界也已被扯入这种加速。比如能源储存。它们是物质化的时间，因为他们以化石材料的形态经过上亿年形成。它们被加速的工业社会在最短的时间里耗尽，同样犹如多样的种类，为了创造它们，进化同样需要巨大的时空，而它们也在短暂的时间里被削减"。② 就自然已经成为社会的物理部分而言，自然所受到的

---

① ［德］乌尔里希·贝克：《风险社会》，何博闻译，译林出版社2004年版，第7页。
② ［德］吕迪格尔·萨弗兰斯基：《时间——它对我们做什么和我们用它做什么》，卫茂平译，社会科学文献出版社2018年版，第127页。

破坏，也就是对社会自身的伤害，并以社会风险的形式呈现出来，更为重要的是，对人的存在以及生命构成了挑战。在风险社会中，人的生命保障受到了削弱，生命价值有时甚至会被人们所忽略和忘却。

即使在对社会与自然作出区分的意义上，也可以看到，社会加速化对自然界形成了压力，而且也在自然时间的意义上导致了两种时间的冲突。也就是说，社会加速造成了社会时间的稀缺化。如果社会加速映射到整体意义上的时间范畴之中，就会导致自然时间与社会时间的冲突，使时间节奏完全乱套，作为"元时"而存在的自然时间不再构成社会时间的基础和依据。其结果将是，时间对人的协调功能将会丧失，整个社会就会陷入全面失序的状态，整个人类社会就有可能沦为巴比伦通天塔建造者的境地。这就是萨弗兰斯基所说的，"倘若自然时间和社会时间互相陷入冲突，我们可以有把握地知道，被社会的加速狂怒所驱使的我们将会吃亏"。[1]

针对时间应用上的混乱，萨弗兰斯基用不无诗意的语言表述了一种人类灭绝后的情境，"盖住地球的生命的霉菌涂层将重新恢复原状，而带着一个菩萨大肚之美丽曲线的蓝色星球，将在宇宙中无动于衷地持续旋转，摆脱了有段时间以来在其表面上造成不安的歇斯底里者"。[2] 如果说人类有灭绝的可能性的话，那更加证明了人类是一个命运共同体，更需要通过某种努力去避免人类灭绝的可能性转化为现实性。当然，对于萨弗兰斯基所描述的那种人类毁灭后的景象，我们不相信一定会到来。但是，如果我们不重新检视人的以及与人相关的所有方面的话，那也许就是不可避免的未来。

并不只是社会的加速化把人类带入了风险社会，实际上，风险社会的降临，其原因是多样的和复杂的。我们只能说，是工业社会发展

---

[1] ［德］吕迪格尔·萨弗兰斯基：《时间——它对我们做什么和我们用它做什么》，卫茂平译，社会科学文献出版社2018年版，第127页。
[2] ［德］吕迪格尔·萨弗兰斯基：《时间——它对我们做什么和我们用它做什么》，卫茂平译，社会科学文献出版社2018年版，第127页。

过程中所形成的系统化的原因，造成了我们今天不得不承受的风险社会。我们必须承认，在风险社会中，萨弗兰斯基所说的那种人类灭绝的可能性显然是值得担忧的。事实上，许多人都表现出了有意无意地陷入这种担忧之中的状况。然而，也许政治家们远比公众以及学者们更为"理性"。所以，他们在行动上并未对人类的命运表现出更多的关切。

"在风险社会中，社会作为整体被挤压入行动者的角色，尽管个人身上的责任等级非常不同。倘若风险达到了某个等级（核电站的特高危事故、气候灾难），自然会出现面对风险的一个不幸的一致，因而这涉及所有人，包括那些无辜者。"[①] 在 20 世纪和 21 世纪交替的时刻，如果人们所谈论的风险社会在很大程度上还是局部性的和区域性的，那么随着我们的社会走进高度复杂性和高度不确定性的状态，风险社会（而不仅仅是"社会风险"）具有了整体性的特征。也就是说，高度复杂性和高度不确定性条件下的社会在整体上是风险社会，以至于所有人都被置于风险之中。在这样的风险社会中，将无法确定谁是责任者和谁是无辜者，遭遇了风险就是一种实际状态，人的生命和财产安全遭受的威胁就是最大的现实。

在风险来源多样性的意义上，在社会的高度复杂性和高度不确定性条件下，至于谁是责任者，也许是无法确认的。即使能够确认责任者，在对其进行制裁、惩罚中，也不可能降低和防范风险。也许此一事件的责任得到了追究，但其经验对于下一次危机事件的发生以及风险的持续增长，并无参考价值。高度复杂性和高度不确定性条件下的风险是具有必然性的。在人们面对这种状态时，唯一的选择也就是，从观念到行动的一切，都需要把为了人的共生共在放在突出的位置上。

就工业社会是一个阶级社会而言，意味着许多社会风险是可以在

[①] ［德］吕迪格尔·萨弗兰斯基：《时间——它对我们做什么和我们用它做什么》，卫茂平译，社会科学文献出版社 2018 年版，第 80 页。

不同的阶级间进行分配的，无产者在劳动以及生活中可能会遭遇更多的风险。然而，在风险社会中，风险是直接与人的生命联系在一起的，已经不再对某些阶级做出特殊"照顾"，而是超越了阶级、地域等，直接对人的生命构成无差等的威胁。虽然人们在风险社会中依然习惯于带着传统政治的立场去看问题，但风险不因为人的政治立场的不同而对人作出差别对待。在某种意义上，带着旧的政治习惯去在风险社会中开展活动的话，也许会遭遇更多、更大的风险。

如我们一再指出的，风险社会意味着一个不同于工业社会的历史阶段。人们在工业社会中形成的思维、行动方式等，都在风险社会中变得不再适用。如果坚持那些旧的习惯、观念和行动方式的话，只会受到风险以及危机事件的惩罚。所以，在风险社会中，政治的考量应当让位于人的生命，即把人的生命价值放在优先位置上，而不应有为了自己的利益去利用风险和经营风险的想法。即使人们需要照拂自我的利益，也应建立在生命价值优先性的前提下。不是仅仅将自己的生命放置在优先地位上，而是需要在人的共生共在的意义上把人的生命放在优先地位上。如果不把人的生命价值放在优先位置上，就必然会有利用风险而争取自我利益实现的想法。不仅如此，还可能有制造风险的冲动，以求让他人遭遇和承担更大的风险，从而使自我的利益有着相对于他人的更大实现。

从人类进入21世纪以来的实际情况看，由于政治家们仍然受到传统政治观念的支配，在危机事件降临时，往往首先想到的是自己的利益，而不是有所担当而直面现实。因而，只要不关涉自己的生命，至于公众的生命，都属于他人的事情。只有在与自己的利益直接相关的时候，才会有所表达。比如，如果与下一次"选举季"到来时的选票相关的话，就会做出一些表演。在根本性的意义上，他们实际上并不关心公众的生命，更不认为公众的生命有什么价值。这在风险社会中是非常危险的。

一个常见的社会治理现象是，当人类堕入风险社会时，当一些具体的风险出现在了公众面前时，根源于工业社会传统的政治却因为其既有的惯性而往往首先选择掩盖风险的做法。贝克注意到了这种状况，"风险界定激起了责任并创造了不合法系统状况的区域，它们迫切需要一般公众兴趣的变化。因而，它们并不削弱政治行动，并且完全不必借助于一种或者盲目或者受到外部控制的科学，不惜代价地在系统地反感的公众面前加以掩盖"。① 如果出现了掩盖无效的状况，还可以"甩锅"给他人，或者将两种技巧交替使用，或者合并使用。如果所有这些都失灵了，还可以通过诱导战争或直接发动对外战争，以求转移公众的视线。这既是工业社会传统政治的逻辑，也是西方国家那些政治家们的现实表现。或者说，他们在风险社会中一直是用这类行动去诠释政治的精髓。

"否认的做法不会消除风险，相反，旨在稳定的政策会很快变成破坏稳定的因素，被掩盖的风险自身可能突然变成非常严峻的社会风险境况……以致无法想象……被如此拙劣地处理……"② 这也充分说明，"一个习惯于将问题最小化的社会，对迎接'未来的冲击'是没有准备的"。③ 因而，只能在风险中越陷越深。阿伦特认为政治家的这种做法完全因为一种传统的偏见使然，"在每一次历史危机中，正是那些偏见首先开始瓦解并且不再能够得到信赖"。④ 或者说，偏见的瓦解和被抛弃，恰恰是人们走出危机的第一步。之所以会出现"历史危机"，除了社会矛盾的积累，偏见与现实的冲突也是一个重要原因。实际上，诸多社会矛盾也往往是由偏见促成的和由偏见引发的。因为人们持有某种根深蒂固的偏见，特别是政治家们为了迎合大众的口味，总是极大渲染和强化偏见，从而让整个社会陶醉于偏见之中。这样一来，也就必然误导公众，使人们带着偏见去认识和处理社会发展中新

---

① [德] 乌尔里希·贝克：《风险社会》，何博闻译，译林出版社2004年版，第282页。
② [德] 乌尔里希·贝克：《风险社会》，何博闻译，译林出版社2004年版，第282页。
③ [德] 乌尔里希·贝克：《风险社会》，何博闻译，译林出版社2004年版，第282页。
④ [美] 汉娜·阿伦特著，杰罗姆·科恩编：《政治的应许》，张琳译，上海人民出版社2016年版，第99页。

生的因素。

在这样做的时候,哪怕取得了一时成效,满足了某种带有偏见的目的,也不会消除矛盾,反而会令矛盾积累起来。如果对矛盾加以压制的话,只能使矛盾的密度更强,以至于矛盾爆发的时候,引起更大的冲击力。所以,几乎每一次"历史危机",都或多或少是由偏见带来的。不过,这也是偏见在事后引发反思并得到纠正的机遇。当然,这取决于政治家们是否也愿意成为反思群体中的一员。否则,他们就会出于维护偏见的需要而去激发公众中的民粹情结,并用更大的风险去冲淡人们对此一次风险的记忆。那样的话,人类在风险社会中就会陷得越来越深,致使每一个人的生命变得毫无价值。

二 "有用价值"与"生命价值"

尼采说:"人类为着自存,给万物以价值。——他们创造了万物之意义,一个人类的意义。所以他们自称为'人',换言之,估价者。""估价,然后有价值:没有估价,生存之核桃只是一个空壳。"[①] 一旦谈论价值的问题,离开了人就是不可思议的。只有人的世界,才有所谓价值的问题。人创造价值,人也赋予物以价值。或者说,价值无非是人理解世界和把握世界的一个途径。人可以通过科学认识的方式去把握世界,也可以通过价值规范去重塑世界。人的生命价值是在人反观自我的时候所获得的价值,这种价值决定了人对生命的态度,也决定了人如何去处理与人的生命相关的问题。

当人对世界的依赖性程度较高的时候,需要更多地依据科学认识的途径去把握世界。在这条路径中,当人的认识成果取得了积极进展的时候,反而表现出了一种需要通过价值的途径去把握世界的状况。科学的发展越是达到了一个更高水平,就越是凸显出对价值的需求,就越会认为通过价值途径去把握世界和重塑世界是必要的。不过,把

---

① [德] 尼采:《查拉斯图拉如是说》,尹溟译,文化艺术出版社1996年版,第55页。

握世界的科学认识方式给我们展示的是工具理性，而价值途径则提出了实践理性的要求。基于价值途径的把握世界的方式，不仅不排斥科学认识，反而是建立在科学认识的全部成就的基础上的。它所提出的是实践理性要求，是在这种实践理性之中，包蕴着工具理性的。但是，必须重视的一个问题是，存在着价值序位，即存在着把什么价值放在第一位的问题。在风险社会中，人的生命价值更多的是一个实践问题，是需要在实践理性中去理解和把握的。

在工业社会的自我中心主义及其竞争文化中，人们所拥有的一切几乎都服从于竞争的需要和被作为竞争的资本、工具等对待。比如，在政府部门中，机关工作的对象是什么，往往显得并不重要。工作人员愿意做好分内的工作，不出差池，但那只不过是为了在一个可以期待的时间节点上能够在与同事竞争某个职位时获胜，至于他的工作具有什么样的社会价值，关乎多少人的生命安全，他没有丝毫的兴趣去了解。

美国学者爱德华·霍尔描述了这种状况，"在政府的印第安纳人事务局里，产生了一套关于如何'处理'印第安纳人及其问题的惯例，积习难改。和国务院讲习所一样，印第安纳人事务局频频调换其雇员的岗位，结果，终身在局里供职的人连自己管辖的印第安纳人也一无所知。政府工作中普遍存在着政府工作人员既无兴趣也无必要去了解自己工作的性质等问题，对那些他们管辖范围内的事务，甚至对那些与人的生命财产安全攸关的问题，并不了然，也不想去了解。他们习惯于看报表，死亡或伤残的人，在他们那里只是一些数字，似乎并不是鲜活的生命。他们的一切工作都围绕着一个中心，即把时间用于考虑如何作为同事的对手，如何一步步地扫除自己升迁道路上的障碍"。[1] 我们对政府寄予各种各样的期望，我们在纳税的时候也同时把我们的安全、财产保障以及幸福生活的愿望等，一并交给了政府。然而，政府中的工作人员对我们交给他的这些并不在乎，他们所关心的

---

[1] ［美］爱德华·霍尔：《无声的语言》，何道宽译，北京大学出版社2010年版，第22页。

仅仅是更多的薪水、更高的职位。而且，在经济人假设中，在竞争文化中，他们这样做却被认为是合情合理的。

从功利主义的效果论的立场去看问题，往往强调效用模型所分析的"行动后果的特征"。"由于我们需要通过评估获得结论，某物要先可测量进而才能被赋予价值，而该物必须带来一些改变，方有可测量的对象。回溯现代分析的实证主义根源，可测量的变化多是物理变化，因此出现一个强烈的实证主义倾向，效果论者委身于寻求或预测物理变化，并基于测量该变化程度得出估算。"[①] 就社会系统而言，这些可测量的、具有物理变化特征的现象，主要反映在和存在于社会的表象上。一旦透过表象而深入内部，所看到的就是非物理意义上的各种关系，而这些关系恰恰是不可测量的。就此而言，基于效用模型的分析以及决策，实际上是停留在对表象的把握的，是基于表象而做出的。

这样一来，其效果论的追求也就是名不副实的。或者说，效果论仅仅关注了行动达成目的的效果，而根本不去考虑客观的实际效果。如果某个不明的、尚未被认识的病毒对人的生命构成了极大威胁，那么在表面上，特别是在这个病毒开始流行的初期，是不可能有一个效用模型能够反映其危害的。这样的话，即使我们已经知道了这个病毒具有传染性，也不愿意让它扰乱既有的计划行动以及正常的生活秩序。因为，依靠效用模型，在有着明显收益与收益不确定的事务之间，肯定不会给予后者以关注。这充分反映了功利主义效果论的狭隘性。比如，在"大选"在即的时候，如果放弃竞选活动的各项安排而去做挽救人们生命的事，即使取得了真实效果，也不属于我的效果追求。也就是说，在无法明显判定阻断一场瘟疫对于我在总统选举中能否获胜的时候，显然，贸然出手是不理智的。相反，瘟疫的流行，对于我这样一位在位总统来说，也许正是一个创造辉煌业绩的机遇。如果让更

[①] [美] 劳尔·雷加诺：《政策分析框架——融合文本与语境》，周靖婕等译，清华大学出版社2017年版，第19—20页。

多的人付出生命会使我的总统冠冕上增添更鲜亮的光晕的话,我为什么要去做挽救人的生命的事呢?

诚如雷加诺所批评的,"效果论模型的假设并不单纯,其中的一点在于它摒弃了纯道德的考量。譬如,在实证主义或功利主义的分析中,向一个行人扔石头却没有打中,对行人(甚至没有意识到有块石头从身旁划过)来说,仅是偶然一现的事,不需要被纳入事实结果的考量中(除非是赋予扔石头者的满足感积极价值,但这可以被忽略),可是,一个行动的道德对错被置于何处呢?在此案中,单纯出于道德考量,应该赋予扔石头负值;但是效果论者的分析却并非如此考量"。[①] 还以上述那个"病毒"为例,如果对它采取了行动,将其消弭于无形之中,在道德上获得正值。但是,在病毒未演化为一场瘟疫的时候,谁又能够从中读出"政绩"呢?从这个角度来看,只有病毒演化成了一场瘟疫,并在瘟疫流行开来之后再开展行动,才能够取得政绩,个人才能够在其中得到那些期望的收益。这绝不是"阴谋论",而是体制的奖励。

也就是说,社会治理体制所拥有的正是这样一种奖励机制,它让官员们通过合法的方式把问题积累起来,或者,用虽然不是"无为"但可以是"不主动"的方式放任风险转化为危机,然后再在危机管理中获得自我的收益。至于社会付出了什么样的代价,可以留给一些学者们去争论,而且也因此为学者们创设了许多话题,让学者们在争论中名利双收。这就是工业社会所形成的利益生态,通过制造风险、生产危机而形成一个生态链。然而,在风险社会中,这个生态链所带来的,却可能是毁灭性的破坏。

即便是在工业社会的常态社会生活中,也只有极少数的领域或行动事项是适用于物理意义上的效用分析和评估的,而绝大多数的领域或行动事项,是不适合于在物理意义上去进行效用分析和作出效用评

[①] [美]劳尔·雷加诺:《政策分析框架——融合文本与语境》,周靖婕等译,清华大学出版社2017年版,第20页。

价的。或者说，根本不可能去进行这种分析和评价。因为，一旦涉及人，或者说，一旦考虑到人的目的和动机等的介入，就变得非常复杂。可是，功利主义效用模型为什么受到了推崇，那是因为它成功地将人以及人所拥有的那些使人成为人的因素物理化了。

这种物理化的成功，是发生在从个体的人向群体的人转化的某个关节点上的。也就是说，对于一个活生生的个人，将其物理化非常困难，但当个人结为群体或被当作群体对待的时候，就可以进行物理化的处置。比如，让群体中的每个人都就某事发表意见，然后对其意见进行数值化处理，就能够找到一个平均值。比如，在企业的劳动安全保障花费与个人生命湮灭的保险公司理赔之间，是需要通过支付的保险金额来进行换算的，即用货币的数额来计算。一方面，一个人的生命可以换算成多少钱（可以是生命灭失补偿费用，也可以是建立安全保障措施所花费的钱，一旦建立起了安全保障措施，就可以将安全事故降低到某个最小值）；另一方面，如果给生命进行投保的话，需要支付保险公司保险金的金额。企业根据效用模型，是可以准确地对这两个方面进行计算的，从而比较出一个数值差异，并作出选择。这实际上就是对人的生命进行了物理化。

不仅是企业的管理，而且在社会治理上，通过这种物理化，可以使所有关涉人的社会事项得到简化，也就可以制作成几个变量而代入效用模型之中。即便在模型中求出的不是最优结果，也应当是次优结果，即实现了效用最大化。对于一个企业来说，通过这种换算，就可以在支付保险公司的钱与建立员工生命安全保障的钱之间进行比较，并做出效用最大化的决策。社会治理亦如此。所以，对于拥有决策权的政府官员来说，总是把注意力放在可以量化的事务上，而那些不可量化的事务，无论与人们的生命财产安全有着多高的关联度，也不会予以关注。在政府有了这种需求的时候，也就会有大批学者去做投其所好的研究和证明。

舍勒描述了功利主义的道德价值的生成过程，"十三世纪以来，市民阶层不断涌上政治舞台；在法国革命中，第三等级要求解放，由此展开了政治民主运动——在这一系列历史事件中形成的社会的新结构，是价值位移的外在的政治经济学的表现形式；价值位移根源于若干时代，尤其是权威性的生活支配的时代聚积起来的怨恨（并因怨恨价值的取胜和扩展）的爆发。随着商人和工业家掌握国家政权（尤其在西方国家），随着他们的本质和判断、他们的趣味和爱好变成选定的规定理由（包括精神文化生产的理由），随着他们关于终极事物的形象和象征（这必然随着活动出现）战胜古代宗教的象征形象，他们的价值样式变为型构'道德'的样式"。[1] 正是经历了这个过程，功利主义道德产生了，前现代的道德价值次序因此而发生了改变。

在功利主义道德产生的过程中，并未完全推翻农业社会的道德，只是使道德价值的序位发生了改变。其中，"价值序列最为深刻的转化是生命价值隶属于有用价值；在转化中，这种隶属的程度日增，随工业精神和商业精神战胜军事和神学，形而上学精神日益深入到最具体的价值观中"。[2] 舍勒将此称作"价值的颠覆"。当有用价值排在第一位的时候，那么在需要对年长者和年轻人的生命去做出选择时，就会默认年轻人更为有用。再者，对不同身份的人去进行选择时，也适用于有用原则。那样的话，启蒙以来关于人的平等追求就会在有用价值面前重归于等级化。

根据舍勒的看法，在本然的意义上，"生命价值"应当排在"有用价值"的前面，即生命价值优先于有用价值。但是，工业社会改变了这一次序，让有用价值优先于生命价值。舍勒的观点是富有解释力的，实际上，不仅功利主义，而且义务论也遵循了工业社会的价值排序。康德宣布"人是目的"，但他仅在目的与工具之间作出了区分。

---

[1] ［德］马克斯·舍勒：《价值的颠覆》，罗悌伦等译，生活·读书·新知三联书店1997年版，第142页。
[2] ［德］马克斯·舍勒：《价值的颠覆》，罗悌伦等译，生活·读书·新知三联书店1997年版，第141—142页。

在"生命"与"有用"的问题上，虽然"人是目的"的命题没有做出回答，但就《实践理性批判》的中心思想来看，所突出的也是有用价值，甚至在"普遍立法"的规定中，就突出地显现了"有用价值"。

我们认为，舍勒关于工业社会把"有用价值"当作优位价值的判断，是非常正确的描述。根据舍勒的这一判断，立马让我们联想到了全球化、后工业化中应当承担起来的一项任务，那就是，是否需要再一次地实现价值次序的颠倒。我们认为，全球化、后工业化运动将把人类带入人的共生共在的状态中，特别是风险社会，已经突出了人的共生共在的主题。我们所讲的人的共生共在虽然不能归结为个体的人，但对人的生命的珍视又应当是人的共生共在之中的一项非常重要的内容。就此而言，再一次"价值的颠覆"，也应当是一个合理的解释。而且，也只有再一次实现"价值颠覆"，才能够找到一种在风险社会中的生存之道。

舍勒其实已经作出了这种构想。他认为，有用价值在价值排序上的优先地位是工业社会中一切异化的根源，也是这种异化的直接表现。"在现代文明的发展中，人之物、生命之机器、人想控制因而竭力用力学解释的自然，都变成了随心所欲地操纵人的主人；'物'日益聪明、强劲、美好、伟大，创造出物的人日益渺小、无关紧要，日益成为人自身机器中的一个齿轮。"[①] 所以，在舍勒看来，只有改变价值排序，即把有用价值从优先序位中移出，才能解决工业社会中的这些问题，才能终结工业社会的工具主义。如果说在工业社会繁荣兴盛的时期，人们没有听从舍勒的建议，那么在风险社会已经将这一问题凸显出来的时候，我们也许应当认真考虑舍勒的这些建议。

三　风险意识中的生命价值

在走出中世纪的过程中发生了一场"解放的启蒙"，其价值内涵

[①] ［德］马克斯·舍勒：《价值的颠覆》，罗悌伦等译，生活·读书·新知三联书店1997年版，第161页。

就是对人的肯定。是因为肯定了人，才要求否定神以及一切外在于人的压迫力量，并呼吁人从所有束缚中解放出来。然而，这种价值的示现以及实现，却陷入了解放的自反。在某种意义上，人类是在解放的道路上行进了数百年后才恍然发现，这是一条不可能达到目标的道路。随着全球化、后工业化运动的兴起，人类社会转型的迹象再次显现了出来，一场新的启蒙运动也必将出现。

我们说这将是一场"生活的启蒙"，意味着这是一场每个人都应将其当作自己的事业的运动，是每个人都用自己的生活以及生存去诠释自我与整个世界共在的运动，不需要他人引领，不需要把自己奉献给偶像，更不应把自我置于他人之上。在这场启蒙运动中所提出的要求是，对任何外在性力量的依赖，任何借助于外在性力量去达成个体的、整体的目的的做法，都将被彻底抛弃。显而易见，在社会的高度复杂性和高度不确定性条件下，在风险社会中，对于人类整体而言，是一个需要直接面对的生存问题；对于个人而言，则是一个需要如何展现生命力的问题。而且，人类整体的生存问题恰恰是由个人展现生命力的行动来进行诠释的。

尼采说，"只要我们信仰道德，我们就是在谴责生命"。[①] 这在历史上，确是一种真实情况。或者说，这是尼采对实践的揭示，而不是为理论注入的理想；或者说，尼采所在的时代限制了他的想象力，没有能够看到社会的高度复杂性和高度不确定性条件下的人，恰恰需要在道德与生命的统一中，才能把握生存机遇和解决生存中的问题。可以认为，当人们之间存在着利益以及各个方面的矛盾和冲突的时候，道德的要求包含着压制自我的内容，是在节制自我生命本能的前提下去处理人际关系和调整共生格局的。然而，在高度复杂性和高度不确定性条件下，人们在命运上的一致性则要求道德不再指向人的既成存

---

① ［德］弗里德里希·尼采：《权力意志——重估一切价值的尝试》，张念东等译，商务印书馆1996年版，第295页。

在，而是指向人的行动。

　　道德的功能和价值并不是表现在对生命本能的压制上，而是用在激励和评价人的行为的效应上的。一旦认识到了这一点，对道德的信仰也就不再是对人的生命的谴责，反而是对人的生命的肯定。当道德指向人的行动的时候，勇于担当，富有创造力，能够主动地和自觉地通过自己的行动去诠释人的共生共在的主题等，就是道德的明证。可见，社会的高度复杂性和高度不确定性要求道德指向发生变化。以往，在道德指向人的生命本身时，实际上是要求人实行自我阉割。就此而言，工业社会废弛道德在某种意义上应视为合理的和正当的，也是从农业社会的那种"存天理，灭人欲"的要求中解放出来的一条道路。

　　随着道德指向转变为人的行动，就不再要求人实行自我阉割，反而把对人的生命的肯定作为前提，使有担当、富于创造力的行动拥有厚实的基础。在低度复杂性和低度不确定性条件下，人们做决策的时候往往会在若干价值取向中进行权衡，从而作出抉择。如雷加诺所指出的，"功利主义模型经常面临的一个争议是存在着无法被赋予实数值的事物或情形。譬如人类生命的价值，很多人，甚至大多数人都会认为生命价值无法量度（不可通约），对这样的事物赋予量度数值是不可能的。……当我们面对人类更具风险却带来更低消耗的决策时，都可以赋予选项数值，而且实际上我们潜意识里也是这样做的"。[①]

　　如上所说，一个企业，如果劳动安全系数的增加会指数级地增加消耗，那么这个企业宁愿降低劳动安全系数，把企业所担负的员工生命风险转移给保险公司，让保险公司为员工的生命即劳动事故付费。这样的话，企业在扣除了为员工所交的保险金之后，还是能够大大降

---

① ［美］劳尔·雷加诺：《政策分析框架——融合文本与语境》，周靖婕等译，清华大学出版社2017年版，第16页。

低用于安全上的消耗，从而获得更多的利润。但是，如果企业的决策者更为重视员工生命的价值，那么企业在劳动安全保障方面的投入就会增加，利润就会因此而减少。这对于资本的趋利性而言，就是一种忤逆的做法，即合乎了道德的要求，却不合乎资本趋利的要求。

在这里，我们可以看到决策过程中行为取向上的道德问题。但是，这是就这项决策以及企业都可以从整个社会系统中分离出来进行单独考察时所看到的。之所以我们能够进行这种分离，是由总的社会条件的低度复杂性和低度不确定性所决定的。在社会的高度复杂性和高度不确定性条件下，当我们无法把社会构成要素从具有网络结构的社会系统中分离出来进行单独考察的时候，也就看不到这种站在企业中权衡员工生命价值与企业利润的决策事项了。因为，所有处于网络结构中的社会构成要素都处在联动过程中，需要在联动中作出随机选择。由于此时的每一项决策都是针对一项具体行动做出的，所考虑的是具体任务的承担，并不存在可以对未来较长时间（比如一个月或一年）影响的、可以作出权衡的多种价值取向，也不可能根据选定的价值取向进行决策。这样一来，也就意味着行动的随机性选择决定了决策中不存在可供选择的多个价值项，而是只有一个价值项，那就是人的共生共在。

福克斯和米勒说："正式的机构存在于使价值定位合法化的语境中（例如，效率），这种价值定位既和文化联系在一起，又有历史的偶然性，而不完全是'客观的'。我们的思维习惯影响着我们看待事物的方式。当参与者、分析者或管理人员认为他们能表达具体的东西时，认识就会轻易地被引导和固定化，而指涉物实际上就是要成为共有的观念——策略地形成一致同意的一套符号和期望。官僚制并不是观念市场上的中立符号。符号引导我们建构我们感觉到的东西，并且已经对其进行了判断。在这一方面，符号官僚制喜欢特殊的地位，因为它本身不仅是一种观念，而且，一旦被物化，并被当做一种客观条件来对待，它就成为一种控制和分配其他许多观念的媒介。不过，显而易见，官僚制在人类社会互动之外并不存在。"①

其实，价值定位不仅决定了机构以及组织的状况，而且首先反映在了人的行为模式中。比如，在需要对生命做出选择的时候，基于利己主义的立场，就会把我的生命看得高于一切；有着利他主义精神的人，也许会愿意放弃我的生命以换回他人的生命；从是否对社会有用或用处大小来看，就会对人的生命价值进行量化的权衡，就会强制性地牺牲某个（些）人的生命而将资源用于挽救另一个（些）人的生命。经过权衡而做出的选择，仍然是出于利己的需要，是在终极的意义上出于利己的目的。也就是说，是在想象中勾画出了那个被挽救的生命将会对社会更有用，而自我也在这种对社会更有用中获益。

利己主义与利他主义都是个人主义的变种。在个人主义的理论框架下，必然会遇到许多无解的道德难题。如上所述，在需要对生命做出选择的时候，关于生命价值的问题就陷入了这种无解的困境之中。在面对这种困境的时候，我们也许会提出另一个问题，那就是，为什么我们会陷入这种困境之中？如果我们拥有了充分的风险意识，把人类作为一个命运共同体，为了人的共生共在而开展日常性的活动，那么我们会陷入这种需要对生命进行选择的困境中吗？可以认为，我们是能够在最大限度上避免这种困境出现的。这是因为，风险既是事实，也是未来。特别是风险意识，是关于未来的意识。在面向未来的开放性维度中，当下对生命所做出的选择可能是不明智的。

正如贝克所说的，"风险意识的核心不在现在，而在于未来。在风险社会中，过去失去了它决定现在的权力。它的位置被未来取代了，因而，不存在的、想象的和虚拟的东西成为现在的经验和行动的'原因'"。② 一种有着未来维度的风险意识，必然会促使人们为了人的共生共在而开展行动。那样的话，就会最大限度地避免陷入必须对生命

---

① ［美］查尔斯·J. 福克斯、休·T. 米勒：《后现代公共行政——话语指向》，楚艳红译，中国人民大学出版社2002年版，第97页。

② ［德］乌尔里希·贝克：《风险社会》，何博闻译，译林出版社2004年版，第35页。

做出选择的困境，反而能够激发人们对所有生命价值的承认和尊重。

总之，在风险社会以及危机事件面前，为什么人们会陷入对人的生命进行选择的困境，除了我们上述所说的因为封闭系统导致的合作不畅之外，还存在着时间维度上的风险意识没有确立起来的问题，更不用说在风险意识之中包含着人的生命价值了。所以，在风险社会中，确立起风险意识是非常必要的。在风险意识之中，人的生命价值的第一位序又是不可怀疑和不可动摇的。

第三节 生命价值的优先性

在21世纪20年代的"新冠病毒"大流行期间，许多国家的政府纠结于"开工"还是"抗疫"的问题。"抗疫"意味着挽救更多的人的生命，"开工"则可能使"新冠疫情"恶化。但是，如果不"开工"，就必然要接受经济滑坡，进而对政治以及社会治理的合法性构成挑战。特别是在国家间的关系还属于一种竞争关系的情况下，经济的状况也决定了一个国家在国际社会中的地位，甚至决定了国家安全的状况。从"新冠病毒"大流行后期的情况看，美国通过政治和美元霸权解决了"抗疫"还是"开工"的问题，即运用政治霸权挑起世界的动荡和通过美元加息而实现对全世界的财富掠夺，但也将全球推入了非常危险的境地。

在人类文明化已经达到今天这样一个地步的时候，生命价值高于一切在文明的理念中应当成为人们的共识。但是，为什么在"新冠病毒"大流行期间会陷入"抗疫"还是"开工"的纠结中呢？显然是人们的价值观出了问题，人们的一般性社会价值已经出现了严重扭曲。一段时间以来，人们所关注的是年度经济发展中的GDP指标状况，以至于在许许多多生命受到了威胁的时刻，人们念念不忘的仍然是经济发展和GDP指标。在一些以选举为政治生活重心的国家中，这对政治家们形成了极大的压力。特别是在选举年中，政治家往往需要用GDP

指标去交换选票。正是此一原因，造成了人的生命受到忽视的状况。所以，重申人的生命价值的优先性是非常必要的。在风险社会中，如果人的生命价值受到忽略，直接后果肯定是令人惋惜的。如果因此而生成了一种心理定式，就会非常容易地把人类导向一个极其危险的地步。

一 关于目的与手段的讨论

就工业社会的哲学理论来看，人本主义者宣称"人是无价的"。但是，当义务论者针对实践而提出"人是目的"时，实际上所确定的是一种观念。这也许对于制度建设和人的行为导向会产生一定的影响，而在处理具体的问题时，却没有可操作性。正是这一原因，人们更愿意按照功利主义的原则行事。比如，把人的生命换算成一定的金钱数额。特别是在保险公司那里，可以严格地执行一条生命等于多少钱的标准。不过，我们在这里也看到了功利主义的困境，那就是，保险公司关于一条命值多少钱的标准在付诸实施的时候，应当被理解成价值补偿、心理抚慰，而不是严格的科学意义上的在生命与金钱之间进行换算的标准。就此而言，如果功利主义承认那是一种价值补偿、心理抚慰的话，又是对自身作了逻辑上的否定。因为，当保险理赔被说成价值补偿、心理抚慰的时候，等于承认生命与金钱之间不具有可通约性。那样的话，保险业的存在也就失去了合理性，尽管一定的补偿和抚慰是需要的。

退一步说，在工业社会的低度复杂性和低度不确定性条件下，人的生命受到威胁并不是每日每时都会发生的事件，而是偶然状况。通过把生命折算成金钱而实现对生命灭失的补偿，是可以看到一种人文关怀的内容的，是对人道主义的践行。然而，在高度复杂性和高度不确定性条件下，在风险社会中，特别是在危机事件发生的时候，人的生命随时随地受到了威胁，再按照把生命折算成金钱的思维去认识生命，即便将其说成对生命价值的补偿，也是非常错误的。在危机事件发生的条件下，如果使用诸如炒股票那样的"止损"方式去对待生命，更是不可容忍的。但是，在"新冠病毒"大流行期间，从一些国家弱化"抗疫"而急于"复工"去赢得可期望的 GDP 指标的做法看，显然是那种炒股票中的"止损"思路。我们应当看到，人的生命是不同于金钱的，每一个生命在失去了的时候都不再能够回来，用人的生命达成经济发展的"止损"，是政治家丧失人性的标志。

在生命的保全与经济发展之间，我们所看到的其实是目的与手段的关系问题。目的与手段的问题是一个非常复杂的问题，一般性的讨论肯定会无功而返，反而会陷入莫衷一是的境地。所以，我们此处关于目的与手段问题的讨论，是在风险社会这一条件下进行的，是在这一特定条件下去讨论人的生命价值的问题。当然，我们也同样希望在一般的意义上肯定人的生命价值的优先性。我们认为，人所追求的其他所有方面都必须在满足了生命价值得到保障的情况下才有意义。所以，我们谈论目的与手段问题的目的，是要再一次重申"人是目的"这一论断。

一般而言，理性化的行为都是有目的的，这种目的在人付诸行动的时候就会转化为目标。对于行动来说，目标在哪里？也许人们会说目标处在行动日益逼近的那个终点处，其实不是。按照阿伦特的说法，"目标既不包含在行动本身之内，也不像墓地那样存在于未来之中。如果目标本身是可实现的，那它就必须始终是在场的，而且恰恰要在目标尚未达成的这段时间在场"。[①] 阿伦特这一关于目标伴随着行动的认识是富有启发意义的。对于我们在风险社会中开展行动而言，特别是在应对危机事件的行动中，如果将标示经济发展的 GDP 指标作为目标的话，其实是把这个目标放置在行动所要达到的那个年度终点上了。相反，如果我们把人的生命价值得到保障作为目标的话，这个目标就

---

① ［美］汉娜·阿伦特著，杰罗姆·科恩编：《政治的应许》，张琳译，上海人民出版社 2016 年版，第 166 页。

是与我们的行动联系在一起的，是与行动相伴的。

关于目的与手段的关系问题，西蒙在研究决策的问题时作了较为充分的讨论，西蒙要求我们认识到，手段与目的的区别不同于事实与价值的区别。虽然目的包含着价值或者以价值的形式出现，但手段与目的构成的路线，则表现为价值实现的过程。"一条手段—目的的链就是将某种价值同实现该价值的情境联系在一起，然后再将这些情境与产生这些情境的行为联系在一起的一系列预期。这条链上的任何要素既可以充当'手段'也可以作为'目的'，这取决于我们研究的是它与该链价值端的关系还是与行为端的关系。"① 相对于价值端，链上的各要素应当被视为手段；相对于行为，那些可以被理解为价值的要素，在预期实现的意义上，或者说，在解释行动何以发生时，亦应称作目的。价值和行为代表了行动的两个端点，同时也是行动的两个方面。从价值的方面看，所有行为都是手段；从行为的方面看，价值应作为目的。在应对一场危机事件的行动中，如果另外一个目的介入了行动之中，就会导致价值异位等问题。结果，行为与价值也就出现了不协调或分离的问题。

根据西蒙的说法，"在手段—目的链上，某个要素如果靠近该链的行为端，该要素的目的特征就占优势"。② 也就是说，在手段—目的链中，贯穿着价值，价值可以每一个希望实现的目的的形式出现，也同时包含在实现目的的过程之中。至少，存在于手段—目的链中的诸多要素，都可以作为价值的指标而标示或喻示价值，也同时是理解价值的行为端的要素。既然在考察手段—目的链时引入了价值的概念，并看到手段—目的链是价值实现的动态过程，那么在事实与价值相对应的意义上去把握事实时，就会看到，整个手段—目的链都应被定义为

---

① ［美］赫伯特·A. 西蒙：《管理行为》，詹正茂译，机械工业出版社 2004 年版，第 74 页。
② ［美］赫伯特·A. 西蒙：《管理行为》，詹正茂译，机械工业出版社 2004 年版，第 74 页。

事实。也可以说,价值是存在于和包含在事实之中的。因而,手段与目的的区分又是与事实与价值的区分相关联的。

手段与目的的区分是要把我们引向对手段—目的链的认识,是要让我们看到价值实现的动态过程。事实与价值的区分,给我们提供的是一个静态的分析视角,引导我们去分别把握事实和价值。这样一来,我们应当围绕着什么问题去开展行动,就需要根据对事实的认识去作出选择。在风险社会中,事实的排序是由时间的紧迫性决定的,因为这种时间的紧迫性决定了价值的比重。比如,经济发展的重要性是公认的,但在危机事件袭来时,就必须在经济发展与应对危机事件这两个事实之间作出选择。正是这种选择,为价值实现作了排序。如果说目的意味着价值或包含着价值的话,那么,"要确定哪些目的是这些动作本身所追求的最终目的,追求哪些目的是为了实现下一个目的而使用的手段,最明显的方法是:让行动主体处于在矛盾的目的之间必须做出选择的情境当中"。[①] 这就是价值选择的问题。

在低度复杂性和低度不确定性条件下,如果考虑到手段与目的链构成了递次增进的价值的话,这种价值选择并不困难。只要把事实罗列出来对价值进行比较,就能够找到需要优先实现的价值,从而做出最优决策。然而,在风险社会中,就必须在对各项事实的比较中引入时间因素,即以时间因素去确定价值的排序,从而找到需要优先实现的价值。进而言之,在社会的高度复杂性和高度不确定性条件下,具体的行动目的与人的共生共在这一总目的又是直接联系在一起的,中间并不存在由手段与目的链上的递次增进的价值,以至于价值选择的空间和可能性都极小。

高度复杂性和高度不确定性条件下的决策更具有类似于直觉反应的特征,是直接基于人的共生共在的目的而做出的行动响应。事实上,

[①] [美]赫伯特·A. 西蒙:《管理行为》,詹正茂译,机械工业出版社2004年版,第67页。

面对偶发的行动事项，是很难首先列出矛盾的目的而再行做出选择的。所以，在高度复杂性和高度不确定性条件下，作为目的和价值的人的共生共在是具有唯一性的。即便我们同意其他价值也应得到重视，那么在价值排序上，人的共生共在也是第一位的价值。事实上，其他价值也都应当归入人的共生共在之中，是由人的共生共在这一价值所派生出来的价值。或者说，其他价值的实现都应增益于人的共生共在的价值，而人的共生共在又是可以归结为人的生命价值的。

　　西蒙在阐述"手段和目的"与"事实和价值"两对范畴的关系时指出，虽然这两对范畴之间并不存在机械式的一一对应关系，但又必然是有联系的。"手段—目的链就是包括从实际行为到行为产生的价值在内的一系列有因果关系的要素。链上的中间目的可以充当价值指标，利用这些价值指标，我们不需要完全了解各方案内在的最终目的（或价值），就可以对各行动备选方案进行评价。"[1] 在工业社会中的碎片化情境中，组织乃至个体就可以构成自为的整体，不需要去关注社会的总价值，因为组织成员实现自身的价值就是最大的目的。这就意味着事实与价值能够完整地融入和包含在手段—目的链之中。而且，也是可以对每一项手段—目的链上的行动进行观察和评估的，并能够弄清楚整个过程的因果关系。

　　然而，在高度复杂性和高度不确定性条件下，社会是一个不可分割开的系统。在这个不可分割的系统中，人的共生共在既是整个人类必须面对的最具挑战性的问题，又是最为根本性的价值，任何组织、群体、个人都无法独立于其外，以至于手段—目的的链式结构必然会被压缩或解体。这样的话，所有行动都应当直接指向人的共生共在这一根本目的，而不是单独地构成完整的手段—目的链，更不用说去把握这个链中的因果关系。因而，在高度复杂性和高度不确定性条件下，

---

[1] ［美］赫伯特·A. 西蒙：《管理行为》，詹正茂译，机械工业出版社2004年版，第76页。

在风险社会中，无论面对什么样的事实和处在什么样的事实之中，所开展的都是实现人的共生共在这一基本价值的行动，需要在人的共生共在的总体观中去确定优先行动的事项。如果看着大量的生命正在失去而不采取挽救生命的行动，那么，无论有着什么样的理由，都是背离人的共生共在的要求的。

就政治而言，艾丽斯·杨意识到一个非常重要的问题，那就是，在工业社会的政治发展过程中，虽然产生了许多民主理论，但构成每一种民主理论标识的，要么是对民主过程特征的描述或形式上的新颖设计，要么是关于民主行动者的构成及其关系的论断，而在民主理论应当拥有什么主题的问题上，却未见有所论述。可见，正是因为民主政治的目的是不清楚的，致使人们忽视了应当把民主政治作为目的还是手段来看待这样一个问题。

在实践中，民主政治是以程序高于一切的形式出现的，程序成了事实上的目的。用艾丽斯·杨的说法，"民主理论并没有充分地将一种问题主题化，以至于人们往往将民主过程等同于正式地满足由法治、自由竞选、言论自由与结社自由等组成的各种基本的规范条件。许多人批评道，现实中存在的民主政治被各种对决策拥有不平等的影响力的群体或者精英所支配，而其他人则不能对那种决策制定过程及其后果产生任何重要的影响或者是被边缘化"。[①] 所以，我们常见的是，一旦民主的运行出现了不尽如人意之处，往往是通过程序的改变去解决问题，至于民主政治的目的是什么，则是没有人去关注的问题。

其实，在风险社会及其高度复杂性和高度不确定性的条件下，人类就是一个命运共同体，人的生命并不是个体性的，而是社会性的，意味着那是一个人的共生共在的问题。为了个人的自由、民主信念而把许许多多的人拉入并与自己一道陷入危险境地，所表现出来的是民

[①] [美]艾丽斯·M. 杨：《包容与民主》，彭斌、刘明译，江苏人民出版社2013年版，第14页。

主政治的宗教激进主义，是把民主政治当作目的而不是手段了。

二 生命价值优先性的原则

在"新冠病毒"大流行期间，"群体免疫"成了一个热词。根据专家们的解释，所谓"群体免疫"，就是让病毒去淘汰年迈体弱者。这不只是一种令人惊悚的做法，而是一个如何看待人的生命价值的问题。从目的与手段的角度去看这个问题，我们不禁要问，如果淘汰一部分人的生命是一种手段的话，那么所要达到的目的是什么呢？对此，可以引起多种联想，甚至某些联想会让人不寒而栗。如果我们不去做那些联想，而是直观这种"群体免疫"的做法，就会看到，是根据是否"有用"而去做出淘汰年迈体弱者的选择。其中，所牵涉的就是工业社会的一个价值颠倒的问题。用舍勒的话说，就是"有用价值"取代了"生命价值"而成了优位价值。

舍勒认为，根源于一种机械论的观点，是把人的生命等同于人的生物肌体的。在把人的生命与生物肌体相等同时，进而还会在人的生物肌体被看作更高等的机器时，"有用价值"也就凸显了出来。这就是舍勒所说的，"在现代生物学中已被视为不言而喻、普遍为人接受的下述基本看法：生物的一切外在表露、运动、行为，只有当其'有用'时，只有当其具有为保养身体机器所需的某种保养价值时，才会产生，为产生那些表露、运动、行为所需的器官和神圣分布机理才会繁生。不带偏见地看，卓有成效的有用运动是按其成效从'尝试型运动'中精选出来的；表现型运动并不涉及（客观上的）'目的'，纯粹'表现'生命的丰盈或贫乏；'本能型'的运动超出了维持个体生命的范围，本来就是为种属服务的；上述种种运动和纯生命力的嬉戏表现，都在理论上被还原为'有效运动'——这些'有效运动'或是曾经有过而今天失去了自己的使用特性的运动，或是其用处在科学上还未弄清楚的运动，或是这类运动的萌芽和发轫"。[①]

---

① ［德］马克斯·舍勒：《价值的颠覆》，罗悌伦等译，生活·读书·新知三联书店 1997 年版，第 147—148 页。

经历了工业社会的历史阶段，有用性成了深植于人心的价值，对于与人相关的一切，都会进行有用性追问。比如，旅游是为了增长见识，休闲是为了放松身心，吃喝是建立在食品是否有营养的前提下的。只要做一件事，就必然会在事先、事中、事后进行是否有用的追问。大学生对基础知识的学习兴趣寡然，因为他无法看到基础知识有什么用处；政治家在"新冠病毒"大流行期间对"抗疫"三心二意，因为与那些生命比较起来，GDP 指标更有号召力。

之所以在价值排序中出现了有用价值升位和生命价值降位的情况，从哲学上看，"在笛卡尔以来形成的新世界观的核心中，'生命'不再是本原现象，而只是机理过程与心理过程的综合。当从机理上理解生命，活的生命体被看成一架'机器'，生命'组织'被视为一批有用的机件——同人造机件只有程度差别。假如这被视为正确的，当然就再不能赋予生命以独立的、与使用价值有别（亦即与这一'机体'的使用价值数有别）的价值；同机理技能具有根本差别的独立生命技能的观念也就变得毫无意义了；不错，这一观念多半会要求培训与适用于最佳机器技艺的能力完全相反的能力"。①

在工业社会的哲学理论中，虽然"人是机器"被斥为一种机械论观点，但在社会安排中，许多情况下所做出的事，往往恰是在"人是机器"的假设下进行的。就管理领域来看，或者说，在几乎一切与管理相关的安排中，都是把人当作性能可以持续提升的机器对待的。这样一来，即便如康德那样要求把人当作目的，也会把"目的"置于有用性的标准之下去判断，即按照有用性的逻辑而去构造目的链条和目的系统。比如，对于资本而言，人已经不再是人，而是劳动力，是从属于资本增殖的工具，所具有的是相对于资本的有用价值。在生产场所，为劳动力的载体上了保险，出了工伤事故，也就可以折算成保险

---

① ［德］马克斯·舍勒：《价值的颠覆》，罗悌伦等译，生活·读书·新知三联书店 1997 年版，第 147 页。

理赔的价钱。所以,生命就像机器一样,可以用一定的货币来标识其价格,亦在市场中进行交易。

舍勒指出,"现代生命观……并非如人们误认为的那样,是培根以来的功利主义哲学和机械论哲学的根源,而是这种哲学的一个可证实的分支,并占据主导地位;而且或多或少征服了文化世界"。[①] 事实上,实现了对整个工业社会的全面文化征服。应当说,首先是在理论上完成了价值位移,将有用价值与生命价值颠倒了过来,才有了建构工业文明的实践。如果舍勒的这一观点是可取的话,那么18世纪那场启蒙的意义,也就被充分地揭示了出来。进而,在全球化、后工业化进程中,当我们确立了另一场启蒙的使命,即启蒙后工业社会,从而建构不同于18世纪启蒙所追寻的有用价值,或者说,确立起人的共生共在的价值,并用以取代工业社会的有用价值,也就开启了人类历史的一个新的阶段。一旦我们确立起人的共生共在的价值,那么在价值排序上,把人的共生共在的价值置于优先地位,也就能够创造出替代工业文明的新的文明形态。

事实上,因为风险社会的出现,已经迫使我们去反思生命价值与有用价值间的关系。风险社会中的人在个体的生命与人的共生共在之间,是不能在目的与手段的并联中加以理解的,它们相互都不能被视作对方的目的或手段。因而,不能去考虑何为"有用"的问题。也就是说,这种反思并不是将颠倒了的价值序位简单地再颠倒过来,而是应当赋予生命价值以新的内涵和新的形式。所以,我们要求在人的共生共在的意义上来重新认识人的生命价值。当然,还应当看到,这绝不意味着在人的共生共在价值之下存在着诸多从属性的价值,而是一种全新的价值形态,那就是,在存在着的所有价值中,都包含着人的共生共在价值。或者说,所有的具体价值形态都是人的共生共在价值

[①] [德]马克斯·舍勒:《价值的颠覆》,罗悌伦等译,生活·读书·新知三联书店1997年版,第148页。

的殊相。

根据舍勒的看法，在现代化的过程中，随着"有用价值"与生命价值在价值排序上的颠倒，使得生命价值从属于有用价值。因而，"现代生命观一开始就从'工具'的图像来考察'器官'；这是由死物构成的图像，起初才称得上'有用'；所以，现代生命观在技艺性的工具构成中看到了器官生成过程的'直接延续'（斯宾塞的看法就是一个典型）"。① 根据现代生命观，人的器官就像是零件。在高超的医疗技术中，随时可以更换，新换的器官仍然有用，至少比原来那个已经磨损了的器官更有用。即便在个体的整体性意义上，也从属于有用的动机。

所以，"按照现代生命观，个体在为同时的生命类献身的一切趋向，以及为后代作出牺牲的一切趋向，都源于个体或不可悉数的个体因之而得以存在的趋向，换言之，现代生命观认为，生殖过程是个体的活动，所必需的材料和力量是个体的局部功能和个体功能"。② 就"生命"与"肌体"的关系而言，也从属于相互有用的理解。"不仅身躯机体是生命现象的载体和场所（生命现象本是由独立而统一的力量产生出来的），而且'生命'也只是人体固有的一种综合特性，它组合成肌体的材料和力量，并随由材料和力量组成的集体的消失而消失。"③ 这也反过来充分证明，工业社会中的"有用价值和工具价值优先于生命价值和器官价值，是透入最细小、具体的价值观中的优先法则；这一优先法则的根源在于怨恨——生活能力弱者对强者的怨恨，局部死亡者对于充满活力者的怨恨！"④

---

① ［德］马克斯·舍勒：《价值的颠覆》，罗悌伦等译，生活·读书·新知三联书店1997年版，第149页。
② ［德］马克斯·舍勒：《价值的颠覆》，罗悌伦等译，生活·读书·新知三联书店1997年版，第149页。
③ ［德］马克斯·舍勒：《价值的颠覆》，罗悌伦等译，生活·读书·新知三联书店1997年版，第149页。
④ ［德］马克斯·舍勒：《价值的颠覆》，罗悌伦等译，生活·读书·新知三联书店1997年版，第149页。

从逻辑上看，首先，是因为存在不平等，存在强者和弱者的区分，生成了怨恨。为了压制怨恨、控制怨恨和不使怨恨构成破坏性的现实冲击，需要求助于有用价值的优先性。其次，当有用价值成了优先法则时，也就会在现实生活中使强者和弱者间的有用价值显现出差距，而且这种差距会在有用价值引领的行动中持续拉大，并以社会结构的形式出现。弱者在这种社会结构中的怨恨，则不断地积累了起来。通过法治，可以有效地制止和防范怨恨付诸行动；通过福利制度和社会保障措施，可以产生消减怨恨的效果。但是，都不能从根本上解决问题，反而会陷入循环攀升的过程中。

正是因为怨恨与针对怨恨而采取的各种各样的方式之间的循环升级，助推了社会的复杂性和不确定性的持续增长，以致我们今天不得不面对这样一个高度复杂性和高度不确定性的社会，陷入了风险社会之中。也许人们会说，怨恨也是生命的一种表现方式，可是，在有用价值高于生命价值已经成为一种思维定式的情况下，社会治理者是把发展经济作为消除怨恨的根本途径看待的。这实际上仍然是一种进一步强化有用价值的做法。结果，生命价值也就被人们忘却了。当政治家们用行动去表达对生命价值的蔑视时，反而赢得了更多的人的赞同。对于心中仍然保持着生命价值的人来说，这也许是不可思议的，但它却是一个值得思考的现实，是由工业社会的文化所形塑出来的事实。

舍勒认为，因为让"生命价值"从属于"有用价值"，也就使生命现象从属于力学原理。这样一来，所形成的就是用力学原理去解释生命的方法，而这种方法也仅仅是对生命的科学表述。也就是说，"这些原理描述的并不是'纯理智'或'理智'的实质，而是已经在为人类的制造工具服务"。[①] 的确，有用价值促进了科学的发展，在制造工具和把包括生命在内的一切都纳入了工具范畴之中时，在实现了

---

① ［德］马克斯·舍勒：《价值的颠覆》，罗悌伦等译，生活·读书·新知三联书店1997年版，第150页。

对世界的重塑时，所得到的其实只是一个工具性的世界。正是这一原因，让我们看到，工业社会在一切方面都从属于工具的理解，都是作为工具而存在或出现的。比如，在自我中心主义语境中，他人无非是自我利益实现的工具，我与他人的交往，是作为利益实现这个目的的手段而加以使用的，是因为他人对我有用或在期望中有用。

到了政治这个层面，虽然在每一个具体事项上都还能够看到目的，而在总体上，我们都不知道目的是什么了。也许政治家在每个时期都会宣示某个目的，但大都非常模糊，只不过是一堆暂时的激动人心的口号。在全球化、后工业化进程中，当我们致力于一场新的启蒙时，应改变这种状况，即应当解决总的目的是什么的问题。特别是风险社会已经对我们作出了提示，要求我们确立起人的生命价值优先性的理念，应当把人的生命作为目的，而且应当把人的生命解读成人的共生共在。人的共生共在既是人的生命的表现方式，也是人的生命价值的实现路径，是深深地蕴含在每一个生命得到维护之中的。

在风险社会中，我们更应认识到人的生命是平等的，而不应有贵贱之别。这是人的共生共在的前提，也是人的共生共在的保障，其实它本身就是人的共生共在的内涵。我们知道，在农业社会，生命的贵贱是与人的等级地位相对应的。在工业社会中，虽然18世纪的启蒙思想中的平等理想赋予人的生命以同等价值，但在实际上，人们财富占有上的不同也反映在了生命的差别上。可是，在风险社会中，任何形式的不平等都会对人的共同行动构成破坏。

人的共生共在必须通过行动去加以实现，而且这种行动必然是合作行动。合作行动本身既是为了人的共生共在的行动，也是人的共生共在的实现方式。或者说，既证明了人的共生共在，又是为了实现人的共生共在。不过，就现实来看，也许是人类陷入风险社会的时日尚短（大致20多年的时间），致使合作行动显现出来的似乎是一种奢望。由于人们把自我利益看得高于一切，并不关心人的共生共在问题，因而，即便面临共同的危机，也会首先从自我利益出发去采取行动。

为了自我的利益而不关心人的共生共在，对于风险社会中的人而言，可能是极其危险的。因为，它可能会使人在不关心他人的情况下也把自己置于丧失存在合理性的境地。在风险社会中，人只能通过合作行动去谋求人的共生共在，也只有在合作行动中，才能将自己的存在可能性转化为现实性。所以，必须反对任何一种为了自我的某些可见的和可以计算的利益而不关注人的共生共在以及有意识地忽略他人的存在的做法。

三 人的共生共在与生命价值

我们也主张"人是目的"，但需要指出，我们的这一判断是与康德不同的。我们所说的这个作为目的的人不是个体的人，也不是以集体、阶层、族群抑或国家的形式出现的人，而是人的共生共在意义上的人。因为，风险社会意味着人类已经成为一个命运共同体，站在人类命运共同体的角度去看，只有人的共生共在才是合乎人类命运共同体理念的，也只有这样认识和理解人，才能把人的生命放在合适的位置上，才能在人所关注的所有具有社会性价值的因素中突出人的生命价值，即把人的生命价值放在最优先的位置上。也就是说，在风险社会中，人的生命价值应当包含在人的共生共在中，任何为了其他所谓战略目标的借口而去让当下的一部分人牺牲生命的做法，都是不允许的。

在工业社会中，从个人主义的立场去观察和思考社会建构中的各个事项，其一，会要求每个人的利益的理性预期都能在社会中得到实现；其二，即使一些人（应当属于少数）个人遭受了一次性的利益损失，但社会的总财富水平得到了增加，而且遭受利益损失的人在一个较长时期内去看的话往往是可以得到补偿的，而且这种补偿有可能表现出他得到了比其暂时的、一次性损失更多的利益；其三，再退一步，某些人在社会安排中遭受了不可避免的利益上的损失，但那是他（们）所同意的。满足上述三个方面的任何一个方面，所作出的社会安排就都具有了合法性，也会被认为是合乎正义原则的，因而也具有合理性。但是，在上述三个方面，又都存在着无穷无尽的争议，因为人们看问题的出发点是个人主义。

在工业社会中，由于启蒙思想所确立的自由、平等原则，每个人都可以从自我的要求和主张出发去表达不同于他人的意见和见解。而且，每个人的意见和见解在个人主义语境中又都是值得尊重的。这样一来，个人的意见和见解反映在了话语领域中，也就变得无比热闹，以至于人们可以把生命中的大部分时间用于争论，而不是去创造对整个社会有益的财富。我们认为，不管上述争论在工业社会的背景下有着什么样的意义，而在风险社会中，这些意义都将完全丧失。因为，风险社会直接对人的生命构成了威胁。在这种情况下，如果人们因为对利益的关注而把生命剔除了出去，即人们所申述的和所追求的利益不包括人的生命价值，那就是非常不应该的。

在风险社会中，首先应当确立起人的共生共在的理念。从人的共生共在的角度看，所有从个人主义立场出发引发的争议都不再具有合理性。可以认为，当人们普遍拥有了人的共生共在的理念，就必然会从那些基于个人主义立场的争论中解脱出来。这样的话，不仅能够将释放出来的时间用于人的共生共在的事业，而且能够将服务于争论的精力和智慧转用于人的共生共在的事业上。显然，人的共生共在并不从属于个人主义的理解。如果从个人的角度去看人的共生共在，就会看到萨特所描述的那种等候公共汽车的状况，即把人的共生共在理解成个人的合目的性和社会的无目的性。

在我们试图去领会萨特所举的那个等候公共汽车的例子时，可以看到，候车的人并无共同目标——目的地，而是有着同样的目的——候车。如果说这个候车的目的转化成了目标，在多辆驶来的公共汽车都无法容纳如此众多候车者的情况下，也许都想挤上公共汽车。这样一来，能够乘车就是目标。这就意味着，他们虽然有着同样的目的，但他们在都想挤上公共汽车这一目标上，却是相互排斥的。如果我们想象另一个候车的情景，情况又会不同。比如，某个群体租用一辆大巴车去春游，约定早晨8：00在某地集合乘车。这种情况肯定会有先到者等在了候车处，或许也会有人因某种特殊原因迟到几分钟。对于这样一次候车行动而言，目的是共同的，在目的转化为目标时，则表现为希望按时发车这样一个共同目标。这个共同目标也是每个人的目标，迟到者破坏了或者说打破了共同目标，但这并不意味着他们各自拥有的目标是相互排斥的，除非迟到者是故意为之。

从上述同样候车的两个例子看，乘坐公共汽车的候车可能存在着目标相互排斥的问题。对于这个问题，可以从两个方面去思考解决方案：其一，对候车者作出规范，制定规则和要求遵从规则；其二，增加公共汽车及其载客数量，致令候车人相互谦让乘车。这两种情况中的第一种确立起了法治秩序，而第二种情况则营造出了守礼有德的假象（因为是在保证自己也能够乘坐的情况下才变得彬彬有礼，所以说是个道德假象）。然而，在由某个群体租车而候车的例子中，上述两种解决方案都不适用，即便建立规则，付诸实施时对某个或某些因突发事变引起的迟到，也不应予以惩罚。所以，对于后一种候车情况，最为简单也最为可行的是让每个人都能够有一种内在的守时要求。扩大地说，就是拥有共同目的的至上性意识。

另外，同样是乘车，等候公共汽车意味着排除了非候车的人，而群体租车则把迟到者计入了候车者之列。这是一种在场与不在场者的关系问题。还有，等候公共汽车的所有候车者虽然都把乘车作为目的，但他们只有同样的目的，却没有共同目的，即各自都有同样的乘车目的，乘车所要达到的目的则是不同的；群体租车的候车者拥有共同目的，也与迟到者共享这一目的，就共同乘坐这辆租车而言，事实上也有着共同目的。最为重要的是，在后一种候车、乘车中，目标消失了，或者说因为目标是共同的而以目的的形式出现了。也可以认为后一种候车是目标与目的相趋同的情况，以致只能从中看到目的而看不到目标。

从后一种候车情景中，我们可以想象人的共生共在的情况，那就是，人的共生共在是一个共同目的，并不排除不在场者。或者说，把迟到者也计入了目的性的在场之中。考虑到有可能出现虽然是目的性的在场而事实的不在场的问题，那么租车旅行与乘坐公共汽车旅行对要求也就不同。对于乘坐公共汽车旅行而言，如果需要为人们制定规范的话，规范的适用者肯定是所有在场的人，而租车旅行的人如果也需要得到规范的话，那么规范就要能够适用于在场的人和不在场的人。其实，工业社会中的所有规范都是针对事实在场的人设计和施行的，而人的共生共在则要求覆盖所有目的性在场的人，即便他属于事实的不在场。

在风险社会中，是需要通过合作行动去赢得人的共生共在的，而合作行动是具有总体性的行动，即行动的任务是不可分解为个人承担的。风险社会中的社会风险是系统性的，也是平等地作用于每一个人的，即使以危机事件的形式出现，也不可能仅仅作用于个人。在管理的角度上，可以看到奈特考察企业运行时所发现的一种组织面对不确定性的情境，"随着个人面对的不确定性不断增加，个人对不确定性的厌恶感也会不断增加，我们会表现出愿意相对分散不确定性的负担"。[1] 如果不确定性意味着风险的话，那么"高'风险'显然是人们难以忍受的。大多数人都不愿意将自己的生命或生活的最低要求笼罩在风险的阴影之下"。[2] 所以，当组织在总体上无法达成降低不确定性的目的时，就会采取分散不确定性的做法，即让组织中的更多的人分散承担不确定性的压力。

这可以说是20世纪组织运行中的一个重要的管理思路，但它引发了不确定性如何在组织中分散承担的问题。如果分部门、分岗位分担

---

[1] ［美］弗兰克·奈特：《风险、不确定性与利润》，郭武军、刘亮译，华夏出版社2011年版，第258页。
[2] ［美］弗兰克·奈特：《风险、不确定性与利润》，郭武军、刘亮译，华夏出版社2011年版，第258页。

不确定性的话，是可以通过制度化的方案将不确定性分解、分散而落实到各部门、各岗位上。如果能够这样做的话，前提就是不确定性是可以认识、可以把握、可以计量的。从逻辑上看，那其实已经不再是不确定性了。所以，这样一种分散承担不确定性的思路在逻辑上是不成立的。

在奈特看来，"如何平均分担不确定性的重负，集中或专业化到什么程度，这些问题的答案都取决于个人对不确定性的态度"。① 一旦涉及个人的态度，显然又是一个不确定性的问题。根据奈特的看法，无论是降低不确定性，还是分散承担不确定性，都不是正确的做法。不仅因为这些做法会导致组织的僵化，而且对于组织成员个人而言，也会沦为纯粹机械式的活动。奈特说，"不管我们多么理智、多么冷静、多么深思熟虑，那种完全没有不确定性或者不确定性几乎消失殆尽的生活对我们没有丝毫的吸引力"。②

总之，根据奈特的意见，"从总体上降低不确定性的绝对量及分散不确定性，这两者之间联系密切。这是因为，大部分减少不确定性的方法，要么是影响不确定性的集中程度，要么是影响分散程度。对于这一点，再将二者合二为一，这样的做法既没有可能，也不值得"。③ 奈特是在社会的低度复杂性和低度不确定性这样一个总体背景下讨论风险和不确定性问题的。在这种条件下，他已经看到了不确定性是不可能被分散承担的。现在，我们遭遇的是风险社会，它意味着社会的高度复杂性和高度不确定性。在这种条件下，更加无法实现对任何不确定性的分散承担了。所以，奈特的意见需要得到进一步的强化。

---

① ［美］弗兰克·奈特：《风险、不确定性与利润》，郭武军、刘亮译，华夏出版社2011年版，第258页。
② ［美］弗兰克·奈特：《风险、不确定性与利润》，郭武军、刘亮译，华夏出版社2011年版，第258页。
③ ［美］弗兰克·奈特：《风险、不确定性与利润》，郭武军、刘亮译，华夏出版社2011年版，第258页。

其实，任何试图降低不确定性或分散不确定性的做法，其结果都会成为一种无用功。奈特洞察的这一事实非常重要。就整个工业社会中的人的活动来看，包含在其背后的降低、分散、消除复杂性和不确定性的动机，无论是反映在制度建设还是行为的控制导向上，都没有获得可以经得起分析的成功事例来加以证明。不仅无法达成降低、分散、消除复杂性和不确定性的目的，反而导致了社会的复杂性和不确定性的持续增长。可以说，任何一个有着较长持续历史的微观系统，都会处在复杂性和不确定性不断增长的进程中，而且这个进程是不可逆的，以至于每日都会有大量的这种微观系统被复杂性和不确定性压垮。

既然复杂性和不确定性的增长是客观的、必然的，也就说明近代以来降低、分散、消除复杂性和不确定性的追求是不可行的。在人类社会进入了高度复杂性和高度不确定性的状态时，更不应抱有降低、分散、消除复杂性和不确定性的想法。因为，那种想法或追求只会使自己陷入某种困境中去。风险社会意味着社会的高度复杂性和高度不确定性，不仅不确定性由谁以什么样的行动方式去承担是无法确定的，而且危机事件何时在哪里发生，也是不可预知的，从而决定了工业社会所建构起来的模式化行动是不可行的。

风险社会中的行动首先是回应性的，需要在一切认识到了风险的地方随机行动。对于这种非模式化的行动来说，最为重要的就是价值导向的问题，即拥有一种明确的价值。所以，我们要求把以人的共生共在为基本内容的生命价值突出到首要位置上。对于人的共生共在而言，如果基于既有的观念和思维方式，可能会在某个特定的思考向度上将合作行动也理解为一条工具性的路径，即认为它是可以达成人的共生共在的策略的。但是，我们是不能够把人的共生共在与合作行动区分开来的，而是应当把它们看作一体的。也就是说，我们不应把人的共生共在看作某种独立于合作行动之外或者作为合作行动无限逼近的目标，而是应当把人的共生共在看作一种包含在合作行动之中的状态。

　　人们在开展合作行动的时候，其实就是通过这种行动去表现和证明人们是共生共在的。或者说，人的共生共在必然反映在合作行动中，以合作行动的形式出现，合作行动本身就是风险社会中的人的生活状态。当然，基于工业社会的个人主义思维习惯，人们可能会把合作行动理解成人们为了互惠互利的目的而开展的行动。事实上，这也是当前人们对合作的通行理解。无论是在国际社会，还是组织之间，以及人与人之间，只要谈到合作，人们就会想到互惠互利，这说明个人主义的思维是深植于人心的。在我们置身于风险社会的时候，在我们的社会呈现出了高度复杂性和高度不确定性的情况下，这种从个人主义视角出发的互惠互利追求，会极大地限制合作行动的适用范围，甚至导致这样一种结果，那就是，在人们看不到互惠互利的时候，就不愿意开展合作。

　　如果在逻辑上去演绎的话，还会发现，人们在互惠互利的追求中，依然是以自我的利益为中心的，会让人因为自我利益追求而在一切可能的地方破坏互惠互利。在风险社会中，我们所遇到的是人的共生共在问题，它是一个完全超越了互惠互利的问题。当然，在工业社会的几百年发展历程中，人们的思维得到了个人主义的形塑，往往是在不自觉的情况下就从个人的立场上去看问题。所以，才会形成互惠互利、相互依存等意识，而且这是被看作高于利己主义的道德意识。然而，风险社会对我们提出的是从根本上告别个人主义的立场和视角，取而代之的是把人的共生共在作为一切活动的根本目的。

　　我们也承认，人作为一种个体性的存在永远都是事实，不仅作为生物性的个体需要得到正视，而且人的社会性存在也不会完全褪去个体的形式，尽管在历史的维度中可以看到人的社会性内容与日俱增。然而，当我们在风险社会中看到了人的现实性是包含在人的共生共在之中时，就不应再把个人的存在与他人的存在区分开来。如果我们不是从人的共生共在的角度去认识问题，那么对于他人在风险社会、危机事件中的灭失，即便给予道德上的关注和付出了同情感，也会认为那个人已经灭失了，而我还活着。对于一个社会而言，就会认为，即使某个人或某些个人的生命因灾难或大限所致而失去了，社会仍然无损。但是，当我们站在人的共生共在的立场上去看问题的时候，就会认为，一个社会应当把每一个个体的存在当作头等重要的事项看待。

就个人与社会的关系看，长期以来占据主流地位的意见认为，社会是由个人构成的，个人在社会中是一种构成要素。但是，马克思的判断是完全相反的。马克思认为"人是社会关系的总和"，也就是说，不是个人构成了社会，而是社会构成了个人。从这个角度看，绝不能把个人的灭失看作相对于社会无关痛痒的事，而是社会价值的丧失，即社会在价值的意义上因为任何一个人的生命灭失而遭受了损失。

总的说来，在风险社会以及社会的高度复杂性和高度不确定性条件下，我们需要回归到马克思的"人是社会关系的总和"这一判断上来，并真正建立起可以实现对个人主义作出替代的新视角，那就是确立起人的共生共在的理念。人的共生共在是人在风险社会中的存在形态，在整体上，也可以把这种形态表述为"人类命运共同体"。人的共生共在不是一种独立于个人的形态，而是包含在每一个生命过程之中的社会过程。可以相信，一旦我们告别了个人主义视角，就能够认识到整个人类命运共同体是包含在人的生命价值之中的。人的共生共在正是人的生命价值得到了实现的状态，而合作行动既是通向人的共生共在的途径，也是人的共生共在的保障，还是人的共生共在的表现形式。

第四章

风险认知与知识生产

准确地说，风险社会的概念是在人类进入 21 世纪的时候流行起来的。这本身就说明，人类社会已经发生了重大变化。重要的是，这种变化是以风险社会的形式施予人类的。在风险社会中，矛盾发生了转移，人类在风险面前成了命运共同体。即使人与人、人与社会等诸多方面的矛盾依然存在，但在位序上，则降低到了人与社会风险的矛盾之下。风险社会中的风险是针对每一个人的风险，人在风险面前是平等的，人类历史上曾经出现过的一切特权，都被风险抹杀了。所以，在风险社会中，为了谋求人的共生共在，首要的任务就是确立起风险意识。

在风险社会中开展行动需要得到科学的支持，因为科学是风险认知的重要途径。但是，人类在工业社会中建构起来的科学却不能承担起风险认知的功能。因而，需要重建适应在风险社会中指导行动的科学。风险社会中的科学是行动者的科学，具有包容性和非垄断性，是将社会价值融入真理探求中的科学。科学的重要功能表现在知识生产上。培根认为"知识就是力量"，而知识作为一种力量，又是体现在行动中的。在人类历史上，每一个时期的人们都试图构造完备的知识体系，可是，能够在行动中发挥作用的知识都是具体的知识。

知识生产是有着历史性特征的。在中国等文明古国中，我们所看到的是运用相似性思维而进行知识生产。随着分析性思维在工业社会兴起后，许多由相似性思维生产出来的知识都变得神秘，因而不可理解。现在，人类已经走进了风险社会，需要在高度复杂性和高度不确定性条件下开展行动，所需要的知识也将不同于工业社会低度复杂性和低度不确定性条件下的知识。风险社会及其高度复杂性和高度不确定性条件下的知识生产将是在行动中发生的，会表现为运用相似性思维去进行知识生产。这在思维方式上，并不是简单地向农业社会的回归，而是在对分析性思维超越的意义上的相似性思维建构。

工业社会中的科学认识是知识生产的过程，但其生产出来的只是理性知识。其实，人类的知识具有多样性。在工业社会这个历史阶段中，理性知识表现出了对其他知识的排斥。不仅如此，理性知识也获得了实践上的话语权，要求实践中的所有行动方案都基于理性知识而做出设计。这样做，在工业社会中是成功的，但在人类陷入风险社会后，却应改弦易辙。在风险社会及其高度复杂性和高度不确定性条件下，应当承认各种类型的知识在存在上的合理性，倡导知识的包容性品质，特别是对于经验知识，应当给予更多的重视。这是因为，风险社会及其高度复杂性和高度不确定性条件下的合作行动是及时响应的行动，不仅所面对的是全新的问题，而且更多的受到了时间限制，即表现为即时行动，需要得到经验知识的支持。

第一节 风险认知的问题

之所以德国学者乌尔里希·贝克提出了"风险社会"的概念后立即就得到了人们的广泛接受，是因为人们都感受到了人类已经走进了这样一种状态，那就是，风险布满各处，而且这是一个人人都能感受到的经验事实。不仅如此，社会风险的增长也是人们能够明显地感受到的。

应当说，风险是一直与人类相伴的。但是，今天我们所遭遇的风险与人类历史上的任何一个时期的风险都不同。在今天，似乎人们所生活的这个世界处处都存在风险，风险已经成为我们这个社会的基本特征之一。所以，我们今天所遭遇的是系统性风险，可以将我们的社会命名为"风险社会"。的确，今天的人类确定无疑地处在一个高度复杂性和高度不确定性的状态中，各种各样的新问题层出不穷地涌现了出来，不仅对人类各种各样的美好理想构成了沉重打击，也对人的生存构成了挑战，让人感受到了无尽的风险和频发的危机事件袭来所施予我们的压力。

在风险社会中，"全球的威胁背景——从气候灾难到人口过剩，从世界范围的恐怖主义到养老金的筹资黑洞——不再仅是每位个人，或者在一目了然的共同体中所能了解，相反，它以介质反馈的同时性成为我们共同经历的当下"。① 在这种情况下，我们需要努力去处理好每一个显现出来的现实任务，需要解决好那些已浮出水面的问题，但我们更应意识到，存在着许多我们尚未察觉也无法弄清的对人类的存在威胁更大的问题。我们无法去把那些问题当作个别的单个问题对待，而是需要确立起一种总体观。就"风险社会"这个概念来看，意味着一种风险意义上的总体性观念。也就是说，风险不是个别现象，而是我们这个社会所具有的一种总体性特征。

在风险社会中，人的共生共在的问题凸显了出来，因而需要我们通过应对风险的行动去获得人的共生共在的机遇，即要求我们必须带着人的共生共在的追求去开展每一项行动。为了人的共生共在去开展行动，寻求风险社会中的生存和生活方式，首先就会涉及风险认知的问题。它意味着人类在工业社会中所形成的认知模式需要得到改变，

---

① ［德］吕迪格尔·萨弗兰斯基：《时间——它对我们做什么和我们用它做什么》，卫茂平译，社会科学文献出版社 2018 年版，第 102 页。

即需要根据风险社会的现实以及这种条件下的行动需求去重建认知模式。其中，对风险的认知则是首要的问题。

一 风险认知与风险意识

不难想象，在今天这样一个社会加速化的时代，每一个国家都有着大量的常规事务，有既定的发展重心和发展目标，在风险的威胁尚未成为事实的情况下，没有风险意识的支持，是不可能采取应对和防范风险的行动的。由此可见，在风险社会中，如果没有风险意识，就有可能陷入灾难的泥淖。

人与世界的关系，在某种意义上，首先是反映在人的意识之中的。没有进入人的意识之中的即没有意识到的世界，是不构成认识对象的，更不会成为实践的对象，也不会作用于或转化为与人相关的各种关系。意识对于认识和实践以及社会存在的先在性，是毋庸置疑的。就社会存在中的许多因素而言，甚至是由人的意识形塑出来的。比如，人们的财产占有状况并不决定他属于哪个阶级，只有当他意识到了自己的财产占有状况，才会为自己作出属于哪个阶级的定位。在批驳"经济决定论"的过程中，卢卡奇就表达了这个观点。卢卡奇认为，正是阶级意识构成了阶级和使一定的人群成为阶级的前提，并有可能产生共同行动。也就是说，根据卢卡奇的意见，"阶级意识"才是阶级成为现实的谜底。如果财产占有的情况没有转化为阶级意识的话，就不可能出现有着现实意义的阶级，更不可能有阶级行动。

的确如此，自从人类出现了财产占有上的分化之后，也就出现了财产占有上的差异。然而，虽然在表面上看这种差异也使人们分化成了不同的阶级，但那并不是具有现实性的阶级，不会带来阶级的共同行动。只有在人们拥有了阶级意识之后，才是现实的和自觉的阶级。所以，如果没有《共产党宣言》以及整个马克思主义的理论武装，无产阶级也就不可能是一个具有现实性的阶级，更不用说提出推翻资产阶级统治的目标了。这就是工业社会阶级分化条件下的一个非常重要的问题。事实上，就工业社会来看，阶级意识是渗透和贯穿于政治以及社会生活的各个方面的，在政治以及社会治理中，不管在宣示的意义上是如何表述的，而在实际运行中，几乎所有安排都是围绕着阶级展开的。

当人类走进了风险社会的时候，在各种意识的重要性排序上，也许处于最高位的应是风险意识。如果人们拥有了风险意识的话，就会看到，人类是一个命运共同体。如果没有风险意识的话，不仅不会认同人类命运共同体的判断，反而会采取有违于人类共同命运的行动。

我们已经指出，风险社会的到来，使矛盾发生了转移，社会风险成了主要矛盾。贝克认为，在从工业社会的矛盾状态中解放出来的过程，也使我们的社会呈现出风险社会的特征。"工业社会的概念建立在一种矛盾之上，这种矛盾存在于现代性的普遍原则——公民权利、平等、功能分化、论证方法和怀疑论——和其制度的特殊结构之间，在其制度中，这些原理只以在一种部分的、部门的和有选择的基础之上得到实现。由此产生的后果是，工业社会通过其体制而使自身变得不稳定，连续性成了非连续性的'原因'。人们从工业时代的确定性和生活模式中解放了出来——正如他们在宗教改革期间从教会的束缚中'解放'出来而进入社会一样。由此所产生的震动构成了风险社会的另一面。"[①]

其实，在人类历史上的每一次社会转型的过程中，都会有风险相伴。而且，如吉登斯所说，"现代性总是涉及风险观念"[②]。但是，在整个工业社会中，甚至在整个人类历史上，风险问题都是具体的，是相对于具体的个人、群体、地域而言的。然而，全球化时代的风险则是广泛的和普遍性的。也就是说，在历史上，绝大多数风险或者是个人或者是群体或者是地域的风险，因而不构成风险社会。然而，在全

---

① ［德］乌尔里希·贝克：《风险社会》，何博闻译，译林出版社2004年版，第9页。
② ［英］安东尼·吉登斯：《失控的世界——全球化如何重塑我们的生活》，周红云译，江西人民出版社2001年版，第22页。

球化、后工业化运动中，人类遭遇的风险更多的具有普遍性。从表现上看，风险来源更为多样，风险分布面也更广，以至于我们所感受到的是一个全面性的风险社会，也就是风险总体性意义上的社会。这也就是贝克使用"风险社会"一词的原因。所以，全球化时代也是风险社会的时代。而且，人类历史也自这个时期开始走进了风险社会，不可能再回复到没有风险或只有具体性风险的时代了。风险的实质就是社会的高度复杂性和高度不确定性。或者说，是社会的高度复杂性和高度不确定性表现为风险社会。

贝克认为，全球化趋势带来的是不具体的普遍性的苦痛。因为全球化，风险不再被局限于地域之内，而是有了"飞去来器效应"。"那些生产风险或从中获利的人迟早会受到风险的报应。风险在它的扩散中展示了一种社会性的'飞去来器效应'，即便是富裕和有权势的人也不会逃脱它们。"[1] "在现代化风险的屋檐之下，罪魁祸首与受害者迟早会同一起来……它不再承认富裕与贫穷、黑人与白人、北方与南方或者东方与西方的区别。"[2] "伴随着风险的全球化，一种社会动力开始发挥作用，它不能再包含在阶级的范畴里，并通过它加以理解。"[3]

具有讽刺意味的是，启蒙思想家为我们确立的人人平等的社会目标却在风险社会中实现了。不仅是在民族国家的边界内，而且是在全球的范围中，平等地面对风险，而不是平等地拥有财富、权利等。正是工业社会中的竞争文化，让人们"在市场机会的争夺中，超出了意识形态的教条论争，所有的人都追寻一种'烧焦的地球'的政策去反对另外所有的人——伴随着轰动的却不能持久的成功"。[4] 结果，人类被领进了风险社会，让每一个人，不管是什么国家、什么人种、什么

---

[1] ［德］乌尔里希·贝克：《风险社会》，何博闻译，译林出版社2004年版，第39页。
[2] ［德］乌尔里希·贝克：《风险社会》，何博闻译，译林出版社2004年版，第40页。
[3] ［德］乌尔里希·贝克：《风险社会》，何博闻译，译林出版社2004年版，第43页。
[4] ［德］乌尔里希·贝克：《风险社会》，何博闻译，译林出版社2004年版，第41页。

阶级，都平等地站立在风险面前。在这种情况下，如果人们还耽于旧的文化观念和思想意识之中，还在利益争夺中去做损人利己之事，就会在加重他人的风险的同时，也把自己置于更为深重的风险之中。这就要求，在风险社会中，人们应当获得和拥有风险意识，并在一切必要的时刻，让风险意识超越于其他意识之上。

就风险社会的产生而言，可以说，是人类在不知不觉中造就了风险社会。然而，当人们已经置身于风险社会中的时候，往往又是本能地做出了对稳定和安全的追求。从实际表现来看，"对安全性的承诺随着风险和破坏的增长而增长，并且这种承诺必须对警觉和批判性的公众通过表面的和实质的对技术—经济发展的介入而不断地重申"。[①]之所以世界各国的视线都被政治家们引向了对经济发展的关注，是因为为了经济发展的理由而让其他一切都退居到保障性的地位。比如，为了经济发展的理由而要求社会稳定，努力去防止和制止一切对安全形成威胁的可能性。如果不是为了回避风险社会的现实，而是推测其积极意义的话，那就必须说是为了寻求对冲社会风险的手柄（抓手）。

从人类进入风险社会这些年来的情况看，人们对风险所采取的可能是一种"鸵鸟"政策。比如，如果有人指出了某种风险正在对人以及社会构成威胁的话，往往得到的不是让人们警觉起来准备应对风险的行动，反而是针对这个指出了威胁的人发动火力，对其进行攻击和制裁。另一种惯常使用的政治操作方式就是，通过制造某个风险去回避真实的风险。如果说不同的国家在交往中制造了经济竞争风险，比如打一场贸易战，那无非是一种制造可控的风险并用以掩盖那些不可控风险的做法。

因为科学技术在工业社会的历史阶段中所取得的伟大成就，从而使人们形成了对科学技术的迷信。在面对社会风险时，人们以为科学技术能够在应对风险以及危机事件中使自己得到武装，从而取得胜利。

---

① ［德］乌尔里希·贝克：《风险社会》，何博闻译，译林出版社2004年版，第16页。

的确，科学技术在工业社会中所取得的进步促进了生产力的发展，让人们享受到这种进步直接带来的生活和工作等各个方面的福利。但是，科学技术也因此而具有了意识形态功能，让人们深信技术已经具有了化解任何风险的能力。这样一来，也许会起到麻痹的作用，即让人们一时忘却真正的风险和威胁。但是，纸总是包不住火的，无论人们以什么样的方式掩盖风险，真正的风险并不因为人们对它的无视而消失，而且也必将以危机事件的形式造访人类。

对于上述这些做法，贝克给予了揭露。根据贝克的看法，风险社会中的政治是把指出危险的人当作替罪羊对待的。他说，"对风险来说，通过解释来转移被激起的不安全感和恐惧，比起饥饿和贫困来说要容易得多。在这里发生的事情不用在这里克服，而可以转移到另外某个方向去寻找并找到象征性的地方、人或东西来克服恐惧。那么，在风险意识中就尤其可能出现并且需要被错置的思想和行动，或者被错置的社会冲突。在这个意义上，准确地说，当危险伴随着政治无为而增长的时候，风险社会就包含着一种固有的成为替罪羊社会的倾向：突然间不是危险，而是那些指出危险的人造成了普遍的不安"。[①]

在风险社会中，人们也许在心理上更加感受到了稳定的意义。但是，如果将此作为麻痹自我的安慰剂的话，不仅不能避免危险，反而会遭遇更多的危险。不过，无论如何，对于指出危险的人来说，即便是属于误报，也应予以充分的宽容。我们不应苛责指出危险的人，而是应当随时准备应对可能出现的危险。只有这样，才能说我们拥有了风险意识，才能够在风险社会中获得更多的避免危险的机会，也才能应对随时有可能造访的危险，至少是不会在突然袭来的危险面前变得手足无措。

贝克意识到，风险社会应当有着不同于工业社会的生存策略。"在旧的工业社会中生存，与物质贫困的斗争和规避社会萧条的能力

---

① ［德］乌尔里希·贝克：《风险社会》，何博闻译，译林出版社 2004 年版，第 91 页。

是必要的。这是以'阶级团结'为集体目标和以教育行为、职业安排为个体目标的行动和思考的焦点。在风险社会中，另外的能力变得极为重要。在这里，预期和承受风险的能力，以及在个人生涯中和政治上处置危险的能力，拥有了重要的意义。"[1] 风险社会与工业社会的不同是显而易见的。如我们已经指出的，虽然工业社会中也有风险，但那种风险不是总体性的，不是每一个人都必然遭遇的。在风险社会中，风险却是平等地加予每一个人，差别只是，是否遭遇了危险。

风险社会意味着人类的命运如此密切地关联在一起，每个人的生存都建立在人的共生共在的前提之下。只有为了人的共生共在去开展行动，才能使自己获得更多的生存机会。为了做到这一点，根据贝克的看法，首要的任务是确立起风险意识，甚至造就出风险社会特有的政治。"在哪里现代化风险被'承认'……在哪里风险就发展出一种难以置信的政治动力。"[2] 这种政治就是对风险的认识和处置，它原先并不属于政治的范畴，而是更多的被作为技术方面的事情看待的。但是，当风险超越了利益而成为最为普遍性的社会现实时，原先主要处理利益关系的政治，也需要从对利益的关注中超脱出来。

风险政治是风险的政治化，也是处置风险的工具，还是人们在风险社会中的一种社会生活方式。人们在这种政治生活和活动中，始终拥有风险意识。也许在一个很长的时期，利益问题仍然会成为人、群体、阶级等所关注的问题，但政治的功能应当转移到形塑全社会的风险意识方面来。只有这样，政治才算发挥了其应有的作用。由于风险不仅意味着相对于个人、群体等的危机，而且也有可能意味着整个人类的灾难。风险使人类成为命运共同体，以至于这个社会如贝克所说，所有的行动都有了超出革命的政治意义。"风险社会不是一个革命性的社会，而是灾难性的社会。"[3] 人反对人的历史应当改写为共克时艰

---

[1] [德]乌尔里希·贝克：《风险社会》，何博闻译，译林出版社2004年版，第91—92页。
[2] [德]乌尔里希·贝克：《风险社会》，何博闻译，译林出版社2004年版，第93页。
[3] [德]乌尔里希·贝克：《风险社会》，何博闻译，译林出版社2004年版，第95页。

的行动。当然，我们也需要指出，虽然风险社会中不再发生革命性的行动，但从工业社会的政治模式中走出来，并转化为一种新型的政治模式，显然是一种革命性的变化。

二 科学：风险认知的手段

在风险社会到来后，如果人们还未形成风险意识的话，那是非常危险的。这是因为，风险社会不同于以往的是，可以消弭和抑制风险的社会运行惯性以及系统中的那些说不清道不明的因素，都将不再发挥作用。任何一种哪怕微不可察的风险，都有可能演化成危机事件。就如贝克所说，"风险即使是很微小的可能性也具有其威胁性的后果。如果对风险的认识基于'不明确的'信息状况而被否认了，这就意味着必然的反作用被忽略了而危险在增加"。①

在这种情况下，寄望于科学也可能会令人失望。因为，"参照科学精确性的标准，可能被判定为风险的范围被减到最小，结果科学的特许暗中在允许风险的增加。坦率地说：坚持科学分析的纯洁性导致对空气、食物、水体、土壤、植物、动物和人的污染。我们因而得出一个结论，在严格的科学实践与其助长和容忍的对生活的威胁之间，存在一种隐秘的共谋"。②

在科学权威令人无限崇拜的情况下，贝克将科学说成风险社会被制造出来的共谋，这似乎是一种对科学的极大不敬。不过，也不能因此而对贝克的这一说法表达反感。那是因为，科学的确存在这种缺陷，那就是，总在具体的事项上确立具体的标准。也许对食品、生活用品及其生产过程和环境等每一个具体的方面进行检验的时候，都可以判定其达到了某个严格的标准，但将它们放在一个相互影响的系统中去看的话，也许带来的就是严重威胁人的生存的现实。我们可以判定每

---

① [德] 乌尔里希·贝克：《风险社会》，何博闻译，译林出版社2004年版，第73页。
② [德] 乌尔里希·贝克：《风险社会》，何博闻译，译林出版社2004年版，第73页。

一个科学家、每一门科学都是理性的，但他（它）们的活动在整体上可能呈现出来的恰恰是非理性的后果，从而把人类推入风险社会之中。当我们置身于风险社会之中的时候，对科学及其理性的传统认知也许需要得到纠正，我们需要在日常的生活和行动中注入风险意识。无论这种风险意识是理性的还是非理性的，只要适度，就是必要的和有益的。其实，在某种意义上，我们应当超越理性抑或非理性的认知传统，即不在理性还是非理性的角度去看风险意识和做出相应的判断。

贝克对于科学在风险社会中的表现表达了非常激烈的批评意见，他说，"科学已经成为对人和自然的全球污染的保护者。在这方面，不夸张地说，在很多领域中科学处置风险的方式，在没有进一步去关注它们的历史理性声誉之前，都是在挥霍这种声誉"。[①] 其实，科学之所以会出现这种问题，是因为其背后的思维方式已经不能适应风险社会的要求了。事实上，工业社会的社会治理体系以及文化制约了人们，使人们很难对风险持有一种真正科学的认识和观念。

贝克揭示道，"在对科学的文化批判中，人们最终要求助于他们所反对的东西，即科学理性。很快人们会遇到这样的规律，只要风险没有获得科学的认识，他们就不存在——至少在法律上、医学上、技术上或科学上不存在，因而它们不需要预防、处置和补偿。再多的集体呻吟也不能改变这些，只有科学可以。因而，科学判断对真理的垄断迫使受害者自己去运用所有科学分析的方法和手段达到他们的要求"。[②] 如果说整个工业社会中科学都是理性的代名词的话，那么当人类遭遇了风险社会的时候，科学在所有具体事项和专业领域中的理性都变成了社会意义上的非理性。只是因为科学曾经赢得人们的尊重和信仰而仍然在发挥作用，才让人们表现出对科学结论不做怀疑。然而，也恰恰是这一点，对人类造成了极大的伤害，使人类在风险社会中陷

[①] ［德］乌尔里希·贝克：《风险社会》，何博闻译，译林出版社2004年版，第83页。
[②] ［德］乌尔里希·贝克：《风险社会》，何博闻译，译林出版社2004年版，第85—86页。

得更深了。

　　显而易见，到了20世纪后期，科学的发展已经不再像此前那样让人们看到它所开辟的道路一片光明，反而带来了诸多令人意想不到的消极后果。而且，越是瞻望前路，越是感到存在着更多不可预测的和突然袭来的乌云。贝克说，"科学工作的次级影响的不可计算性必然因为科学的不断分化而加剧。科学家实际上已经与他们成果的应用区分开来；他们不可能影响到那个领域；其他人为此负责。结果，科学家不能为他们从分析的角度得了的实际后果负责。尽管人们开始在很多领域说一种共同的语言，但是理论和实践的距离不是缩短而是增加了，相应地，应用者依靠自己的利益去使用成果的可能性也增加了"。①

　　科学家不对自己的研究负责，科学与实践相脱节，科学家并不能决定其研究成果如何应用和应用于什么目的，甚至科学家应当研究什么，也不是自己能够做主的。至于那些有决定权的人，无论是界定科学家的研究范围，还是应用科学家的研究成果，都是由具体的利益决定的。只要其利益能够得到实现，哪怕让社会为之付出惨痛代价，也会毫不犹豫地去做。这种情况表明，科学已经变成了政治和商业，基金会给予什么课题以资助。科学研究成果流向什么地方，为谁所用，都直接地受到政治和商业的控制。

　　在此过程中，科学家也是把自己的研究活动当作交换的筹码的，而不是为了人类的福祉去开展科学研究。在科学以及科学研究群体越来越细的分化中，"科学，包括自然科学，变成了资金丰厚且需求论证的消费者的自助商店。个别科学发现的超复杂性给予了消费者在专家群体内和之间对专家进行挑选的机会。仅仅通过选择包括在顾问圈子中的专家代表就预先决定了政治程序，这是寻常之事。不仅是从业者和政治家可以在不同的专家群体中进行挑选，而且那些群体在科学

---

① ［德］乌尔里希·贝克：《风险社会》，何博闻译，译林出版社2004年版，第211页。

内部和科学之间也在进行相互的争斗,而通过这种方式,消费者的自主性增加了"。①

由此可见,科学与资本主义的结合本身就是科学的悲剧,也是人类的梦魇。正是这个原因,科学在人类陷入风险社会的过程中扮演了极不光彩的角色。可笑的是,在人类已经步入风险社会的时候,竟然有人发明了"知识资本"的概念,还提出所谓"知本主义",并赢得诸多拥趸。与此不同,贝克提出了建构"反思性科学"的设想。不过,我们认为,这不是科学自身的问题,而是一个社会问题。科学自身并不能担负起改变自身的任务,而是需要通过一场社会运动,去改变科学的属性和功能。事实上,从上述我们所引贝克的论述来看,科学其实是受到了政治和商业的控制才扮演了某种反社会的角色。如果希望科学回归它应有的位置,首先需要改变的就是它为政治和商业所控制的状况。这也就是一个还科学以自主性的问题。

面对风险社会,反思性的判断显然是,关于风险的认知,是不可能由传统的任何一门学科做出的。相反,"科学理性声称能够客观地研究风险的危险性的断言,永久地反驳着自身。这种断言首先基于不牢靠的猜想性的假设,完全在概率陈述的框架中活动,它的安全诊断严格地说,甚至不能被实际发生的事故所反驳……风险的界定是基于数学的概率和社会的利益,特别当它们是带着技术的可靠性被提出的时候"。② 所以,当这种基于数学的实验科学预测和界定了风险的时候,那其实并不是风险。真正的风险,却在它们能够预测和界定的范围之外。

近代以来的科学所能够把握的往往是表面意义上的联系,是在直接性的因果线条中去预测未来的。也就是说,认识和把握住了某些条件,也就知道了结果是什么样子。然而,引发风险的因素是非常复杂

---

① [德] 乌尔里希·贝克:《风险社会》,何博闻译,译林出版社2004年版,第214页。
② [德] 乌尔里希·贝克:《风险社会》,何博闻译,译林出版社2004年版,第29页。

的，许许多多表面看来并无联系的事物、行为等，也许都在风险的生成中发挥了作用。比如，你住在自己的别墅中，养着自己的宠物，享受着现代化的空调设施，过着富裕的生活，似乎是与他人无关的。如果有人说你的生活与社会相关，你可能会指出你的消费对GDP做出了贡献。但是，在全球性的食品短缺、温室效应以及各种各样的资源危机等之中，是否有你的一份"贡献"呢？对于科学而言，是绝不可能把你的生活归入风险源之中的。这就是科学的局限性。

所以，人们可以看到这样一种奇怪的现象，"社会运动提出的问题都不会得到风险专家的回答，而专家回答的问题也没有切中要害，不能安抚民众的焦虑"。① 贝克把这种情况说成科学理性与社会理性的分裂。他认为，面对风险，科学理性与社会理性更应结成同盟，因为它们的相互依赖关系是应对风险的保障。这是因为，"对工业发展风险的科学关怀事实上依赖于社会期望和价值判断，就像对风险的社会讨论和感知依赖于科学的论证……公众的批评和焦虑主要来自于专家和反专家的辩证法。没有科学论证和对科学论证的科学批判，它们仍旧是乏味的；确实，公众甚至无法感受到他们批评和担忧的'不可见'的对象和事件。这里我们可以修改一条著名的谚语：没有社会理性的科学理性是空洞的，但没有科学理性的社会理性是盲目的"。②

如米尔斯所说，"当人们珍视某些价值而尚未感受到他们受到威胁时，他们会体会到幸福；而当他们感到所珍视的价值确实被威胁时，他们便产生危机感——或是成为个人困扰，或是成为公众论题。如果所有这些价值似乎都受到了威胁，他们会感到恐慌，感到厄运当头"。③ 显然，在全球化、后工业化的历史性社会转型中，由人珍视的

---

① [德] 乌尔里希·贝克：《风险社会》，何博闻译，译林出版社2004年版，第30页。
② [德] 乌尔里希·贝克：《风险社会》，何博闻译，译林出版社2004年版，第30页。
③ [美] C.赖特·米尔斯：《社会学的想象力》，陈强等译，生活·读书·新知三联书店2016年版，第12页。

许多在工业社会生成的价值受到威胁，这是必然的。特别是那些基础性的社会价值正在受到挑战，这肯定会引起人们的恐慌。在所谓风险社会的认知中，是包含着对一些根源于工业社会传统价值受到了挑战和威胁的认知的，正是这些，带来了恐慌。但是，对于这些原因引发的风险，是应当抱有明确的顺应历史性社会转型需求的态度的。

我们珍视人类文明化进程中创造的一切积极成果，但绝不意味着我们应当把历史上所创造的一切都当作包袱背负在肩上，而是要基于新的现实和社会发展的要求去做出选择。工业社会是人类历史上的一个伟大而辉煌的历史阶段，特别是在社会建构以及社会治理上，创造了民主与法治的模式及其价值观。在全球化、后工业化进程中，显然有一个如何对待这一遗产的问题。从现实来看，社会的高度复杂性和高度不确定性提出的要求是，不应当把这些在低度复杂性和低度不确定性条件下的创造物原封不动地搬运到后工业社会中去，而是需要做出认真的审视，从中发现那些有益于高度复杂性和高度不确定性条件下社会生活的因素。

如果不能秉持这样一种态度，就不会在既有的价值受到挑战和冲击的时候仅仅感受到威胁，而是会积极地应对各种挑战。也就是说，每当我们感受到既有的价值受到了挑战，特别是在我们每一次感受到了某些系统性风险的时候，就应当采取更为积极的回应态度，应当在面向未来的维度中去理性地面对威胁，而不是做出感性意义上的抗拒。对工业社会的科学发出疑问和表示怀疑，也会使我们既有的价值观念受到扰动。但是，当科学在风险社会中表现出无力指导我们的行动的时候，出于建构适应风险社会中开展行动的科学，则是必须承担起来的科学重建之任务。

三　行动：风险认知能力

正如贝克所说的，在今天，社会科学的研究与其说是应当"沿着社会研究的经验路线进行的。倒不如说，它孜孜以求的是另一种抱负：

在仍旧占优势的过去面前,改变正在开始形成的未来"。① 因为我们处在一个变革的时代,虽然既有的知识和经验是我们再出发的前提和重要资源,但我们应把视线投向未来,把我们的研究目的放在建构未来之上。事实上,在此过程中,我们更应自觉地绕过那些阻碍我们遥视未来地平线的山峰,而这些山峰正是在历史中崛起的。

在今天,我们已经明显地感受到风险社会的袭来,也意识到风险社会是一种崭新的社会形式,正在从工业社会的轮廓中脱颖而出。或者说,风险社会是工业社会发展的结果,是人类在工业社会中所创造出来的,也是人类社会发展的一个新的阶段。不过,在细节上,风险社会仍然是模糊的。所以,贝克认为,"在获得清晰的景象之前,无论如何,一种稍远一些的未来必须进入视野之中"。② 可以相信,风险社会各个方面的细节都会在时间的绵延中展现出来,而我们只有把视线放在稍远一些的未来上,才能找准前行的方向。如果我们太多关注当下的风险社会细节,也许就会迷失在未来的征途上。那样的话,人类所付出的代价将是高昂的。所以,贝克为社会科学研究所提出的要求是,"在这里,不要给自陷危境的文明令人恐怖的全景画再添加任何东西,这种景象在舆论市场的各个部分都业已被充分描绘"。③

从科学发展史来看,在工业社会这个历史阶段中,科学体系的建构一直是在科学的学科分化过程中实现的。科学的学科分化增强了专业性,但也使整体观念丧失了。面对风险这样一种综合性的、系统性的问题,每一个学科视野所提供的都只是单一的视角,并不能在整体上取得正确的认识。这就是贝克所指出的,"一般而言,各种科学和学科所关心的问题是非常不同的。风险界定的社会影响因而是不依赖它们的科学合法性的"。④ 所以,在进入风险社会后,这种在学科分化

---

① [德]乌尔里希·贝克:《风险社会》,何博闻译,译林出版社2004年版,第2页。
② [德]乌尔里希·贝克:《风险社会》,何博闻译,译林出版社2004年版,第2页。
③ [德]乌尔里希·贝克:《风险社会》,何博闻译,译林出版社2004年版,第2页。
④ [德]乌尔里希·贝克:《风险社会》,何博闻译,译林出版社2004年版,第33页。

中所形成的专业化却无法在风险界定方面有效地发挥作用。

贝克提出了建构可以进行风险批判的反思性科学这样一个问题。贝克认为,"风险社会潜在地也是一个自我批判的社会,批判的参照点和前提以风险和威胁的形式产生出来。风险批判不是一种规范的价值批判,正是在传统进而是价值衰落的地方,风险出现了,批判的基础不是过去的传统而是未来的威胁"。① 当然,这种批判应当由科学自身做出,但社会价值不可能在此批判中缺位。这就意味着,科学研究者必须拥有社会价值,并将这种价值贯穿于他的整个研究过程中,在研究过程中随时进行批判。这种批判本身,就是科学研究者的自主性的体现。毋宁说风险就是科学研究者所应拥有的价值,这种价值不同于以往任何一个社会中的价值,却是风险社会中最为重要的价值。风险作为一种价值,是以风险理念、风险意识的形式出现的。有了这种理念和意识,也就能够转化为一种风险感知能力,并在一切行动中都努力去把握风险的可能性。一旦在科学活动中将风险价值贯穿于始终,去做出这种只有在风险社会中才有的价值批判,就能够最大限度地防范、化解或消除风险。

我们承认,人类的几乎一切行动中都包含着知识、智慧、信念和信心。近代以来,为人的行动提供指导的,主要集中在了知识方面。科学所提供的就是知识,因为科学就是专门致力于知识生产的社会活动。当然,在对知识进行分解的时候,科学还援用了其他概念来指称不同类别的知识,表现出对其他领域的文化和观念的承认或应用。但是,总体看来,科学是狭隘的,在仅仅关乎知识的时候,往往把智慧、信念和信心等都排斥在了科学研究之外。

古代哲学曾宣称关注人的智慧,而到了近代,随着认识论的基本框架搭建起来之后,已经不再拥有去理解智慧、关注智慧的雄心壮志了。在这个时代,被称作哲学的东西,也无非是科学范式中的部分填充物。

---

① [德]乌尔里希·贝克:《风险社会》,何博闻译,译林出版社2004年版,第218页。

也许所有这些概由培根所误导,但我们今天又必须接受这个现实。同时,我们也必须认识到,在科学失去了指导人们在风险社会中开展行动的功能时,甚至对我们在高度复杂性和高度不确定性条件下的行动有所妨碍时,我们也就需要做出选择。其中,终结这个作为现实的科学范式,即突破这个仅仅关注知识的科学范式,代之以能够同时包容人类智慧、信念和信心的科学,就是社会转型对科学发展提出的要求。

奈特的研究发现实际上也是我们每个人都曾经历过的,只不过当我们的思想被某种错误的科学理念征服后,往往表现出了对我们亲身经历的那些经验的可靠性的怀疑。即使在我们每日的生活中都仍然坚持做出那些行为,也往往不愿意在理性思考中接受它们。事实上,我们"绝大多数的日常决策都是下意识做出的。我们不知道自己为什么预期某件事会发生。我们是如何回忆起一个遗忘已久的名字,对此我们同样莫名其妙。毫无疑问,无论是'直觉'的下意识过程,抑或是符合逻辑的思维结构,它们之间具有某种可比性。两者都是对未来的预测"。[①] 虽然这是一种功能上的可比性,却提醒我们凭借直觉而作出的决策并非无稽之谈。或者说,那是一个也应得到科学研究的思维活动领域。

遗憾的是,"人们往往忽略了日常行为的真正逻辑,或者说心理学内涵。逻辑学家更关注论证性推理的结构"。[②] 如果我们对奈特的这一认识给予足够重视的话,也许就能在思维基础方面找到科学重建的出路。首先,我们需要拥有风险意识;其次,我们并不通过分析的方式去做出是否存在风险的确认;再次,需要相信我们的直觉判断。其实,所有这些,都需要落实到行动之中,并给予行动者以充分的自主权。在某种意义上,我们将风险社会中的科学看作行动者的科学,而不是让在社会中开展活动的人们成为科学的行动者。

[①] [美]弗兰克·奈特:《风险、不确定性与利润》,郭武军、刘亮译,华夏出版社 2011 年版,第 174 页。
[②] [美]弗兰克·奈特:《风险、不确定性与利润》,郭武军、刘亮译,华夏出版社 2011 年版,第 174 页。

只要相信行动者具有与行动相关的必要认知能力，就会把开展行动的行为选择权交给行动者。如果对行动者的认知能力抱持怀疑态度，就会导向两个方向。其一，对行动者提出严格的、明确的行为要求，对具体事项进行指导和干预，即表现出一种"命令主义"。这样的话，就会自然而然地形成集权体系，行动者则被形塑为被动的执行者。其二，事事求助于专家，在每一次行动开展之时，进行咨询，问策于专家，如果行动失败了的话，一切责任也都可以归于那份严谨的科学报告。

就 20 世纪中期社会科学的实证研究兴起而言，很大程度上是由这种需求推动的。因为，在民主的意识形态将集权体制恶魔化的背景下，行动者求助于科学是比较安全的选择。而且，在行动者对自我的认知能力表示怀疑的情况下，希望从专家那里得到的不是建议，而是成形的、明确的行动方案。对于专家而言，为了保证自己提供的方案是可靠的，就应当以科学研究结论的形式呈现出来，即打扮成通过数据和逻辑证明的别无选择的方案。这同样也是专家谋求安全的需要。因为，只要数据是可靠的，专家所形成的结论就是科学结论，至于行动结果以失败而告终，则不能视为专家的过错。所以，实证研究流行了起来，专家于这种研究中只有收益而无风险。

最为重要的是，问策于专家的做法也刺激了"需求侧"，让行动者体验到听从专家的和按照专家的研究报告行事既安全又有益。也就是说，行动的成功会成为自己的功劳。如果行动失败了，在对专家的研究报告进行分析后并未发现问题，那就是某些不明的原因造成的，因而不能视作自己的责任。当然，我们并不能仅仅从主观的角度去看实证研究的"需求侧"。这是因为，社会的复杂性和不确定性也确实对行动者的认知能力形成了挑战，会对行动者的认知信心构成威胁，以至于行动者也有求助于专家的真诚愿望。然而，在风险社会中，我们并不能让这种现象出现，即不允许出了问题的时候相互"甩锅"，更不能接受相互"甩锅"也找不到着落处。在风险社会中，每一个行动者都是责任的承担者，是因为愿意承担责任而总能在每一个错误的苗头出现之时，就及时发现了问题，从而把后果责任化解到无。

科学之中肯定存在着某些永恒性的因素，但科学的历史性也是必须承认的问题。今天看来，科学中所包含的那种从属于因果判断的思维方式，就是具有历史性的。在现代性的意义上，"坚持对因果关系进行严格验证，是科学理性的核心内容。保持精确而对自己和他人'不承诺任何东西'是科学精神的核心价值之一。同时，这些原则来自于别的语境，甚至可能来自于一个不同的知识时期。在任何情况下，它们对于文明风险在根本上就是不恰当的。当污染泄露只能在国际交换模式及相应的平衡中理解和测量的时候，将单个物质的单个生产者与确定的疾病建立直接的和因果的联系显然是不可能的，那些疾病可能还有其他的影响和促进因素"。① 坚持寻找因果关系的人，可能恰恰会陷入主观主义的陷阱之中，即无视现实的联系而把他所杜撰出来的某种联系说成客观存在的。

所以，在高度复杂性和高度不确定性的条件下，如果我们希望搞清某些事件的来龙去脉的话，也必须摆脱因果联系的线性思维的纠缠。更为重要的是，面对一场危机，我们的重心应当放在应对危机事件上来，而不是去围绕着危机事件发生的原因去开展无意义的争论。比如，当人们陷入一场瘟疫之中的时候，即使认定了病毒来源于某个蝙蝠，也无助于"抗疫"行动。因为，这个时候已经不再是去消灭蝙蝠的问题，而是如何抑制病毒的传播问题。再者，即使能够通过科学去判定蝙蝠带来了病毒，那么是蝙蝠生产了这种病毒，还是要找到那个真正的"生产者"，也会成为一个问题。如果有人说是美国的某个实验室生产了病毒，而美国却说是彗星掠过地球时抛撒了病毒，那么争论日趋激烈，而"抗疫"则被耽搁了。

上述可见，不仅是贝克，其实有许许多多科学家在讨论风险社会

---

① ［德］乌尔里希·贝克：《风险社会》，何博闻译，译林出版社 2004 年版，第 74—75 页。

得以产生的原因时,都是把工业社会的科学及其技术作为原因之一看待的。不过我们必须指出,虽然科学和技术是我们当前风险社会的来源之一,但我们并不能因此而一概地否认科学技术。"对科学产生敌对态度,甚至进一步对其他的理想思想也采取敌视的态度,这种态度显然是不可取的。如果没有科学的分析手段,我们甚至不能认识到这些危机。"① 但是,在人类堕入风险社会后,我们与科学的关系以及科学自身,都需要改变。其实,一方面,科学处在发展之中,与科学这个名称相称的,就是它永远开放地走向未来;另一方面,科学并不只有一种形式和类型,也并不只能使用一种思维方式,它应当具有包容性,绝不排斥其他的思维方式和思想。

科学是站在蒙昧主义对立面的,科学是能够解决现实问题的。只要具有了这两个方面的品质,就是应当得到承认和包容的科学。所以,如果认为现代性的科学是唯一的,实际上就是狭隘的"理性宗教激进主义",就会把科学变成一种没有前途的信仰。如果认为科学是在发展中不断地开拓未来的,那么把人类带入风险社会的科学就会得到修正,科学就会在改正自己的错误的过程中前行。总之,我们倡导科学的包容精神,不以任何既有的原理、程式去排斥能够在实践中有效解决问题的方案。比如,一个在治病救人中有奇效的诊疗方式,如果因为不合乎既有的科学程式而受到排斥的话,那就是缺乏包容精神的狭隘的"理性宗教激进主义",就是风险社会中的消极因素,其实是可以被判定为反科学的做法。

第二节 知识生产的新审视

当人类用智慧之火点燃了长长的历史引线后,终于迎来了工业社

---

① [英] 安东尼·吉登斯:《失控的世界——全球化如何重塑我们的生活》,周红云译,江西人民出版社 2001 年版,第 31 页。

会后期的"爆炸"时刻，知识爆炸、信息爆炸、人口爆炸等不一而足。显而易见，我们的社会曾经拥有的结构和形态都将在这种"爆炸"中消失，"大爆炸"意味着一切都将重新塑形。所以，对于长长的历史引线燃烧过程中留下的灰烬，无论表达何种程度的留恋，都不可能完整地带进"大爆炸"后重建的世界之中。这就是我们今天不得不面对的冷酷现实。不过，人类历史之所以走到了"大爆炸"的时刻，是与科学的发展以及知识生产联系在一起的。当我们在这样一个"大爆炸"的时刻瞻望未来时，可以相信，科学及其知识生产依然是必要的，只不过科学将以新的面目出现，知识生产机制也将发生根本性的变化，会通过种种变化去满足人类在风险社会及其高度复杂性和高度不确定性条件下开展行动的要求。

在费希特那里，我们读到了某种对科学发展的期望，这也是现代社会早期的人们普遍拥有的对科学的期望。费希特说，"最初因需要而发生的科学，后来也将审慎地、冷静地探索自然的不可移易的规律，通观这自然的全部力量，并学习预计其可能的发展；科学将形成一种新的自然概念，紧紧地靠近活生生的、能动的自然，跟踪自然的足迹。理性从自然那里获得的每种认识，将世世代代保持下去，成为新知识的基础，供我们人类共同的知性使用。这样，自然对我们将变得越来越可知，越来越透明，以至其最奥秘的深处，而人的力量在经过启蒙，用自己的各种发现武装起来以后，则将会轻而易举地驾驭自然，和平地保持自己征服自然的既成局面"。[①]

的确，在现代化进程中，科学的发展是爆发性的，技术进步一日千里，人对自然的征服每日都有捷报传来。然而，那个时代的人们根本无法想到的是，自然因人的活动所造成的破坏，正以灾难的形式投射给了人，整个人类陷入了风险社会。相对于人而言，一方面，自然

---

① ［德］费希特：《论学者的使命　人的使命》，梁志学等译，商务印书馆1984年版，第167页。

透明化了；另一方面，人又通过活动而将某些阴影笼罩在了自然之上，使其变得晦暗。所以，人类所面对的已经不再是单纯地征服自然之事，而是需要寻求风险社会中的生存之道。这也决定了科学的使命不再是启蒙时期人们所期望的那样，知识生产也不再是仅仅为了武装人，使人变得更有力量，而是要解决已经出现的或即将出现的那些问题，以求获得更多的生存机遇。

一 知识生产面对的新挑战

在宏观的历史视野中，可以看到从"物质生产"向"知识生产"过渡的痕迹，至少它们之间的比重已经发生了变化，似乎有着颠倒过来的迹象。物质生产的重要性肯定是不可怀疑的，但社会发展表明，越是到了晚近的时期，历史进步的推动力就越是由物质生产转为知识生产。

从20世纪后期以来的经济运行来看，随着"知识经济"概念的提出，以物质形态出现的生产要素在产品中的价值比重下降了。也就是说，在产品的价值中，由物质形态的生产要素以及劳动力自然禀赋转化过来的那部分价值，不再构成产品价值的全部，而是越来越多地包含了由知识转化过来的那部分价值。同样，知识生产的方式以及生产知识的目的也在变化。近些年来，近代早期的那种出于摹仿对象的需要而进行知识生产的做法，在内涵上也发生了变化，似乎知识已经不再是达致真理和表述真理的工具，而是创造世界的素材，反映和体现人的意志和理性追求。这种知识生产意味着构建后工业社会这一大厦的"砖瓦"的增多，或者说，后工业社会的建构本身，就蕴含于知识生产之中。

社会治理体系是由知识、思想和理论型构出来的，即便是在农业社会的历史条件下，这一点也是确定无疑的，只是在工业化进程中，这一点变得更加明显而已。事实上，社会治理的进化、文明化，就是思想的更迭、理论的发展和知识的积累。人们在思考、探索中不仅对社会治理体系进行不知疲倦的修补工作，而且在任何有着变革需要的时间和地点，也都不愿放弃改革的机会。即使遇到一些阻碍，也很快就能被意识到，并发现加以突破的缺口。正是人类持续不断的知识生产，构成了解决一切问题的最终奥秘。在每一次遭遇了新的问题时，都是通过知识生产的路径去加以解决的。

不过，就知识自身而言，也会有着不同的表现。西蒙之所以提出"有限理性"，不仅是因为决策中的信息充分是难以做到的，而且知识的可靠性以及运用知识的人能否使知识的功能得到充分发挥，也是无法在完全理性的追求中实现的。所以，西蒙所作出的解释是，"理性就意味着要完全了解每项选择的精确结果，这在实际中是不可能达到的。事实上，每个人对于自己行动所处的环境条件只有片面的了解，也只能稍微洞察其规律和规则，让他可以在了解目前状况的基础上，推导出来的结果"。[①] 其中，知识的不完备性构成了一项约束条件，即"完全理想在一定程度上要受到知识缺乏的限制"。[②]

知识是具有相对性的，虽然在知识经济的背景下人们越来越认识到了知识、信息的资源价值，但也看到以知识、信息等形式出现的资源与传统意义上的资源有着很大的不同。它是一种相对性的资源，不具有传统资源的那种绝对性。知识、信息等资源在几乎所有的角度和层面上，都呈现出相对性。对于利用者来说，具有相对性；在资源量的意义上，具有相对性；在时间意义上，也具有相对性。传统的以具体的物质形态出现的资源却是绝对的，很少有相对性的特征。知识资源的相对性也是可以被理解成具体性的。哈耶克在表达对理性滥用的批评意见时说，"指导任何人类群体的行为的具体知识，从来就不是作为一个稳定而严密的体系而存在的。它只以分散的、不完美和不稳定的形式，存在于众多个人的心智中，一切知识的分散性和不完美性，

[①] ［美］赫伯特·A. 西蒙：《管理行为》，詹正茂译，机械工业出版社2004年版，第84页。

[②] ［美］赫伯特·A. 西蒙：《管理行为》，詹正茂译，机械工业出版社2004年版，第84页。

第四章　风险认知与知识生产

是社会科学必须首先面对的两个基本事实。哲学家和逻辑学家经常作为'仅仅'是人类心智的不完美因素而不屑一顾的东西，在社会科学中变成了一个至关重要的基本事实"。①

在工业社会这个历史阶段中，几乎所有的思想家和知识生产者都陶醉于体系建构。我们承认，一个完整的思想或知识体系在形塑人们的世界观、价值观等方面是有意义的，但对于人的行动的影响仅限于为人们提供了某种观念，而行动中所需要的知识，往往是具体的和相对的。也就是说，这些体系中所包含的许多知识可能并不资益于人的行动，人们在行动中所应用的更多知识则属于那些分散的、无法归类到某个体系中的知识。在社会的高度复杂性和高度不确定性条件下，人们的合作行动将更加充分地证明这一点。所以，在风险社会中，我们反对任何动辄建构思想或知识体系的追求。事实上，在风险社会及其高度复杂性和高度不确定性条件下，建构思想或知识体系的追求也是难以实现的。而且，会像近代以来所有思想体系建构那样，只能将人们引向逻辑自洽方面。结果往往是，在逻辑自洽的演绎中脱离了实际。

在知识生产中，主观意志的表达也是一个客观化的过程，会物化为符号、语言等。"有一种特殊但极其重要的客观化，这就是符号化，即人类社会对符号的生产。与其他的客观化相比，符号的独特性在于它把刻画主观意义当作自己的明确任务。当然，即便一个客体不是依循这种目的而被创造的，它也有可能被用作符号。"② 单一的符号可以看作一种知识因子，但也有许多符号会包含着丰富的内涵，经由接受者的想象、领悟等而获得内涵丰富的知识。不过，一般说来，符号是具有繁衍能力的，会产生或生产出众多具有相关性的符号，这些符号

---

① ［英］弗里德里希·A. 哈耶克：《科学的反革命：理性滥用之研究》，冯克利译，译林出版社2019年版，第26页。
② ［美］彼得·L. 伯格、托马斯·卢克曼：《现实的社会建构：知识社会学论纲》，吴肃然译，北京大学出版社2019年版，第47页。

会连接起来而构成符号体系。那样的话,也就意味着某种完整的、系统的知识包含在了符号体系之中。

符号是知识的载体,知识借助于符号而得以传播、扩散和交流,在视听设备技术未产生之时或在视听设备不发达的条件下,通过符号传播、扩散和交流知识,是一条重要的和基本的途径。在通过符号传播、扩散和交流知识的过程中,也会出现知识增量,即在知识的接受者那里因为对符号的诠释而产生增量知识。如果说语言文字也是符号的话,那么由这种符号制作的文本也就是以符号体系的形式出现的,所承载的也就是某个方面的系统性的知识。

在20世纪的社会科学研究中引入了"结构"的概念,即研究对象的结构或进行结构分析成为一种时尚。根据列斐伏尔的评价:"科学迅速地接受了结构的观念。现在,结构观念成为主导观念。人们普遍把现实表达为一种结构,从这个角度出发,科学不过是关于结构的认识,关于这些结构的真理。"[①] 应当承认,这些研究取得了良好的知识生产成绩,丰富了社会知识体系,促进了社会科学的繁荣,也对实践产生了巨大影响。即使"结构"的概念并未带来知识生产方式的变化,或者未能提高知识生产的效率,但在知识的条理化方面还是发挥了非常重要的作用。因为知识的条理化,使知识的功能得以扩展,从而大大提高了知识应用的效益。

可是,到了20世纪后期,这种结构分析受到了怀疑。如果说"解构"的概念仍然是将结构放在视界中心的话,那么吉登斯的"结构化"概念已经意味着某种观念上的修正。进入21世纪后,随着风险社会及其高度复杂性和高度不确定性走进了人们的视界,社会存在的"去结构化"也成了一个突出的现实,以至于我们的研究只能在必要的、比较性叙事中使用"结构"一词才是合理的。这是因为,如果带

---

① [法]亨利·列斐伏尔:《日常生活批判》,叶齐茂等译,社会科学文献出版社2018年版,第371页。

着结构的观念去处置研究对象，只能陷入某种令人尴尬的研究状态中去。

科学是知识生产的重要途径，因而也有一些人会把所有知识生产机制都称为科学。比如，致力于中国科技史研究的英国学者李约瑟甚至把中国古代的原始巫术也归入科学的范畴中。然而，从20世纪后期的情况看，科学的发展也在知识生产方面出现了某种悖论。

显然，科学是在专业化的道路上显现出了知识生产的高效，但在专业化的时代，却出现了某种"出生地主义"的观念。就如农业社会中的乡土地域观念一样，在科学研究的诸领域中，出现了讲求出身的狭隘的"出生地主义"。虽然20世纪后期的人们开始积极地提倡交叉性研究，但科学研究中的"出生地主义"成了交叉研究的极大障碍。如果一个人不是学习某一学科出身的，他就会受到无形的排斥。也许是分门别类的知识生产已经有了剩余，致使科学的发展需要依赖于从其他学科中学习和引进方法，而且也同样需要其他学科的知识支持和思维方式的撞击。但是，如果学者们在科学研究中采用了领地主义的态度，就会对科学的跨学科交流作出拒绝之反应，就会使学科封闭起来，从而错失学科发展的机遇。在专业化的发展已经走到了某个程度的时候，知识生产往往需要在交叉研究中才会显现出效率，而"出生地主义"则会成为知识生产低效的渊薮。这就是近些年来我们感受至深的知识生产中的一个问题。

我们今天似乎面对着人工智能对知识生产及其应用的冲击。曾几何时，我们憧憬着人工智能时代的到来，但在我们通过搜索引擎去快速获取知识的时候，在移动终端为我们提供了随时随地阅读的情况下，却可能意味着人类"低智"时代的到来。也就是说，当我们面对着海量信息时，往往显得判断力不足；在知识空前丰裕的情况下，除了专业之外，我们无法了解哪些知识对我们的生活是有价值的；特别是网络上充斥着似乎无限的电子出版物把真正智者的声音湮没之后，我们无法知道谁还能对我们的心灵给予启迪，更无法知道什么因素可以让我们免于那些善于煽情的所谓"心灵鸡汤"的毒害。这说明，人工智能改变了知识环境，为知识生产的多元化、多样化拓展出了巨大空间。但是，正如生产过剩对消费者构成了压力一样，知识生产速度的大幅加快，也带来了知识过剩的问题，扰动了知识秩序，使得知识接受和应用受到了"知识垃圾"的困扰。

人工智能还引起了是止于对知识的应用还是能够生产知识的争论。斯加鲁菲认为，"计算机是执行算法的机器。人们使用计算机制造智能机器，都在努力寻找媲美或超越人类智能的算法或算法集。因此，真正起到关键作用的既不是硬件也不是软件的进步（这些仅仅是应用型技术），而是计算数字的进步"。[①] 在数字的背后，又是一个思维方式的问题。如果我们既已拥有的思维方式不再为计算数学的进步提供持续的支持，或者成为计算数学发展无法突破的瓶颈，那么人工智能的突破性进展，在整体上也就取决于思维方式的变革了。合理的思路也许是，人类将一种思维方式赋予机器，而不是把人类已经拥有的知识输入机器中，用一些软件让机器获得运用知识的能力，让机器拥有远远超过人类的运用知识的精细度和准确度。

由于机器拥有了一种新的算法，也许会显现出知识生产的能力，但那是与旧的思维方式通过算法赋予机器相比才显现出来的知识生产，而不是在人类拥有了新的思维方式并通过算法的改变赋予机器时所表现出来的知识生产状况。如果机器执行的是算法而不是自主地发展出了一种新的思维方式，它就不会获得知识生产的能力。因为，知识生产永远属于拥有特定思维方式的人。对于被赋予即习得那种思维方式的人来说，只能接受已经生产出来的知识，而不会对知识生产作出贡献，机器亦如此。

明斯基在谈到人工智能发展的现状时指出，"很多这样的学习机

[①] ［美］皮埃罗·斯加鲁菲：《智能的本质：人工智能与机器人领域的64个大问题》，任莉等译，人民邮电出版社2017年版，第62页。

器确实能学习做一些有用的事情,但很少有机器能形成较高层次的反思思维方式,我猜测主要是因为它们尝试使用数学的方法表征知识,因此很难产生富有表现力的解释"。① 也就是说,如果寄予人工智能以知识生产的能力,目前看来还只是一种神话传说。只要人工智能不具有知识生产的能力,它就不可能取代人的位置,更不可能实现对人的统治,反而是以人的工具的形式出现的。

斯加鲁菲表达了同样的意见,"数据不能等同于知识,即使积累了所有关于人类基因组的数据,也并不意味着我们掌握了人类基因的工作原理。即使我们拥有完整的数据,我们也只是窥探到基因学的冰山一角"。② 这至少是我们当前所看到的一种科学的局限性。同样的道理是,基于认识成果的实践也必然会止步于某个点上。事实上,我们的实践,我们的发明创造,往往是由我们的想象开辟了道路。在某种意义上,成功的发明创造证明我们遵循了客观规律;在更大的程度上,则意味着我们走上了建构、创造之路。也就是说,我们用自己的行动在想象开拓出的方向上创造了也被认为是客观规律的东西。这才是真正的知识生产奥秘。

总的说来,整个近代以来的历史证明,在认识论的引领下,哲学乃至整个科学走上了明晓事理的道路,是在明晓事理的过程中形成知识和生产知识的。当然,在事理通达的情况下也能生发出智慧,但那只是在明晓事理这条道路之外或尽头处得到的,而不是在这条道路上本应得到的。不过,在 20 世纪初,胡塞尔恢复了"哲学"一词的本义,他开辟了一条既能生产知识又直指智慧的路。所以,在哲学史上,人们认为胡塞尔做了哲学革命的事。遗憾的是,由于胡塞尔的思想尚未走出哲学殿堂,致使社会科学的研究以及人类的认识还充斥着愚昧,

---

① [美] 马文·明斯基:《情感机器》,王文革等译,浙江人民出版社 2016 年版,第 298 页。

② [美] 皮埃罗·斯加鲁菲:《智能的本质:人工智能与机器人领域的 64 个大问题》,任莉等译,人民邮电出版社 2017 年版,第 110 页。

以为知识的世界就是人类的"极乐世界"。现实呈现给我们的却是，人类凭着知识的活动无论在微观层面上多么积极有效，都悄悄地为风险社会的降临提供了某种推力。这说明，人类是因为放弃了智慧追求和满足于知识占有而陷入了风险社会。如果这种状况不改变的话，那么人类的未来道路将会更加黯淡。

二 知识生产中的思维方式

在前近代社会，物理空间的隔离造成了诸多地域性的社会。在每一个地域性社会中，都发展出了特定的思维方式。近代以来，随着地域上的物理边界被打通，我们才发现所有的思维方式都可以概括为或归结为"分析性思维"和"相似性思维"这两种类型。根据福柯的意见，分析性思维的出现是与康德的贡献分不开的。其实，在较早的时期，甚至在古希腊，就已经拥有了分析性思维。西方世界在思维方式上是有着较为浓重的分析性思维传统的，而其他古文明地区在思维方式上则有着较为浓重的相似性思维特征。

就知识中所反映的思维方式来看，理性知识代表和反映了分析性思维，或者说，在理性知识之中包含着分析性思维。人们对理性知识的接受和应用，也就是分析性思维在个体这里的形成过程。一旦个体获得了分析性思维，也就使他对理性知识的接受和应用变得更加高效。可以认为，理性知识的传播和扩散是得益于人们普遍拥有了分析性思维的。比较而言，感性知识、经验知识中所包含的是一种相似性思维。或者说，感性知识、经验知识是相似性思维所创造的。近代以来，之所以理性知识战胜了感性知识和扬弃了经验知识而成为主导性的知识，是因为相似性思维的衰落。一旦人类重建起相似性思维，感性知识的传播和扩散就会迎来一种全新的局面，因为它得到了思维方式方面的支持。

如果分析性思维是通过分析、抽象等一系列合乎逻辑的理性操作而揭示了事物的相关性，那么相似性思维则是通过想象、类比等方式去构造相关性的。前者着力于揭示，后者则致力于建构。对于实践来说，对相关性的揭示是先在于实践的，然后才将结论代入实践过程中进行检验。这就是分析性思维在知识生产和应用上的通行做法。与之不同，构造相关性的过程则发生在和存在于实践中，是与实践同步展开的。这一模式所反映出来的是相似性思维的运作过程。所以，揭示与构造相关性的思维方式与实践是不同的。其实，思维和实践的基本条件决定了它们应当属于什么类型以及它们间的关系应当具有什么样子。

在工业社会低度复杂性和低度不确定性条件下，思维与实践是可以分开的。因为思维与实践可以分开，使思维能够对实践所遭遇到的一切进行事先认识，从而形成知识、做出预测和制定计划方案，然后才抛给实践，让实践有了知识的指引和计划的依据。这种做法一直被认为是具有理性的，或者说是理性的标志。可是，在高度复杂性和高度不确定性条件下，思维与实践是融合为一体的，从而决定了思维方式和实践类型的选择必然倾向于相似性思维。可以认为，实践中的思维无法以分析性思维的形式出现，因为它不表现为一个揭示和认识对象的过程，而是一个构造过程，是出于实践的需要而去构造相关性。

其实，我们是不应将分析性思维与相似性思维截然分开的，更不应认为它们是对立的。因为，分析性思维的展开也需要得到诸多相似性思维元素的支持，而且分析性思维的知识生产一旦进入应用的层面，也会表现出相似性思维介入的状况。我们看到，由于人们拥有的是分析性思维，在认识过程中总是从差异性的存在物中抽象出同一性。这样做，可以在毫不相关的事物间建立起基于同一性的联系。但是，在某种意义上，这种联系是赋予性的，它就是哈耶克所说的，"在解释人类活动时，我们不假思索地把可能没有任何共性的大量自然事实中的任何一个，归类为相同客体或相同行为之实例"。[1]

---

[1] ［英］弗里德里希·A. 哈耶克：《科学的反革命：理性滥用之研究》，冯克利译，译林出版社2019年版，第44页。

正是因为分析性思维的训练，使得人们获得了某种直觉，可以毫不犹豫地做出归类。本来，"归类"是分析性思维展开时的目标，但当分析性思维训练出了人的直觉能力时，人们却可以通过反分析性思维的程序而完成分析性思维的任务。哈耶克是这样描述这一现象的，"我们不但据以采取行动的、必然先于同别人交往并且以这种交往为前提的这些知识，从我们能够一览无遗地清点我们毫不迟疑地辨识出的属于同类的全部不同的自然现象这个意义上说，不属于自觉的知识；我们不清楚我们能够把自然属性的多种组合可能中的哪一种，视为一个名称、一张'友好的面孔'或一种'威胁姿态'"。[①]

对于这种现象，哈耶克显然是不能理解的。就哈耶克所举的"友好的面孔"或"威胁姿态"的例子而言，那是人类在自然进化中形成的直觉能力得到应用的结果，也属于一种感知。人的这种直觉能力是相似性思维的构成要素。如果我们的视野不限于哈耶克所举的例子，而是看向人的习惯性的却又具有理性内涵的归类行为，就必须承认，分析性思维与相似性思维之间是具有某种联系的。当分析性思维形塑出了人的直觉能力后，实际上是走到了这种思维方式自我否定的地步，让人的行为、行动可以切换到相似性思维的应用上来。

哈耶克与所有近代以来的学者一样，并不知道人除了拥有分析性思维之外还拥有相似性思维。在人类历史上的某些阶段，相似性思维甚至是盛行的，构成了人的主导性思维方式。比较而言，分析性思维只是在近代以来的历史阶段中才从古希腊的某些哲学家那里挖掘出来，并得到了迅速成长和占据了主导性地位。由于哈耶克不知道这一点，所以他甚感困惑："大概至今尚无任何证据表明，对于我们毫不迟疑地视为对我们以及对别人意味着相同东西的那些不同现象，经验研究在准确划定其范围上已经取得了成功；但是我们不但根据这样的假设

---

① [英]弗里德里希·A.哈耶克：《科学的反革命：理性滥用之研究》，冯克利译，译林出版社2019年版，第44页。

成功地采取行动：我们确实在用着和别人一样的方式，把这些东西加以分类。我们没有——并且可能永远不会——处在这样的位置上：用从自然角度定义的客体取代我们在讨论别人的行为时采用的精神范畴。凡是在我们这样做时，我们所提到的自然事实，其意义不在于它是自然事实，这就是说，不在于它是有着某些共性的类别中的一员；而在于它是有可能完全没有自然共性、对我们却'意味着'相同东西的类别中的一员。"①

共性并不具有纯然的客观性，而是一种思维的创造。虽然共性不等同于同一性，但共性也同样是抽象的产物。我们可以把共性看作介于同一性与相似性之间的一种状态，不过，一般说来，只有当人们运用分析性思维的时候，才会谋求共性，相似性思维并不寻求共性，而是直接地基于相似性而将事物联系在一起。也就是说，在分析性思维这里，通过抽象去把握差异背后的共性，从而生产出了具有普遍性的知识。如果回答哈耶克的这个疑问：为什么我们会把没有共性的东西当作相同的呢？或者说，我们是如何把没有共性的事物归入相同的类别呢？显然是不能通过分析思维而得到答案的，因为分析性思维仅仅谋求共性，却不关注思维为什么要谋求共性。所以，对于为什么要谋求共性的问题，需要在相似性思维中寻找答案。

相似性思维是直接指向实践的，是在发现意义而不是计较真理的立场上去看问题的，因而更清楚地看到了寻求共性并对事物进行分类之于行动的意义。应用分析性思维的惯常做法是，首先在事物间发现共性，然后再进一步发现同一性，或者，分析性思维在无法发现同一性的情况下，退而求其次地去把握共性。这两种做法都在思维行进中建立了共性与同一性的链条，而且从事科学活动的人们会认为，同一性的发现意味着向真理的趋近，显现出了认识价值；对共性的把握，

---

① ［英］弗里德里希·A. 哈耶克：《科学的反革命：理性滥用之研究》，冯克利译，译林出版社2019年版，第44—45页。

更具有实践价值。

相似性思维并不对认识与实践进行严格的区分，而是在知行合一的意义上直接地把握相似性。一般说来，相似性思维是通过联想去把握相似性的，是因为人的联想而在不同的事物中发现了相似性，从而使不同的事物联系了起来，就如从苹果落地联想到万有引力一样。其实，就哈耶克这里所说的"相同"而言，也只是使用了近代科学话语的一个术语，所反映出来的也是分析性思维。就哈耶克提出的这个令他困惑的问题来看，他所说的"相同"意义的类别，实际上所指的正是"相似性"，或者说，哈耶克是把相似性程度较高的状态表述为"相同"了。

应当说，在为什么人们会把没有共性的事物归入相同类别中的问题上，哈耶克的提问所揭示的其实是一种长期以来被科学研究忽略了的现象。是因为现代科学所应用的是分析性思维，因而无法对这一现象作出有信服力的解释，才有意回避了在这方面进行研究。其实答案是非常简单的，分析性思维让人们遵循逻辑程式步步前行，超越事物间表象上的差异，寻求表象背后的同一性，在没有达致同一性的情况下，则把没有共性的事物归入同一个类别中了。分析性思维的知识生产过程正是在这种逻辑的线性结构中进行的。

不同于分析性思维，相似性思维并不遵循线性的逻辑行进路线，而是通过直觉、想象等方式在事物间获得相似性，表现出一种未经时间和空间路径的直达目标的"过程"。相似性思维通过直觉、想象等，在事物间发现了相似性，从而在事物间建立了联系，并将不同的事物归入同一个类别中。分析性思维与相似性思维所代表的两种不同的归类方式都超越了共性。分析性思维在超越共性的过程中获得的是同一性，抹除了事物表象上的差异而实现了归类。相似性思维在超越共性的过程中获得的是相似性，实现了归类却保留了事物间的差异。所以，分析性思维代表了一种收敛式的知识生产过程，而相似性思维则代表了一种发散性的知识生产过程。

当然，运用相似性思维和运用分析性思维都会对对象进行分类，但分类的依据是不同的。运用分析性思维对事物进行分类，是以事物中的共性、同一性等进行分类的。分析性思维展开的过程，则是为了寻求共性、同一性等。在运用相似性思维去对事物进行分类时，则依据相似性，相似性程度上的不同决定了分类的状况。所以，分析性思维所生产的是连续性的理性知识，而相似性思维所生产的则是非连续性的感性知识、经验知识。如果说分析性思维根据共性、同一性的程度而作出了不同的分类，那么相似性思维也是根据相似性程度的不同去作出不同的分类，它们之间的区别主要在于，获得相似性的路径不同于获得共性、同一性的路径。总之，分析性思维是借助于抽象获得共性和同一性的，而相似性思维则通过直觉、想象等获得相似性。在应用相似性思维时，共性与同一性都不反映在话语之中。

相似性思维从表象开始，是基于对表象的体验而进行想象的，所创造出的是相似物，或者，在两个相似的表象间建立起了联系。随着这种联系被建立起来后，还会不断地对两个相似物进行比较，以验证联系的可靠性，而且会将比较的结果以知识的形式确立下来。随着想象的扩展和频繁运动，相似物间的联系也得以推及更大的范围，并形成结构、层次和秩序。事实上，也就是再造出了一个意识空间。

就思维的运行来看，在起点和结果上，分析性思维也与相似性思维一样，即从表象出发并再造出一个意识空间，但它们所走过的路径是完全不同的。分析性思维所走的是分析、分解、归纳、演绎的路线，拒绝想象和排斥想象。即使在思维展开的起点上，分析性思维也不愿意承认关于表象的体验，而是强调表象的客观性，即把表象作为感觉材料，甚至要求防止表象因体验而受到扭曲。所以，两者因此所走的路径不同，也因为这种路径不同而成为两种不同的思维方式。

相似性、对称性构成了相似性思维的主要内容。一方面，相似性思维是指向相似性和对称性的；另一方面，相似性思维也是以相似性、对称性为前提的。由于相似性思维以相似性和对称性为前提并生产出相似性和对称性，因而在对象是否确实如此的问题上，虽然也认为是非常重要的，会对经验的状况产生决定性的影响，但经验的体验、领悟和感受则是不受对象的"确实性"决定的，而是反映为对象的"厚实性"。也就是说，相似性思维所关注的是对象的相似性是否厚实的问题，而不是关注对象是否有共性、同一性的问题。

如果说分析性思维以及基于分析性思维而建立起来的认识论必须处理"在经验中被给予的一切与使经验成为可能的一切如何能在一种无限的波动中相互对应"①的问题，那么相似性思维在接受了经验中被给予的一切时，则使经验变得更加厚实，从而在展开中使经验扩展到尚未被经验的空间中，生产出相似性和对称性。在此意义上，经验得到拓展，而且是完整的拓展，而不是像在分析性思维中那样，对经验加以分析、分解，使之成为不同的部分或碎片，然后再在碎片中寻找同一性。在经验的完整性的拓展中，所获得的是相似性和对称性，是经验的增厚，即变得厚实了。而且，这个过程本身不是朝着新发现的方向，而是直接走在创造的道路上，即从经验的表象创造出相似性的表象。也就是说，分析性思维是在发现中生产知识的，而相似性思维则是在创造中生产知识的。这决定了前者获得的是发现的知识，而后者获得的是创造的知识。

需要指出的是，一切思维成果能够转化为知识，都是以经验的可理解性为前提的。应当说，基于分析性思维的科学研究也大量生产了被认为是知识的东西，但这些知识往往是被限制在极小的专业圈子中的。一旦走出了狭小的圈子，就不再被人们接受为知识。事实上，随着专业圈子的扩大或消失，都会对它们能否成为知识造成冲击。比如，关于厨师烹饪火候的知识就不会被冶炼工程师接受为知识。一般来说，专业圈子的扩大，不是其拥有的知识在更大范围被接受，反而是在维

---

① ［法］米歇尔·福柯：《词与物——人文科学考古学》，莫伟民译，上海三联书店2001年版，第438页。

护核心构成部分的同时而把那些辅助性的知识删除。所以，经验上的可理解性决定了知识的命运，即决定了它能够被广泛接受和得以普及的状况。这意味着，对于知识生产者而言，如果希望通过自己的活动而使人类的知识增殖，就必须遵循知识的经验可理解性原则。当然，人类的经验是处在进化之中的，以至于我们在知识的发展史上会看到这样一种情况：某些思维创造物在得以创造的时代并未成为知识，但在时过境迁后，却以知识的形式出现了。这说明经验进化了，即进化到能够理解那一思维创造物的阶段。

必须承认，任何一种思维方式都有着通过已知探索未知的功能，但在风险社会及其高度复杂性和高度不确定性条件下，分析性思维在探索未知的过程中进行知识生产，会显得较为艰难。因为，分析性思维在某种程度是具有封闭性的，是一种闭环式思维方式。这就是哈耶克所说的，在人们根据分析性思维认识世界的时候，可以清晰地看到，"所谓感知，就是指定一个（或多个）熟悉的范畴：我们无法感知与我们过去感知到的东西全然不同的东西"。[1] 也就是说，分析性思维并不是天然地向未知世界开放的。对于未知世界中的那些超出了分析性思维能够理解的因素，可能会有着选择性失明。与之相反，相似性思维则是开放性的，任何一种历史上未见过、未经历过的现象，一旦出现，都能够被接受，会因从中发现或被赋予的相似性而归类到某个已知的类别中。

当然，在我们指出这一点时，人们会发出诘问：既然近代以来的全部认识史都是由分析性思维主导的，如果分析性思维的封闭性使得对未知世界的探索变得非常艰难，那么工业社会的科学技术进步和社会发展为什么会大踏步前进并呈现出加速化？对于这一问题的回答应当是，首先，分析性思维的封闭性是相对的而不是绝对的。更为重要

---

[1] ［英］弗里德里希·A. 哈耶克：《科学的反革命：理性滥用之研究》，冯克利译，译林出版社2019年版，第46页。

的是，分析性思维所提供的逻辑路径是非常简便的和具有可操作性的，这一点可以弥补分析性思维的封闭性缺陷。其次，分析性思维在近代以来的认识史即科学史上的主导地位并不意味着相似性思维的完全缺席。事实上，近代以来的几乎所有重大科学发现和对社会作出规划的伟大思想，都是由相似性思维促成的。比如，砸在牛顿头上的那个苹果和瓦特外祖母的烧水壶与他们的科学发现的关系，就无法塞进分析性思维的任何一种逻辑路径中去，反而恰恰应归结为相似性思维中的想象。

所以，在近代以来的社会发展和科学技术进步中，分析性思维在强化、稳固知识和使知识系统化等方面，发挥了无可替代的作用；就知识生产而言，相似性思维的任何一种形式的缺席，都会导致流产。知识生产天然地就是相似性思维所具有的功能，或者说，在任何一个鼓励创造、创新的场境中，都必须激发相似性思维的活力。特别是在风险社会及其高度复杂性和高度不确定性条件下，几乎所有的行动面对的都是全新的任务，任何程式化的思维方式都无法在行动中带来良好的表现，因而需要面对每一个具体的特殊的问题开展创新。可见，在风险社会及其高度复杂性和高度不确定性条件下，表现出了对相似性思维的渴求。

不过，风险社会及其高度复杂性和高度不确定性条件下的存在所具有的差异性也会对相似性思维谋求事物之间联系的追求构成挑战，但与分析性思维所追求的同一性相比，这种挑战的力道是不足为虑的。而且，经历了工业社会的历史阶段，人们因为拥有了分析性思维所建构起来的知识体系，因为有了日新月异的新技术的支持，在事物间建立联系的能力得到了极大的增强，因而能够为行动者提供迎接挑战的信心，即能够有效地化解差异性对获得相似性的拒绝。

三　行动中的知识生产

在知识生产方面，分析性思维是在命题的衍生中生产知识的，而相似性思维则在想象的衍生中生产知识。命题的衍生与想象的衍生代表了两个家族的繁殖状况，从而说明，相似性思维和分析性思维都可以建立起属于自己的知识体系。所以，我们并不能把人类有史以来所拥有的知识体系看作一个，而是要看作两个和多个，我们不能因为我们臣服于某个知识体系而对那些无法容纳到这个知识体系中的知识抱持排斥的态度。比如，西方现代哲学是基于分析性思维建构起来的。在进行这种建构的过程中，或者说在完成了这种建构后，便对历史进行改写，把历史上的哲学以及思考改写成合乎认识论哲学的范式，并将其指认为现代哲学的源头，而且也确实描绘出了一条清晰的思想流变线索。

在此过程中，那些基于相似性思维而创造出来的哲学以及思想、知识等要么受到排斥，要么受到鞭挞，要么受到剔除。在西方现代哲学传播所及之处，那些有着悠久文明传统国度中的学者们在接受了西方现代哲学后，则对本民族历史上的思想产生了怀疑，甚至认为本民族的历史上并未产生哲学成果。其实，在农业社会的历史阶段中，世界上几乎每一个地区都生长出了基于相似性思维的哲学以及知识体系，只不过它不同于现代性的基于分析性思维的哲学以及知识体系而已，所以受到了怀疑、排斥。

总体上看，基于分析性思维的科学往往对人的感觉持贬抑甚至否定的态度，或者说，它认为思维行程必须超越感觉而去把握感觉背后的那个世界。这种"科学所研究的世界，不是我们既有的观念或感觉的世界。它致力于对我们有关外部世界的全部经验重新加以组织，它在这样做时不仅改变了我们的概念模式，而且抛弃了感觉性质，用另一种事物分类去代替它们。对于科学来说，人类实际形成的、在其日常生活、感知与观念中出色引导着他的那个世界图式，不是它的研究对象，而是一个有待改进的不完美的工具。科学本身对人与物的关系，对人们现有的世界所导致的他们的行动方式，都不感兴趣。倒不如说它就是这种关系本身，或是改变这些关系的一个连续性过程。当科学家强调自己研究客观事实时,他的意思是,要独立于人们对事物的想法或行为去研究事物。人们对外部世界所持的观点,永远是他要予以克服的一个阶段"。①

科学为了研究的需要而为自己设定了一个世界,在某种意义上,也可以说科学为自己开辟了一个可供研究的世界。通过对这个世界的研究,形成理论以及各种各样的研究成果,然后加予我们的生活世界,改造着我们的生活世界。或者说,形塑了我们的生活世界,将我们的生活世界纳入科学的解释框架中,让它合乎由科学所开辟的那个世界的本性。正因为生活世界被科学所形塑,致使人们并未从中发现什么违和之处,甚至在陷入风险社会的时候,也不认为这是由科学带来的问题,甚至会认为对科学的任何怀疑都是对神圣信念的亵渎。

在这种情况下,我们必须指出,近代以来我们所拥有的这种基于分析性思维建立起来的科学并不是科学的全部。如果将对科学的信仰投向了这种科学,就会像信仰了某个宗教而排斥其他宗教一样,就会像基督教对待"异端"那样对待异见,甚至导致某种野蛮的悲剧。显然,对近代以来的这种科学的信仰,特别是以唯科学主义的形式出现的关于世界的观念和态度,并未在对世界的改造中处理好人与自然、人与社会、人与人等之间的关系。就日常生活而言,"人们是通过感觉和概念去认知世界以及他们的相互关系,而这些感觉和概念是在他们共享的一种精神结构中组织起来的,这个事实造成了什么后果? 人们是在一个活动框架中受着他们所具备的知识指导,并且它的大多数内容在任何时候都是他们共同拥有的,对于这个整个活动框架我们能够说些什么? 科学在任何时候都忙于修改人们所持有的世界图式,在它看来这种图式永远只是临时性的"。②

---

① [英] 弗里德里希・A. 哈耶克:《科学的反革命:理性滥用之研究》,冯克利译,译林出版社 2019 年版,第 19 页。
② [英] 弗里德里希・A. 哈耶克:《科学的反革命:理性滥用之研究》,冯克利译,译林出版社 2019 年版,第 19 页。

在哈耶克看来，当科学致力于世界图式的建构和不断修补时，客观世界却存在着科学未能征服或尚未触及的方面。哈耶克说，"在科学真正完成它的工作、没有给人类的智力过程留下丝毫未做解释的因素以前，我们头脑中的事实将一直保留那些有待解释的素材，而且将保留那些人类在解释由思维过程支配的行为时必须依靠的素材。这里出现了科学家不直接处理的一些新问题。他所熟悉的特定方法是否适用于这些问题，也不是那么显而易见。这里的问题不是人类有关外部世界的图式在多大程度上符合事实，而是人类如何根据他所拥有的观点和概念来采取行动，从而形成了个人属于其中一员的另一个世界"。[1] 正是因为存在着科学家未能解释的素材，存在着科学所建构的关于客观世界的图式与事实的差异，造成了两者之间的不相符合，才带来了基于科学的世界图式的行动出现了偏差，以至于不能真正地解决现实问题。或者说，表面看来解决了现实问题，也可能确实部分地解决了现实问题，却留下了许多没有解决的问题，还可能引发了许多意想不到的问题。

从历史行进的角度看，当我们陷入风险社会时，才更为清晰地看到，科学图式与事实之间的偏差，正是反映在人的行动中的时候，通过人的行动，造成了各种各样人类无法承受的后果。因此，当我们拥有了科学及其观念的时候，当我们在理性的原则及其思维方式的引领下开展各种各样的建构性活动的时候，原始时代的神话以及后来的宗教及其知识体系都看起来非常荒诞，我们时常会在无意中表达出对它们的不屑。其实，正如康德所指出的，科学亦如原始神话一样，也是人造的。

既然科学是人造的，就是可以替换的。随着时间的推移，人总能再造出更好的东西去替换它（们）。所以，在风险社会及其高度复杂性和高度不确定性条件下，我们完全可以合理地推测到，人们将建构起更加科学的思维方式及其知识生产机制，用来替代现代性的科学以

---

[1] ［英］弗里德里希·A. 哈耶克：《科学的反革命：理性滥用之研究》，冯克利译，译林出版社2019年版，第19—20页。

及与科学相关的观念，让知识生产呈现出全新的景象。那样的话，人们在读到我们今天所拥有的科学以及各种各样的建立在科学名义下的理论和学说时，也就像我们谈到原始神话一样，表示敬畏，却认为它是荒唐的。就此而言，我们所推荐的是一种不同于分析性思维的相似性思维，在这里，也许就是人类行程的中转站。其实，它应当被看作一个转折点。

如果说想象是相似性思维的基本要素的话，那么它在现代科学中所发挥的作用可以说是无论给予多么高的评价都不为过。诚如波普尔所说，"通过爱因斯坦，我清楚地看到我们最好的知识是猜想的，它是一种由猜测编织的网。因为他指出，牛顿的引力理论——正如爱因斯坦自己的引力理论一样——是猜想的知识，尽管它取得了巨大的成功；正如牛顿的理论一样，爱因斯坦自己的理论似乎只是对真理的接近"。① 波普尔所说的猜想也就是想象的一种形式，可以看作对想象的一种较为保守的表述。虽然猜想是一种根据较不充分的想象，但与幻想还是有区别的，反映出的是直觉的功能。或者说，得益于直觉的支持。事实上，想象也是理性的，只不过它不从属于纯粹理性、科学理性或技术理性的范畴，而是反映了经验理性。

在知识生产的过程中，基于经验理性的想象总是以创新的形式出现。其实，即便是在工业社会低度复杂性和低度不确定性条件下的社会实践中，我们也深切地感受到，一切创新都包含着人们发现某种突发性的想法、直觉、灵感等心理过程。虽然在此过程中会表现出对理性知识的运用，却不循理性知识的逻辑，甚至会表现为一种不循常理的做法。关于想象，我们认为它天然的就是直观的，是拒绝推理的，尽管推理过程中存在着想象的直观和经常性地援用想象的直观。这说明，创新活动中所反映出来的思维方式完全不同于分析性思维，事实

---

① ［英］卡尔·波普尔：《通过知识获得解放》，范景中等译，中国美术学院出版社1996年版，第229页。

上，它所代表的是相似性思维。当然，相似性思维生殖出来的知识体系在不断繁衍中也会出现部落分化，不同的知识部落之间也会产生冲突，正如分析性思维所繁衍出的各种学说、理论甚至学科之间也会产生冲突一样。但是，那些相互冲突的知识部落却又都必然有着相似性思维这一共同基因。

对于想象的运作过程，胡塞尔所作的大段心理描述是可信的。胡塞尔说，"几何学家在研究和思考时，在想象中远比在知觉中更多地运用图形或模型；而且对于'纯'几何学家，即舍弃了代数方法的几何学家，甚至更是如此。当然，在想象中，他必须努力达到明晰的直观，而运用草图或模型则免除了这种直观。但在实际绘草图和建立模型时，他是受到限制的；在想象中，他有无比多的自由去任意修改虚构的图形，去考虑一系列连续多样的可能图形，因此就是去产生无限多的新结构。这种自由性首次为他展开了达到本质可能性的广阔区域，这个区域具有其无限的本质认知的边缘域。因此，绘制草图通常在想象构造之后和在依据后者完成的本质纯思维之后。其目的主要在于将先前进行的过程中的诸阶段加以固定，从而使其更易重新再现。甚至当人们望着图形'沉思'时，重新进行的思想过程，就其感性基础而言，仍然是想象的过程，其结果为图形中的新线条所固定"。[①]

虽然胡塞尔在这里似乎忘记了直观本质的事，但关于想象是直观的证明的意见，则是无法驳斥的，而且这种直观在创造性方面的优势也是非常明显的。所以，胡塞尔认为，在现象学的"本质研究"中，"无论如何也必然要求运用想象"。尽管想象也有着诸多局限性，"不能掌握一切可能的特殊构成物，正如几何学家不可能为无限多的物体绘制图形和模型一样"。[②] 其实，一切科学研究都离不开想象，或者

---

① [德] 胡塞尔：《纯粹现象学通论——纯粹现象学和现象哲学的观念》第1卷，李幼蒸译，中国人民大学出版社2014年版，第126—127页。
② [德] 胡塞尔：《纯粹现象学通论——纯粹现象学和现象哲学的观念》第1卷，李幼蒸译，中国人民大学出版社2014年版，第127页。

说，任何知识生产活动都有想象的参与。没有想象，也就没有知识生产。特别是在风险社会及其高度复杂性和高度不确定性条件下，在逻辑的把握世界的方式变得无能为力时，是需要更多地求助于想象的。同样，对于行动者来说，没有想象，可能就寸步难行。当然，想象并不是凭空发生的，想象的成效是建立在某种坚实的前提和基础上的。所以，胡塞尔对于想象的应用提出了一项原则性要求："必须通过在原初直观中尽可能丰富和准确的观察，去使想象富于成效。"①

在农业社会的历史阶段中，当运用想象而在事物之间建立起了联系之后，一般说来，满足于表象上的关联性，并不关注被联系起来的事物间的性质。然而，随着这种联系的拓展，却能够生产出一个具有同质性的知识体系，所生成的观念，以及基于这些观念开展的行动和物化成果，都会表现出一种自然的同质性。这种同质性同时又包含着差异，或者说，是差异中的同质性。这种同质性与工业社会的分析性思维所追求的同一性完全不同。对于分析性思维来说，在思维开始行动时，被作为对象的事物或世界也是差异性的，但分析性思维的目标则是透过差异而寻求同一性。一旦发现了同一性，就会依据同一性去开展行动，即把作用于对象和作用于世界的行动建立在同一性的基础上。

农业社会历史阶段中的人们在展开其思维时，也会看到差异包含于同质性之中。事实上，在相似性思维展开的过程中，在相似性思维转化为实践行动时，基于差异的区别对待并不对同质性构成威胁。然而，风险社会及其高度复杂性和高度不确定性条件下的客观情景显现出，差异完全突破了同质性的外壳，犹如破茧而出的蝴蝶，在没有轨迹的天空自由飞翔，无法确定它下一个落脚的花朵或树叶，以至于同质性之茧已经对差异性的蝴蝶飞翔轨迹失去了任何约束意义。或者说，

---

① ［德］胡塞尔：《纯粹现象学通论——纯粹现象学和现象哲学的观念》第 1 卷，李幼蒸译，中国人民大学出版社 2014 年版，第 127 页。

同质性完全从差异性之中消失了。

总之,风险社会及其高度复杂性和高度不确定性条件下的世界是一个失去了同质性的世界。在这里,得以重建的相似性思维不会像它在农业社会那样与同质性有关联。风险社会及其高度复杂性和高度不确定性条件下的相似性思维不会在任何意义上营造同质性,它通过想象而在事物之间建立起联系,完全是从属于行动的要求,仅仅满足于行动的需要。在风险社会及其高度复杂性和高度不确定性条件下,一方面,所有知识生产的活动都应围绕着合作行动展开,即服从于合作行动的要求;另一方面,风险社会及其社会的高度复杂性和高度不确定性的条件,也决定了效用最大的知识正是经验性的知识。这些知识是具体的,却又包含着放任行动者联想的张力,能够让行动者从这些具体的知识中立即领悟出对自己的行动有用的因素。

具体的知识是不稳定的、变动着的知识,是与高度复杂性和高度不确定性之间有着属性上的契合的。相反,那些体系化的普遍性知识往往显得稳定性过强,甚至显得僵化,因而难于适用高度复杂性和高度不确定性条件下的合作行动的要求。在风险社会及其高度复杂性和高度不确定性条件下,以知识形式出现的人的已知的世界只是世界的极小的一部分,人们知道自己不知道的以及人们不知道自己不知道的世界是很大的。对于人们知道自己不知道的世界,人们会积极地去探知。但是,对于人们不知道自己不知道的世界,就不会作出积极探索的准备。然而,这个世界一旦闯入人的任何一个生活圈层中,就会以偶发事件的形式出现。

虽然风险社会及其高度复杂性和高度不确定性条件下的合作行动不能够消除人们不知道自己不知道的世界,却能在个体那里极大可能地将不知道自己不知道的世界转化成知道自己不知道的世界,从而在偶发事件出现时,有了一定的准备。能够为人们应对偶发事件提供支持的,正是在行动中所生产出来的知识。事实上,在风险社会及其高度复杂性和高度不确定性条件下,先在性的知识往往在某种程度上是没有意义的,只有在行动中所生产出来的知识,才能够发挥其应有的作用。

第三节　理性知识与经验知识

面对工业社会这个历史阶段中的社会以及科学研究等各个方面的领域分化,曼海姆曾设想,"我们必须创造一个理论整合的时期,亦即一个必须以专家在探究其特殊问题时始终感觉到的同一责任感来进行整合的时期。诸综合性假设只有当它们把它们借助综合的细节知识开始解释的变迁加以系统阐述时,才有价值"[1]。可是,只要社会运行在工业社会的建构逻辑上,这种整合的愿望就只能想一想而已。

实际上,曼海姆的这种想法本身就是无根的。因为,在什么层面进行整合,为了什么目的进行整合,这种整合所需要的社会条件是什么……他对这些问题都没有做出进一步的思考,而是仅仅认为我们需要一个"理论整合的时期"。然而,当我们置身于风险社会,却感受到了知识、思想、专业等都应当被整合到行动之中,而且这将是在经验的意义上实现的整合。这个时候,对理性知识、经验知识的性质和功能进行思考,就不是一种理论兴趣,而是直接地根源于实践的需求。

经验具有包容性,各种类型的知识都可以为经验所包容。我们今天在使用"科学知识"一词的时候,所指的主要是理性的知识形态,是在科学认识中生产出来的知识。科学知识停留在书本中是没有意义的,只有当科学的、理性的知识进入了经验之中,并与诸如日常生活知识(习惯、习俗等)融合到了一起时,才能发挥作用,即对行动提供支持和成为行动的依据。即便在科学家那里,科学知识也不是独立于经验之外的。如果说存在着独立于经验之外的、不具有经验可理解

---

[1] [德]卡尔·曼海姆:《重建时代的人与社会:现代社会结构的研究》,张旅平译,生活·读书·新知三联书店2002年版,第27页。

性的科学知识的话，那种知识也是无用的，即不能在行动中发挥作用。所以，科学知识也只有在经验中与其他知识互动、融合，才能成为有价值的知识，并在行动中显现出其意义。

除了理性知识之外，还存在着经验知识，即直接地从经验中诞生的知识。经验知识也许没有现代性的形式理性特征，而是包蕴着经验理性。在理性得到重新定义的时候，我们也是可以将它称作理性知识的。只不过是在沿用了现代性的追求理性的路径上，我们才将其称为经验理性的知识。其实，就它是经验知识而言，至于是否合乎理性，并不是重要的问题。不过，一旦我们看到理性实现了转型，即从纯粹理性、科学理性等转型为经验理性，也就可以认为，经验知识就是具有经验合理性的知识。

一 科学认识与理性知识

认识的结果是以知识的形式呈现出来的，科学认识的结果无非是理性知识。但是，把仓颉造字说成神话传说，而把结绳记事说成人类学的科学认识，并用科学认识排斥神话传说，显然是错误的做法。因为，在很多情况下，我们是很难在神话传说与科学认识之间严格地划定一条边界的。如果我们把知识放在整个人类的人文系统中去看的话，关于知识的真假问题，并不是一个值得计较的问题，只有知识的价值问题才是需要引起重视的问题。一类知识也许会被人们认定为虚妄的、错误的，但它能给人以启示和引发人们的思考。在此意义上，它就是有价值的。比如，人们并不一概地排斥童话、寓言等，这就是一种可取的态度。

一般说来，理性知识都是显性的知识，但在人的社会交往中，显然存在着某些隐性知识。许多隐性知识在行动的意义，也以默会知识的形式出现。隐性知识似乎不是认识的结果，因为无法在科学认识的意义上来看这些知识的形成。但是，这些隐性知识不仅普遍地存在于人们的交往和行动中，而且发挥着非常重要的作用。就隐性知识而言，也必须承认它是认识的结果，但它不是认识的直接结果，更不是在所谓科学认识中形成的。在某种意义上，隐性知识是作为认识结果的那些知识的凝练和积淀，应当归入所谓"超理性"的范畴。

除了隐性知识之外，还存在着一些神秘知识。比如，中医所讲的经络，至今仍然是被作为神秘知识看待。但是，从效用的角度看，有些知识虽然被宣布为不是科学的知识，但在实际运用之中，却能够发挥非常显著的效果。中医的经络理论虽然被西方科学界宣布为伪科学，但在中医实践中，特别是在针灸中，却能够产生实效，以至于当代西方国家的一些科学家也通过实验的方式而把遍布人体的"间质空间"当作经络存在的证据。就人体间质的发现来看，它仍然是在分析性思维方式的应用中取得的科学成果，肯定不构成中医中的经络。事实上，经络的实际存在是不可能通过分析性思维的应用而得到证实的。因为，经络并不像人体间质一样构成一个相对独立的系统（因为被认为是人体的一个器官），而是具有人体整体意义上的总体性。更为重要的是，间质空间中流动的是水，而在经络中运行的则是凭着科学手段无法验证的"炁"。

任何一个集体行动体系中都会包含着大量的隐性知识，这些知识能够在更好地完成组织任务中发挥重要作用，在专业化的理念下，让组织成员长期稳定地扮演某个角色。隐性知识（如工作熟练度、协作惯性等）的形成以及使隐性知识发挥作用，不仅在生产和社会运行中，而且在人际关系协调方面，都是非常有益的。但是，在风险社会及其高度复杂性和高度不确定性条件下，这类隐性知识的价值就有可能丧失。所以，虽然合作制组织也是非常重视隐性知识的，但所重视的是那些可以增益于合作的隐性知识，而不是那些将自我与他人区分开来的知识，既不属于协作意义上的与他人配合的知识，更不属于处处与他人划清界限、时时计较自我利益得失的知识。

增益于合作的隐性知识显然不是在模式化的行为以及关系中生成的，而是在组织成员合作行动的自主性中生成的，是组织成员在合作行动中积极学习和自觉总结经验的结果。在此意义上，隐性知识也是学习的结果。不过，这种学习更多的具有海德格尔所说的那种"领会"的特征。

从20世纪的情况看，在对理性知识的偏好中，产生了实证主义及其实证研究。由于开展实证研究的科学活动过于注重对微观问题的分析，从而把完整的世界割裂开来，制造出了某种微观问题独立发生、孤立存在的假象。相应的结果是，制造了碎片状的知识。当这种知识被生产出来后，完整的世界因这种知识而碎片化了，社会秩序也因此而成为碎片。也就是说，当我们基于碎片化的知识去开展维护或创建某个方面、某个领域的秩序时，往往对世界的整体秩序构成了破坏。进入21世纪后，虽然我们已经陷入风险社会及其高度复杂性和高度不确定性状态中，但20世纪实证主义及其实证研究的惯性，仍然显现出强大的推力。所以，经验知识、感性知识、默会知识等依然受到压制和排斥。

在风险社会及其高度复杂性和高度不确定性条件下，一切行动都需要得到行动者的智慧的支持，而智慧是生成于知识的融合之中的。如果人们仅仅钟情于某一类知识，无论他将这类知识掌握得多么全面，也不会生成智慧。只有在接纳了多种类型的知识，并将它们融合了起来，才能获得智慧。这一点的重要意义显然是不言而喻的。在科学认识中产生的理性知识，所指示的是一条技术化的路径，对智慧是加以排斥的。在技术化的路径中，可以使人产生技能，而技能无论达到了多么熟练的程度，都无法以智慧的形式出现。实际上，技能不仅不是智慧，也不可能成为智慧，反而是反智慧的。

如果人们不是对科学及其理性知识抱有某种类似于宗教一样的信仰的话，这一点都能够为其所感知到，即不会看不到科学及其理性知识对智慧的排斥。当然，在工业社会的发展历程中，理性知识发挥了极大的作用。几乎一切属于工业文明的伟大成就，都可以归功于理性知识。正是理性知识，形塑了我们今天所拥有的生产和生活方式。但是，也正是科学认识和理性知识的高歌猛进，却让我们感受到，智慧是与天赋联系在一起的，是那些被人们认为是天才的人，才能够拥有智慧，而不是我们这些普罗大众都可以在学习和习练中获得智慧。这显然是一种极不正常的现象，是与人类的文明化不相一致的。

的确，科学认识是知识生产的重要途径，但我们相信，除了科学认识之外，还有其他许多知识生产途径。比如，"实践出真知"就是经常挂在人们口头上的一句断语。其实，在知识生产中，语言也发挥着重要作用。可以认为，无论在什么样的知识生产途径中，语言都介入了其中，并发挥举足轻重的作用。虽然语言本身并不是知识，但离开了语言，知识生产便无法进行，也无法实现知识传递和知识积累。

科学活动，特别是社会科学研究，不仅在语言的应用上要求有着严谨的态度，而且要对语言表达忠诚，不要以为离开了通用的社会语言也可以开展科学研究。"某些应用社会科学和基础社会科学的最新进展，科学哲学，文艺批评理论，法律推理和后现代哲学及后现代社会理论。虽然它们通常都被看成非常不同的研究领域，但是，每个领域都有惊人地相似的论据通向知识的叙事理论。最终，所有这些进展都集中在语言是关于世界的知识的传达者的角色上，集中在我们拥有关于世界的知识的能力上，集中在我们拥有表达关于世界的知识的能力上，集中在我们利用知识改变周围世界的能力上。承认知识的所有形式的语言学基础导致知识的叙事理论在基础科学和应用科学，尤其是在公共行政中的发展和运用。"[①] 至少，语言是知识生产过程中须臾不可离异的工具。

如前所述，当我们观察知识生产的思维方式时，就会发现，分析性思维及其认识论所指示的只是知识生产的一条路径，而不是唯一路径。其实，任何一种思维方式都具有知识生产的功能。正是因为知识

---

① ［美］杰·D. 怀特：《公共行政研究的叙事基础》，胡辉华译，中央编译出版社2011年版，第10页。

生产的路径是多样化的，知识也有着多种类型。多种类型的知识对于人的生活、交往以及社会活动在总体上都是有价值的。同时，每一种类型的知识中也都有可能存在着"伪知识"。这就要求我们在知识共在的意义上坚持这样一项原则：对伪知识的清理，应当属于一种知识类型内部的事情。在不同的知识类型之间，则应持有承认和包容的态度。

当然，并不是所有的知识都可以被准确地归入某个相应的类型，而且知识归类的方法和标准也可能是多样的，以至于我们很难在知识类型的意义上准确地识别内外两个方面。这就意味着，在什么是"真知识"和什么是"伪知识"的问题上，无法确立标准。事实上，单纯在科学的意义上去区分"真知识"和"伪知识"，也是没有必要的。在对待知识的问题上，其实只有一个标准，那就是实践。凡是在实践中可以得到验证的和证明具有效用的知识，都是有价值的知识，都应当得到传播、传承。所以说，在如何对待知识的问题上，应当坚持其在实践中的效用原则，而不应从逻辑上去推定知识的真伪以及其价值。这样一来，也就不需要在实践之外去对知识进行辨识，而是应当有着对知识的包容取向。首先对知识加以包容，然后才在实践中加以验证。或者说，包容和验证是在同一个实践过程中进行的。

总的说来，我们应当把知识看作一种社会资源，而且是一种可以无限再生的资源。也许一种知识在某个实践场境中是没有用处的，但在另一个实践场境中，却能够成为珍贵的资源。如果根据某个实践场境的情况而对一种知识下了判决书的话，就不是科学的态度。然而，正是在这个问题上，马克思主义的实践观并不是被所有人都接受了的。即使人们在口头上接受了马克思主义的实践观，一旦涉及对知识加以判断的时候，往往停留在理论上去甄别"真知识"和"伪知识"，也就是将某些知识确认为理性知识，并用以排斥其他类型的知识。

科学认识之所以具有知识生产的功能，是由其思维方式决定的。我们已经指出，不同的思维方式，在知识生产上表现为不同类型知识的生产。如果说分析性思维在理性知识的生产方面表现优异,那么相似性思维则在经验知识等所有无法归类到理性知识范畴的知识生产方面,显得更擅其长。对相似性思维和分析性思维这两种思维方式的把握,需要从描述入手,即需要从描述的内容中去发现既有的描述究竟是反映了分析性思维还是反映了相似性思维。一切描述都是通过语言进行的,如何运用语言,则反映了思维方式的状况。

当语言是相似性思维的工具时,满足于理解、情感表达、意会等;当语言成为分析性思维的工具时,则需要准确地反映对象,即以其精确性去迎合科学认识的需要。其中,对语法的遵从,可以作为一个标志。比如,在文学作品中,特别是以诗歌的形式出现的文学作品,往往并不严格地遵从语法。相反,在科学文本中,所有的描述都表现出严格遵从语法的状况。

从各民族语言的发展史来看,语法的确立,与科学认识几乎是在同一个时间点出现的,也许确立语法正反映了科学叙事的需要。事实上,语法也确实能够满足科学叙事中的逻辑描述的需要。而且,"语言属于知识这一关系解放了一整个在先前的时期并不存在的历史领域。类似于认识史的某物变得可能了;这是因为语言是一门自发的科学,其自身是晦涩和笨拙的,那么,反过来,语言因认识而趋于完善,倘若不在词中留下痕迹,这个认识就不能沉积在词里,不能沉积在其内容的空洞场所中。尽管语言是不完善的知识本身,但是,语言却是对知识的完善的忠实记忆。语言会导致谬误,但是,语言又记录了人们所学到的一切。在其混乱的秩序中,语言产生了虚假观念;但是,真实观念却在自身内存放了有关一个偶然性凭自己从未能布置的秩序的抹不去的标记"。[①]

语言因为这些功能,可以在分析性思维与相似性思维之间架设起

---

① [法]保罗·利科:《从文本到行动》,夏小燕译,华东师范大学出版社2015年版,第241页。

桥梁。一方面，能够使两种思维方式之间实现相互包容；另一方面，可以使两种思维方式相互转化。在工业社会中，人们之所以受到了分析性思维的征服，在科学认识中仅仅运用分析性思维，是因为人们并未认识到相似性思维所具有的知识生产功能。就如马尔库塞说工业社会是一个"单向度"的社会一样，在思维方式上，也仅仅保留了分析性思维方式，极力排斥相似性思维。在全球化、后工业化进程中，在风险社会降临时，如果说思维方式的变革也将与社会变革相随的话，也许会出现从分析性思维方式向相似性思维方式的转变。在这种转变中，语言的上述功能将会保证从分析性思维向相似性思维的转变顺利进行。或者说，语言将会顺利地从适应于分析性思维描述向适应于相似性思维描述的转变。这种转变不会像社会体制那样通过革命的方式去加以摧毁和重建。

二 对经验知识的关注

虽然不能说知识完全是经验的凝结，但知识只能在进入经验而成为经验的构成部分时，才有价值。在人类社会的发展中，正是经验不断地转化为知识而形成了各种各样的知识体系，并表现为人类的文明化。另一方面，也正是因为知识反复地注入了经验之中，并通过行动而物化和物化物的日积月累，推动了社会存在的进化。柯林武德在描述历史研究中的这种经验与知识的关系时认为，没有经验，也就没有历史。"对于那种能够在历史学家的心灵里加以重演的东西。首先是，这必须是经验。对于那不是经验而只是经验的单纯对象的东西，就不可能有历史。因此，就没有而且也不可能有自然界的历史，——不论是自然科学家所知觉的还是所思想的自然界的历史。"[1]

我们把历史看作人类的历史，是人类文明化的进程。在历史研究

---

[1] ［英］R. G. 柯林武德：《历史的观念》，何兆武等译，中国社会科学出版社1986年版，第342页。

中，努力发现那些推动了人类文明化的动力、事件，贬斥那些阻碍甚至逆反人类文明化的因素、事件，无视那些在人类文明化进程中无足轻重的没有意义的一切因素、人、事件，所反映出来的无疑是一种正确的历史观念。如果我们对人类文明化提问的话，就会发现，所谓人类文明化，无非是经验与知识转化过程的往复行进。归根结底，人类历史就是经验的历史，正是经验的成长，促进了人类的文明化。所以，当人类进入了高度复杂性和高度不确定性的状态时，我们不仅没有理由轻视经验，反而更需要求助于经验对行动的支持。

与源于康德一系的哲学家们不同，早期的实证主义表现出了对人类经验知识的高度重视。不过，实证主义虽然在外在表现上是站在与康德相对立的立场上的，但他们也都肯定一个基本的、未被解释的、坚固的事实领域是客观存在的，并认为这种客观存在是所有经验知识的来源和基础。实证主义哲学认为，人类所拥有的理论仅仅是客观地观察事实的工具或手段。也就是说，理论只是一面反映自然和社会的中立的镜子。实证主义在科学观上所持的立场是，"科学的任务……是描述经验事实，在那些事实的基础上创立理论，然后根据事实本身检验理论。如果理论与事实……一致，它就是有效的。如果'事实'与理论不一致，那么，包括不一致事实的理论就不是有效的。科学家的作用只不过是审视理论是否符合事实"。[1]

问题是，那个作为"事实"的对象世界并不是实证主义所想的那么简单，而是复杂的和不确定的。而那个作为对象世界的"事实"，在客观性上也不是纯洁的，甚至很难在动态的意义上确认它是客观的还是主观的。有许多物化的存在物虽然在形式上是客观存在的，却包含着主观意志，是思想、观念以及人的意志的物化形态。比如，社会组织就是这样的存在物，它是由人建构的，而且它的存在也是建立在

---

[1] ［美］杰·D. 怀特：《公共行政研究的叙事基础》，胡辉华译，中央编译出版社2011年版，第77页。

人的"同意"的前提下的。如果出现了对它的存在的不同意，可能立马就会被取缔而解散，也就不再是一个客观事实了。特别是，我们今天正面临的一个即将出现的"虚拟世界"。对于这个世界，我们更是无法确认它在何种意义上是一种客观事实。所以，实证主义所假设的那个纯然客观的、不变的、等待着我们去认识和开发的客观事实，是非常不可靠的。作为社会科学研究对象的那些存在物，诸如，组织、行政、政策等，在某种意义上，不适宜于套用客观性或主观性的范畴。可见，实证主义自身得以成立的这个前提性假设就是可疑的。或者说，那个"事实"是可想可见的流沙，而实证主义的大厦就是建立在这个流沙的基础上的。

　　针对实证主义把理论看作认识"事实"的工具和反映"事实"的镜子的观点，怀特批评道，"理论绝不只是中立的工具或镜子，理论用语言表达，而语言妨碍了对事实的清楚察看。事实上，即使观察者按照同一种系统的察看方式或使用同一种或近似于同一种语言，'事实'也可以被不同的观察者不同地察看"。[1] 事实上，"实证主义者无法'证明存在任何种类的、原始的、不受影响的、权威的和自我证明的感觉，当它用文字的形式表达出来的时候，可以为知识提供基础，为判断经验的主张和理论提供理性的标准'"。[2] 一旦诉诸语言，一旦"事实"转化为知识，就不仅改变了存在形态，而且在内容上也发生了变化。

　　所以，理论其实是一个再造了的世界，基于理论而进行的社会建构，与原初的"事实"必然会存在着差异。在社会建构中，我们可以看到两个脱离原初"事实"的环节，其一，即便理论是对"事实"的反映，也不是照镜子式的反映，而是作了取舍，在很大程度上包含了

---

[1] [美]杰·D. 怀特：《公共行政研究的叙事基础》，胡辉华译，中央编译出版社2011年版，第78页。

[2] [美]杰·D. 怀特：《公共行政研究的叙事基础》，胡辉华译，中央编译出版社2011年版，第78页。

人的主观建构；其二，基于理论去展开社会建构，又是一次创造的过程，人的想象、所欲达到的目的、价值追求等，都会介入其中。所以，社会建构的结果与原初的事实会相去甚远。

在人的交往中，不仅有着信息传递的内容，同时也有着知识传递的内容。信息传递也是建立在人们共有共享的知识的基础上的，没有这些共有共享的知识，信息传递就不能实现沟通。就知识能够为人们共有共享看，是在知识传递中实现的。理性知识与经验知识的共有共享途径是不同的，一般说来，知识传递可以在横向的维度上展开，但更多的知识是在历史的维度上进行传递的。如果说理性知识更多的在纵向维度中传递并具有某种累积效应的话，那么经验知识往往是在横向的维度上进行传递的。

理性知识的传递方式固化之后，往往会使一些在自己的时代得不到承认的伟大的知识生产者在逝后才被人们发现并给予其崇高的地位。这就意味着理性知识可能在其得到了生产的时代，并不能发挥作用，反而是在这个时代已经成了过去的时代，才会发挥作用。可是，时过境迁，另一个时代的人所面对的是新的情况和新的问题，在实践中运用来自前一个时代的理性知识，就会存在着与那些新的情况和新的问题不一致的问题。

经验知识的横向传递会使上述状况发生改变，因为经验知识直接地反映了现实行动的要求，生产出经验知识的人往往能够很快地赢得人们的尊重。如果大胆设想人类社会的发展出现了废弃文字而通过视频以及其他方式进行交往、沟通，也许历史维度上的纵向交往将会萎缩。或者说，人们很少会进行这种纵向交往了。即便进行纵向交往，也会改变向度。比如，会像某些科幻作品描述的那样，通过时空穿梭的方式将纵向交往变成横向交往。如果人们的交往、沟通基本上是横向的，就必然会在交往和沟通的过程中极力榨取一些有价值的思想、知识、经验等，并将那些因素存入自己的经验中，用于提升自我的智慧。这对于人的进化是有着重要意义的，因为它迫使人们不断地提升精神力，而不是像在我们这个有文字的时代那样，面对不知不懂的问题可以到图书馆中去查询、翻阅典籍，会尊重、珍惜那些保留在文字中和藏匿于文字中的智慧、知识，而不是不顾一切地将其转化为自己的知识和智慧。

文字消失了，视频等媒介的有效时间延续性又非常短暂，致使人们必须在接收的那一瞬，就渴望迅速地榨取其中的知识、经验、智慧等，并将之占有。这样做，需要人的相应精神力的支持。同时，这样做本身，就是强化、促进人的精神力的途径。可以相信，它将在不太长的历史时段中，就把人类整体的精神力水平提高到一个今天不敢想象的高度。在文字被废弃的时代，人的精神力的提升是人类仍然成为一种"类存在"的基本保障，也是推动人类社会持续发展的主要动力。我们都知道，黑格尔给予"反思"以极大的期望，但当人类不是通过反思，而是借助于精神力的提升去开展交流和沟通的时候，理性知识也就走向了没落，而经验知识的重要价值愈益彰显。

从我们已有的阅读经验看，随着我们的阅读境界达到一定水平，就会发现，在我们阅读典籍时，面对所有伟大的作者，不是从中学得思想、知识，而似乎是一种灵魂上的交流。因而，会深切地体验到那些伟大的作者将其灵魂注入了他（们）的作品之中，存储在文字背后，我们只要透过文字，就能与那种（些）灵魂进行交流。当文字被视频等置换和替代后，也许那些被我们称作"灵魂"的东西表面化了，也变得转瞬即逝，不再是我们沉心阅读而去体会的东西，而是需要迅速抓捕和俘获的。这就意味着，如果我们自身的精神力不足，就无法在视频等这些替代物中把握那些被我们称为"灵魂"的东西。所以，随着人们间的交往和沟通媒介的变革，人以及人的社会的进化，也进入了精神力提升的阶段。

关于人的精神力训练和提升，也就会成为科学所关注的一个重要问题。最为重要的是，这种转变所包含着的一个隐喻是，理性知识的传递呈现出了间断性，或者说，不再持续地在代际中展开。无论是在教育还是实践中,人们都更多地在知识的横向传递中获取武装自己的知识。既然更多的知识是在横向传递中实现了交流和为人们所接受,那么理性知识的主导地位也就为经验知识所置换了。这应当是一件不难理解的事。在某种意义上,20世纪后期的案例教学的兴起,包含着偏重于经验知识的隐喻。这个时候,智慧将不再为少数人所垄断,而是表现出,一切精神力得到了提升的人,都能够获得那种智慧。

三 以包容的态度看待知识

理性知识被认为包含着真理,是关于真理性的知识。然而,在社会生活和行动中,除了真理,还有其他因素介入其中并发挥作用。在某种意义上,诸如人的意见、对未来的期待以及生活意志等,都有可能比真理还要更为频繁地和经常性地介入社会生活以及活动中。

在人类思想史上,人们曾经围绕着"真知"与"意见"展开了长期的争论,真知被看作关于真理的知识,是因为包含着真理而成为具有永恒性和普遍性的知识。与真知不同,根据柯林武德的看法,"意见是我们关于事实问题所具有的经验性的知识,它总是在变化着的。它是我们关于世界的不断流变着的现实之不断流变着的认识,因而它只是在此时此地在它自己本身的延续期内是有效的;并且它是瞬间的,没有道理的,又不可能证明。反之,真正的知识不仅是此时此地而且在任何地方都永远是有效的,而且它根据可以证明的推理并且可能通过辩证批评的武器来找出错误和扬弃错误"。[1] 也就是说,关于真理的知识是具有普遍性的,而意见则是具体的。

就柯林武德的表述看,虽然存在不够严谨的问题,但就他要求将"真正的知识"和意见区分开来而言,是一种正确的观点。也许在人类社会的早期,人们并不认为知识和意见有什么不同。即使对于知识

---

[1] [英] R. G. 柯林武德:《历史的观念》,何兆武等译,中国社会科学出版社1986年版,第23页。

至上论者苏格拉底来说，从关于他的所有对话文献来看，都无非是表达他的意见，而他却认为他所表达的都是知识，而且认为是"真知"。从人类的精神发展史来看，可以说一直存在着在"求真"的道路上压制了意见的问题，或者是用所谓真知取代意见，或者是把意见伪称为知识。一旦某个表达被判定为意见，就应当对其抱持谨慎、怀疑的态度，即首先要进行审查，然后再决定是否听取。

在社会的——特别是在民主的——理论和实践中，出于治理的操作性要求，往往对意见进行杂糅，然后将其称为"共识"。甚至把"共识"等同于不可怀疑的真知，并赋予其至高无上的权威性。总之，意见不同于知识，意见不具有知识的权威性，在人们希望意见发挥作用或获得某种权威性的时候，往往是将意见装扮成知识的。其中，将意见装扮成共识，虽然不一定使其获得知识的属性，但在权威性上，则能够与知识比肩而在。现在，当虚拟世界的雏形逐渐显露出来后，对真知的追求和信仰，陷入了尴尬的境地。因为，真知在虚拟世界中并不具有什么价值，或者说，人们在虚拟世界中并不关注真知，而是给予意见以充分的重视。

从互联网上的言论社区看，人们于其中想要发现真相都是十分困难的，更何况真知。如果说有人宣布他代表了对真理的认识，他所表达的是真知，那么他极有可能是一个博取流量的骗子，甚至可能是造谣高手。也许人们以为，可以通过某些分析模型或大数据技术在互联网言论社区中发现所谓"真相"，并认为真相的发现代表了认识真理过程的有效性，但那只能说去做这类分析和研究的人其实只是做了一场自欺欺人的游戏。从另一个角度看，在风险社会及其高度复杂性和高度不确定性条件下，差异性、具体性是存在的基本属性。如果人们试图从存在中抽象出同一性、普遍性的因素并将其宣布为真知的话，那几乎是不可能的。所以，对于实践甚至对于科学，真知及其衍生物在价值上都需要接受重新审视和评价。与此同时，意见的价值却日益彰显。

在风险社会及其高度复杂性和高度不确定性条件下的合作行动中，对于风险社会中的应急反应模式而言，意见都远比知识更为重要。事实上，在一种承认、包容和尊重差异的文化氛围中，意见能够填补共识失落留下的空场，并在优化合作中发挥作用。真知、真理、真相三个概念是联系在一起的。在科学话语中，我们习惯于使用真理这个概念；在社会生活中，则倾向于使用真相的概念；而真知无非是关于真理和真相的知识。关于真理，只有真知这样一种形态，而关于真相，既可以真知的形式出现，也可以形成一种意见。

无论真知是关于真理的知识还是关于真相的知识，在尚未形成稳定的、为人们所广泛认同的和可以进入正式传播机制的知识的情况下，也往往是被作为对真理或真相的认识来看待的。比较而言，社会生活中的真相所具有的是实践意义，而科学研究以及科学叙事中的真理则是认识成果。由于近代社会所建构起来的是科学话语，所奉行的是认识论的逻辑，在社会建构方面也是基于认识论哲学展开的。当然，"真相"一词也广泛地存在于政治学话语或法学话语中，这些学科也一直是被作为科学而加以建构的。但是，在叙事层面，只是在面向实践表达某些观点时，才会使用"真相"一词，而在叙述认识和理解过程时，往往并不使用"真相"一词，而是使用"真理"一词。

这样一来，我们就可以理解上述柯林武德所说的"真知"一词的含义了。也就是说，他在使用"真知"一词时，包含着对历史真相的认识和把握这样一重内容。他显然是要将这一重内容与关于真相的意见区分开来，试图指出关于真相的知识与意见在属性以及存在方式上的不同。其实，在科学话语中，往往并不对"真知"与"真理"两个概念进行区分，人们经常使用的"真理"一词，其实是与真知相等同的。我们在此倾向于使用"真理"一词，将真知定义为关于"真理"的知识，将意见看作实践意志的表达。在这里，我们使用"真理"一词时，实际上还是在沿用科学话语中的真理概念，有着真知的内涵。之所以我们将真理与意见两个概念对应起来使用，是因为我们要从社会建构和社会运行的角度去看问题，所要破解的是社会建构和社会运行从真理出发还是从意见出发这样一个问题。

关于不同类型知识的功能，在近代以来的历史上，人们对其有着不同的认识或期许。在哈贝马斯看来，在规范知识与经验知识之间，近代早期与之后的人们有着不同的评价。哈贝马斯说，在近代早期，"随着哲学的兴起，神话传统的因素第一次被揭示了出来，供话语讨论；但是，古典哲学把具有实践意义的解释当作理论问题加以处理，而把技术所使用的经验知识贬低为没有理论潜力。相反，随着现代科学的兴起，这个经验知识的领域进入了反思性学习过程。同时，哲学中则蔓延着一种导致了实证主义的趋势，想根据其逻辑形式来区分理论问题和实践问题，但目的是要把实践问题从话语当中排除出去：实践问题不再具有'真实性'"。①

哈贝马斯所说的"规范知识"，其实也就是通常所说的理性知识，这种知识有着工业社会的印记。如果我们在历史中进行回溯的话，就可以看到，神学知识在中世纪发挥着非常重要的作用。可以认为，神学知识就是中世纪那个时代的规范知识。不过，在中世纪，神学知识的规范性并不强，它没有实现形式化，也没有表现出对经验知识的排斥，反而会努力将神学知识经验化。比如，宣称"水变成了酒"，无非是要说基督的能力是经验性的。当然，神学知识对于被斥为异端的科学知识的排斥，又是非常激烈的。这又说明，作为那个时代规范知识的神学知识包容了一些知识，也排斥了一些知识。不过，就科学在中世纪后期以实验的方式寻找发展的突破口来看，也许是对神学知识包容经验知识的一种巧妙利用。

其实，在每一个民族的前工业社会历史阶段中，都存在着与现代理性知识不同的知识体系，这类知识体系在社会生活中的作用并未在其适

---

① ［德］于尔根·哈贝马斯：《合法化危机》，刘北成等译，上海人民出版社2000年版，第21页。

用的时代受到怀疑。比如，中医所代表的是典型的经验知识体系，而西医所代表的则是典型的理性知识体系。在中西医没有相遇的时候，中医并未受到人们的怀疑。只是因为中西医相遇，而人们又生成了对理性知识的迷信，才对中医表达了各种非议。在局部性疾病的治疗方面，西医确实显示出了优势，而在系统性疾病的治疗方面，中医的作用则是不应受到怀疑的。如果就中医与西医的历史来看，中医显然是在农业社会中发展起来的，而西医则是现代性的造物。尽管人们将西医追溯到中世纪后期的安德烈·维萨里那里，甚至追溯到了古希腊的希波克拉底。

这说明，在人类历史的不同阶段，人们所需要的是不同类型的知识。所以，实证科学范式的知识在工业社会中所发挥的是主导作用，这是具有时代合理性的，需要在这个时代的社会基本需求上来加以理解。同样，当人类进入风险社会，我们所需要的是另一种类型的知识。根据风险社会中的行动要求，我们认为，一种新型的经验知识会被人们建构起来。我们将这类知识称作经验知识，是指它并不基于科学理性或不是具有了科学理性属性的知识。也就是说，这类知识是建立在经验理性的基础上的，是拥有着经验理性属性的知识。它是经验的，也是理性的。不过，我们认为应当以包容的态度对待知识，特别是在风险社会及其高度复杂性和高度不确定性条件下，对待知识的包容性应当成为一个基本原则。

就现代科学来看，波普尔关于科学理论可以得到"证伪"的论述即使不被视为一种偏执的看法，也应当说是针对狭义的科学而言的。当然，波普尔的关于科学能够得到证伪的论断对于科学发展而言，是具有某种宗教教义一样的感召力和激励作用的。不是说"科学能够证伪"本身无法证伪，而是因为对这一论断的信仰，激励了科学家的探索勇气和行动。其实，如果科学的概念不是狭义的，当我们打开视野时，就会看到存在一些不可证伪的科学。我们相信广义相对论有一天会被证伪，但我们看不到"弦理论"被证伪的可能性。可是，我们却不能将"弦理论"排除在科学之外。进而，如果"弦理论"的研究取得积极进展的话，或者说得到更多的实验数据证明，那么许多源于古老宗教的论断却有可能被认定为科学。所以，当我们进入了一个包容性的时代，需要培养起包容各种类型知识的勇气，需要建立起知识多样化的信念。这些信念是有益于人类的，有益于风险社会及其高度复杂性和高度不确定性条件下的行动。

  知识的多样性在工业社会中其实也是一个事实。比如，在官僚制组织的物化设置中，也包含着许多默会知识、隐性知识。显然，当人被填空到某个职位、岗位上，很容易领悟到一些无法明言的知识，并融于行为和行动之中。这种默会知识在很大程度上取决于组织成员的领悟。特别是那些如何处理各种关系的知识，往往被作为人的"情商"的标志。显然，人是有感情的动物，但那绝不意味着是什么情商。"情商"这个概念的提出以及被用来考察人本身，就是非常荒诞的事情。因为，那种被作为情商看待的，恰恰是人对默会知识的领悟和加以运用状态，而不是人的一种见风使舵的天性。

  默会知识也同样是一种类型的理性知识，属于经验理性的范畴。不过，在实现了科学化、技术化的官僚制组织中，默会知识被遮蔽了起来，而且组织从来也未倡导和促进组织成员去获得默会知识。甚至所开发的一些员工培训项目，也很少涉及默会知识的学习，至多只是安排了一些资深员工作一些经验分享。然而，在合作制组织中，默会知识将会得到自觉的开发，至少会要求行动者主动地领悟和学习默会知识。需要强调的是，在合作制组织这里，默会知识是与处世圆滑、见风使舵、拍马逢迎等无缘的。

  人们可以因为各种各样的原因而对知识作出选择，即选择那些对自己的生活和工作有价值的知识，但在自己对知识作出选择的时候，不应因为自己的选择而产生排斥其他知识的心理倾向。在人们的专业活动中，因为专业化而出现了具有专业性的不同的知识体系，这只能说是存在着不同的专业领域，而不意味着不同专业知识之间在性质上是矛盾、冲突或对立的。所以，选择了哪个专业方面的知识，并不意味着要排斥另一个专业方面的知识;掌握了哲学专业知识的人,并不意味着比掌握其他具体科学专业知识的人高贵;社会科学领域的研究者也不应因为其专业知识而轻慢自然科学的研究者。对于真理以及意义而言,知识是可以比作容器的,即包含着真理、意义以及思想、观点等,人们不可能因为选择了哪一类知识而证明了自己占有了真理或意义,最多只能证明他在某个领域是专家。

知识的多样性是无须怀疑的,而且从知识生产的角度看,每一种具有划界意义的思想,都有一些独特的、属于它自己的知识。无论是宗教、巫术还是科学,都有着属于自己的知识体系。思想派生了知识,但当思想受到否定的时候,许多属于那一思想的知识则有可能被保留下来,得到传承并继续发挥其价值。这是因为,就如知识容器中所储存的东西被清空,从而将这个知识容器用来放置其他东西。当一种思想被清空,意味着另一种思想被放进了知识体系之中。所以,我们应当更多地关注知识在"域际"间的扩散以及历史传承,带着包容的心态去发现更多可以资益于我们的行动的知识,而不应先入为主地排斥任何一种知识,即消除知识接受和应用上的任何偏见。理性知识是必要的,但在风险社会及其高度复杂性和高度不确定性条件下,经验知识会显得更加重要。

四 合作行动中的经验知识

诚如昂格尔所说,"许多社会科学是作为形而上学和政治的一个避难所而建立起来的。由于对因现代哲学反叛古代哲学而产生的观点充满信心,经典的社会理论家们急于先把自己从形而上学的幻想中,接着从似乎是任意的政治判断中解放出来。他们想要创建关于社会的客观的知识体系,使之不受形而上学思考和政治争论的支配"。[①] 尤以

---

① [美]昂格尔:《现代社会中的法律》,吴玉章等译,中国政法大学出版社1994年版,第246页。

实证主义为代表。

从实证主义的其后发展来看，以科学的名义驱逐了形而上学，也为违背了人性的政治操作提供了充分辩护，甚至让人们接受一些普遍性的形式主义方法，强迫人们相信，只要那些社会表面上的问题得到了解决，就会进入"至福王国"，至于社会本质层面的问题，则不需要去触及。昂格尔揭示了这种做法的悖论，"现在，我们发现为了解决自己所陷入的两难境地，在某种意义上，社会理论必须再次成为形而上学和政治的东西。它们必须对人类本性和人类知识的问题有个立场，因为，在这些问题上，没有'科学的'解释是/或可以是通用的。而且，它还必须承认，社会理论的未来与社会的命运是不可分割地联系在一起的"。①

科学研究必须回应现实的要求，任何脱离现实或阉割现实的所谓"科学"，都是不可能成立的，因为那根本就是不科学的。引发出这些问题的根本原因，就是科学与实践的脱离。虽然科学研究与社会实践的分离体现了社会分工的精神，但追求知识和生产知识的活动，也许只有在工业社会的低度复杂性和低度不确定性条件下才能显然出专业化的优越之处。在风险社会及其高度复杂性和高度不确定性条件下，如果知识生产是一项单纯的专业活动的话，就会因为与行动及其场境的脱离而失去意义，所生产出来的知识就不能在行动中发挥作用。所以，在风险社会中，知识生产应当包含在行动过程中，而不再是一种纯粹的、专门性的活动。

对于社会科学理论与现实实践之间相脱节的问题，曼海姆是这样解释的，"涉及社会关系的科学不仅在方法上，而且在参照系方面仍处于人类想要理解个别对象和关系，以便能够再生产出它们这样的一种历史阶段。因整个社会的需要而出现的、当代实践的经济学家和政治家的思维，愈来愈为诸领域的相互作用造成的冲突以及诸独立制定

---

① ［美］昂格尔：《现代社会中的法律》，吴玉章等译，中国政法大学出版社 1994 年版，第 246 页。

的计划间的抵触所驱使。理论与实践之间的区别,决不只是科学家们天真地习惯于想象的那种区别——即粗浅的知识与更为精密的知识之间的区别,尽管这种区别当然也有很大的真实成分。这主要是对待不同层次、实在的态度,以及不同的处理实在的方式的问题。在纯理论和经验的精确度上,对于社会现象的科学研究已达到了高水平。但是,就综合观察技术而言,一个明智的记者或某些事务的领导往往以更为错综复杂的方式阐述问题"。[①] 也就是说,面对事实,社会科学家可能并不比记者更高明。

如果说哲学像黑格尔所比喻的那样是"黄昏后起飞的猫头鹰",那么社会科学同样是将前一个阶段的事实作为立足之地,而实践所面对的,却是全新的情境。然而,社会科学在研究目的上,总是希望从前一个阶段的历史中寻找可以复制的东西,并将其推荐给实践者。可是,实践者在面对新的情境和新的问题时,却又不得不寻求新的解决途径。所以,寄望于科学研究去解决实际问题,也许存在着一个思想路线不可行的问题。特别是在风险社会及其高度复杂性和高度不确定性条件下,是不应把解决问题的希望寄托于专业的科学研究者、专家等的,而是应当把科学研究的成果作为教育的素材,即用于提升行动者的素质及其行动能力,而不是直接地从科学研究成果中形成当下行动的方案。也就是说,社会科学将不再直接地参与到行动中来,而是为行动者提供经验知识。可是,工业社会中的科学并不提供经验知识,而是以科学的名义提供理性知识,并要求当下的行动方案必须体现理性知识、贯穿理性知识和合乎理性知识的要求。

艾丽斯·杨在阐释人的差异时,描述了人因视角不同而形成的特殊经验知识和认知差异。这对于科学共同体而言,也是一个非常重要的建构维度。艾丽斯·杨说,"视角是一种看待各种社会过程的方式,

---

[①] [德]卡尔·曼海姆:《重建时代的人与社会:现代社会结构的研究》,张旅平译,生活·读书·新知三联书店2002年版,第148—149页。

而不会决定某个人究竟看到了什么事情。两个人可能会共同享有某些社会视角，但是，他们仍然会不同地经历着他们的社会地位。其原因在于，他们关注于各种不同的社会要素。然而，如果某些人共享着某种视角，那么，这就会使其中某个人和其他人用来描述他所体验到的事情的方式存在着共鸣……"① 无论是享有同一个视角，还是分别拥有各自的视角，在认知上都会存在着差异。

也就是说，任何一个视角都不能够予人以关于真理的保证。每个人在公开提交他所获得的认识时，其实只是公布了他的意见。这些意见是需要接受质疑的，即使已经作用于实践，也需要得到效用的检验。当然，协商民主理论更多地关注了意见而不是真理，这在思想演进的过程中，是有着开拓性意义的。协商民主理论所追求的目标是改善和深化民主政治，希望让少数派的声音也能被听到，甚至在公共辩论中发挥作用，而不是被边缘化。持有协商民主理论主张的人认为，"当公共辩论超越了各种对政治人物演讲的简短引述和操纵的民意调查时，各种议题通常被看做更加复杂，更少呈现出两极分化，因而也就更加不会限制少数派的意见"。②

如果说近代以来的理性知识反映了科学寻求确定性的努力的话，那是应当归功于笛卡儿的。正是因为笛卡儿不是在外在的世界中去寻求确定性，而是到自己的心灵中去发现确定性，即通过"我思"去确立确定性，才为科学开拓出了知识生产的路径。既然科学所生产的知识被赋予了确定性属性，那么就这些知识被应用于实践而言，也就会把知识的确定性属性嵌入对象世界。在低度复杂性和低度不确定性条件下，将知识的确定性赋予实践对象，并未显现出巨大反差，也是人们能够接受的。与此不同，在风险社会及其高度复杂性和高度不确定性条件下，如果用

---

① [美] 艾丽斯·M. 杨：《包容与民主》，彭斌、刘明译，江苏人民出版社 2013 年版，第 171 页。

② [美] 艾丽斯·M. 杨：《包容与民主》，彭斌、刘明译，江苏人民出版社 2013 年版，第 43 页。

知识的确定性去框定实践对象，就会使实践失去根本。

将知识的确定性赋予实践及其对象，是被人们称为主观主义的，其实，还可以将这种主观主义升维为唯心主义。也就是说，近代以来的科学以及实践，都是可以归入唯心主义的范畴中的。如果说唯物主义与唯心主义构成了现代哲学的两大路线的话，那么唯物主义其实只是唯心主义这条路线上的下半截。不仅如此，根据布朗的观察所见，"近年来科学知识生产活动自身也往往成为一种政治活动；从某些方面讲，它一直都是政治性的……每当科学涉及正处于冲突与权力关系网中的人群时，它便具有了政治性特征。权力负载的冲突会出现在科学同行和实验室工作人员之间，或是科学家与非科学家之间"。[①]

虽然我们并不相信存在着纯粹的科学研究，但政治上的、利益上的冲突一旦嵌入知识生产过程，被认为是科学知识的东西在科学性上就会大打折扣。在应用于社会问题的解决过程中，不仅不能够对解决问题提供支持，反而会制造出各种各样的社会风险。其原因就在于，它是属于唯心主义的知识，与实际不相符合。即使在解决某一社会问题时有着优异的表现，但在间接的意义上，或在解决问题所取得的成果背后，也可能隐藏了未被认识到的社会风险。

就理性而言，工业社会中的科学理性与价值理性之间是相互排斥的。这种相互排斥也体现在了知识和思想方面。不同类型的知识之间是不相容的，不同的思想对知识也会作出倾向性的选择。与此不同，合作行动既不排斥知识，更不排斥思想。实际上，不包含着知识和思想的行动是很难产生实际效用的。正如杜威所说，不应认为"动作好于知识和高于知识，而实践内在地优越于思维。知识与实践之间经常地和有效地相互作用，跟推崇活动本身是完全不同的"。[②] 或者说，从

[①] ［美］马克·B.布朗：《民主政治中的科学：专业知识、制度与代表》，李正风等译，上海交通大学出版社2015年版，第16页。

[②] ［美］约翰·杜威：《确定性的寻求：关于知行关系的研究》，傅统先译，上海人民出版社2005年版，第26页。

认识论的角度看，在探求知识、思想的来源的问题时，会从实践的需求方面去寻求答案，会坚信一切知识和思想都根源于实践。但是，从实践论的角度看，只有包含着知识和思想的实践，才是有价值的，才能最大限度地与行动者的欲求相靠近。

在这个问题上，杜威其实还是受到了认识论哲学的限制，所以他的一些争辩是带着某种学究气的。比如，杜威说，"如果人们看一看知识的发展史，他们就会明白人们在最初之所以试图去有所认知，那是他们为了生活而不得不如此。其他动物的机体天赋有一种本领，能给予它们的动作以有机的指导，但由于人类缺乏这种本领，他便不得不寻问他将怎么办，而且他只有对构成他自己行为的手段、障碍和结果的环境进行研究，才能发现他应当怎么办"。[①] 这种争辩显然是在没有进行认真思考的情况下做出的。虽然不能说这种争辩意味着回到了认识论发展史的早期，但明显地有着某种自然主义的色彩。所以，与近代以来的几乎所有的思想家一样，认识论就是杜威的世界，他是在这个世界中去思考认识和实践以及认识与实践的关系问题，而不是跳出了这个世界去观察和思考认识与实践的关系，更不用说去理解认识之于实践的意义了。

合作行动理论属于实践论的范畴，会表现出对知识和思想之于实践的意义的高度肯定。在知识、思想与实践的关系问题上，实践论与认识论会表现出某种逻辑倒置的状况，而且其差别也主要体现在需要拥有的是什么样的知识和思想这个问题上。在认识论的演进史上，我们看到的是对理性知识的追求，而且要求一切对实践有指导意义的思想，都必须是合乎理性的。在认识论走向成熟的时期，理性也是被归结为科学理性的，即便存在着关于理性的各种具体的定义，其实都是可以归结为科学理性的。在此情况下，关于价值理性的提法，也只代

[①] ［美］约翰·杜威：《确定性的寻求：关于知行关系的研究》，傅统先译，上海人民出版社 2005 年版，第 27 页。

表了一种在认识论的框架下所提出的要求,即表现出了更多地考虑实践的实际情况。

在实践论这里,并不刻意突出强调知识和思想的理性特征,而是主张知识和思想的多样化,要求行动者对所有知识和思想都采取承认、包容的态度。至于在行动中选择什么样的知识和思想,其出发点则是效用取向的。在知识和思想多样化的维度上,以合作行动形式出现的实践反对任何知识、思想的独占话语权,而是让行动者自己成为关于行动的专家和思想家。总之,一切知识和思想,在付诸行动的时候,都能够有益于解决风险社会及其高度复杂性和高度不确定性条件下的问题。

第五章

真理、意见与意识形态

在实证科学的视野中,"真理"与"意义"也经常被还原为"事实"与"价值"的问题而进行讨论。不过,当我们使用真理与意义的概念时,是前进在认识的过程中的;在使用事实与价值的概念时,所考虑的则是实践上的安排问题。实证科学是建立在认识论的基础上的,近代以来在哲学上的几乎所有争论,最终都可以归结为关于真理与意义的意见交锋,而事实与价值方面的考量往往放在了从属的地位上。其实,认识真理与把捉意义的过程是应当放在不同的框架中的,认识真理是在认识论的框架中进行的,而把捉意义则应在行动的框架中展开,更多的是通过"领会""体验"把握意义。在风险社会及其高度复杂性和高度不确定性条件下,认识真理会遭遇可能性的问题,而把捉意义则是现实的,而且在无法获得真理而又必须行动的情况下,也只有依据意义去开展行动。

真理与意义代表了不同的认识指向。不过,从实践的角度看,则出现了真理与意见的关系如何处理的问题。对于社会过程中的一切行动而言,"依真理而行"还是"依意见而行"?显然是一个非常重要的实践问题。不过,对于这个问题,在工业社会的科学语境中,似乎并不需要给予回答。这是因为，在近代以来的社会中，真理获得了类似于中世纪上帝的地位，真理的权威地位排斥了意见在话语中的显现。然而，在风险社会及其高度复杂性和高度不确定性条件下，这一问题凸显了出来，变成了一个不得不加以思考和需要解决的问题。

真理与意见其实是难以分开的，它们之间存在一种辩证关系。如果说不存在绝对真理的话，那么就相对真理这个概念而言，也是以意见的形式出现的。事实上，真理是具体的，只是因为分析性思维把人们引向了赋予真理普遍性、同一性的道路，才出现了以真理的名义置换意见和压制意见的问题。在风险社会及其高度复杂性和高度不确定性条件下，要想形成真理性认识，显然是非常困难的。问题是，在无法形成真理性认识的情况下也必须行动。出于行动的要求，真理与意见的重要性位置需要实现颠倒，也许应当确立起意见的价值高于真理的价值的观念。

在行动中，真理与意见何者优先的问题其实是一个意识形态问题。在全球化、后工业化进程中，在风险社会降临的情况下，中国提出了构建人类命运共同体的主张。这个主张所代表的是一种意见，却是在感知到了风险社会的压力的情况下提出的意见。这个意见在人类的认识史和实践史上，是具有革命性意义的，意味着我们需要承担起意识形态重建的任务。意识形态构成了社会的一个部分，甚至是社会构成中的重要因素。长期以来，人们总是把科学与意识形态对立起来，崇尚科学而否定意识形态。与之不同，马克思主义对意识形态所持的是一种客观的态度，认为意识形态和科学一样，都是对客观现实的反映。是因为反映了客观现实的要求，才在人的行动中发挥作用。

就科学与意识形态的功能看，是具有历史性的。在不同的时代，意识形态功能得以实现的社会后果是不一样的。在风险社会的生成中，工业社会这个历史阶段中科学与意识形态都有责任。随着人类进入了风险社会，面对着社会的高度复杂性和高度不确定性，需要重建意识形态，以求适应这个时代的合作行动的要求。这种意识形态无论在形式上还是在性质上，都具有合作的特征，都从属于合作行动的要求。

第一节 解析真理与意义

真理是认识论的承诺，实证科学的产生和发展则强化了人们认识真理、追求真理的要求。实证科学能够有效地证明真理的存在，而且能够通过所建构起来的各种方法证明真理是可以认识、可以把握的。从历史上看，可以说认识论引发了实证科学的建立。但是，从科学体系的构成来看，则需要把认识论看作实证科学的基础部分，或者说，认识论对全部实证科学作了导论式的阐释。当在全球化、后工业化进程中对认识论进行重新审查时，也意味着是对实证科学的全面反思。当我们的社会从低度复杂性和低度不确定性向高度复杂性和高度不确定性转变时，也意味着人从一个世界走入了另一个世界。在这个世界中，原有地图上所标示的位置和方向，都不再能够给予我们指路。

实际上，我们在新的世界中是找不到可以通行的现成路径的，而是必须披荆斩棘地去开拓新路。新的世界就是一片荒野，每一投足都是险象环生。这就是风险社会。也就是说，在风险社会及其高度复杂性和高度不确定性条件下，认识论开辟出的那条道路已经走不通了，我们在面对作为对象的世界时，所要探索的是一条不同于近代以来曾经畅行无阻的认识论道路。这条道路是属于风险社会的，是需要我们去开辟的。无论这条道路以什么样的形式出现，都适宜于在高度复杂性和高度不确定性条件下通行。

另一方面，我们还应看到，在认识论的道路上，人们无处不表现出追求真理的热情。这种对真理的追求也是科学发展的奥秘所在。然而，随着科学技术的发展，人类目前已经找到了人工智能这一帮手。从已经显现出来的迹象看，人工智能在捕获真理方面比人自身更有优势。不过，在胡塞尔开辟的把捉意义的道路上，人类目前看来还是很难找到帮手的，而是必须独力寻求，将全部把捉意义的琐劳辛苦都揽在自己身上。而且，在风险社会及其高度复杂性和高度不确定性条件下，这也是人所不得不为之事。如果说认识真理的道路已经成为一条康庄大道，那么把捉意义的道路如何筑就？在 20 世纪后期以来，已经有了诸多思考和建议，但要变成一条可以通行的道路，仍然有许多工作要做。

一　来自认识与行动的要求

我们知道，"真理"与"真相"有所不同，尽管通向真理和真相的进路是相同的，都需要求助于分析性思维。人们常说"眼见为实"，但真相这个用语所指的往往不是简单的事实，而是包含着复杂性的。这就意味着眼见并不一定为实，而是需要通过分析去达致真相。

就真相是一种"相"而言，已经将范围界定在事物、事件的形式方面了。真理这个概念所指的也是广义的形式方面，但它的形式应当理解成一种"理式"，是需要通过抽象来加以把握的，是映现在观念中的形式。当我们指出真理和真相都是事物、事件的形式时，也就是说它们都不属于本质的范畴。本质的因素是"意义"，是由真理和真相承载的和包含在真理和真相之中的。不过，对意义的把捉却与通向真理、真相的进路不同。在把捉意义的关节点上，肯定会实现思维上的转换，转为运用直观的方式。就意义是事物、事件的实质而言，可能更多地从属于直观的把握，而对真理和真相的把握，则需要通过分析的途径。

其实，真理与意义在很多情况下是分不开的。不过，有的时候，真理可能会表现出它的非常残酷的一面。比如，正确的判断虽然可以被作为真理看待，却无法令人接受。我们发现，在反腐败行动中，发现一些受控官员家中藏有巨额现金，数额之大令人惊诧。这个时候有人站出来说，贪官藏了这么多现金，未让其在市场流通，抑制了物价，全国人民都从中受益，因而应该感谢他。从经济学的角度看，也许可以将这个判断说成真理，认为它是正确的。不过，我们总会感觉这是一种奇谈怪论。所以，对于真理，我们也要看它是从哪个视角去认识而形成的？它的适应范围多大？它的适应场境是什么？

真理能否成立，是有条件的。当恩格斯区分"绝对真理"与"相对真理"的时候，也许就包含了这一重内容。真理既然是有条件的，就没有绝对真理，至于相对真理，就包含着意义这一重内容。在实践中，意义表现为人的看法。如果某个人或某些人将自己的这种看法作为真理而要求他人接受，也许就会引发诸多问题。这说明，虽然真理之中包含着意义，但真理与意义又是不同的。当然，这种不同应当被理解成认识与实践不同视角所看到的不同。真理是认识的终点，认识到达致真理为止。意义不同于真理，它是实践指向的。认识可以止于真理，但意义从不在某个点上停下脚步。即便在作为认识的行动或路线中，对意义的揭示也不能够在一次性的认识行动中宣布完成，而是需要随时准备出发，跟进前行。总之，一旦获得真理，就意味着认识者手里抓住了某个确定性的东西，尽管这个确定性的东西只适合思想之手去把握。然而，意义总是不确定的，不仅同一意义对于不同的人而言是不确定的，即便是同一个人在触摸到了意义的那一刻，也同时发现了和感知到了意义的不确定性。

真理的获得是一个认识过程，而意义的把捉则是一个建构过程。在对意义的建构中，严谨的逻辑推理并不是必要的，而是可有可无的。在一定程度上，取决于个人偏好。也许一些人喜欢运用逻辑推理，而另一些人更倾向于隐喻、转喻、联想等方式。所有这些，都是意义建构的途径。所以，意义建构过程并不仅仅一条路径，而是每一种方式和路径都呈现出了开放性。显然，严密的逻辑推理以其科学性而显得更有信服力，但若逻辑推理及其结论窃取了话语权，则会把意义建构导向歧途。因为，它会将某种意义打扮成对客观事实的描述而强加于人，从而剥夺了人们的自我意义建构权。一旦出现了这种情况，那么意义也就不再是意义，而是被当作真理对待了。所以，意义建构是与一切霸权都不相容的。

胡塞尔希望提醒我们注意的是，"不管物是什么——只有我们能对其作出陈述的物，只有我们对其存在或不存在、如是存在或如彼存在进行争论和作出合理决定的物——它们都是经验的物。正是经验本身规定着它们的意义，而且由于我们所谈的是事实上的物，正是实显的经验本身在其一定秩序的经验联结体中进行着这样的规定"。[1] 的确，经验之外的世界也许是实存的，但对我们而言，并无什么意义。我们为了行动的需要，不能因为对那个之于我们没有意义的世界的关注而废弛了对经验物的把握。

胡塞尔认为，将关注的重心置于经验物上是非常重要的，那是因为，"如果我们能对经验中的各种体验，尤其是对本质考察中的物知觉的基本体验加以考察，而且如果我们能区分它们的本质可能性和本质必然性（如我们显然可能做到的那样），因此也可按本质方式追溯动机化的经验联结体的本质上可能的诸变体，那么结果就产生了我们事实经验的相关物，它被称作'现实世界'，作为在诸可能世界与诸非世界组成的复合体中的一个特例，这些世界只不过是'经验意识'的观念的本质上可能的诸变体的相关物，这个意识含有禀具某种程度的秩序性的经验关联体"。[2] 也就是说，在意义的理解范式中，正是由经验物构成的世界，才是真正的现实世界。

我们相信"自在的存在"，但那些存在不在现实的世界中，因而是没有意义的。所以，胡塞尔希望人们不要像认识论那样"错误地谈论相对于意识超越性或其'自在存在'"。[3] 在胡塞尔看来，"物的超越性的真正概念，作为关于超越性的任何合理论述的尺度，本身只能从知觉的本质内容或我们可称其为证明性经验的一定性质的联结体中

---

[1] [德] 胡塞尔：《纯粹现象学通论——纯粹现象学和现象哲学的观念》第1卷，李幼蒸译，中国人民大学出版社2014年版，第85—86页。
[2] [德] 胡塞尔：《纯粹现象学通论——纯粹现象学和现象哲学的观念》第1卷，李幼蒸译，中国人民大学出版社2014年版，第86页。
[3] [德] 胡塞尔：《纯粹现象学通论——纯粹现象学和现象哲学的观念》第1卷，李幼蒸译，中国人民大学出版社2014年版，第86页。

推出"。① 其实，关于"自在存在"的观念，也是根源于现实世界的，是相对于经验物的超越性存在，是基于经验而想象出来的世界，其超越性也只能说是对经验的超越。既然是"超越性"存在，也就因为其超越性而获得意义，是基于意义的想象的结果，最终还是要回归到现实世界中去加以体验和领会的。

这样一来，"自在存在"无非证明了想象的价值，是因为包含着转化为经验物的可能性而有意义，而不是认识论范畴中的先验性的"物自体"。显而易见，如果不是走在认识论的逻辑演绎的道路上，而是出于现实性的行动需要，就应当充分考虑胡塞尔的意见。"一个自在的对象绝不是意识或意识自我与之无关的东西。物是周围世界的物，即使它是未被看见的物，即使它是实际可能的、未被经验的、但可经验或也许可经验的物。可经验性绝不意味着一种空的逻辑可能性，而是在经验联合体内在具动机化的一种可能性。"②

不考虑行动而仅从纯粹认识的角度看，工业社会作为一个认识论大行其道的时代，取得了激动人心的认识成果。科学的发展所展现出来的人的认识成就，让人们有了信心，从而带着征服一切未知的理想而纵横驰骋。然而，在行动的需要不断增强后，在人的认识走出认识论而归并到行动的需要中的时候，理想的光芒开始收敛起来，开始更加注重现实，在认识的问题上，也开始更加讲求实际。也许我们已经感受到，在风险社会中，人们都变得讲求实际了，而且也不得不讲求实际。这应当说已经成为风险社会中的一种必要的哲学态度。

讲求实际的哲学态度必然会让人们接受胡塞尔的这样一种信念："本质上，任何现实中存在的但还未被实显地经验的东西，都可变为所与物，而且这意味着，它属于我的每时每刻经验现象的尚未规定但可被

---

① ［德］胡塞尔：《纯粹现象学通论——纯粹现象学和现象哲学的观念》第1卷，李幼蒸译，中国人民大学出版社2014年版，第86页。
② ［德］胡塞尔：《纯粹现象学通论——纯粹现象学和现象哲学的观念》第1卷，李幼蒸译，中国人民大学出版社2014年版，第86页。

规定的边缘域。然而这个边缘域是本质上与物经验本身联系在一起的未规定成分的相关物;而且这些未被规定成分——永远按本质方式——敞开着被充实的可能性,这些可能性绝非完全任意的,而是按其本质类型被规定的、有动机的。一切实显经验都超出自身而指向可能的经验,它接着指向新的可能经验,如此以至无穷。而且这一切都是按照本质上规定的、与先天类型相联系的方式和规则形式进行的。"①

显然,在现实的世界中,在意义所覆盖的范围内,并不存在"可知"与"不可知"的问题,只有"已知"和"未知"之物。在一切行动场境中,由于行动以及与行动相关联的"行动化",使得"未知"在不断地向"已知"转化,并在这个转化过程中获得了内容和规定,从而使意义呈现出不断生成、更新的状况。但是,在尚未转化为已知时,它是没有意义的,因而对它的讨论也是没有意义的。当然,如胡塞尔所指出的,"关于此在世界之外的某实在界的假定前提,'在逻辑上'当然是可能的,它显然未包含什么形式矛盾。但当我们询问关于其有效性的本质条件时,关于由其意义所要求的证明方式时,当我们询问由一种超验者设定本质上规定的一般证明方式——不管我们能如何合法地将其本质普遍化——时,我们认识到,不仅是对于被想象作一个空的逻辑可能性的自我,而且是对于任何一个被想象作其经验联结体的可证明的统一体的实显自我,这个超验者应当是必然可经验的"。②

即便站在认识论的立场上,也必须承认,我们可以想象物质的本原存在形式是"弦",但在它未如"量子纠缠"那样被经验,就不具有意义,就不能在行动中去做出相应的安排。更不用说,在经验之外永远无法进入经验的存在如果受到人们的普遍关注的话,所带来的就可能是无尽的争论。同样,超出了经验的一般世界,无论是想象的,

---

① [德]胡塞尔:《纯粹现象学通论——纯粹现象学和现象哲学的观念》第1卷,李幼蒸译,中国人民大学出版社2014年版,第86—87页。
② [德]胡塞尔:《纯粹现象学通论——纯粹现象学和现象哲学的观念》第1卷,李幼蒸译,中国人民大学出版社2014年版,第87页。

还是在严密的逻辑推理中描绘和推导出来的，也只有被经验到才能减少甚至避免争论。对于风险社会中的合作行动而言，尽可能去排除那些使人陷入无尽争论中的因素，显然是必要的。

经验更具有共享的属性，人们之间的交流之所以可能，都是建立在共有的经验和相互可理解的经验基础上的，是因为"存在着产生相互理解的本质可能性，因此也是这样一种可能性：事实上分离的诸经验世界通过实显经验联结体联合起来以构成一个唯一的主体间世界，即统一的精神世界（人类共同体的普遍扩大化）的相关物"。① 总的说来，认识既限于经验的范围，又不受经验的限制。因为，经验的范围是开放的，是不断变动和持续扩展的。"如果存在有一般世界、实在物，那么构成着它们的经验动机化必定能够……并入我的经验，以及并入每一自我的经验之中。显然存在有不能在任何人的经验中被确定证明的诸物和诸物的世界，但是它们在人的经验的事实性界限内有纯事实性的基础。"②

二 通向真理与意义的道路

一些哲学家认为，"20世纪哲学的历史在很大程度上是关于意义或意思这个概念的历史"。③ 在真理与意义的区分中，对意义的关注，或者说将哲学的主题从真理的魔咒中拉出来而转向意义，显然是一场革命。不过，在20世纪中发生的这一哲学主题的变迁，还只能说是一场革命的前奏曲，真正收获革命成果的季节应在21世纪。这是由社会条件决定的。也就是说，在高度复杂性和高度不确定性条件下，当人类的才智从认识转向了解释的时候，发现意义也就比获得真理更能激荡人的情怀。

从20世纪哲学活动的情况看，虽然将意义确立为了哲学的主题，

---

① [德] 胡塞尔：《纯粹现象学通论——纯粹现象学和现象哲学的观念》第1卷，李幼蒸译，中国人民大学出版社2014年版，第87页。
② [德] 胡塞尔：《纯粹现象学通论——纯粹现象学和现象哲学的观念》第1卷，李幼蒸译，中国人民大学出版社2014年版，第88页。
③ [英] 艾耶尔等：《哲学中的革命》，李步楼译，商务印书馆1986年版，第6页。

但哲学家还被旧的认识论思维方式所束缚,是在认识论的逻辑中去解析意义、理解意义和证明意义的。到了21世纪,随着社会进入革命性的转型过程,特别是科学技术的成就对社会作出实质性改造之后,不断地在人们的思想中凝练出新的观念,使认识论哲学除了在书斋和专业性的论坛中还被坚守之外,在社会实践中则受到了驱逐。因而,对意义的追寻有了广泛的社会基础,而且能够在摆脱认识论逻辑纠缠的条件下,去发现意义和基于意义而开展行动。

如果像胡塞尔那样用"诺耶思""诺耶玛"置换了认识论的"主体""客体"的概念,也就能够理解,相对论、量子理论所揭示的其实就是观察者的意义建构。因为,光速不变是相对于观察者的不变,量子纠缠也是因为观察者的介入才出现的一种现象。同样,解释学无非是用哲学的语言复述了相对论、量子理论的世界观念。这样一来,也许我们就可以摆脱唯心主义、唯物主义等概念对人的思维的束缚了。

对意义的追寻和建构,所代表的是一种世界观;对真理的追求所代表的则是另一种世界观。这两种世界观虽然出现在不同的时代,却并无等级上的差别,是需要相互承认和相互尊重的,而不应相互斥责。其实,在同一种世界观中,不同思想观点之间的相互批评、辩论等是积极的,而在不同的世界观之间,任何批评、斥责、辩论、否定、轻视等,都是消极的。不同世界观之间应有的是尊重、承认、学习、理解、借鉴等。然而,恰恰是在这个问题上,人类尚未学会"直立行走",因而造成了无数无谓的冲突。

海德格尔认为,解释意味着一种"先行占有"。他说,"存在论探索是解释的一种可能方式;解释则曾被标识为对某种领会的整理和占有。一切解释都有其先行占有,先行视见和先行掌握。我们把这些'前提'的整体称为诠释学处境"。[1] 解释是指向意义的,是关于意义

---

[1] [德]马丁·海德格尔:《存在与时间》,陈嘉映等译,生活·读书·新知三联书店 2014年版,第267页。

的一种意见，不会像对真理的占有那样具有垄断性和要求他人必须接受。解释虽然是一种"先行占有"，但在他人那里期望获得的则是承认和包容。对于承认者和包容者来说，可以通过承认和包容去加以占有，也可以作出其他选择。

对于"先行占有"意义的解释者来说，所提出的要求应当是，"如果解释作为阐释而成为一项明确的研究任务，那么就需要从对有待开展的'对象'的基本经验方面并即在这基本经验之中先行澄清和保障这些'前提'的整体"。[①] 虽然解释者应当拥有一种类似于真理追求的研究态度，但他并不将所"先行占有"的东西作为真理施予他人，而是将其作为意义的一种意见传递给他人。当然，解释者会有着影响他人的愿望，即希望他人承认并接受其解释，但在这种愿望付诸行动的时候，则应当限定在"引导"的范畴中。

表面看来，意义源于文本，是通过阅读和在对文本的解释中获得了意义，而实际情况要复杂得多。概括起来，一种情况是从文本中发现意义，即把文本直接呈现的和隐藏于文本构成要素背后的意义揭示出来，并加以占有；另一种情况是读者在新的语境中读出了新的东西，并作为意义赋予文本。这后一种情况是对文本意义的建构，即把文本中也许有、也许没有的意义给予文本。如果说前一种情况与认识相似的话，那么后一种情况则意味着，是因为解释者在文本与某种（些）意义之间建立起了联系，从而给人以意义来源于文本的印象。实际上，这两种情况都是因为解释者的参与才有了意义。

解释者是意义的建构者，在解释者与文本尚未建立起联系的时候，是不可能作出文本中包含着那个意义的判断的。只有当解释者与文本建立起了联系，文本中的意义才展现了出来。是因为解释者把意义给予文本，才使得文本包含了那种（些）意义。解释者又不可能凭空建

[①] ［德］马丁·海德格尔：《存在与时间》，陈嘉映等译，生活·读书·新知三联书店2014年版，第267页。

构意义，事实上，他是在阅读文本时发现了意义和建构了意义。所以，是在解释者与文本的相遇中有了意义的呈现。文本与解释者之间的关系，其实就是胡塞尔所说的"诺耶思"与"诺耶玛"的关系。就如王阳明的"山中花"，自开自落是没有意义的，但在王阳明发现了它，或者说，当它从文本的形式呈现在了王阳明面前，则获得了意义。

在人类希望了解世界时，从文本中发现意义和揭示意义是一种重要的、主导性的认识取向。有一些学者在解释学理论兴起后，也把近代以来认识论范式中的所有理论都视作解释学。那样的话，就是因为读者的阅读而发现了意义和揭示了意义的。如果持有这种看法的话，其实是把解释学与认识论相混同了，无疑是说，解释学只不过是把认识论的真理称作意义。这显然是一种错误的看法。其实，可以认为存在着两种阅读现象，认识论的阅读在于发现，获得真理；解释学的阅读则在于实现意义建构。这两种阅读代表了两种不同的取向，认识论的阅读代表了一种认识取向，而解释学的阅读则代表了一种行动取向。如我们上述所指出的，真理意味着一个过程的结束，而意义却意味着一个新的起点。虽然认识论之中也包含着属于其理论范式的实践论，但实践过程无非是对真理的维护。与之不同，对于意义建构来说，确立了某种意义，却是为了开展行动。

在认识论当道的时候，一直存在着"认识主张的理论"和"实践主张的理论"之间的争执。实际上，对于这两种取向，如果表述为"发现取向"与"行动取向"可能更合适一些。不过总体看来，虽然工业社会用行动创造出了辉煌的文明成就，但人对待世界的一种先导性的心态则是强烈的求知追求，希望了解世界。比如，现代美洲文明应归于人的创造，是人用行动建构起来的。但是，这一美洲文明在发现新大陆的航海动机中是根本不存在的。工业文明就是如此。也就是说，近代以来的人们所追求的是认识世界，因为人们受到了希望了解世界的欲望的驱使，所以行动及其建构起来的这个世界只是一种副产品。

也正是因为我们今天所拥有的这个世界即工业文明是认识追求的副产品，才经常性地把似乎即将失控的压力施加于我们。显然，它作为副产品，并不存在于我们的目的中，不是我们希望建构的世界。我们拥有了这个世界，只是一种意外。或者说，我们也拥有诸多实践主张的理论，但它们是在认识论的温床中产生的，它们与认识主张的理论间的争论也是在认识论的框架中进行的。

在社会的转型中，我们看到了另一种景象，那就是一个"建构的时代"的开启。或者说，我们今天所在的这样一个全球化、后工业化的时代，也是从"认识的时代"向"建构的时代"转变的时期。对于认识论来说，认识真理然后进入实践过程而有了建构性成果，代表了造就工业文明的思想和行动路线，但这一思想和行动路线只适用于工业社会。随着工业社会的终结，构想一种通过意义建构而开展行动的思想和行动路线，应当说是合理的。从理论上看，这种转变将是认识论的终结，取而代之的是真正的实践论。正如在认识论的理论范式中包含着实践论一样，我们所说的实践论也将以一种理论范式的形式出现，它也会包含着认识论的内容。虽然认识与实践依然是需要给予合理关注的问题，但因为范式变革而使它们在取向上发生了根本变化，即从认识真理转向了建构意义。

在我们迎接"建构的时代"到来的过程中，一种由建构追求汇成的气浪正扑面袭来，让我们听到建构取向的行动对认识取向的静观致思发出的嘲笑声。虽然认识和了解世界的任务仍将永无穷期，但认识与建构的关系颠倒了。在近代以来这个认识论当道的时代，建构的行动是由认识引起的，而在全球化、后工业化运动所开启的建构时代中，认识是从属于建构的要求的，包含在建构的行动之中。这个时候，建构者也面对着同样的文本，也在对文本的解释中获得意义，但意义是建构性的，是在建构取向中生成的，是被建构出来的意义。在这个时代中，文本的解释者也是建构者，或者说，他所进行的是建构性的解释。同时，解释者又是行动者，是行动中的解释者和作为行动者的解释者。因此，近代以来一直苦无解决良策的理论与现实、认识与实践的不一致问题，也都完全消失了。

一切解释都是在具体的时代、具体的语境、带着具体的使命意识和出于具体的要求下进行的，有着强烈的时代特征和实践导向色彩。在解释者面前，文本是将它的内在意义敞开的，并通过解释者而朝向经验世界，作用于实践过程和物化为新的创造物。这显然是与承诺真理追求的认识过程不同的。在人与世界的关系中，认识是一种永恒的追求，但能否认识真理的问题是认识论的一个软肋。否则，也就不会产生怀疑论、不可知论了。事实上，正是因为认识有着诸多局限性，才从更为深邃的思考中生发出了怀疑论、不可知论等。然而，当认识论为实践论所置换后，所有认识的局限性都将烟消云散。那样的话，也就不再受到怀疑论、不可知论的纠缠了，因为在真理的不可能之地生长出了意义的花朵。事实上，人类的智力发育也已经到了这样一个阶段，"与其去问：我们如何进行认识？不如去问：那个只在理解中存在的存在者的存在样式是怎样的？"[1]

从历史上看，认识造就了科学，所以，认识论也被认为是现代科学之母。但是，工程学往往不愿意停留在科学认识的终点上，而是要求将科学认识的意义付诸实施，即根据建构的需要而将理解中的存在转化为现实。比如，在科学认识中仅仅存在着人，对人的一切都尽可能地作出充分的描述，而工程学上的人工智能则要创造出机器人，把对科学文本阅读中能够发现和建构出来的意义赋予机器人。如果说科学认识是对存在的认识并达致真理，那么工程学则致力于对存在可能性作出体验。在这种体验中，意义是从各种存在的可能性中去进行选择的基础、标准和前提。也就是说，意义决定了应当删除哪个（些）可能性和保留哪个（些）可能性，然后将被保留的可能性转化为现实

---

[1] ［法］保罗·利科：《从文本到行动》，夏小燕译，华东师范大学出版社 2015 年版，第 90 页。

性。所以，解释对于工程学而言有着不可或缺的意义。总体看来，一切创造，一切建构性的活动，都是从解释出发的。在解释中获得的意义，则被带进了创造和建构过程之中。

三 在领会和体验中获得意义

近代以来，哲学家为我们提供了分析性思维。在人们习得了这种思维方式后，也就开始了在科学的名义下探究宇宙之谜的行程。运用分析性思维的认识和探索过程，需要有严谨的精神和严肃的态度，需要诚实地对待认识对象，也需要诚实地对待作为认识者的自我。只有这种诚实，才是通向真理的保证。的确，在对科学的信奉和对分析性思维的应用上，人们是诚实的。可是，"虽然他们都是诚实的，但是，我们还是可以说，他们的推理依然包含了智力游戏的成分；宇宙的秘密应该向他们暴露无遗，而且仅仅向他们暴露，这种简单观念意味着，他们极端地夸大了自己的意义，而且这种夸大已经到达了滑稽的边缘，需要伪装、表演，甚至装扮成小丑。我们可以把形而上学的思想看成戏剧性的姿态和伪装……假定那些追逐'隐藏的世界'的人果真是真诚的"。[①]

在分析性思维模式中，在由这种思维模式形塑出来的科学信念以及活动中，我们所看到的是一种追逐"隐藏的世界"的真诚。一旦这种思维模式的片面性和作为一种思维方式的狭隘性暴露了出来，那种科学的诚实就显得非常滑稽了。事实上，根据胡塞尔的意见，"隐藏的世界"并不是对象、所与物，并不存在于科学以及认识的视野之中。只有当世界接触到了和承载了意向性，才会成为对象，才能够被研究和认识。如果说使用分析性思维方式的话，也只有在这个时候才有可能。然而，一旦研究对象中包含了意向性，也就意味着有了不可

[①] [法] 亨利·列斐伏尔：《日常生活批判》，叶齐茂等译，社会科学文献出版社 2018 年版，第 127—128 页。

分析的内容。所以，科学不应仅仅从属于分析性思维，而是应当开放地面向其他的不同于分析性思维的思维方式。只有当科学能够包容多种思维方式时，即学会因不同的研究对象而运用不同的思维方式，才能在把"隐藏的世界"转化为对象方面并在对对象的认识方面，真正地取得进展。

意义具有不确定性，处在变动之中。我们可以把体验到的意义保持下来，将之持存，但在下一刻、下一场境中，也许就完全失去了那个曾经获得和拥有的意义。由于意义的变动性是不可捉摸的，因此需要在不确定性的意义上来理解意义的变动。虽然真理也是具体的，但真理不受条件限制，是可以穿透时空的。所以，就存在形式而言，意义的不确定性与真理的确定性相映成趣，以至于用真理否定意义和用意义代替真理都是不当的做法。其实，人文学科以及一切人文思考，都只有在对意义的把握中才能证明自身的价值。在诉诸语言文字时，所表达的也只是一种意见，目的无非是要帮助他人体验、领悟、理解意义。如果人文思考也将自身宣布为探求真理的科学活动，那就是一种异化，即立即将自己提出的意见当作不容置疑的论断加予他人了。那无疑是以一种霸权姿态出现的，是强迫他人认同自己的做法。

根据海德格尔的说法，意义源于对存在的领会，"意义意味着存在之领会的首要筹划的何所向"。① 一旦领会到存在的意义，也就意味着存在已经在领会中向着某个方向展开了。在生存论的视野中，"自身开展自身的在世的存在随着它自身所是的存在者的存在同样源始地也领会着世内被揭示的存在者的存在，即使其方式是非专题的，即使连生存和实在这样的首要样式还未经分化"。② 也就是说，意义在领会中获得，而在行动中得到证明。与真理是认识的终结不同，意义是将

---

① ［德］马丁·海德格尔：《存在与时间》，陈嘉映等译，生活·读书·新知三联书店2014年版，第369页。
② ［德］马丁·海德格尔：《存在与时间》，陈嘉映等译，生活·读书·新知三联书店2014年版，第369页。

对它的领会作为起点的，要求付诸行动中，通过行动去展示其开放性。

海德格尔说，"存在者'有'意义，只因为存在已经事先展开了，从而存在者在存在的筹划中成为可以领会的，亦即从这一筹划的何所向方面成为可以领会的。存在之领会的首要筹划'给出'意义。提出某一个存在者的存在意义问题，就使存在者的全部存在所据的存在之领会的何所向成了课题"。① 在低度复杂性和低度不确定性条件下，人们往往把"筹划"与"行动"看作两个不同的环节，而在风险社会及其高度复杂性和高度不确定性条件下，"筹划"与"行动"是统而为一的，都以意义为根据，并行进在意义所指的方向上。所以，如何行动就"成了课题"。我们所推荐的合作行动，就是在对这个课题的破题中所形成的答案。

如果说真理追求所代表的是一种理想主义，那么对意义的把握则是一种现实主义的做法。就意义根源于和包含在领会之中而言，是此在对生存着的自身的领会。"其情况是：这一领会并非表现为纯粹的把握，而是构成了实际能在的生存上的存在。展开了的存在是为其存在而存在的存在者的存在。这一存在的意义亦即操心的意义使操心的建制成为可能；而正是这一意义源始地构成能在的存在。"② 当然，这并不意味着意义是一种纯然主观性的创造物。就领会而言，所表明的是一种占有方式，是一种不同于传统认识论的认识概念所指示的那种占有方式。

领会所获得的意义，在性质上，仍然是一种存在状态，或者说，是不同于认识论的客观存在的，但它又是真实存在的此在。这就是海德格尔所说的，"此在的存在意义不是一个漂浮无据的它物和在它本身'之外'的东西，而是领会着自己的此在本身"。③ 显然，在这里使

---

① ［德］马丁·海德格尔：《存在与时间》，陈嘉映等译，生活·读书·新知三联书店2014年版，第370页。
② ［德］马丁·海德格尔：《存在与时间》，陈嘉映等译，生活·读书·新知三联书店2014年版，第370页。
③ ［德］马丁·海德格尔：《存在与时间》，陈嘉映等译，生活·读书·新知三联书店2014年版，第370页。

用"主观""客观"的概念是不合适的,因为海德格尔的"存在"概念已经超越了传统认识论的"主观""客观"视野。所以,将这种状态称为"存在"或"此在",更为合适一些。

海德格尔频繁使用的"领会"概念也许是对胡塞尔的"体验"概念的另一种表述。在胡塞尔那里,虽然认为"在种类不同但类似的体验中可有某种同一的东西",[①] 但这仅仅是一个无法证实的猜测。因为,意义发生在知觉者与被知觉物的关系中,受到太多因素的影响,所呈现出的复杂性和不确定性非常高,而且在每一个体验者那里都是不同的。因而,意义的同一性是不可能达成的,甚至关于意义的共识也无法达成。其实,如果我们把"意义"与"真理"看作两个不同的目的地的话,那么我们通向意义的道路肯定不同于通向真理的道路,通向真理的那条道路上的"同一性"问题也就不应来纠缠我们。在通向意义的道路上,可以与同一性作比较的只是相似性。

如果说存在着客观性的意义载体的话,那么根据胡塞尔的看法,这个客观性的载体也"应'存于'体验中和在体验中'被意识'"。[②]所以,在意义面前,人们之间是需要相互尊重、相互理解的,作为自我的存在应当对作为他人的存在加以承认和包容,而不是在你我之间谋求某个可以凌驾在我们之上的统治我们的东西(如共识等),更不允许你或我以单方面宣布的方式而构造出某个霸权。意义在于我自己,属于我,同时又是在我们之间的相互承认和包容中获得了现实性。真理是具有排斥性的,真理的反面或对立面是谬误,而意义则具有"非排斥性"。一种意义的主张如果排斥了其他意义,也就立即暴露出霸权的特征,而且这种霸权是无法修饰、无法美化的。总之,意义只有在具有包容性的时候才是有意义的。

---

① [德]胡塞尔:《纯粹现象学通论——纯粹现象学和现象哲学的观念》第1卷,李幼蒸译,中国人民大学出版社2014年版,第177页。
② [德]胡塞尔:《纯粹现象学通论——纯粹现象学和现象哲学的观念》第1卷,李幼蒸译,中国人民大学出版社2014年版,第187页。

第五章 真理、意见与意识形态

胡塞尔说,"物是超越对物的知觉的,并因而是超越与其相关的每一个一般意识的;其超越性的意义并不只是在于物不可能作为意识的真实部分被实际发现;相反,整个情况与一种本质明见性问题有关:在任何可能的知觉中,在任何可能的一般意识中,一物都不可能绝对无条件普遍地或必然地作为真实内在物被给与"。[①] 如果将此简单地斥为不可知论,显然是不合适的。因为,在胡塞尔的时代,科学技术已经得到了一定程度的发展,认识论哲学大获成功,他对此是非常清楚的。之所以胡塞尔指出"物不可能作为意识的真实内容部分被实际发现",是因为他在思考认识的"可能性"问题时有着更加深入的体验。

沿着对认识的"可能性"的追问,胡塞尔发现,"在作为体验的存在和作为物的存在之间出现了基本本质上的区别。作为区域本质的体验(尤其是作为谈区域特殊化的我思行为)基本上表明,体验在内在知觉中是可被知觉的;但空间物本质表明,这是不可能的"。[②] 这在认识上是合乎实情的。即使海德格尔在趋近客观性的意义上将胡塞尔的"体验"修正为"领会",以求借此而强调指向性,但所表达的也同样是一种在认识可能性问题上的保留意见。

在认识可能性问题上所展开的思考,实际上摆脱了"可知论"或"不可知论"的武断判断,从而突出强调了认识只限于认识可以认识的。根据胡塞尔的描述,"如果一切[给与物的]直观之本质在于,在相应的目光转向中,与[物所与者]一致的,其他类似于物的所与者均可被把握,而且是在这样的方式中,即在物显现者构成中的可分离层与较低层上——如在其种种特殊化子类的'被视物'——那么对它们来说完全同样的是:它们原则上都是超验物"。[③] 如果我们将胡塞

[①] [德] 胡塞尔:《纯粹现象学通论——纯粹现象学和现象哲学的观念》第1卷,李幼蒸译,中国人民大学出版社2014年版,第74页。

[②] [德] 胡塞尔:《纯粹现象学通论——纯粹现象学和现象哲学的观念》第1卷,李幼蒸译,中国人民大学出版社2014年版,第74页。

[③] [德] 胡塞尔:《纯粹现象学通论——纯粹现象学和现象哲学的观念》第1卷,李幼蒸译,中国人民大学出版社2014年版,第74页。

尔的这些意见放到风险社会及其高度复杂性和高度不确定性的场境中，就会真正体验到，空有近代以来的认识论的雄心壮志其实并无什么益处，而是需要对认识本身持谨慎的态度。这样的话，我们就能够将注意力集中在能够认识的方面。只有在能够认识的方面下足了功夫，才能使得行动获得更为扎实的认识基础。

在某种意义上，近代以来的认识论是怀有盲目自信的，它没有意识到胡塞尔所说的这种情况："物体必然只在'显现方式'中被给与，在其中'现实地被呈现者'的核心必然被统把为由一非本然'连同所与物'的边缘域所围绕，而且这个边缘域具有某种程度上模糊的非确定性。而这种非确定性的意义又是由一般被知觉物本身的普遍意义或由我们称作物知觉的这类知觉的普遍本质所显示的。"① 在风险社会及其高度复杂性和高度不确定性条件下，"显现方式"本身就是复杂的和不确定的，而且其时间规定也是模糊的，甚至会表现出转瞬即逝的状况。这就是现实，只有正视这一现实，才能使行动走在正确的道路上。

四 在行动中诠释意义

与传统的经验主义不同，合作行动主义反对将认识限制在经验事物上。这反而恰恰表现出了对行动者的想象力及其想象的重视。在这一点上，合作行动主义同意胡塞尔的这一意见："借助于以想象为基础的所谓本质看，从该想象物中产生了新的所与物，'本质的'所与物，即非实在的对象。"②

虽然想象创造出的是"非实在的对象"，而且也仅仅是在想象的那一刻创造出了并未被经验的事物，而一旦付诸行动，非实在的就会

---

① ［德］胡塞尔：《纯粹现象学通论——纯粹现象学和现象哲学的观念》第 1 卷，李幼蒸译，中国人民大学出版社 2014 年版，第 78 页。
② ［德］胡塞尔：《纯粹现象学通论——纯粹现象学和现象哲学的观念》第 1 卷，李幼蒸译，中国人民大学出版社 2014 年版，第 34 页。

成为实在的，未经验的也就进入了经验。这就是行动的创造性得到了实现的状态。就行动者的想象并不是无根据的妄想而言，不仅从"非实在性"的向"实在性"的转化过程是可经验的，而且就想象的发生以及想象的内容而言，也是可经验的。所以，想象并未脱离经验，更不用说想象与经验之间是对立的。

胡塞尔在与经验主义论战的意义上对想象所作出的定义是"先天思辨虚构"，其"有效性取自原初给予的直观"。以想象的形式出现的"直观有如被判断的意义或被对象的特殊本质和判断事态所规定的那样。对象的基本区域以及相应地给予性直观之区域类型，有关的判断类型，以及最后，诺耶思的诸规范（这些规范要求着这些类型的判断基于这样的而非那样的直观样式）——这一切都不可能被人们自上而下地加以设定或规定。人们只能通过明见来确定，而且如前一样，这意味着通过原初给予的直观来予以揭示，并通过忠实地符合在此直观中的所与者的判断来确定它们"。①

也许人们从胡塞尔的这段话中看到的是雄辩，其实不只如此，因为经验主义的认识要义无非是直观。虽然想象也是直观的，但与经验主义的直观是不同的。经验主义与理性主义所代表的只是不同的认识路径和方式，都从属于认识论的理论范式。在胡塞尔这里，想象不采用任何推理或归纳的形式、步骤，而是一种"直接的看"。更为重要的是，想象不受实在性对象的限制，而是对实在性对象的超越。胡塞尔指出，"'实证主义者'有时混淆了各种直观间的基本区别，而有时虽然看到了诸直观之间的对立，却为偏见所囿，只愿承认各类直观中的某一类直观是正当的，甚或是唯一存在的"。② 如果不愿意承认想象这一直观形式的话，那就是一种偏见。

---

① ［德］胡塞尔：《纯粹现象学通论——纯粹现象学和现象哲学的观念》第1卷，李幼蒸译，中国人民大学出版社2014年版，第34—35页。
② ［德］胡塞尔：《纯粹现象学通论——纯粹现象学和现象哲学的观念》第1卷，李幼蒸译，中国人民大学出版社2014年版，第37页。

与经验主义的对对象的直观不同，想象本身就有着不同的属性，即存在着不同性质的想象。除了基于解决现实问题要求的想象之外，还会存在着纯粹的虚构。一般说来，虚构会因为其是否具有意义而受到取舍，具有意义的和包含意义的虚构，会被人们保留下来，进入人的生活世界，而没有意义的和不包含意义的虚构则会被抛弃。这是一种社会选择，其结果却同样证明了想象是一种创造性直观。科学研究中的假设、假说等在"源初"就是具有积极意义的想象，因为这种想象一出现，就包含着欲证实的冲动于其中，而且主导了科学研究的过程。假设、假说的证实或证伪，都属于对某种存在状态的肯定或否定。如果说科学研究本身就构成了一种行动方式，那么假设、假说就是创造性行动的一部分，是"源始的"部分。总之，人的创造性行动是通过想象展开的，想象本身就标志着人的创造力。

　　雷加诺认为，20世纪理论家们的哲学贡献改写了政策分析以及政治活动的基本观念和行动方向，由于我们被引上了意义建构之路，以至于"我们的任务便成了理解和研习那些不同的意义正在被交流，以及这些意义是如何被建构、争论和解决的"。[①] 为此，雷加诺特别例举了20世纪晚近时期一些思想家关于社会治理行动如何基于意义展开的意见。

　　雷加诺说，"伯格和卢曼将社会学和政治学的维度引入了意义的问题中，并提出意义是社会政治力量中的一场竞争。再者，制度本身就是社会建构，使得社会中的力量集团得以维持和实施。这便导向了建构主义学派的政策研究方法，这其中分析的任务是为了厘清意义是如何被建构的，哪些意义在争夺公共领域的峰顶浪尖，而意义建构又是如何带来制度变迁的。本质上，政策是意义建构竞赛的结果。一些理论家指出，这些竞赛通过论争的过程解决，而更好和更具说服力的

[①] ［美］劳尔·雷加诺：《政策分析框架——融合文本与语境》，周靖婕等译，清华大学出版社2017年版，第64页。

叙述在政策辩论中胜出。而其他理论家则指出，意义之间的竞争可以通过建构容纳前人的反对观点的元叙事来解决。后起的合作模式的概念来自于理性主义观念，认为解决方法并非存在于个体中，而是存在于个体社群的主体间性中，大家互相合作寻求真相和正确性。在哈贝马斯的公式中，真相是可以被获得的，但必须通过一个无效的、公共的和不失真的交流过程检验各种真相主张获得"。①

在关于社会治理的依据如何得到建构的问题上，尽管在不同的人那里会有着不同的意见，而且他们也时常陷入争论，但在从认识论的"反映模式"转向意义建构这样一种理论演进趋势中，他们都是积极的参与者。正是他们所作出的理论贡献，开拓出了一个建构主义时代。至于其中的个别理论家或他们的个别观点表现出的向传统认识论思想路线的妥协，并未对从真理向意义的转变造成较大的阻碍。

人工智能专家要求在人的特定精神环境中去发现事物的意义，也就是说，他们并不承认具有普遍性和在任何情况下都是等值的意义。根据明斯基的意见，"我们经常面对一些模棱两可的情况，一件事情的意义取决于精神环境中余下的部分，这也适用于思维中的多种活动，因为活动的意义在于激活了哪种精神资源。换句话说，任何符号或物体本身并没有任何意义，而你对这些符号或物体的解释则取决于自己身处的精神环境"。② 比如一块砖头，在生产者、销售者、行路人、筑墙者等每一个人的精神环境中，是有着不同意义的。假如说在生产者和销售者之间还有某些共享的意义，那么对于被这块砖头绊倒摔了一跤的行路人来说，则不可能与他们共享这块砖头的任何意义。

意义的这种与具体的精神环境的相关性意味着，不同的人或人群会选择和应用不同的意义表征。同样，即使同一种意义表征，在不同

---

① ［美］劳尔·雷加诺：《政策分析框架——融合文本与语境》，周靖婕等译，清华大学出版社 2017 年版，第 64 页。

② ［美］马文·明斯基：《情感机器》，王文革等译，浙江人民出版社 2016 年版，第 298 页。

的人加以使用的时候，也可能包含着不同程度的或不同的意义。对于意义与表征之间的这种复杂关系、意义的具体性以及表征的多重性、多样性和多种可能性等问题，也许哲学家和社会科学家们可以置若罔闻，但人工智能专家必须去思考和寻求解决的途径。否则，也就不可能创造出人工智能。

明斯基指出，"如今，大多数计算机程序仍然只能完成某一项具体任务，只使用一种表征方式，然而人类的大脑却可以积累多种方式来描述我们当前面临的困难。这意味着我们也需要一些方法来决定在每种情况下应该使用哪种方法，并且需要知道，当我们不能使用某种方法解决问题时，应当学会换一种方法"。[1] 这无疑是人工智能技术必须首先解决的问题。而且，这绝不只是尽可能多地把问题解决方案输入机器，以便它在遇到问题时进行选择，而是需要让机器通过学习明白什么是意义、意义产生的精神环境、意义与表征间的关系。这实际上就是一个思维方式的问题了。在分析性思维方式中发展起来的人工智能技术以及学会了分析性思维方式的人工智能机器，显然是无法解决上述问题的。所以，人工智能的发展已经走到了对一种不同于分析性思维的思维方式提出要求的时刻，而相似性思维就是这样一个备选项。

对于意义，不适合用"大""小"这类描述形式、外观、轮廓的词来表示，而是应当用丰盈、充足、缺失、欠缺等词来反映意义的状况。因而，对于意义无法使用定量的方法加以测定，只能通过体验、领会的方式进行直观。用胡塞尔的话说，"意义的一种体验方式是'直观的'方式，按此方式'被意指的对象本身'是被直观地意识到的；一种极其特殊的情况是，在那里直观的方式正是原初给与的方式"。[2] 在直观的

---

[1] ［美］马文·明斯基：《情感机器》，王文革等译，浙江人民出版社2016年版，第302页。

[2] ［德］胡塞尔：《纯粹现象学通论——纯粹现象学和现象哲学的观念》第1卷，李幼蒸译，中国人民大学出版社2014年版，第266页。

体验中去感知意义是否充实,并根据意义的充实程度去做出行动的决策,即作出选择,才能使行动在质性上对所面对的问题作出正确的回应。

也就是说,当我们面对一个问题时,基于真理的行动所走的是一条在形式上解决问题的道路,而基于意义的行动则是在质性上作出回应。意义天然地就属于行动,是通过行动去加以表现的,也是在行动中展示出来的。就真理与意义的关系来看,真理在行动中也是需要从属于意义的观照的,只有当真理转化为意义,才能付诸行动,并在行动中体现出真理的价值。事实上,我们也只有在行动中才能清晰地看到什么是意义。

人们所把握的意义是可以通过语言文字等方式进行交流沟通的,但能否把他人对意义的把握转变成为自我的把握,要看领会的状况。其实,在很大程度上,还是要看自我有没有相同的直观体验。即便有了相同的直观体验和感受,对意义把握上的差异,也是无法抹平的。这是因为,意义不同于真理的地方也就在于不需要形成共识。意义的价值体现是需要在行动中去实现互补的,也正是在互补中,才能使意义体现出来,甚至得到放大。

在行动中,意义把握上的差异会得到持存,并在得以持存的前提下对行动中的互动形成支持,增强行动体系的有机性。所以,在我们思考风险社会及其高度复杂性和高度不确定性条件下的合作行动时,就会注意到,合作行动并不刻意关注行动者专业上的同质性和异质性问题,不像协作行动那样必须建立在专业上的异质互补基础上。然而,就合作行动所涉及的真正本质存在方面的意义而言,则必然是差异性的。意义把握上的差异性既无法营造也无法避免,而是要在尊重和承认差异的基础上促进意义的互补,让差异性的意义在行动中表现出某种融合的景象。这就是合作行动所要实现的和所要体现的意义及其功能、价值。

总之,对于真实的东西能否在认识上和思想中成为真理这个问题,是可以表示怀疑和开展争论的。但是，如果认为真实存在着的并不真实而只是幻相，就超出了哲学的界限。不过，当我们不是在静止的意义上去确认真实，而是把真实看作在流动中不断否定自身的一种形态，那么在任何一个时间点上被确认为真实的存在，都又恰恰是不真实的。这个问题就是我们在风险社会及其高度复杂性和高度不确定性条件下面对流动的世界而必须认识到的现实。一旦我们去把握这种状态，就会发现，唯有我们的行动是真实的。

我们的行动可以把所有真实的东西变成不真实的，也可以把我们想到了却不真实的转化成真实的。在某种意义上，我们认为，风险社会及其高度复杂性和高度不确定性条件下的人的行动——合作行动，是可以类比为上帝创世行为的。不是说人的行动无所不能，也不是说人能够改造世界和创造世界，而是说人能够在风险社会及其高度复杂性和高度不确定性对人的存在构成了严峻挑战的情况下，通过为了人的共生共在的合作行动而使人的存在变得真实和不可怀疑。因为，对于合作行动而言，世界不在行动之外，而是在行动之中。

如果说黑格尔的从"无"中产生"有"受到过一些哲学家的嘲讽，那么到了我们的时代，所有那些曾经对黑格尔发出嘲讽的人，都应当反省自身。如果说在人类历史上人们一直坚定地相信先在于自我的存在不可怀疑，那么自此刻开始，我们将转向对我们行动及其结果的不可怀疑。这样一来，什么因素可以保证我们的行动及其结果不可怀疑呢？显然是行动的道德化。再进一步，正是我们社会的伦理建构，为行动的道德化提供了保障。在行动的道德化之中，意义以及从属于意义的真理，才能够得到真实的领会和深切的体验。有了道德化的行动，人的共生共在就会成为真实的存在。同时，也使自我成为真实的存在。如果说这个行动及其结果也是一种证明的话，它不是思想和理论意义上的证明，而是由实践做出的证明。

第二节 分辨真理与意见

就 18 世纪的启蒙思想诞生在教会话语依然有着巨大影响力的情况下而言,在一定程度上沾染了神秘主义的气息也是难免的。所以,从启蒙思想的诸多表述看,在追求和倡导理性时,也经常使用了教会话语,可能那是出于谋求公众理解和接受的目的。比如,"天赋人权"这个提法本身就有着明显的教会话语特征。正是这个原因,舍勒说"启蒙时代所具有的绝对的、固定不变的、'永恒的理性真理',都只不过是这样一些在中世纪仍然内容极其丰富和富有意义的'实体性'真理所具有的最后一些稀薄的痕迹而已"。[①]

可以认为,在启蒙时期以及其后的岁月中,真理的概念取代了上帝,拥有了上帝的地位。不过,上帝是不可认识的,人们只能执行上帝的意志和听从上帝的安排。不同于上帝,真理却是可以认识的。特别是当启蒙思想传播到了德国后,构造出或确立起了哲学认识论,系统地阐释了通向真理的道路。应当说,在更早的时期,培根、笛卡儿就已经开辟了认识论的哲学路线,做了一些基础性的工作,而德国哲学则使得认识论系统化了。当然,德国哲学突出了认识的理性方式,而在此前,关于认识的路径是与德国的纯粹理性不同的。贝尔就指出了这一点:"卢梭在《忏悔录》里想做的无非是:如有必要,就无情地证实自己的名言:掌握真理只有通过感情或感受,而不是通过理性判断或抽象推理。"[②]

贝尔不是一位哲学家,他的看法也许是不值得提起的。但是,我们又需要看到,贝尔是在思考后工业社会时对认识论做了反思的,因而,他才会借着卢梭去表达他对认识真理的某种想法。的确,《忏悔

[①] [德] 马克斯·舍勒:《知识社会学问题》,艾彦译,译林出版社 2014 年版,第 245 页。
[②] [美] 丹尼尔·贝尔:《资本主义文化矛盾》,赵一凡等译,生活·读书·新知三联书店 1989 年版,第 182 页。

录》所要描绘的是生活世界的场境，它与理性建构的世界相比，要复杂得多，无法完全从形式上去加以把握，以至于必须求助于人的感觉、感受。毫无疑问，与其他的生活领域相比，日常生活显然更显复杂。在复杂性的条件下，人们是不能按照自然主义理念的要求和指导而行动的，也不可能按照事先写好的剧本表演，而是要用即兴表演去作出真实的表达。

如果日常生活中"真实的"东西可以比喻为人的认识活动中的真理的话，那么人在日常生活中感受到的"真实"也就应当视为真理。这在认识论征服了整个世界的条件下，是合乎普遍主义精神的。所以，人的感觉、感受等感性的状态并不是与真理认识相对立的，而是包含着直觉真理的可能性，是达致真理的一条最为简捷的途径。不过，我们还需要指出，无论认识论主流理论所推荐的理性路径，还是一些因为特殊原因而从近代思想中发掘出来的其他路径，都执着于如何达致真理。就此而言，依然是囿于认识论的框架进行思考的，都是把真理作为认识的目标对待的。

从实践的角度看，我们明显地看到了这样一条历史线索：只要人们以组织化的方式去开展行动，就会发现"意见"而不是"真理"在发挥作用。甚至，真理也需要转化为意见，才能在人们之间进行交流，才能发挥协调行动的作用。越是到了晚近，将真理转化为意见而嵌入集体行动中来的状况也就表现得越明显。在人类踏入 21 世纪的门槛时，也同步走进了风险社会，需要面对社会的高度复杂性和高度不确定性而行动。因而，更加让我们感受到，在启蒙时期所开辟出来的那条认识论路线上去追求真理，也许会让行动背负起无比沉重的包袱。相反，给予意见以更多的关注，则是有益于行动的。至少这是一个需要思考和需要研究的问题。

一　社会观察中的真理

福柯说，"真理的话语的哲学……这个传统的、崇高的、哲学……

是完全只与事实相关的问题……在我们这样的社会里,真理话语被赋予如此强大的效力,用以生产它的权力属于哪一类型?"① 提出这个问题本身,无疑是要把真理这样一个认识论问题转化为社会学问题,或者说,是从社会的角度去对认识论进行反思,并将真理与权力这两个原本在理论上并不相关的问题联系了起来。

正是福柯,把真理与权力联系在了一起,从而表现出更准确地反映了社会生活中真理与权力耦合的现实状况。福柯认为,"在一个像我们这样的社会里(不管怎样,在任何一个社会里都一样),复杂的权力关系穿过和建立社会实体,并规定其特征;它们相互不可分离,也不能在没有真理话语的生产、积累、流通和运转的情况下建立和运转。如果没有真理话语的某种经济学在权力中,从权力出发,并通过权力运行,也就不能行使权力。我们屈服于权力来进行真理的生产,而且只能通过真理的生产来使用权力"②。

权力与真理相互支持就是社会现实,在某种意义上,也可以说权力与真理相互实现了对对方的垄断性占有。一方面,"我们必须生产真理,如同我们无论如何也要生产财富,为了权力生产财富,我们必须生产真理"③。另一方面,"我们同样服从真理,在这个意义上,真理制定法律;至少在某一个方面,是真理话语起决定作用;它自身传播、推动权力的效力"④。事实上,权力选择了真理,或者说,可以对真理作出选择,只选择那些能够对权力提供支持的真理。之所以能够对真理进行选择,是因为真理本身就包含着权力的力量,只不过这种力量是隐伏在真理之中的。由于真理中所隐伏的那种力量有强有弱,所以,在从真理向权力转化时,可以对真理做出选择,选择让哪一种(些)真理成为权力。

---

① [法]米歇尔·福柯:《必须保卫社会》,钱翰译,上海人民出版社2010年版,第18页。
② [法]米歇尔·福柯:《必须保卫社会》,钱翰译,上海人民出版社2010年版,第18页。
③ [法]米歇尔·福柯:《必须保卫社会》,钱翰译,上海人民出版社2010年版,第18页。
④ [法]米歇尔·福柯:《必须保卫社会》,钱翰译,上海人民出版社2010年版,第18页。

从权力在社会中的实际运行看，可以更多地看到权力求助于真理的支持和真理寻求权力的依靠的情况。存在着一些自认为掌握了真理的专家想当官，或当了官的人因为掌握了权力而自认为可以当教授。这是一种低俗的心理问题，而且这种心理问题是非常严重的，必然会引发相应的行为。这些人及其行为虽然也让社会患上了类似于伤风感冒等小毛病，但似乎还没有资格让社会罹患恶疾。然而，这种有学问的人想当官，并以"学而优则仕"的古训为自己开脱；这种当了官的人就以为自己有学问，而且总感到自己的"官越大，学问也就越大"，是一个无耻却又非常有趣的现象，它充分地说明了真理与权力是联系在一起的。正是因为真理与权力之间有着某种说不清道不明的联系，才让人们因为有了学问就想当官，才让当官的人以为自己也能成为优秀的教授。

真理与权力之间的联系必须得到承认，至少我们应当看到真理与权力相互规定了对方，为对方立法。正是因为真理与权力相互规定了对方和相互为对方立法，才使得社会治理乃至整个社会获得了理性化的特征，同时又有着权威性驱动机制。可以将真理与权力比作两条丝线，由它们编织起来的，是一个具有合法性和理性化的体系——社会系统。虽然权力是一种力量对比关系，但真理可以将这种关系中占优势的一方凝固起来，似乎成了权力的实体化的表现方式。用卢卡奇的话说，那就是真理物化为权力，而权力作用于社会。虽然把权力作为一种实体化的存在一直是一种假象，但在真理使这种假象合法化的过程中，却营建起了一个奴役、支配、控制、惩罚的世界。进而，在这个世界的运转中，使得权力和真理都显现出了诸种社会功能。

认识和把握真理是一种信仰，这种信仰会通过话语表现出来。话语中肯定包含着真诚的信仰，而对神、真理以及某种观念、思想的信仰，又会决定话语的性质。可以认为，信仰决定了话语的本质，其他话语构成要素都是围绕着信仰展开的，从属于信仰和对信仰形成支持。或者说，信仰决定了其他的话语构成要素能够以话语的形式而存在。

相互冲突的话语在批判和指责对方时，也许会将对立的话语斥为谎言；也许那确实可以被证明和认定为谎言，但在那一话语的持有者那里，则是真诚的信仰，绝不会认为那是谎言，反而认为那是真理。比如，对科学的信仰，认为科学是人类文明和历史进步的杠杆和标志，也许会受到宗教神职人员的嘲讽，在中世纪还会斥之为异端。但是，遭受了火刑的布鲁诺绝不会认为自己的主张是错误的，甚至没有想到要挑战神和刻意地亵渎神，只是认为真理比神更加实在，更值得信仰。

真理是因为成为信仰才会存在于话语之中，而且往往在话语中成为中心性的存在。虽然在社会生活中经常可以看到谎言、欺骗性宣传、诱人上当的华丽辞藻等，而且所有这些东西都是由人刻意经营的，但它们在话语中没有位置。比较而言，唯有真理，才存在于话语之中。即使许多由话语持有者使用的维护话语的斗争策略，也是存在于话语之外的，既不包含于话语之中，更不会成为话语的构成要素。人们不会将谎言等当作信仰，甚至那些最为擅长经营谎言、欺骗之术的人，也不会信仰之。而且，因为他们更深地了解了谎言等的性质，也就根本不会相信谎言等，不会生成相信，更不可能通过心理积淀而成为信仰。至于一些用来维护话语的斗争策略，也因为是作为话语得以成立的工具对待而不构成话语的要素。所以，话语的奥秘就在于信仰，正是真理因为认识论哲学而获得了成为信仰的机遇，才能够成为话语的核心构成要素。除了真理之外，其他可以成为信仰的因素，也都可以成为话语的构成要素。

在形式的意义上看，话语存在于文本之中，总是与其拥有者联系在一起的，可以通过文本而传递。可是，当话语离开了文本的作者时，并不是具有现实性的话语，只有当文本的阅读者通过文本而与作者实现了交流，并接受了和认同了作者，才重新使话语复活。所以，话语不是语言，也不是文本。反过来说，语言、文本承载着话语。不过，语言、文本所承载的仅仅是话语的信息。只有在阅读者对信息进行解码和再编码后，才重新以话语的形式出现。也就是说，在信息未得解码和再编码时，信息的接受者也就没有获得文本作者提供的话语。如果在解码、再编码的过程中出现了失误，话语也就出现了变异；如果经过解码、再编码后使话语呈现了出来，但受到了批判和拒绝，则意味着那个话语是阅读者、解释者的对面话语，是与阅读者、解读者的信仰、信念相对立和相冲突的。属于自己的话语就包含着真理，而属于他人的话语，特别是属于对立立场的人的话语，肯定会被认为是包含着谎言和谬误的，尽管那种话语的拥有者根本不认为其中存在着谎言和谬误。

无论是真理可以转化为权力还是真理对话语提供了充分支持，都意味着对真理的信仰从属于对控制的追求。哈耶克认为，社会控制的追求和主张构成了一场现代主义运动。"这场运动反映着一种超级理性主义，一种让某个超级头脑控制一切事物的要求，然而它同时也为一种彻底的非理性主义奠定了基础。如果真理的发现不再是通过观察、推理和论证，而是通过揭示那些不为思想者所知但又决定其结论的隐蔽原因，如果决定一种主张之对错的，不再是符合逻辑的论证和对经验的检验，而是对主张者的社会地位的评价，所以成为一个阶级或种族的一员就能保证或妨碍真理的获得，最后竟至于宣称一个特殊阶级或人群的可靠本能总是正确的，那么理性也就荡然无存了。这不过是一种信念的十分自然的结果，它首先宣称，运用一种比综合的社会理论所尝试的理性重建更为优越的方式，能够直觉地把握整体。"[①]

理性予人以信心，但当人因为有了信心而认为自己无所不能时，也就走上了理性的对立面。而且，对理性的迷信本身就是非理性的。比如，现代民主制度是理性设计的结果，而且在运行中时时接受理性的检验。但是，当我们按照理性的民主程序选出了总统，认为总统是理性的化身，那么这个以"超级理性"实体的形式出现的人，所证明

---

① ［英］弗里德里希·A. 哈耶克：《科学的反革命：理性滥用之研究》，冯克利译，译林出版社 2019 年版，第 89 页。

的却恰恰是整个社会的政治生活的非理性状况。

就近代以来的经验看，社会控制需要通过权力进行，而权力能够为自己找到的理由主要是真理，往往是以真理的名义而实施控制。真理是在认识过程中获得的，这又说明，真理是与人的心智联系在一起的。无论是个人的还是集体的心智，都对真理的获得、真理向权力的转化以及权力的运行产生影响，进而决定了社会过程能否得到控制。哈耶克是在反对"理性滥用"的名义下提出了社会过程不可控制的主张。他认为，"个人主义者和集体主义者从不同的角度都会同意，假如社会过程真能取得一些成果，它超越了个人的心智所能达到或计划的范围，并且个人的心智正是从这些社会过程中获得了它所具备的能力，那么把自觉控制强加于这些过程的做法，必然会带来更为致命的后果"[①]。

哈耶克的这一批判性意见对无论个人还是集体心智都作了否定，认为社会控制既不是个人或集体心智的表现，也不是个人或集体心智提升的途径。即使以理性的名义，甚至对理性作出滥用，也不能证明个人或集体的心智。同样，社会过程是任何心智模式都不能企及的，无论这种心智多么理性，都不可能实现对社会过程的支配和控制。所以，哈耶克在此表述的是一种真正理性的个人主义观点。也正是这一点，使他对自由的追求显得更具有理论上的信服力。也许是现代化进程早期的理性追求，将人们引向了证明理性的冲动中，也因为理性赋予人以信心而使人以为拥有了理性而无所不能，因而走上了社会控制之路，而且表现出了对社会控制不断加以强化的要求。为了社会控制，又求助于理性，走到了滥用理性的地步，从而变得不理性。

当人类陷入风险社会时，或者说，在面对我们当前所在的这种风险社会现实时，哈耶克的这一社会过程不可控制的看法，得到了证实。在工业社会的行进过程中，谋求社会控制一直是一种主导性的观念和

---

① ［英］弗里德里希·A. 哈耶克：《科学的反革命：理性滥用之研究》，冯克利译，译林出版社 2019 年版，第 89—90 页。

追求，而风险社会的到来却不在预期之中。这说明，正是因为社会过程不可控制而使人类陷入了风险社会。另一方面，对社会过程的控制的确是"通往奴役之路"。这个所谓"通往奴役之路"还不只是在社会控制的追求中实现了对个人的奴役，而是因为造就了风险社会而走到了对整个人类的奴役这一步。

哈耶克用一生的思考致力于防范个人受到奴役的事业，但他的思考受到了现实历史进程的否定。因为，风险社会不是个人受到奴役的状态，而是整个人类受到了奴役。而且，人们是因为整个人类都受奴役才变得平等了，才使得哈耶克试图寻找的让人不受奴役的所有出路都不可能成为获得自由的途径，反而会因为强化了风险生产机制而使人失去自由和受到奴役。显然，哈耶克并未意识到他对滥用理性行为的批评可以延伸到对工业社会这个历史阶段的否定。从逻辑上看，社会过程不可控制意味着权力的功能去势，而权力赖以成立的和所代表的真理，也同样因此而受到了怀疑。

在认识和把握真理的路径中，同一性是思维的支点，只有在同一性的支点上，才能去把握具有普遍性的真理。没有同一性，也就无法形成真理性认识。当同一性反映到社会过程中的时候，是以社会存在的整体性为标志的。或者说，一切社会存在都被认为是整体性的存在。从原子化的个人到民族国家，都是整体性的存在。否则，也就没有社会关系可言了，进而也就没有作为整体的社会了。然而，从20世纪后期以来的情况看，社会运行和社会变化的加速化却让我们认识到这样一个现实，那就是，社会运行和社会变化的速度越快，人的生活也就越呈现出碎片化。社会加速化使得人们所拥有的和所在的世界的一切，都在不同程度上表现为不同的片段，不再呈现出时间和空间上的连续性。

在社会存在的整体变成了碎片的情况下去反观思维的行程，如果还去追寻同一性，就会与现实相去甚远，甚至会呈现出对立的状况。没了同一性，我们在差异化的多样元素中能够将哪一项指认为真理呢？

这就会成为一个无法给出答案的问题。其实，在现实生活中，我们每一个人都强烈地感受到，人们在很多情况下很难集中时间去完整地做完一件事，往往是正在做着的一件事被打断，转而去做另一件事。也许再回过头来把原先未做完的事接着做下去；也许会在不断的转移中再也无暇回头去把原先那件事做完。这也就是整个社会都呈现出了碎片化和不连续性的状态。对于这种状态，认识论所给出的逻辑显然不再能够在社会过程中不中断地展开，反而会随时被打断。

与人的生活的碎片化相对应的是社会的地方化。与农业社会相比，在工业社会这个历史阶段中，由于社会运行和社会变化的加速化，人们在政治生活方式的选择上，较为推崇的是一种被称作"联邦制"的国家形式。无论是明确宣布的联邦制，还是以其他名称出现的联邦制，都被认为是现代民主体制的国家形式。相反，那些把权力集中于中央的国家形式则被贬为"集权国家"，甚至会批评这些国家存在"极权"。在20世纪中后期，利益集团、多元化的社团的合法地位逐渐得到了承认，并认为这些力量能够反映地方性意见，也是民主政治不可缺少的积极力量。

在社会治理方面，由地理上的和社会意义上的力量构成的纵横交错的地方性自治体的存在和发展都得到了鼓励。在与工业社会的前期进行比较时，可以发现，到了20世纪后期，社会各个层面的地方化都已经变得非常明显了。或者说，工业社会经历过这样一个行程：在早期，走在"脱域化"的道路上，即打破地理隔离。随着民族国家的建立，一切方面都朝着集中的方向迈进。然而，自20世纪70年代起，集中化的趋势出现了逆转，即朝着地方化的方向转变。随着全球化、后工业化进程的启动，地方化的步伐也明显加快了。在某种意义上，全球化正是地方化在全球范围内得以实现的过程，而不是全球被集中到了一个控制体系中。

显然，全球化必将造就出一个全球体系，但这个体系却是纵横交错的无数地方性存在的互动和联动系统，绝不意味着将会出现一个中央控制机构或一种中心性的控制力量去对全球实施控制。这也意味着,全球秩序将建立在所有地方性的意见的基础上。不仅美国所奉行的"武力即真理"和"霸权即秩序"将不再适用,而且试图通过建立"世界政府"行使权力的做法,也不可行。因为,地方化将展现出一个"意见的世界"而不是"真理的世界",甚至关于真理的"一致意见"也难以生成。可以相信,作为全球化运动的另一面的地方化,不再为基于真理的独断性建立新世界秩序提供土壤,而是为意见生成和彰显提供广袤的空间。

二 科学的真理承诺

在比较两类不同的事物时,可以有多重视角。你从什么视角去观察并表达意见,那是由解释框架所决定的。比如,你在比较树木与竹子的时候,可以从形式上描绘出它们的不同,也可以从它们结构上的差别入手,还可以引入一些神秘性的解释:说树木的生命力蕴于其冠,而竹子的生命力蕴含在其根部。但是,对于科学研究来说,对两个事物进行比较的时候,就不仅仅是出于解释的需要了,而是希望将认识成果转化为实践。而且,科学认识是否具有真理性的价值,也恰恰需要通过实践去加以证明。

通过比较而展开的科学研究,必然会在逻辑上接受再一次比较,目的是要去确认科学研究所取得的认识是否具有实践价值。然而,由于科学是产生和存在于认识论理论范式之中的,基于不同的解释框架,或从不同的理论出发,会形成不同的关于真理的主张。认识论的隐喻是只有一种真理,如果同时出现了两种以上的真理,或者其中的一个是真理,或者都不是真理,因为真理是不可能有多个的。然而,基于认识论的几乎所有社会行动都向人们证明存在着多样化的真理。不同的人通过自己发现的真理而促进了真理的多样化,或在多样化的真理中选取了自己认同的真理,因而,也就会在真理的问题上陷入争执。落实到了实践中,也就会产生冲突。这可以说是整个工业社会无处不存在着争论和冲突的原因之一。或者说，除了利益上的原因之外，关于真理上的意见不同，也是冲突的原因。

就认识论的逻辑而言，特别是在实证主义那里，真理就是那种能够得到验证的假设。就获得真理的过程来看，首先提出假设，然后运用客观材料进行主观论证，或者通过实践来加以印证，如果得出的结果与假设是一致的，那就被当作真理。所以，真理在实质上其实就是得到了验证的假设。可是，第一，所有假设都是有条件的，不可能有无条件的假设。第二，所有假设都不可能基于完整的客观现实提出，因而不具有客观性。即便基于现实提出了假设，那个所谓"现实"也只是客观现实的部分，是提出假设的人作出了选择的那部分现实。第三，得到验证的假设仅仅证明了验证的科学性，而不能证明假设的真理性。然而，如果真理得到了传播，并获得广泛的共识，就会走向真理功能的最大化，也更加被确认为确定无疑的真理。如果这种真理在传播中未能得到人们的接受，就可以说真理掌握在了少数人的手里。这样一来，真理可以是共识，也可以是独断性判断。

上述可见，真理可以有多种形态，也是具有多样性的。无论是假设还是共识抑或独断性判断，都是真理的表现形式，也同时是真理的性质。无论真理具有什么样的性质和表现形式，在功能上都能够为意识形态赋值，最为重要的是，能够唤起共同行动。正是因为真理具有这种功能，在整个工业社会中，人们为了社会发展、科学进步以及社会治理行动的整合，才时时求助于真理。事实上，真理也确实发挥了这些作用。然而，在风险社会及其高度复杂性和高度不确定性条件下，真理面临着功能性障碍，即不再具有这些功能了，以至于社会建构以及合作行动都不再可能得到真理的助益。第一，风险社会及其高度复杂性和高度不确定性意味着拒绝假设；第二，在风险社会及其高度复杂性和高度不确定性条件下，很少有假设能够得到证明；第三，人们在风险社会及其高度复杂性和高度不确定性条件下不可能形成大范围和大规模的共识；第四，风险社会及其高度复杂性和高度不确定性条件下的任何独断性判断都是有害的。

海德格尔对科学的界定是,"生存论概念把科学领会为一种生存方式,并从而是一种在世方式:对存在者与存在进行揭示和开展的一种在世方式。然而,只有从生存的时间性上澄清了存在的意义以及存在与真理之间的'联系',才能充分地从生存论上阐释科学"。[1] 在历史行进的过程中,作为生存方式的科学是逐渐成长起来的。应当说,科学的发展本身就意味着生存方式的改变。今人之所以与古人的生存方式不同,很大程度上是因为科学。是科学所代表的和所引起的生存方式,使今人不同于古人。今人往往认为自己的生存方式比古人的生存方式更科学,并可以找出大量证据加以证明,其实只是因为借助于科学的探索而找到了更好的生存方式,或不断地改造了生存方式。其实,也是可以找出大量证据证明今人的生存方式比古人的生存方式更加不科学。比如,大量食用"垃圾食品"、对海洋倾倒核废料等。所以,在瞻望未来的生存方式时,也必须从科学发展通向未来的可能性中去获得概观。

海德格尔认为,科学研究中的观察、认识等无非是一种"寻视"。无论借助于何种手段,所欲实现的就是一种"看"。"看"本身就是一个过程,是从"寻"到"看见"的过程。作为科学研究的寻视,是要将那些未曾谋面的存在"当前化",即"带近"我们面前,成为生存的条件和生活的内容。所以,科学所达成的无非是使我们与哪种带到面前的东西结缘。也正是因为科学的这一功能,使它自身不仅是今人生存方式的支柱,而且也成了生存方式。

对于科学研究的"寻视"以及其功能实现的过程,海德格尔是这样描述的,"此在期备着一种可能性,在这里就是说:期备着某种何所用;此在以这种期备的方式回到了某种用于此,亦即居持于某种上手事物;

---

[1] [德]马丁·海德格尔:《存在与时间》,陈嘉映等译,生活·读书·新知三联书店 2014 年版,第 405—406 页。

而居持是从当前化着手的。只有这样,属于有所期备的居持的当前化才能反过来把被指引向何所用的用于此明确地带近前来。有待带近前来的东西的存在方式于是在一种确定的格式中当前化;而把它带近前来的考虑则必须适合于这一当前化的格式。并非考虑才刚揭示上手事物的因缘性质;考虑只是以下述方式把这种因缘性质带近前来;考虑让某种东西与之结缘的那种东西作为那种东西被寻视看见"。①

"寻视"不同于认识论的认识。如果说认识旨在把握真理,即形成真理性认识,那么"寻视"则在于理解。因为,"寻视"本身就有选择性认识的内涵,并不准备去把握真理,而是只能形成意见。其实,在胡塞尔那里,由于"诺耶思"与"诺耶玛"都不能相互脱离对方而存在,也就不可能有什么真理的问题。同样,在卢卡奇那里,由于主体与对象的关系除了"物化"就是"共感",也不存在真理的问题。受到了胡塞尔、卢卡奇等人的影响,海德格尔眼中也没有真理的问题了。特别是当认识过程被改写成了此在的"寻视"过程,也就不可能再作出真理承诺了。所以,从认识的问题扩展到生存的问题时,真理的身形更加淡出了视界,反而是意见在生存方式的建构中发挥着重要作用。所以,在生存的问题上,只有合适的生存方式,没有科学的生存方式。

"二战"后,实证研究迅速兴起,它似乎是近代早期的人们所谈论的实证科学发展在社会科学领域中的一种必然归宿。实际上,实证研究只不过是实证科学发展的一种极端化的表现方式。其中,实证主义理论对实证研究的出现有着"播种"的功劳。在人们对实证研究的科学性给予肯定的情况下,我们却发现,它的意义并不在于能够形成真理性的结论,而是在于去证明或确认已经意识到了的问题。但是,当人们对实证研究怀着极度推崇之情时,就会以为实证研究所形成的结论是具有真理

---

① [德] 马丁·海德格尔:《存在与时间》,陈嘉映等译,生活·读书·新知三联书店2014年版,第408—409页。

性的认识,并希望通过实证研究去在社会过程中获得一切真理性的认识,甚至会对一切非实证的研究抱以轻蔑或排斥的态度。

然而,我们却可以拟设一个例子来证明实证研究是不可取的。比如,通过实证研究去研究股市与天气的相关性,是完全可以写出在科学性上无懈可击的论文的。如果这样的论文被所有股民阅读并相信其结论的话,那么天气预报部门就完全可以对股市作出预报,而且要比预报天气还准确得多。遗憾的是,没有人运用实证研究的方法去证明天气与股市的相关性,才使股市有了很大的不确定性。

同样,如果对中国官场的腐败问题进行实证研究的话,人们完全可以得出这样一个结论,是艺术院校的广泛设立而导致了腐败。显而易见,在对腐败案例的分析中,可以看到每一名腐败官员都包养了多名情妇,可以把官员贪污受贿归结为出于包养情妇的需要。关于官员情妇的统计数字又可以显现出,来自艺术院校的人占据着很大的比例,从而得出艺术院校的广泛举办是中国官场腐败的原因。如果实证研究得出了此类结论,接下来会提出什么样的对策性建议呢?按照反腐败从源头抓起的思路,就不应是反腐败了,而是应当把艺术院校的老师都关到监狱中去,或者解散所有的艺术院校。如果提出最为温和的解决方案,也将是限制艺术院校招收女生。就当前的实证研究来看,无论采用"小样本"还是"大样本",无论通过什么手段进行数据分析,也无论如何建模,都是能够得出上述研究结论的。果若如此,实证研究的科学性将在哪里呢?其实,从反腐败的实际情况看,从来也没有人因为一些贪官包养了"女主播"而要求取缔电视台。对此,以科学家面目出现的实证研究者难道要批评反腐败没有从源头抓起么?

当然,我们无意于否定实证研究,任何一种研究路径都是有价值的。可是,如果形成了对某种研究路径的迷信的话,那就不是科学的态度。对于缺乏科学态度的人,无论在什么路径上和运用什么方法去开展研究工作,也不能担负起科学所应承担的责任,更不用说履行真理承诺了。对于科学活动中的实证研究这一现象,显然是与认识论的真理追求分不开的。因为认识论设定了认识真理的基本命题，而科学又被无数经验事实证明是认识真理的最为可行的途径。为了防范科学偏离认识真理的道路而生产出意见，就必须保证科学认识真理的过程是具有可行性和精确性的。因而，质性研究方法被认为提供了研究结论的可行性，而量化的研究方法则提供了精确性。如果我们上述关于股市和腐败问题的例子能够成为实证研究的范例，那么实证研究的科学性就变得可疑了，反而成了对认识论的真理承诺的一种羞辱。所以，真正的科学是应当重视意见的，需要对意见表达尊重。

科学的逻辑决定了真理的裁判者是永远不可能出现的。正是意识到了这一点，波普尔提出了一个"证伪"原则。同样，马克思也许正是发现了科学不可能成为在科学活动中发现真理的裁判者，才求助于实践。不过，实践是发生在既定的共同体之中的，一旦实践有着对真理的要求，就会演化为政治过程。这个时候，强权就会出来表态，从而扮演真理裁判者的角色。所以，对于实践而言，为了避免强权成为真理的裁判者，只有两条路可以走：一条是放弃对真理的追求，转向对实用价值的重视；另一条是承认真理的相对性、暂时性和具体性，将真理的获得寄托于对话、论辩。那样的话，其实也就是在谋求共识而不是在追求真理了。因为，一旦将真理性认识寄托于对话、论辩等，也就超出了认识论思维的框架。

可见，真理的问题从属于认识论。正是认识论对真理的追求，激荡出了科学精神，也推动了科学的发展。但是，在社会实践中，在包含制度在内的各个方面的社会建构中，对真理的追求往往更多地导向了独断论。在这方面，中国的马克思主义研究者通过把实践论和认识论区分开来，用"实事求是"的概念代替真理追求，实现了对认识论的超越。在认识论框架得到突破后，在独断论被"实事求是"的精神摧垮时，甚至谋求共识的活动都不应单独进行。或者说，不需要通过某种特定的制度安排和程序设立去谋求共识，而是应把共识的获得放在具体的行动之中。也就是说，让共识从属于行动的开展，而不是把共识作为确定某项结果的途径（如选举总统）。

三 代表了两种思维方式

真理与意见代表了两种思维方式，真理所代表的是分析性思维方式，而意见则代表了相似性思维方式。在对人类的思维方式的观察中，可以看到，分析性思维和相似性思维广泛地存在于古代文明中。特别是在东方各文明古国中，有着较为发达的相似性思维；在西方国家，在福柯所说的康德之前的"类型学"中，似乎也包含着相似性思维。哲学认识论兴起后，在分析性思维与相似性思维之间进行了切割并抛弃了相似性思维。这样做，其实是把人心与人的外部世界之间的关系中的很大一部分阉割掉了。也就是说，只把人心与人的外部世界相关联的一部分拿出来作为认识的对象。诸多无法通过运用分析性思维去加以认识的部分，都被掩盖了起来，或被排斥到了视野之外。这样一来，从认识论中诞生的科学其实是在一个经过筛选的世界中发展起来的，也只有在这个世界中，才显得具有科学性，或者说能够达致真理。

如果我们要求把世界中那些受到排斥和被掩盖的部分也拉回视野之中来，亦即还原世界的整体面貌，并把这个整体作为认识对象，就会发现，在工业社会中成长起来的分析性思维因为褊狭而不敷使用了。进而还会发现，世界上的各个拥有古老文明传承的民族都保留了一种不同于分析性思维方式的思维方式——相似性思维。正是因为拥有相似性思维，才使得这些国家、民族都在思维方式上显现了自己的独特性。在社会发展的历史更迭中，我们认为，再度兴起的相似性思维将取代分析性思维而成为风险社会及其高度复杂性和高度不确定性条件下的人们所拥有的最为基本的思维方式。

当然，出于认识和把握世界的目的，我们希望分析性思维与相似性思维这两种思维方式能够实现互补而不是相互排斥。这就要求我们应当在如何建立起两种思维方式并存和相互支持、相互补充的关系方面，需要进行建构性的探索。这可以说是在全球化、后工业化运动中需要解决的一个非常重要的问题。其实，集中到了一点上，则是一个追求真理和形成意见的问题。或者说，分析性思维是通向真理的通道，而相似性思维则是形成意见的道路。

如果把人的世界分为"可知觉的领域"、"可思考的领域"和"可想象的领域"，那么认识就不应仅仅停留在前两个领域，而是需要扩展到可想象的领域之中。这是再明显不过的了。然而，这种扩展到可想象的领域的要求，却对分析性思维构成了严峻的挑战。那是因为，分析性思维对于这个领域的认识和把握是无能为力的。这同时也意味着，对真理的追求只能限制在前两个领域中。在可想象的领域中，通过想象获得的肯定不是真理而是意见。

如果我们进一步指出，上述三个领域并不是各自孤立的，而是相互包含和相互渗透并处在互动之中的，那么我们建立在分析性思维上的认识和运用分析性思维所展开的认识，也就没有什么真理性可言了。因为想象也会被带入可知觉的领域和可思考的领域中，从而使得我们在这两个领域中也需要使用相似性思维。正是在此意义上，我们认为分析性思维只是在人的认识发展史的较为低级阶段才会被认为是有用的思维方式。只有在这个较为低级的阶段，才能将"可知觉的领域""可思考的领域"中的属于"可想象"的因素剔除，然后作出真理承诺。在人的认识水平达到了更高级的阶段后，就会要求用一种新的思维方式替代它，正如人们用视频等实时通信替代了电报一样。

此外，对于个人而言，概念的内涵、语词的词义总有一部分在其意识之外。所以，当他运用概念、语词去演绎分析性思维时，只能达成相对真理。这就是真理追求的悖论。然而，由于相似性思维的持有者并不打算全部占有概念的全部内涵和语词的全部词义，因而得以从概念、语词对思维的限制中解脱出来，也就不会再面临相对真理与绝对真理悖论的困扰。相似性思维的持有者允许他人甚至鼓励他人对概念的内涵、语词的词义有不同于自己的认识和理解，因而在思维的层面上，也就包含了接受差异和包容差异的"基因"。

随着解释学的兴起，让我们认识到，在人类的认识方式中，除了认识的途径之外，还有解释的途径。如果认识是为了获得真理的话，那么解释是没有这种承诺的，解释只不过是为了形成意见。对于解释学来说，所持的是用解释替代认识的观点，即通过解释学的建立而替代认识论。不过，认识论的坚守者则必然会对解释学抱持怀疑的态度。其实，认识论与解释学之间的分歧是源于相互对对方的误解，同时也是由各自的野心引发的。如果双方都能意识到，无论认识论还是解释学，都不是万能的，而是有局限性的，那么他们也就会安于自己所擅长的领域，并将自己无能为力的部分拱手让与对方。

也就是说，"解释学是关于我们对不熟悉事物所做的描述，认识论是关于我们对熟悉事物所做研究的描述"。[1] 或者说，在对简单的、确定性世界的研究中，认识论更擅其长；在对复杂的、不确定性世界的研究中，解释学则会显现出优势。不仅是研究对象，而且开展研究的环境、需要使用的手段、组织方式等，是简单的、确定的，还是复杂的、不确定的，都会使认识论和解释学在适应性方面表现出差别。落实到真理与意见的问题上，也就意味着真理可以意见的形式出现，而不是让人感觉它是一种独断；意见也同样可以成为真理的缘起，在人们对意见的尊重中，是可以找到通向真理的途径的。

具体地说，在对物理世界、实体性存在的研究中，认识论可以信心满满地作出真理承诺；在对精神世界、人或物的关系形态的研究中，解释学总能找到炫耀自我的机会。对于人类社会的存在与发展而言，如果说真理与价值不是相互对立、相互排斥的，而是相互补充、相互支持的，那么认识论的真理探求和解释学的价值揭秘不仅需要共存，而且需要做到自觉地相互学习和相互尊重。即使分别从认识论和解释学当中发展出不同的科学体系，也应在促使人的完整的世界观生成方

---

[1] ［美］理查德·罗蒂：《哲学和自然之镜》，李幼蒸译，生活·读书·新知三联书店1987年版，第307—308页。

面形成合力，而不应分裂为对立的科学（哲学）阵营。

人的完整的世界观既是在认识世界也是在解释世界中形成的，是包含着认识和解释所提供的全部内容的，不可偏废。如果解释性的描述能够得到认识上的证明，或者说，认识性的描述能够得到解释的阐发，则是相得益彰的事业。所以，认识论与解释学的和谐相处，而不是相互诘难，会在促进人的智识进化中发挥无比重要的作用。如果说解释学的出现是对认识论史的一场纠偏运动，那么在它们之间的论战休止的时候，应当寻求将它们统一起来的路径。这样一来，也意味着分析性思维与相似性思维的统一是可能的，尽管解释学从来没有在思维方式的问题上宣布自己与认识论之间有什么不同。

在近代以来的伦理学研究中，人们也没有考虑过这个领域应当运用什么样的思维方式的问题，而是在一定程度上受到了认识论的绑架，运用分析性思维去处理伦理以及道德的问题。我们看到，在对同一性、普遍性的追求中，认识论逻辑也被用于伦理学研究中，从而提出"区别哲学意义上的'善'和日常意义的善"的要求[1]，进而努力去发现不与任何条件相关的一般性的"善"。这就是罗蒂所说的，"像'善'一类的语词，一旦它们被以哲学传统的方式加以考虑之后，就相对于此而获得了一种意义。它们成为一种想象之所、一种纯粹理性观念的名称，其全部意义不应与任何一组条件的实现划等号"[2]。

其实，与真理相比，善更取决于具体条件。普遍性的、一般的善，并不是在哲学的抽象中可以获得的。即便运用分析性思维可以证明普遍性的、一般的善是存在的，所予我们的也只是一种幻觉。或者说，在简单的、确定的社会中，甚至在低度复杂性和低度不确定性条件下，我们相信，在概率的意义上会出现和存在大量的相近或相同的环境、

---

[1] ［美］理查德·罗蒂：《哲学和自然之镜》，李幼蒸译，生活·读书·新知三联书店1987年版，第265页。

[2] ［美］理查德·罗蒂：《哲学和自然之镜》，李幼蒸译，生活·读书·新知三联书店1987年版，第265—266页。

场景、人际关系等条件,从而让人产生了普遍性的、一般的善的幻觉,哲学无非是对这种幻觉做出了理论证明。然而,在风险社会及其高度复杂性和高度不确定性条件下,人们根本不可能产生普遍性的、一般的善的幻觉,而是会发现一切可以被判定为善的存在、行为、行动等都是与具体的条件关联在一起的。这也说明,我们不应设想任何绝对性的善,既然善总是具体条件下的某种状态,我们也就只能将其理解为相对的。政治学关于"共同善"的幻想亦如此,也同哲学中的"绝对善"一样,是不成立的。

许多社会现象具有自然属性,会被认为是自然而然的。比如语言,如果刻意地将其定义为社会现象还是自然想象,其实并无实质性的科学意义。但是,在工业社会,人们却需要对此作出回答。正是因为运用了分析性思维,也表现出了能够对此作出回答。显然,在创制秩序的观念中,在分析性思维的驱动下,人们必须做出"要么是自然的,要么是社会的"这样一种区分,以求获得真理需求得到实现的满足感,或者,在社会现象与自然现象的区分中理解人的位置。

我们说对与人相关的现象进行区分反映了工业社会历史阶段中的人的认识特征,实际上所要指出的是,在农业社会的历史时期中,人们并不刻意地作出这种区分。同样,到了后工业社会,对某些现象作出自然的或社会的定义,也将不是人们刻意关注的事情。因为,在告别了工业社会这个历史阶段后,人们将不再认为这种表面上的、形式上的区分具有举足轻重的意义。或者说,由于对世界的认识、理解和把握更加直接地与行动联系在了一起,以至于人们所关注的往往是,哪些现象之于人的行动具有意义和价值,而不是其抽象性质是怎样的。

其实,当吉登斯提出了"风险是建构性的"判断时,当贝克认为风险社会是由"自然的社会化"带来的,显然是要拆除自然与社会的边界,是希望我们把自然与社会当作一个统一体来看待。从风险社会的现实来看,特别是因为"人类命运共同体"理念的提出,让我们更加清晰地看到,自然与社会作为一个统一体关系到了人在风险社会中

第五章　真理、意见与意识形态

的行动。在构建人类命运共同体的主张中，如果我们去破解思维方式的某种隐喻的话，可以形成这样一种看法：分析性思维为了分析和通过分析而将对象分解开来，目的是要寻求其背后的抽象同一性和达致真理；相似性思维则要把原本似乎是分开了的事物联系到一起，不仅在它们之间建立起联系，甚至会在完整的意义上发现其相似性和将它们作为统一体对待。

四　真理与意见的主张

科学研究成果本身可能就是一种意见，但在表述这一意见的时候，往往需要作出证明。一旦去证明，就必须援用分析性思维以及代表了这种思维的逻辑。这样一来，就如罗蒂所说的，所谓证明，应当"看作一种社会现象，而不看作'认知主体'和'现实'之间的一种事务"。① 是出于说服他人和得到他人认同的需要而去证明的，至于研究中和证明中的思维是否真实地反映了对象，并不属于证明的问题。也许科学研究形成了真理性认识，但在寻求真理的认同者的时候，所使用的是证明的方式。

就证明是一种社会现象而不只是认知路径而言，其实是将真理当作意见而去加以推销的。当我们意识到了这一点后，也就知道，在研究成果表述上，如果对证明给予过多关注的话，实际上既是怀疑论的也是独断论的，至少会导致怀疑论或独断论。推及到思维方式上，我们发现，正是分析性思维把人们引向了对证明的关注。一个清晰明确的证明，似乎让人可以像懒汉一样坐享其成。相反，相似性思维却要求接受者对一种结论、意见等去努力进行体会和领悟。这样一来，接受者实际上就把自己所在的场境以及自己的需求、意愿等引入了进来。

对作出了充分证明的结论、意见、观点等的接受，也就是接受者

---

① ［美］理查德·罗蒂：《哲学和自然之镜》，李幼蒸译，生活·读书·新知三联书店1987年版，第6页。

放弃自我的表现，即把那个给予的东西相信为真理，放弃了自我的怀疑而承认给予者的独断。如果我们对于一个结论、意见、观点做出了自我的体会和领悟，然后再加以接受，也就不会失去自我。对于行动而言，就不是听命于他人或成为他人的提线木偶，而是自我拥有了主动性、能动性的一种表现。

不过，从分析性思维中发展出来的证明技巧是值得称赞的，我们甚至惊叹于近代哲学和科学能够拥有如此精妙的证明方法和技巧。的确，认识论提供了完整的理论体系，它对于推动哲学和科学的发展来说，做出了居功至伟的贡献。相比之下，相似性思维在这方面就显得太过弱势了。同样是作出了一个判断，分析性思维提供了完美的证明手段，从而使给予者处在不可怀疑的权威地位上，而相似性思维在用体会和领悟去代替证明并赋予接受者以主动性时，却没有形成系统化的可操作性方式和方法。所以，我们也就不难理解为什么相似性思维在近代以来的社会中受到了排斥，甚至在哲学和科学的研究领域中被边缘化到几近消失的地步。相反，真理以及对真理的追求则完全把握住了话语权的权柄。虽然相似性思维在科学创新活动中得到了广泛应用，但在认识论所经营起来的话语中，却没有什么位置，甚至根本看不到有人对相似性思维作出专门的研究。在分析性思维独占话语权的情况下，认识论得到了广泛推崇，真理以及真理追求就成了信仰，而作为意见生产机制的相似性思维，仅仅在一些非凡人物那里，才发挥着提供灵感的作用。表现出一种似乎是天生的素质，而不是后天习得的能力。

基于复杂性的观念，我们会作出这样的联想：如果说世界有多个位面，你在某个位面上形成了真理性认识，指出你自己提出的或他人提供的那个判断表述了真理，显然是可以接受为真理的。但是，一旦你离开了那个位面，就会发现，那并不是真理。这意味着占有了真理的人的自我否定，也意味着对真理的追寻应当受到怀疑。实际上，真理只是认识论的一个许诺，并不是认识所能达到的。作一个不恰当的比喻，真理亦如宗教中的神一样，具有强大的激励功能。我们所需要的，是真理具有的功能，而不是本体意义上的存在的真实性，也不从属于任何"实在论"的设定。

如果认识论不给予一个"真理"许诺，而是告诉人们万物皆相，或者，像佛家所指出的是"一合相"，人们也许就会丧失认识热情，甚至惰于把握那些"相"，更不用说"以相造相"，也就不可能在工业社会建构中取得如此辉煌的成就。所以，真理这个概念是有着巨大的感召力的，对于社会发展、科学进步等，产生了无比巨大的推动作用。不过，只有在工业社会这个特定的历史阶段中，真理概念的价值才被诠释到了非常充分的程度，才具有所有我们可以想象得到的巨大功能，才在造就伟大的工业文明中发挥了作用。一旦离开了工业社会，其作用也就会日益式微。事实上，人类当前所经历的全球化、后工业化运动，就是一场告别工业社会的运动。

真理是有着时代适应性的，也需要在具体的场境中去加以把握。比如，能量守恒是一个真理，对此没有人可以表示怀疑，而且工业时代的一切技术发明都必须直接或间接地遵循这一真理。但是，在人类走向后工业社会的时候，随着信息技术的出现，人们必须接受另一个真理，那就是"信息不守恒"。信息技术所应利用的是信息不守恒的原理而不是能量守恒的原理。我们可以看到，在电脑上点一下鼠标就能够把卫星送到天上去，这是由于信息不断地放大的结果——从点击鼠标到点火这个阶段中的信息是不断放大并转化为能量的。所以说，在能量守恒原理的基础上形成的观念如果被用于信息技术的话，不仅是无益的，反而是有害的。同样，在社会学或历史唯物主义的意义上，我们也看到，马克思发现了阶级斗争，并且也认为阶级斗争是可以加以援用的手段，但绝不意味着马克思承认阶级斗争的永恒真理性。马克思在《资本论》中对未来社会前景的描绘本身，就否定了阶段斗争的不分历史条件的适应性。所以，最为正确的理解应当是，马克思希望通过阶级斗争去消除阶级和阶级斗争，从而达致人的共生共在。

在风险社会及其高度复杂性和高度不确定性条件下，面对一个流动的世界，我们如何能够相信人们的认识可以获得真理？也许宣布人的认识无法达致真理，才道出了一个真理。也就是说，真理只是在具体的实践和场所中相对于假想而言的状态。在风险社会及其高度复杂性和高度不确定条件下，真理就是一个判断，是在判断中获得的信以为真的东西。其实，"道"与"理"代表了存在的两个层次，道为大、为上，大道无理，是对理的扬弃或否定。就道超越了理而言，是一种无真无假的状态，因而只有"大"与"小"的区别而无真与假的问题。只有在"理"这个层面上，才有真与假的问题。这也说明，当我们崇尚真理的时候，真理的概念也就限定了人的追求的境界，让人满足于和立足于"理"的层次，失去了问道之追求。

我们还注意到了这样一种现象：在寻求真理的过程中，面对同样的对象，研究者为什么会形成不同的认识、不同的观点？除了认识的能力、深度、角度等方面的原因外，那就是意向性的原因了。而且，意向性于其中发挥了也许更为重要的作用，产生了可能更大的影响。在认识论的视野中，这种情况是被归于主体或主观差异的，而且认识论的主张是应当消除这种主体、主观的差异。之所以方法的问题从笛卡儿开始就公开地作为一个重要问题提了出来，并唤起了无数争论，无非是要解决认识过程中主体、主观上的差异问题，认为只有消除了这个方面的差异，才能使真理性认识有所保证。

可是，如果对认识过程进行观察的话，其真实情况是，对象其实不是纯粹客体，而是因为意向性使客体转化成了对象。所以，通过方法建构去解决主体、主观上的差异并不是完善认识的一条正确道路。因为对象已经包含了意向性，纯粹主体与纯粹客体都不再是认识过程中的现实存在物。也许正是看到了认识论所没有看到的这一点，胡塞尔不愿意使用"主体"与"客体"的概念，而是将它们改写成"诺耶思"和"诺耶玛"。因为对认识过程所做出的这一修订，胡塞尔也就不再用主体的差异性来解释认识的不同，也不谋求以消除主体差异的途径去获得真理性认识。可以认为，当胡塞尔开始进行哲学思考的时候，认识论为了达成相同的认识结果和想要形成真理性认识而做出的一切安排、设立的一切设置，也都不再适用了。这就是认识论受到的挑战。只不过，人们在低度复杂性和低度不确定性条件下并未意识到这个问题，致使胡塞尔的名字仅仅在一个很小的圈子里，为人们所知。

在风险社会及其高度复杂性和高度不确定性条件下，认识论的上述致命缺陷暴露了出来，迫使我们必须在科学研究以及思维方式上都必须考虑改弦易辙的问题。更何况，我们今天在这样一个风险社会及其高度复杂性和高度不确定性条件下，是将视点落在行动上的，关于认识的问题只是一个附带关注的问题。总的说来，在近代科学兴起的时代，认识的问题具有首要性，认识论承担起了这种使命。在今天，认识的问题相对于行动，具有了从属性的地位，致使我们需要基于行动的首要性去重新思考认识论及其真理追求的问题。

具体说来，在风险社会及其高度复杂性和高度不确定性条件下，如果无法达成真理性认识的话，那么我们是否要行动？特别是在危机事件已经发生的情况下，如果将行动建立在真理性认识的基础上，显然是不切实际的。更何况站在行动的视角上所看到的是，如果我们强行地使用主体这个概念的话，那么它也因为其意向性而不再是与所谓客体相对而立的。反过来说，如果我们不是使用海德格尔的"此在"概念，而是强行地使用"客体"的概念，那么也必须承认客体不是静止的，而是具有时间性的，更不是先验性的存在，而是在时间的维度中不断变化的构成性存在。事实上，如果我们使用了海德格尔将胡塞尔的"诺耶思"和"诺耶玛"统合在一起的"此在"概念，也许更能"领会"到行动的现实性。

当我们使用高度复杂性和高度不确定性的提法来描述风险社会时，所要突出强调的是这一社会的差异性，而且是一种无法从中寻求和发现同一性的差异性。在黑格尔的逻辑学中，差异是辩证法得以展开的起点。对于黑格尔用逻辑去描绘和再现近代以来的社会发生过程的思想来说，差异既是哲学思考的出发点，也同样是近代历史演进的出发点。但是，认识论哲学是把差异看作表象上的东西而否认其真实性的，认为差异背后是存在着同一性的，而且认为只有同一性才是真实的。所以，认识论哲学要求透过表象去发现同一性，以为对同一性的揭示是达致真理的途径。这是一种把"真理"与"真实存在"对立起来的做法，就像宗教让人轻视和放弃现世生活一样，用真理承诺摧毁了人们对表象世界的执着。黑格尔的思想在本质上也是认识论哲学的一个支流，认识论的这些缺陷也反映在了黑格尔的理论之中。

然而，当我们置身于风险社会及其高度复杂性和高度不确定性的社会场境的时候，就会发现，在差异背后是否存在着同一性这个问题上，是难以证实的，尽管近代以来在低度复杂性和低度不确定性条件下一直能够证实差异背后包含着同一性。事实上，在表象以及表象背后的世界中，能够得到理解的仍然都是差异，而不是同一性。所以，认识论透过表象的要求，即抹杀差异和发现同一性的做法，可能因为时过境迁而应被废止。在风险社会及其高度复杂性和高度不确定性条件下，承认差异才是一种尊重现实的科学态度，才是通往真正"从实际出发"的行动方案的正确道路。

第三节　人类命运共同体与意识形态

关于真理与意义、真理与意见的讨论反映了风险社会及其高度复杂性和高度不确定性的现实对理论提出的要求；对于实践来说，是要解决风险社会及其高度复杂性和高度不确定性条件下的人的生存方式的问题。实际上，构建人类命运共同体如果是人类当前必须承担起来的一项任务，那么对这项任务的理解，是需要相应的哲学上的讨论为其提供思想准备的。关于真理与意义、真理与意见的讨论，正是为了让我们能够更加充分地认识和理解构建人类命运共同体的任务。

始于20世纪80年代的全球化、后工业化运动意味着人类历史的又一次重大的社会转型，它可以比喻成"人类百年未有之大变局"。人类社会以及与人类社会相关的一切方面，都将迎来一场深刻的变革。其中，意识形态上的变革则应先行。关于人类命运共同体的意识，就代表了一种全新的意识形态。与工业社会及其资本主义语境下的一切从属于个人和服务于个人的意识形态相比，从构建人类命运共同体的主张出发，将会走上意识形态的全面重建之路。

根据历史唯物主义对社会结构的分析，意识形态属于上层建筑的范畴。从全球化、后工业化进程中的这场社会变革已经显现出来的各种迹象看，与历史上的社会变革有所不同，无论是在国际还是国内，我们当前所遇到的，都首先是意识形态上的分歧和冲突。因为，在经济基础意义上确立的发展经济和提升生产力水平的观点和思路显然得到了人们的更多关注（虽然其中有着为了谁的问题，这实际上也是一个意识形态问题），但人们在此问题上并无太大的分歧。不同国家和地区反而要在这方面开展竞争，努力去表现自己在发展经济和提升生产力水平方面所作出的贡献。

在全球化、后工业化这场历史性的社会转型运动中，整个人类陷入了风险社会，这意味着人的命运比以往任何时候都更加紧密地联系在了一起。可是，在近代工业化和资本主义世界化中产生的竞争文化及其意识形态仍然支配着人们的思维和行为方式，致使人类在风险社会中越陷越深。这甚至会导致某种令人不寒而栗的后果。显然，在此过程中，唯有构建人类命运共同体，才喻示着一条人类在风险社会中如何生存的法则，才启示了如何处理人与人、国家与国家之间关系的正确方式。构建人类命运共同体是我们在全球化、后工业化进程中应当加以建构的意识形态的核心理念，其实现方式则是合作而不是竞争。总的说来，构建人类命运共同体意味着一项意识形态重建的任务。正是风险社会及其高度复杂性和高度不确定性要求我们这个时代的人们，应在人类命运共同体意识的基础上重建意识形态。

一 科学与意识形态

真理以及对真理的追求,是工业社会意识形态的内核,尽管批判理论家们一直肯定真理追求和否定意识形态。在 20 世纪社会科学的学术叙事中,各种各样对意识形态进行批判的理论都为"意识形态"一词涂上了某种贬义的色彩。在来源的意义上,往往把意识形态看作认识的扭曲,是倒置的影像;在功能的意义上,则把它与合法性经营联系在一起;在表现方式上,它似乎是某种不言自明的欺骗。实际上,意识形态作为一种社会现象并不必然属于政治范畴,在每一个实现了组织化的社会生活领域中,都有着意识形态的在场,发挥着融合功能,即对那些共在的却有着裂隙的存在物进行焊接、整合,使它们融合为一体。

利科通过"纪念仪式"这种现象阐述了他关于意识形态融合功能的意见。他认为,"由于纪念仪式,随便哪一个共同体都以某种方式重新呈现那些被共同体视为是它自己的身份的缔造者的事件。所以,这就关系到社会记忆的象征结构。我们不知道,如果没有与这些起始事件的关系,是否还有社会。这些起始事件事后呈现为共同体自己的起源……正是在纪念事件的时候,给定的某个共同体在起始事件中保持了与它自己的根源的关系。那么这些意识形态起了什么作用呢?是通过传播信念,这些起始事件对于社会记忆是构成性的,透过社会记忆,从而对共同体的身份本身也是构成性的。如果我们每一个人都已经与我们关于我们自己可以叙述的历史是同一的,那么对于整个社会也是如此,但是区别在于:我们需要与这样一些事件同一,即这些事件不再是任何人的直接记忆,而且它们曾经只限于奠基祖辈们这个团体的记忆而已。那么这就是意识形态功能,即用作集体记忆的中继站,以便奠基事件的起始价值成为整个集团的信仰目标"。[1]

---

[1] [法]保罗·利科:《从文本到行动》,夏小燕译,华东师范大学出版社 2015 年版,第 426 页。

显然,"那些历史事件"在历史上只是事实。在当时,也许所有参与那些历史事件中的人,都只是为了解决他们所面对的问题,甚至有可能是被逼无奈而采取了行动。但是,当人们纪念那些事件的时候,却为那些历史事件披上了意识形态外衣。所以,"奠基行为只有通过事后不断地改造的诠释方式才能被重新体验和重新呈现,而且奠基事件本身的意识形态的形式在集体意识上得到了表象"。① 也就是说,一次隆重的纪念仪式把某个奠基事件推展到了人们面前,唤醒了人们的记忆,让人们想起了共同的来源,从而凝聚了共同体意识。事实上,"透过意识形态的表象,在纪念和起始事件之间建立的关系的这种优先范例很容易得到普及"。②

无数历史经验也证实,这是一种最容易操作而且最具有实效的意识形态融合方式,能够把意识形态的融合功能发挥到极大的地步。但是,历史的行程在今天走到了风险社会,这个社会所呈现出来的是高度复杂性和高度不确定性。在风险社会及其高度复杂性和高度不确定性条件下,一些此前人们常用的纪念仪式也许很难进行了,那些统驭了社会生活各个领域的意识形态,也会因社会的高度复杂性和高度不确定性而必须改变自己的形式。至少,意识形态对社会治理所提供的支持将会发生巨大的变化。这就是我们在风险社会中需要考虑的。

有一点是我们已经能够明显地感受到的:在全球化已经对经济、社会等各个领域都造成了实质性影响的情况下,原先地域性的意识形态,在某个地域生成并被传播到世界的意识形态,以及所有凭着地域性的意识形态而对他人、他国、他民族进行评判的做法,都变得不合时宜了。特别是近些年来,西方国家的一些代表了民粹主义的精英,以捍卫其价值观为借口而向中国挑衅,甚至制造贸易冲突和发起武力

---

① [法]保罗·利科:《从文本到行动》,夏小燕译,华东师范大学出版社 2015 年版,第 426 页。
② [法]保罗·利科:《从文本到行动》,夏小燕译,华东师范大学出版社 2015 年版,第 426 页。

威胁,都无非是以滑稽剧的方式而把"冷战"思维重演一遍。这在风险社会已经降临的世界来说,是极具危险性的。

在西方国家的政治精英们把从属于意识形态的政治表演变成了滑稽剧目的时候,我们更需要对科学与意识形态的关系进行学术上的梳理,以便借此而认识意识形态的本质。

从工业社会的情况看,西方理论基本上是对科学与意识形态进行区分的,以至于在意识形态遭受贬损时,同为意识形态的科学却受到了大力推崇。近代以来的社会是一个崇尚科学的时代。科学因为"求真"而获得了好的名声,而意识形态则被认为是专事造假。所以,人们总是把科学与意识形态对立起来。波普尔甚至为此提供了理论依据,认为可以"证伪"的属于科学,而无法证伪的则属于意识形态。

对于把科学与意识形态对立起来的做法,利科所持的是反对意见。在利科看来,所有科学都如亚里士多德所说的那样,具有粗略性和图式性,即包含着意识形态。特别是社会科学,无论是否以实证的面目出现,都是与意识形态密切联系在一起的。"整个社会理论会与意识形态处于同样的关系里,如果它可以和这些实证科学一样满足相同的准则。然而,整个社会理论在认识论上的强弱就是要看它揭示意识形态的力度。确实,在任何地方,社会理论都不能达到科学性的位置——正是科学性允许它(社会理论)以不容置疑的方式使用认识论上的断裂这个术语,为的是标明它与意识形态的距离。"[1]

"科学性"这个概念被发明出来本身,就意味着这是有着意识形态的内涵的。因为,使用了"性"这个标明无法验证的性质一词,无疑已经将意识形态的因素注入科学中了。这也说明,科学是无法避免意识形态纠缠的,或者说,科学本身就是意识形态。其实,在认识论的视角中,用是否具有"科学性"去在意识形态与科学之间作出区

---

[1] [法]保罗·利科:《从文本到行动》,夏小燕译,华东师范大学出版社2015年版,第349页。

第五章 真理、意见与意识形态

分,也是没有必要的。再者,试图通过"非证伪意义上的证实"与"证伪"这两个准则去在科学与意识形态之间进行区分,对于行动而言,没有什么实质性的意义。基于意识形态的行动与基于科学的行动,在行经路线和达到终点的图式上,都是一样的。所以,合理的认识应当是,"重点不是对这两个准则分开阐述,而是它们结合在一起的运作。一个理论可以有效地被清楚说明,但是却很少被证伪的严格试验所支持。然而,确实是在这两条准则上的一致仍然而且也许永远都为生活科学里的全部理论所缺乏。我们拥有的,要么是统一但没有被证实的理论,要么部分被证实的理论(就像人口学里以及一般来说在以数学和统计学为基础的所有理论环节里),但因为相同的理由它们又放弃了融合为一体的雄心"。①

在近代社会的早期,如果提出了"证实""证伪"的准则,那是有利于将诸多"巫魅"清除出去的,从而呼唤出"科学性"的魂灵,并有利于形成科学的观念和激励科学探索永不止步。然而,在科学创新已经成为某种定势的 20 世纪提出这种准则,不仅没有意义,反而在理论建构者之间制造了不应有的矛盾,挑起了科学与意识形态间的无谓论争。随着这种论争的展开,也因为科学信仰的不断强化,社会科学这种旨在致力于引导社会建构的科学,也完全失去了人文观照。之所以我们经常看到"人文科学""道德科学""政治科学"等表述,所反映的情况就是,人们用对科学的信仰排斥了人文关怀。在某种意义上,我们已经走到了这个地步:除了一些可以被认为"工程学"的研究还保持人文视角之外,整个社会科学、人文科学和道德科学等,都极力驱逐人文考量。原因是,工程技术必须考虑到人的应用,所以才勉强地关注了人。由此看来,关于"证实""证伪"准则的提出,不仅在理论建构者之间制造矛盾和挑起对立,而且彻底地把科学推上

---

① [法]保罗·利科:《从文本到行动》,夏小燕译,华东师范大学出版社 2015 年版,第 349 页。

了没落的道路。如果不是工程学对人文考量的坚守而对科学发挥了某种矫正作用,也许情况已经变得很糟了。

也许人们以为关于"证实""证伪"准则的提出大大强化了科学信仰,激发出了人们的科学热情,能够让人们以怀疑的理性而投身于科学事业中,实际上,这样做却把人们关进了看似理性而实则是囚笼的思维陷阱之中,让一只非理性之手把人们拨来弄去。比如,在社会科学领域中,所谓"用数据说话"的实证研究,总是从复杂的现实中抽象出一些简单的数据,进行程式化的演算,形成所谓科学结论。然而,在整个研究过程中,从一开始就把研究与研究对象隔离了开来,把研究变成与现实无关的活动。

实证研究声称是科学的,也被广泛地承认是科学的,甚至会得到某些极端的带有非理性色彩的辩护。许多试图证明实证研究科学性的文本,往往是以很不理性的口气在说话;许多认为实证研究代表了唯一科学方法的人,在排斥其他科学研究方法的时候,表现得非常不理性。显然,实证研究所应用的每一个数据都是来自现实的,但由数据再现的世界,却与现实毫无联系。如果对这种研究进行追问,这是科学研究还是意识形态游戏?回答的时候,显然会觉得非常尴尬。因为,作为科学研究,它并不打算客观地反映现实,而是仅仅从现实中抽象出某些方面并制作成数据。实际上,只是为了制作科学文本(论文、研究报告等),而不是准备解决现实问题。这样做难道就是为了能够被证伪吗?与之不同,构建人类命运共同体的主张显然是风险社会中的科学理念,但它不是可以用数字来证明的,更不是一项来源于实证研究的结论,它不因不能"证伪"而不具有科学性。

在中世纪,宗教信仰曾经让人做出许多惊天动地的荒唐事,而在今天,科学信仰也让人正在复制那段历史。其中,实证研究就是所有做荒唐事的做法中较为典型的一种。然而,信仰是不可质疑的,哪怕用"证伪"这个词来表述,也是不允许质疑的。正是因为不可质疑,才成了许多荒唐事的根源。反过来说,就"证伪"的准则不可怀疑而言，难道不是一种信仰吗？当科学用可以"证伪"这个信仰去对科学自身进行评判时，那就意味着进行评判的出发点就是信仰。因而，"证伪"本身就是一个不可证伪的标准。既然"证伪"本身是不可怀疑的，那么它也就应当被作为意识形态来看待。

在人们总是因为意识形态不可证伪而对它表示出轻蔑的情况下，却把对科学是否科学这个问题交给了意识形态，这不是很荒唐的事么？总之，在用"证实""证伪"的准则而把意识形态与科学对立起来的时候，所表达的恰恰是一种意识形态意见，徒然制造了无谓的对立。如果不是这样，而是寻求科学与意识形态相融合的一些路径，那么科学才能够成为真正现实性的学问，成为对行动提供无保留支持的力量。

如果说科学认识是对现实的反映，那么对于意识形态，也应持同样的看法。"我们不能从颠倒现象出发去说明意识形态，而是应该把它视为对一个更加根本的现象（这个现象在于对社会关系的象征构建之后对社会关系进行表象）所进行的详细界定。"[1] 所以，利科认为，"科学与意识形态的分离本身就是一个有局限的看法，是内在的区别工作带来的局限，而且目前我们并没有掌握一个关于意识形态成因的非意识形态的概念"[2]。也就是说，就科学和意识形态与现实的关系来看，都是从属于认识论的理解原则的，只不过它们是以不同的形式存在和服从于不同的目的。即便说它们不具有同质性的话，也有着毋庸置疑的相似性。

撇开自然科学中的具体理论，就社会科学而言，所有的理论都不可能脱离意识形态。这是因为，社会科学中的所有理论都"既不能进行全面反思也不能达到那个可以表述全面性的视角。正是这种全面性可以让它（社会理论）幸免于意识形态的媒介，然而社会集团的所有

---

[1] ［法］保罗·利科：《从文本到行动》，夏小燕译，华东师范大学出版社2015年版，第365页。

[2] ［法］保罗·利科：《从文本到行动》，夏小燕译，华东师范大学出版社2015年版，第356页。

成员都服从于意识形态的媒介"①。即便是自然科学，当一种理论进入传播的过程，也会渐渐地染上意识形态色彩，从而失去它区别于意识形态的纯粹性。事实上，自然科学中的那些宏大理论本身就包含着意识形态。比如，进化论就是关于竞争合法性的意识形态，也因为成了意识形态而使得进化论获得了合理性。进而，人们也从进化论中读出了近代以来竞争行为合理性的依据。

利科认为，"科学和技术……在某一个历史阶段，可以扮演意识形态的角色"②。事实上，科学和技术在工业社会这个历史阶段中扮演了主导性意识形态的角色，或者干脆说，科学和技术的观念就是一种意识形态。在走出科学研究和技术应用的工业领域而进入了广泛的社会生活领域中的时候，科学和技术的意识形态功能时时处处都被用到了极致的地步。在政治生活中，以科学和技术的名义去营造合法性、营造话语权，都成了一种行为习惯。也就是说，如果我们把意识形态看作思想结构，或者用"思想结构"一词置换了意识形态，就会发现，无论是社会科学还是自然科学中，几乎所有理论的背后，都存在着某种思想结构。在很多情况下，一个时代中的自然科学与社会科学在思想结构上是可以进行交换的。

其实，自然科学与社会科学之间的联系，正是包含在它们之中的那些作为思想结构的因素。自然科学与社会科学频繁地交换那些构成思想结构的因素，而不是直接拿它们各自取得的成果进行交换。科学研究的成果只能在科学领域之外去与其他社会因素进行交换。也就是说，自然科学与社会科学之间相互学习和借鉴的并不是所形成的结论性意见，而是作为意识形态的思想结构。

米尔斯在讨论社会科学研究方法的问题时认为，实证研究所具有

---

① ［法］保罗·利科：《从文本到行动》，夏小燕译，华东师范大学出版社 2015 年版，第 358—359 页。
② ［法］保罗·利科：《从文本到行动》，夏小燕译，华东师范大学出版社 2015 年版，第 347 页。

的就是意识形态功能。因为，实证研究是"通过给有权威的计划者提供有用的信息，为科层组织目标服务的研究有助于使权威更有力，更有效率"。① 在为科层组织提供这种服务的过程中，实证研究承担起了意识形态的功能。当实证研究"为科层组织所应用，尽管它自然有其明确的意识形态意义，这些意义有时也被作为意识形态"。② 在工业社会中，"科学"一词总是能够在人心中唤起敬仰之情，科层组织需要用"科学"为自己化妆，而实证研究恰恰能够生产这种产品——显得非常科学的研究报告。至于实证研究所制作的文本是否科学，其实是无法根据它对现实世界的反映而去加以判断的。由于实证研究获得了科学的面目，也就让人们因为一种对科学的信仰而接受了它。总之，在什么是科学和什么是意识形态的问题上去开展争论，是没有什么意义的。其实，科学就是意识形态，属于意识形态的一种类型，或者说，是意识形态的一种表现形式。

二 意识形态及其功能

客观地说，意识形态无非是一种社会现象，是社会意识的存在和表现方式。就如其他无法确认其实体性轮廓的社会构成部分一样，这些社会意识在形式上被粗略地表述成了一种"形态"。但是，在以分析和评价为时尚的工业社会中，关于意识形态的争论却变得非常热闹。在科学评价中，会围绕意识形态内容的真实还是虚假展开争论；在价值或功能评价中，又会围绕意识形态服务于谁而争论，甚至还有对意识形态进行结构分析的做法。

在西方的学术作品中，更多的时候，"意识形态"一词具有贬义。在马克思主义的传统中，基本上是作为一个客观性的描述概念而使用

---

① ［美］C. 赖特·米尔斯：《社会学的想象力》，陈强等译，生活·读书·新知三联书店2016年版，第130—131页。
② ［美］C. 赖特·米尔斯：《社会学的想象力》，陈强等译，生活·读书·新知三联书店2016年版，第131页。

意识形态的，即把所有的思想都看作意识形态。所以，就如吉登斯所说，"马克思并没有将意识形态与科学对立起来，因为他想说明在当代世界里科学技术已经与意识形态紧密联系在一起的事实"。① 或者说，在马克思主义者看来，意识形态仅仅是一种在形式上不同于科学技术的社会存在，而在实质上，意识形态之中包含着科学。同样，科学之中也同样包含着意识形态，两者之中都包含着由对方构成的内容。

意识形态之所以能够存在并得到认同，其中必然包含着科学的内容；科学的各个门类以及科学理论之间的统一性，也是由意识形态所提供的。这样看来，试图把意识形态与科学对立起来的做法，所反映的是一种非此即彼的机械观。不过，我们也应承认这样一个事实，那就是意识形态远比科学要复杂得多。正如吉登斯所指出的，"意识形态必然包含'无效的'知识，或者说，意识形态一定程度上偏离了科学（自然科学和社会科学）"。② 即便是部分地偏离了科学，也就无法再将它们等同起来了。事实上，意识形态之中包含着偏见以及神秘信仰，甚至有些是出于功能方面的考虑而人为制造出来的。这些都是科学理论不能接受的。但是，就意识形态作为一种"客观精神"（黑格尔语）而言，其存在是无法否认的。而且，即便人类消灭了任何形式的统治与管理，社会的运行也仍然需要得到意识形态的介入，需要意识形态去发挥作用。

马克思主义是把"意识形态"作为一个中性词来使用的，认为它是客观存在的，是在一定的经济基础上产生的，应当归属于上层建筑的现象。在阶级分化的社会中，存在着属于不同阶级和不同群体的意识形态。一般说来，占统治地位的阶级所拥有的意识形态也是主导性的意识形态，会以话语权的形式出现。应当说，马克思主义关于意识

---

① ［英］安东尼·吉登斯：《社会理论的核心问题：社会分析中的行动、结构与矛盾》，郭忠华等译，上海译文出版社 2015 年版，第 187 页。
② ［英］安东尼·吉登斯：《社会理论的核心问题：社会分析中的行动、结构与矛盾》，郭忠华等译，上海译文出版社 2015 年版，第 197—198 页。

形态的这一观点并没有在意识形态的概念中注入价值判断的因素。比较而言，西方学者普遍持有的是一种经过价值判断染色后的意识形态概念。或者说，西方学者是从对意识形态的统治功能的解读中，发现了一种具有统治现实性的意识形态。

利科关于意识形态的描述可以说代表了西方学者的流行看法。虽然利科认为科学与意识形态是统一的，或者说，他把科学也看成意识形态，但出于对科学的批判，并通过对科学的批判而实现对整个认识论的批判，他也对意识形态作了负面评价。利科认为，"意识形态就是一个在本质上负面的现象，是错误和谎言的表兄，幻想的亲兄；在关于这个主题的当代文学里，我们甚至不再审查这样一种已经完全成为自然的观点，即认为意识形态是一种错误的表象，它的功能就是掩盖个体对一个团体、一个阶级、一个传统的归属，而团体、阶级和传统为了它们的利益又不承认这种归属。自此，如果我们既不愿回避关于谋求私利的和无意识的扭曲这样一个问题，又不愿将之看作既成的，那么，我觉得，应该要解开意识形态理论和怀疑策略之间的联系，所冒的危险就是要通过描述和分析指明为什么意识形态现象引起怀疑的因果"。[1]

如上所述，在西方理论界，往往持有科学与意识形态对立的立场，所持的立场和所使用的理论策略也往往是，用科学去对意识形态发动攻击。利科有所不同，他认为应当把科学与意识形态放在一起加以否定。不过，就流行的观点看，在把科学与意识形态对立起来并用科学去否定意识形态时，却不自觉地把科学变成了意识形态，演化成了用一种意识形态去攻击另一种意识形态的斗争。利科也许正是意识到了这一点，才要求等同地看待科学与意识形态，在对意识形态作出否定的同时，也应同样对待科学。

---

[1] ［法］保罗·利科：《从文本到行动》，夏小燕译，华东师范大学出版社 2015 年版，第 336 页。

利科关于应当把科学与意识形态看作同一个东西的见解，在某种意义上，是与马克思主义的意识形态观点一致的，只不过利科是出于否定的要求而将它们等同起来。根据马克思主义关于意识形态的观点，我们所看到的是意识形态多元化景象。也就是说，马克思主义是把科学看作意识形态多种类型中的一种。这样一来，意识形态之间的冲突，或者科学与意识形态的冲突，也就是发生在意识形态领域中的了，是不同类型的意识形态之间的冲突，并不存在着来自意识形态之外的某种思想体系去与意识形态进行论战和发生冲突的情况。如果去追问不同类型的意识形态如何能够并存的话，那其实是一个意识形态发生学的问题，而不是在理解意识形态这一现象及其社会功能时所要去探讨的内容。将意识形态放在社会系统中，一方面，所要做的是意识形态归类的工作，即把哪些社会现象归类到意识形态之中；另一方面，就是考察意识形态的功能，即认识意识形态功能实现带来了什么样的社会后果。

如果对现代社会的前后两个阶段进行比较的话，就会发现，在工业革命、资产阶级革命发生的时候，"现代社会的结构性现实仍然完全不可见，更不用提其现实化的结果。人们只能指向一些希望，这些希望发生在废除等级上正当的差异之后，也就是与诸如自由与平等这类价值概念相关联的希望……社会结构发生的改变究其根本是不可观察的，得益于这一改变，未来赢得了对过去的优先权"。[①] 这是社会进步的信念发挥了作用的状况。社会发展过程中的这一现象表明，在工业化、城市化和资产阶级革命的过程中，所面对的那个应当得到否定的社会是有着清晰的结构的，但所欲建立的社会的结构，却是模糊的。或者说，新社会还仅仅是以一种理念的形式出现的。不过，在工业社会的发展中，19世纪的情况已经大大的不同了。这个时期，所欲建构

[①] ［德］尼克拉斯·卢曼：《风险社会学》，孙一洲译，广西人民出版社2020年版，第77页。

的社会蓝图,基本上被绘制了出来。

我们谈论工业社会这一发展过程,目的是要指出,每一次社会变革中都存在着这样一种情况,那就是,所要否定的东西是清楚的,而需要建构的东西则是不清楚的,其实只是作为一种较为模糊的理念出现的。就理念属于意识形态的范畴而言,则意味着意识形态在历史进程中是先行的,引导着人们建构新社会的行动,并使新社会的结构逐渐变得清晰起来。可见,意识形态在社会变革中发挥着引导的功能。也许正是这一原因,创立一种革命理论的马克思和恩格斯首先做的工作就是考察"德意志意识形态"。正是在这一工作的基础上,他们写出了《共产党宣言》,将无产阶级的意识形态的基本内容宣示了出来。

同样,在今天这样一个全球化、后工业化运动的进程中,未来社会的结构也是难以判断的,我们当前只能从某些已经呈现出来的迹象中去解读社会网络结构的生成将是一种趋势。不过我们相信,无论这种解读能否得到验证,未来终将赢得过去。就社会进步的信念属于意识形态范畴而言,我们与现代社会早期的人们持有了共同的意识形态。当然,与现代化发生的时期相比,全球化、后工业化对现代社会结构的冲击,更显猛烈,工业社会的几乎所有属于社会结构范畴的存在形态,都正在风险社会及其高度复杂性和高度不确定性条件下显现出功能失调的状况。所以,在认识上,关于社会正在发生和将要发生结构性变革的问题,对于我们这个时代的人们来说,是没有重大分歧的,只是在实践中存在着自觉性程度的差异而已。

可以认为,在全球化、后工业化导致一场社会转型的变革问题上,并不存在根本性的意识形态冲突。在此过程中,虽然存在着一种所谓"逆全球化""反全球化"的思潮,但这类思潮所反映出来的只是旧的行为惯性,在某种程度上,也是因为过多地基于现实利益考量,才站在了拒绝全球化的立场上了。在全球化、后工业化的总体进程中,无论是"逆全球化"还是"反全球化"的杂音抑或行动,都只不过稍微掀起一些浪花而已。如果学者对此大肆渲染的话,那只能说是眼界太过狭窄了。不过，在此过程中出现的风险社会，却提出了意识形态重建的要求，而人类命运共同体的主张所代表的正是重建意识形态的行动。

同时，我们还应看到，尽管在社会变革这一点上人们有着共同的看法，表现出了意识形态上的一致性，但在未来社会建构方案以及走一条什么样的道路的问题上，肯定会产生诸多相互冲突的意见。所以，意识形态的冲突仍然会发生，而且会持续一个较长的时间段。不过，一旦人类走进了后工业社会，可以相信，意识形态的冲突将会消失。这一点可以在风险社会的现实要求中得到理解。也就是说，在风险社会中，会呈现出意识形态多元化、多样化的景象，但不会产生意识形态冲突的问题。或者说，各种各样的意识形态都会有着承认和包容的属性和内容，不同的意识形态之间会相互尊重和相互理解。显而易见的是，在风险社会中，意识形态的冲突将会对人类命运共同体构成毁灭性的冲击。那种风险，是人类不可承受的，以至于人们必须谋求多元化、多样性意识形态的共存和相互尊重、相互理解。

三　重新定义意识形态

虽然科学也是一种意识形态，但在实践功能方面是其他种类的意识形态所无法比拟的。也就是说，科学的实践功能的实现，要简单和确定得多；其他意识形态的实践功能的实现，则要复杂得多，甚至在实现方式上要讲究艺术。科学的实践功能是通过技术实现的，自然科学是通过工程技术去实现其功能的。与之不同，社会科学则是通过社会技术去实现其功能的。"工程技术"与"社会技术"之间存在着很大差异，它们各自有着自己的特征。特别是人们往往缺乏社会技术意识，甚至将一些社会技术也归入社会科学之中了。

尽管社会技术尚未为人们广泛承认，但当专家出场的时候，其实已经意味着社会技术的在场。在工程技术的应用中，有着一支工程师队伍，他们经历过专业上的训练，因而表现优异。然而，当专家出场的时候，景象却要惨淡得多。因为，在社会的发展中，直到今天，人们尚未意识到培养专家队伍的重要性，而是让一些从事社会科学研究的人临时冒充专家。显然，无论是在公共部门还是私人部门，一些以专家面目出场的人都显得只有一些业余水平。他们是因为在社会科学研究中较为失败而处处寻找做专家的机会，至于那些在社会科学研究中表现得非常优异的人，往往并不愿意去对一些"低科学性"的问题发表意见。事实上，科学研究上的成功者并不擅长技术，而科学研究上的失败者同样不擅长技术的人做了专家。这个问题的出现，就是因为在社会领域中没有发展出一门社会技术学科，在教育中没有设立专门从事社会技术训练的机构。由于社会技术的经营和运用都是业余性的，所以，在解决社会问题的过程中，总是表现得不尽如人意，甚至凭空制造出了诸多社会风险。

本来，在技术进步中是包含着风险生产的。这种风险生产甚至构成了一个重要的风险源。在诸多社会构成要素中，"相比于其他个别因素，技术可能性的巨大扩展对吸引公众关注风险的贡献更大。相反，之前对新技术的拒斥受到大量理由所支持，包括宗教、道德、意识形态或权力关系这些相关理由，而如今这些理由一开始就出现在风险这个面上，而这些风险都是人们在容许引进新技术时必然出现的"。[①] 其一，技术提升了人对社会风险的敏感度；其二，人们在风险社会中有着对技术更强的依赖感，将战胜风险和应对危机的希望寄托于技术；其三，正是技术，生产出来的风险要比克服的风险多得多。

技术进步的力量来自科学，可以说，是科学推动了技术进步。然而，工业社会后期的诸多现象表明，技术进步似乎陷入了某种怪圈。一方面，人们需要通过技术去解决风险问题；另一方面，在新技术的涌现中又生产出了各种各样的风险，甚至出现了诸多以往从未见过和

---

① ［德］尼克拉斯·卢曼：《风险社会学》，孙一洲译，广西人民出版社2020年版，第127页。

从未想到过的新风险。面对新的和更多的风险，人们首先想到的还是更新技术。在某种意义上，社会风险是与技术相伴的，似乎任何一项技术的降临都携带着社会风险。这一点已经在人们的心灵深处形成了条件反射。比如，人工智能的出现，就引发了所谓机器人将统治人的担忧，甚至在"图灵机"甫一出现的时候，就有了这方面的科幻作品问世。显然，正是在技术进步中产生的新技术被用于避免风险和应对风险，却又在这一过程中生产出了大量风险，并使风险积累了起来。

在工业社会技术进步的历史上，因为技术进步的持续加速化，一方面，风险生产持续加速；另一方面，风险的积累迅速增长，最终超出了社会这个风险容器而溢出了，使整个社会成为风险社会。对此，卢曼总结道，"任何通过技术来抵御技术风险的尝试，都很明显地受到限制。以一个单纯目的/手段的图式与常见的定义，将技术界定为一种为满足非技术手段而做的人工、仪器的安排，都不足以描述技术自我应用的现象中独有的风险。相反，注入'复杂性的化约'、'功能性的简化'、'可重复性利益的孤立'这类术语让如下事实变得很明显，技术给世界开了一个口子，导致技术上可控的领域与技术上不可控的领域在未来彼此相关，并实际地发挥效果"。[1]

对于人类，对于社会，技术打开的是风险之门，让风险纷涌而出，升腾起来和弥漫开来，笼罩了整个社会和作用于每一个人。正是这一原因，在人类踏入21世纪的门槛时，也同步走进了风险社会。当然，如贝克所指出的，风险社会生成的原因是系统性的，技术应用中所带来的风险只是一个方面。在某种意义上可以认为，对风险社会生成来说，技术应用的"贡献度"还是比较大的。除此之外，在其他类型的意识形态功能实现过程中，也制造了风险，也对风险社会的生成有着某些"贡献"。比较而言，政治性的意识形态所造成的社会风险，其

---

[1] ［德］尼克拉斯·卢曼：《风险社会学》，孙一洲译，广西人民出版社2020年版，第143页。

危害性往往会及时表现出来,虽然其表现显得较为激烈,但持续时间不会太长。如果政治性的意识形态所造成的社会风险在一定的时间内得到了消化,那么对风险社会的生成来说,所产生的影响并不太大。

在工业社会的发展行程中,当诸如 GDP 等具有了意识形态功能时,日常生活则被排斥到了人们的视野之外。只是到了人们直面风险社会的现实时,才重新想起了生存的问题,进而唤醒了某些日常生活意识。其实,工业社会这个历史阶段的经济学以及在经济学的基础上生成的政治经济学,为人们提供了一个生产导向的意识形态,而且这种意识形态被引入了社会科学的几乎所有门类中。在这一意识形态的引导下,人们更多、更广泛地参与和投身到了社会生活和活动之中,忽视甚至忘却了更为根本的日常生活。起初,也许是为了改变日常生活中的贫困状态而将注意力转向了社会生活和活动上来,但形成了一种惯性和定式,似乎是从日常生活中脱身出来了,告别了日常生活,并被认为这是人的解放的标志。

其实,人的一切社会活动,无论是政治活动,还是经济活动,最终都无非是为了日常生活。"人不会为了钢铁的吨位、为坦克或原子弹而战,而献身。人期望幸福,而不期望为了生产而生产。"[①] 如果说到了工业社会的后期已经使绝对贫困的问题不再成为基本的和主要的社会问题的话,那无非是社会风险替代了贫困问题的位置,把一部分社会成员的生存问题转换成了相对于所有社会成员的生存风险。虽然马克思主义经济学要求人们关注生产力的发展水平以及生产方式的状况,但在马克思主义的辩证法哲学原理中,是反对这种关注绝对化的,而是要求把"人的自由自觉和全面发展"作为目的的。

可是,20 世纪的社会实践以及资产阶级的学术体系却将马克思的经济学思想改造成了经济决定论、技术决定论等,所以才有了诸如

---

① [法]亨利·列斐伏尔:《日常生活批判》,叶齐茂等译,社会科学文献出版社 2018 年版,第 44 页。

GDP等指标体系。结果，造成了日常生活整体上的异化。在工业社会中，我们将这种状况称为异化；在风险社会中，这种异化则应被看作社会风险。不仅这种异化会带来了社会风险，而且它本身就是社会风险，在一定程度上，代表了风险社会。怀疑技术和否定技术都是错误的，但在技术获得了意识形态功能时，对社会的影响就需要从正反两个方面来看。可是，在工业社会的历史时期，人们更多地看到了技术的正向功能，只是当人类陷入了风险社会后，才有一些学者指出技术也有着负向的社会功能。

在工业社会中，人的社会关系物化成了制度以及几乎全部社会设置。不过，当人的社会关系物化为这些实体性存在后，虽然其本质仍然是人的社会关系，而其表象则表现为独立于人之外的一种客观存在。但是，人们往往只看到了那些社会存在的表象，并未透过表象去发现它们的本质。这就是列斐伏尔所说的，"在人的一定发展阶段，人的活动产生了用事物包装起来的社会关系。现在，这些事物和它们发生作用的方式，都超出了实践或意识能够掌控的范围，于是，人们去解释它们，对它们做出离奇的假定，对它们做出伪解释，这些解释远离现实和事实，这些解释可能成为一种意识形态"。[1]

事实上，所有关于"物化"的解释，都属于意识形态的范畴，正是这种解释，妨碍了对人的本质的把握。进而，还将所有物化都转化成异化，并不断地导致异化的扩大化。异化的扩大化和不断深化，正是风险社会生成的原因之一。这就是意识形态发挥作用的过程。可以说，正是在意识形态的功能实现过程中，近代早期所确立起来的基本的意识形态形塑了人的社会关系，同时又将人的社会关系物化为制度等社会设置，并进一步造成人的全面异化的境遇。然而，当人的全面异化重新反映到了社会运行中的时候，以风险社会的形式出现了。

---

[1] ［法］亨利·列斐伏尔：《日常生活批判》，叶齐茂等译，社会科学文献出版社2018年版，第165—166页。

我们知道，如果人们能够认识到，社会存在的本质无非是人的社会关系，那么人们就会通过调整人的社会关系而去改变社会存在的形态，也会主动地改变社会存在发挥作用的方式，甚至会对哪些事物的出现、存在和消失进行选择。至少，不会因那些事物的存在而制造相应的意识形态和生成某种拜物教。比如，对于财富、货币、资本、商品等的拜物教，是可以在对它们的本质的把握中而找到加以消除的途径的。当然，这种追求不应陷入空想，而是需要基于社会发展的实际情况而定。

在人类堕入风险社会的情况下，具有急迫性的任务就是，需要对以往人的社会关系物化而成的各种社会存在进行重新审视和反思。这就要求，在社会生活中紧紧扣住人的社会关系这一根本。在启蒙时期，关于"人权"的设定构成了意识形态的基本内容，它表现出了积极意义，因为人权是需要在人的社会关系中去加以理解和加以维护的。但是，在这种意识形态的逻辑延展中，一些学者和社会组织要求把人权扩大化，即覆盖到动物等自然存在物上，就显得荒唐了。

将人权扩展到动物世界，在思维上是合乎逻辑的，但对于人的社会生活而言，则是无法接受的。因为，一旦脱离了人的社会关系去看世界，有可能把人的世界变成非常恐怖的场所。由此看来，工业社会的诸多意识形态在风险社会的生成中产生的负功能是值得关注和思考的。鉴于此，意识形态重建必须从人的社会关系出发，也只有从人的社会关系出发，才能抓住人的存在这一根本。进而，才能获得人的共生共在的观念，即形成人类命运共同体意识。即使人类不得不与动物乃至病毒并存，那也只是一个环境因素，恰恰是一个需要在人类命运共同体的理念下去寻找如何加以应对并保证人的共生共在的课题。

四 合作行动与意识形态

对世界上的一切事物的理解，都倾向于生成观念。人们之所以会在观念方面存在差异，那是因为对事物的理解不同。正是这个原因，统一人们观念的追求被寄托于科学的发展上了，从而赋予科学发展以永不枯竭的动力。也就是说，科学的发展迄今为止都肩负着直接理解和把握世界和间接统一人们的观念之任务。由于科学肩负着这一重任，所以，在科学与意识形态之间就有了接近的可能性。特别是在那些科学无法给予充分理解和把握的领域，人们往往去用意识形态代替科学，甚至会强行地把意识形态宣称为科学。在科学走向圣坛时，意识形态也乐意于以科学的面目出现。对此，是无可厚非的。

　　既然科学具有统一观念的功能，在科学不及之处，用意识形态去实现这一点，也是可以理解的。事实上，在工业社会这个历史时期，科学也一直扮演着意识形态的角色，发挥着意识形态的功能。在某种意义上，科学的意识形态功能更类似于神学。随着时代的变迁，特别是在全球化、后工业化进程中，科学的功能是否将发生变化？或者说，科学所具有的统一人们观念的这一功能是否依然必要？能否有利于人们应对复杂社会中的各项挑战？则变得可疑了，至少需要重新接受某些审查。在风险社会及其高度复杂性和高度不确定性条件下，我们所感受到的是差异性的广泛存在，我们所面对的就是一个差异化的世界。而且，在面对着这种差异化的世界时，既不可能也不需要去统一人们的观念和认识。除了对差异的承认和包容，除了寻求以合作行动的方式去应对风险和危机事件，似乎并不需要刻意地建构某种意识形态。

　　这是不是意味着风险社会将是一个不再有意识形态的社会呢？答案是否定的。就马克思主义所认为的意识形态的客观性而言，在任何一个社会中，都会有意识形态的存在，只不过人们是否自觉地运用了它而已。在人们没有运用意识形态的时候，它就是无目的的；一旦人们准备运用意识形态的时候，它就有了目的，并从属于某个（些）目的。显然，意识形态所从属的目的是包含在行动中的，行动的性质决定了意识形态的性质。

　　在风险社会及其高度复杂性和高度不确定性条件下，行动模式实现了从协作模式向合作模式的转变，合作既是行动的形式也是行动的性质。当然，我们也承认这一条件下的行动在形式上会具有多样性，但在性质上都必然是合作行动。虽然人们在合作行动中并不会刻意地建构和应用意识形态，但它必然是与合作行动相伴随的。所以，我们认为合作行动中存在着合作的意识形态。扩大而言，在风险社会及其高度复杂性和高度不确定性条件下，合作意识形态是一种主导性的意识形态，尽管其形式有可能是多样化的。合作意识形态允许差异化的表述和表现，或者说，差异本身就是合作意识形态的一重内容或一个维度。在风险社会及其高度复杂性和高度不确定性条件下，差异是一种客观状态，差异会在行动中反映为区别，而区别则是认识或实践者的主观判断。

从工业社会的情况看，在差异或区别之间，会出现一致性的问题，并在客观与主观的差异问题上产生争执，从而落入认识论的思维框架之中，或证实认识论的科学性以及科学认识的重要性。在风险社会中，在对客观性的差异作出主观性的区别，其实只是面对既有的某种混沌的或统一的认识对象而展开的思维行程，目的是要制造出某种作为行动前提的认识结果。对于承认差异和直接地将差异作为行动出发点的行动者而言，作出区别的那个主观性的判断和思维过程，往往是可以舍弃的。一旦认识到了这一点，我们所主张的合作行动也就不再会受到传统认识论的羁绊了。

差异观作为科学的意识形态或具有科学性的意识形态，也许是根源于早期科学研究的区别、区分和分类等，即根源于康德之前的类型学（来自福柯的观点）。在黑格尔的《逻辑学》中，差异的概念是其矛盾学说的起点和前提，对矛盾学说提供了强有力的支持。不过，系统性的差异观是在20世纪中期才开始逐渐流行起来的。这说明，现实的变动为差异观的生成提供了土壤。但是，总体看来，在既有的差异观中包含着早期类型学的基因，那就是忽视了研究对象的流动性、变动性，没有将辩证法的原理吸纳到差异观中。

到了20世纪后期，当全球化、后工业化运动将社会的高度复杂性和高度不确定性特征推展出来后，提出了修正差异观的要求，也就是需要在流动性、变动性的维度中去认识和把握差异，建立起对实践形成正确指导的差异观。当前，随着我们进入了风险社会，更应带着差异观去审视社会和开展行动。可以说，正是差异观，让合作意识形态的合理性更加凸显了出来。因为，合作是建立在差异化的前提下的，同质性的行动者并不能实现有效的合作。或者说，同质性的行动者总是趋向于形成命令—服从的行动体系。只有当行动者之间的差异化程度达到了一定水平，才对合作行动提供了有力支持。同样，行动所承担的任务也是差异化的，如果行动所承担的任务具有同质性的话，就会生成模式化的行动，可以通过分工—协作的形式去加以承担。只有当行动所承担的任务是差异化的，才需要通过合作行动去加以承担。总之，在风险社会及其高度复杂性和高度不确定性条件下，只有合作行动才是有效的行动方式，而与这种行动相伴随的，则是合作意识形态。

我们知道，在工业社会的历史阶段中，有些意识形态可能处在周期性的活跃和休眠交替中，这往往与这个社会的发展呈现出阶段性主题变迁和回归有关。也许人们会以为这是经济基础决定上层建筑的表现，其实不是。因为，工业社会在整个发展过程中一直呈现出生产力水平的持续提升，生产关系的变化所留下的也是前行的轨迹，从未回复到走过的那段路程中。至于意识形态的休眠和再复活，与经济基础间的关联度是较弱的。但是，为什么一种似乎被人们抛弃了的意识形态又会复活呢？这个问题还是要从这些意识形态的封闭性中寻找答案。也就是说，这些意识形态构成了一个个独立的系统，而且是封闭的，在它（们）遭遇衰退时，进入收缩过程，退出了人们的视线，但并未死亡，而是休养生息，积聚能量，在条件成熟和环境适宜的时候再度爆发。

对于意识形态的这种休眠和再兴，利科作了描述，他认为那些意识形态"通过'表象'的方式使得初始奠基行为永远延续下去。这就是为什么意识形态同时既是对真实的诠释又是对可能的阻塞。所有的诠释都产生于有限的场域里；但是，相对于属于事件的初始冲动的各种诠释的可能性，意识形态则会引起场域的缩小。正是在这个意义上我们可以谈论意识形态的封闭，甚至意识形态的盲目。但是，甚至当这个现象变得病态时，它还是保留了来自其初始功能的某种东西。觉醒只能透过意识形态编码得以实现，否则是不可能的；这样，意识形态又被依附于它的不可避免的图式化所影响；在意识形态自身受到影响的同时，它也得到了积淀，于是事情和处境也改变了。正是这个矛盾把我们引向了被如此强调的掩盖功能的门槛上"。① 由此可见，合作意识形态的开放性和包容性，决定了它并不会遭遇衰退的问题，因而也不可能有周期性爆发的现象。

利科认为，"社会关系的概念在行动含义和互相定向的双重现象里添加了含义系统的稳定性和可预见性的概念。那么，正是在这个层次上，即行动具有赋予意义、相互被定向和被融合在社会里的特征，意识形态现象展现在它的整个独特性里"。② 共同拥有的意识形态即便没有发挥促进社会关系稳定性和行动的可预见性功能，也在对社会关系和行动的协调中有着非常重要和积极的作用。如果我们把人的共生共在理念看作合作意识形态中的目的，那么这个目的就对合作意识形态形成了强有力的支持，并对人们之间的合作关系以及合作行动提供了充分支持。

当然，出于合作的讨论不是漫无边界的，而是具体的，有着严格的针对性。这是因为，意识形态或文化意义上的讨论一般不是在对合作行动作出准备的过程中发生的。合作行动所要解决的是具体的问题，所承担的是具体的任务。所以，合作意识形态并不是先在于合作行动

---

① ［法］保罗·利科：《从文本到行动》，夏小燕译，华东师范大学出版社2015年版，第342页。
② ［法］保罗·利科：《从文本到行动》，夏小燕译，华东师范大学出版社2015年版，第338页。

的，而是发生和存在于合作行动之中的。合作行动的要求和合作行动的表现状况，决定了合作意识形态的状况。

如果在组织意象中去看合作意识形态的话，还会发现，正如工具理性是官僚制组织的意识形态一样，合作理性也将成为合作制组织的意识形态。尽管我们说合作意识形态并不是先在于合作行动的，不具有相对于合作行动者的先验性，但有了以合作理性出现的意识形态并为组织成员所拥有，人们就会表现出一种"天生"地倾向于合作的状况，愿意合作而且随时准备投入合作行动的过程之中。这个时候，任何有违于合作的言行，都会显得格格不入，都会受到唾弃，严重者，甚至会受到制裁。

总的说来，合作是人的社会关系、社会交往的方式，也是一种行动方式，而合作又必然从属于某种目的。在风险社会中，在社会的高度复杂性和高度不确定性条件下，合作的目的就是人的共生共在。在组织中，合作本身就构成了组织的意识形态，赋予组织以合作理性；在社会的意义上，合作的意识形态则需要得到命运共同体理念的支持和保障，或者说，构建人类命运共同体的主张所代表的是一种社会意识形态。在全球化、后工业化时代，作为社会意识形态的构建人类命运共同体主张则具有了全球属性。

不过，一种新的意识形态的建构必然会受到旧的意识形态的阻挠。现实情况也证明了，无论是在国际社会还是国内，工业社会的主导性意识形态都通过挑起争端的方式而破坏构建人类命运共同体的主张付诸实施的行动。不过，从风险社会的现实来看，利己主义的、竞争的意识形态不仅在源源不断地生产出社会风险，甚至会将人类导向毁灭的境地，而以构建人类命运共同体理念为核心的意识形态，则为人类打开了一扇门，从中透出了一线光明。所以，置身于风险社会中的我们，需要突破旧的意识形态的阻挠而致力于以构建人类命运共同体为核心理念的新的意识形态建构。

第六章

行动的目的性与自主性

　　人的行动只要是主动的和自主的，就会有着合目的性追求。行动的合目的性需要求助于行动的目的、方式和方法等的合理性，而行动的合理性则是建立在科学分析和理性权衡的基础上的。这就是近代以来的主流理论展现给我们的哲学和思想图式。至少，这是理解近代以来的哲学以及社会理论的一个维度。然而，不同条件下的行动合目的性路径是不同的，而且合目的性是否可能，也是一个问题。风险社会意味着，工业社会中为了行动合目的性的所有理论探索和实践模式，都需要得到重新审视。事实上，对于风险社会中的合作行动而言，目的已经从个人的目的转化成人的共生共在，理性的概念也被改写成了经验理性，目的与行动实现了统一，所谓合理性也是一种经验合理性，以至于合目的性不再是一种指向，而是包含在合作行动之中的。

　　在风险社会中，行动者的自主性比以往任何时候都显得更加重要。在工业社会中，由于不断地强化外在于人的各个方面的规范因素，人的自主性不仅被忽视了，而且受到了压制。风险社会的高度复杂性和高度不确定性使得那些外在于人的各种规定陷入失灵，因而必须重视人的自主性在行动中的作用。人的自主性是建立在认识的前提下的，而且这种认识应当归结为反思性的认识，即明确自己的认识和行动的目的。只有这样，才能真正获得自主性。风险社会中的行动是合作行动，而且风险社会及其高度复杂性和高度不确定性决定了这种行动是非模式化的，必须充分发挥行动者的自主性。其中，外在性的责任规定应当让位于指向目的的自主性。

道德是人类社会生活中不可缺失的因素，而在工业社会中，却又是人们经常抱怨的话题。的确，在工业社会低度复杂性和低度不确定性条件下，有着完善的规则体系而对人的行为和行动作出规范。正是这些规则的规范，可以实现社会的良序运行。可是，在人类陷入风险社会后，在社会呈现出高度复杂性和高度不确定性时，任何缺失了道德的行为和行动，都可能是非常有害的。就道德的生成而言，也许在农业社会中的状况是可以纳入自然主义的解释框架中的，而在工业社会，虽然哈耶克在批评理性的滥用时指出道德不是设计的结果，但启蒙思想却为工业社会的个人主义道德的生成，开拓出了一个巨大的空间。总的说来，工业社会的认识论思维排斥了道德，而风险社会及其高度复杂性和高度不确定性条件下的直觉、直观的认知方式，则为道德的重构提供了认知基础。

第一节 行动的合目的性问题

理性的活动都必然是有目的的，基于科学理性、技术理性的活动还要将目的分解和转化为目标。特别是以群体的形式开展的活动，比如，国家及其社会治理活动，也包括各种各样的组织，都应当有着明确的目的，也会根据其基本目的而建构起目标系统。无论是个人还是群体、民族以及国家，缺乏目的的行动都极易表现出机会主义的倾向，而有着一贯目的的行动，在采取了灵活的方式时，也只意味着是在行动策略上的应变措施，而不应视为机会主义。

不过，从社会演进的角度看，在不同时期或不同的活动场境，目的是不同的。任何一种可以指导人们行动的目的，都只有在特定的时期和特定的环境中，才有价值。如果社会发生了重大变化，人们仍然坚守那个曾经对活动有过指导意义的目的，就会引发消极效应。就风险社会的降临与全球化、后工业化运动在时间点上的重合来看，说明人类正处在一场历史性的社会变革过程中。这是一场社会转型的运动。在此过程中，"人的目的的重新解释，人的能力的转变，以及我们的道德准则的重建，并不是一个开导性说教的问题或空泛的乌托邦"。[①]但是，出于解决现实问题的愿望，为了人类的整体利益，去做出思考并提出一些见解，则是具有积极意义的。

在什么是目的的问题上，可以拿康德与萨特的哲学论断作比较。康德提出"人是目的"，而萨特则提出"存在是目的"。也许人们会认为萨特只不过是用更为抽象的哲学语言对康德的"人是目的"的提法作了修正，实际上这两个提法却是完全不同的。因为，在"人是目的"的提法中，是通过判断词"是"将人与目的联系到了一起，是作为一项伦理学规定而提出来的，即要求人们将人当作目的。也就是说，在未联系起来的时候，"人"与"目的"并无关联。然而，在萨特的"存在是目的"的提法中，"存在"与"目的"是不可分开的，存在本身就包含着目的。或者说，"存在是目的"的提法只是将存在中的目的揭示了出来。所以，在什么是目的的问题上，萨特所提出的是与康德不同的判断和要求。

放在工业社会的背景下，康德与萨特所代表的这两种提法，都是伟大的哲学贡献。如果将这两个提法统一到马克思的"人的自由自觉和全面发展"中来，就会对社会目的有着更为清晰的认识。但是，在风险社会及其高度复杂性和高度不确定性条件下，在将康德和萨特的提法统一起来的问题上，也需要赋予其新的内涵。那就是，应当将它

[①] ［德］卡尔·曼海姆：《重建时代的人与社会：现代社会结构的研究》，张旅平译，生活·读书·新知三联书店 2002 年版，第 12 页。

们综合成"人的共生共在是目的"这样一个论断。关于人的共生共在是目的的论断,是基于风险社会的现实提出来的一项要求。不仅对于社会治理,而且对于人的所有社会活动,都是必须拥有的基准价值。只有这样,才能保证一切行动都具有合目的性。

一 目的、手段与合目的性

在理性的视野中,目的是与手段、工具相对应的,是一种对应性的共在关系。将目的与手段、工具区分开来,就是要让人们将视线放在实现目的的手段、工具上来,研究和探索手段的完善、工具的改进等问题,以求手段和工具的改善能够保证行动具有合目的性。不过,在行动能否达成合目的性的效果的问题上,是需要作出综合性考虑的,需要把目的、手段和工具以及行动等作为一个系统来加以认识和把握。只有这样,才能找到合目的性的通道,才能取得合目的性的结果。

在工业社会中,关于什么是目的的问题,一直存在着争议。无论是在理性主义还是非理性主义的阵营中,许多思想家都不断地申述生命价值的优先性。可是,在我们强调生命价值的优先性时,却不能将生命作为目的。这是因为,生命是需要由生活来加以证明的。正是人的生活,决定了生命是人的而不是动物的。当然,生活是由生命承载的,但生活却规定了生命,构成了生命的本质。离开了生活,生命就是不可把握的,或者说,就可以任由人们随便怎样去对生命加以定义。所以,生活是生命的价值,赋予生命以意义。

在生活与工作相分离的条件下,根据马克思的看法,生活是人的本质活动,而工作则被归入了劳动异化的范畴。可以认为,马克思的全部理论活动都是为了解决人的异化问题,并寄望于实践。当然,关于消除异化的追求,是付诸无产阶级革命的,这构成了马克思的经典表述。在马克思主义的发展中,对异化问题的根本性解决,也被带入了社会主义建设之中。实际上,我们应当把马克思的理论追求理解成生活的回归,让人的一切社会活动从属于生活之目的,将社会实践统一到生活实践之中。或者说，受到生活的统摄。

在风险社会中，关于生活与生命的区分已经失去了意义，因为我们在风险社会中是将"生活"一词改写成"生存"的。一旦我们将生活改写成了生存，无疑是承认了风险社会中的一切行动都是为了人的生存。生存是基本目的，行动是为了生存的目的而开展的活动。如果这一目的被忘记了，行动的性质就会出现异化。这种异化在工业社会语境中的组织实践中，也被称为"目标偏离"，而在风险社会及其高度复杂性和高度不确定性条件下，则被理解成目的的丧失。

不过，当我们思考人的生存问题时，就会发现，风险社会及其高度复杂性和高度不确定性意味着个体的人的生存是无法获得保障的，工业社会的所有设置，都无法在这种条件下提供可靠的保障。这无疑是对人的行动的合目的性问题的挑战。其一，在风险遍布的情况下，人的生活是什么样子？在何种程度上能够得到保障？是无法回答甚至无法想象的问题；其二，在把生活的课题转化为生存的课题时，如果根据工业社会的建构逻辑去规划路径的话，就会发现个人是社会的出发点也是社会的中心，致使个人的生存在风险遍布的情况下能否得到保障，也是一个问题。正是对这个问题的回答，要求我们不应孤立地去看个体的人的生存问题，而是需要将个体的人的生存问题放在人的共生共在之中。所以，所谓生存问题，其实就是人的共生共在的问题。人的共生共在构成了风险社会中的基本社会目的，是一切行动的出发点。

在工业社会中，由于社会生产力的提升，人们征服自然的能力得到增强，也因为社会治理水平的提升，有了系统化保障的社会秩序，也使人的生存条件有了保障，使得生存的问题似乎得到了解决，以至于人们忘记了生存是人的行动的基本目的。然而，当人类陷入风险社会，这个问题又重新抛给了人们。此时，人已经不再是面对着自然的压力而感知到生存是一个问题，而是面对着一种无法准确定性的、无处不在的风险而感受到了生存压力。

我们一般是将风险社会中的风险看成社会风险的，但在表现形式上，有许多风险也是来自自然的。如果考虑到"自然的社会化"已经达到了比较充分的程度，即使那些在形式上被认为是自然界施加于人的风险，也应被看作社会风险。这就是风险社会中的风险与此前人们所看到的风险的不同之处。

面对着自然风险的时候，可以通过征服自然而化险为夷，工业社会就是走在这条道路上的。现在，人类在风险社会中所面对的是社会风险，把征服自然的做法应用于征服社会是否可行？就是一个需要认真思考的问题。根据这种情况，为了人的共生共在这一目的的实现，意味着工业社会中的那些达成目的的手段、工具等都必须得到重新审查。其实，在风险社会中，所有实现人的共生共在的手段、工具等都需要重新建构。其中，最为关键的还是，建构起新的行动模式。尽管工业社会在社会治理方面取得了许多成功经验，但那些经验显然是无法搬到高度复杂性和高度不确定性条件下来加以应用的。所以，风险社会中的生存问题是一个全新的问题，是需要通过真正的创新来加以解决的问题。

当我们将生存理解成人的共生共在时，其实是在意识形态的层面上实现了视角的转变。这个时候，不能再像在工业社会中那样将个人作为认识和思考一切问题的出发点，而是需要在人作为"类"的意义上去看人的生存问题，这就是马克思在"经济学—哲学手稿"中提出的要求。也就是说，我们将人的共生共在确立为风险社会及其高度复杂性和高度不确定性条件下的基本目的。因为这种社会目的上的转换，使得从属于目的的一切社会设置，都必然发生相应的改变，而且这是一种根本性的改变。这种改变是出于行动合目的性的要求，但考虑到行动的基本环境的高度复杂性和高度不确定性，又不必然将合目的性作为结果来加以追求。所以，在行动的合目的性问题上，也需要抛弃工业社会加予行动的合目的性规定。

在目的与手段间的关系问题上，如萨特所言，"目的给了手段以理由，手段不是为自身而存在的，不是在目的之外存在的"。[1] 离开了目的，手段就不具有存在的合理性。这也就意味着目的可以选择手段，或者说，有了什么样的目的，就会有一系列与目的相适应的手段供人们加以选择。从属于竞争目的的手段是否适应于合作的要求，为了自我利益实现的手段能否适应人的共生共在的要求，都会接受目的的审查和选择。只有根据目的而选择了适当的手段、工具，才能使行动表现出合目的性。

在工业社会的历史时期，我们一直是把科学技术的进步和经济的发展作为生活便利化以及生活水平提升的手段对待的。也就是说，我们从来都没有把科学技术的进步和经济的发展本身作为目的对待。比如，人们关于 GDP 的诸多批评，就反映了它应不应当成为目的的思考。尽管如此，在风险社会中，我们还是需要对科学技术的进步和经济的发展重新进行审视，至少会对科学技术进步和经济发展的模式进行审查，以求使之适应人的共生共在的要求，并有利于人们的合作行动，而合作行动，也无非从属于人的共生共在之目的。

如果把目的区分为"个人目的"与"社会目的"的话，那么对手段、工具的选择就会表现出很大不同，甚至会在对手段、工具的选择上产生冲突，而且会导致人们在冲突中忘却了目的是什么这样一种后果。工业社会较好地解决了这一问题，那就是对社会目的加以定义，让其从属于个人目的。或者说，社会目的是被作为实现个人目的的手段、工具对待的。我们知道，在工业社会的意识形态建构中，形成了个人主义的理论范式。所以，无论以什么样的具体的理论、思想和学说出现，只要是从属于个人主义理论范式的，都是将个人目的作为终极性目的看待的。至于个人目的之外的其他社会性目的，都必须从属于个人目的，都应当最终归结为个人的目的。

---

[1] ［法］萨特：《存在与虚无》，陈宣良等译，生活·读书·新知三联书店 2007 年版，第 326 页。

在这一社会运行逻辑中，社会目的无非是个人目的的抽象，或者说，是个人目的的实现途径。因此，在作为个人主义道德话语的功利主义中，个人主义的原则得到了再确认，认为人的行为选择以及行动的目的，都是从属于个人目的的，是将社会目的的实现包蕴在个人目的中的。所以，一切社会活动以及发生在这个社会中的一切行动，在接受合目的性审查的时候，都是以个人目的为依据的，或在终极的意义上，溯源到了个人目的。这样一来，合目的性既是哲学的规定，也是政治问题，还是道德问题。而且，在几乎所有制定了宪法的国家中，都会以形式各异的表述而将这种合目的性宣示出来。

我们还可以按照工业社会的话语逻辑将目的区分为"事件目的"和"总目的"。无论是一个人还是一个群体甚至一个民族或国家，做一件事，就有着这件事的目的，同时又有可能有着总目的。在将这两种目的放在一起的时候，人们可能会用"战略"和"战术"的概念来指称它们，即表述为"战略目的"和"战术目的"。不过，人们在使用"战略"与"战术"这两个概念的时候，更习惯于说"战略目标"与"战术目标"。就目标是人为设定的而目的似乎是自然生成的来看，使用战略、战术的概念更适合于界定目标。对于目的，用"事件目的"与"总目的"的说法加以定义，也许更为合适一些。

如果对"目的"与"目标"进行比较，还可以看到，目标的确立是需要求助于科学分析和理性权衡的，而目的的形成则不一定需要通过科学分析和理性权衡。所以，依据目标而行动，包含着科学和理性的问题，而直接地根据目的去开展行动，则会更多地表现出对经验的倚重。就从目的到行动的过程看，科学分析和理性权衡的功能在于，将目的转化为目标，然后落实在行动上；直接根据目的的行动，则不需要这个转化为目标的过程。不过，在工业社会中，人们在目的的形成和确立过程中也倡导科学分析和理性权衡，特别是在科学和理性的话语环境中，人们往往更多地从合理性的角度去看目的。

目的往往是与价值联系在一起的。如果说行动的合理性是通向合目的性的道路，那么在合理性这里，是一个科学问题，而合目的性却是一个价值问题。目的本身就是价值，至少包含着价值或反映了价值。所以，科学和理性并不是目的的属性，而是目的实现途径所应具有的属性，相对于目的的手段、工具等，应当合乎科学和具有理性。

自 19 世纪中后期以来，越来越多的人关注价值和意义的问题。其实，只有具体的，才是有价值和有意义的。在低度复杂性和低度不确定性条件下，人们也许会对抽象和一般抱着更大的期许，在得到了认识论范式中的科学的证明和支持的情况下，往往对抽象和一般有着某种夸大的想象成分。然而，在高度复杂性和高度不确定性条件下，抽象和一般显得完全丧失了其价值和意义。如果说抽象和一般总是与真理联系在一起的，那么价值和意义必然是具体的，只有在具体性这里，我们才能理解价值和意义。

所有目的都是具体的。然而，由于人们在思维上习惯于抽象、分析等，因而在目的的问题上会作出"总目的"与"事件目的"的区分，以为事件目的是具体的，而总目的似乎是抽象的。其实，"总目的"并不是一般性的、抽象的目的，也同样是具体的。特别是在风险社会及其高度复杂性和高度不确定性条件下，关于"总目的"与"事件目的"的区分是没有什么意义了。所以，对于人的共生共在这个社会目的来说，我们并不严格地将其区分为"总目的"和"事件目的"两种形态，而是更愿意在混沌整体的意义上来把握它。

任何一项行动都有着特定的目的，这是目的具体性的证明。不过，在风险社会及其高度复杂性和高度不确定性条件下，一切行动及其所承担的任务的具体性意味着，不可能保证既定的目的得到实现，因而必然是将目的包蕴在行动中的。关于这个问题，可以清晰地看到，工业社会低度复杂性和低度不确定性条件下的行动，是将目的看作行动之外的某种观念性的或现实性的存在；在风险社会及其高度复杂性和高度不确定性条件下，目的却不能存在于行动之外，而是存在于行动之中的。存在于行动之中的目的都能够得到实现，而存在于行动之外的目的，在能否实现的问题上，则具有不确定性。也就是说，在风险社会及其高度复杂性和高度不确定性条件下，并无预先确立的目的，更不可能有将目的转化为目标的过程，也不会在结果的意义上去审查合目的性。

当然，在风险社会及其高度复杂性和高度不确定性条件下，也不能够完全排除"事件目的"和"总目的"，但就目的存在于行动之中而言，"事件目的"与"总目的"的区分已经失去了意义。因为，作为"总目的"的人的共生共在，就是包含在人的每一项行动之中的。反过来说，人的一切行动都是从属于人的共生共在这一目的的。即使每一项行动都有着它的事件目的，也是人的共生共在这一总目的的具象化。也许人们会以为我们所表述的仍然是黑格尔的逻辑，但就我们并不主张严格地区分"事件目的"与"总目的"而言，是出于一种为行动保留更大的弹性空间的考虑，才作出了这种表述，而不是立足于逻辑之中去进行思考。

风险社会中的合作行动，不会遭遇"事件目的"与"总目的"的不一致甚至冲突的问题。这样一来，区分"事件目的"与"总目的"，也同样不具有学术价值，即不再能够构成对行动的一个观察视角。可以认为，在风险社会及其高度复杂性和高度不确定性条件下，合作行动中的"事件目的"会呈现出不断弱化的情况，到了"事件目的"弱化到了微不可察的地步，人的共生共在这一"总目的"也就贯穿到了一切行动之中。这样一来，所谓合目的性就不是在行动的结果中出现的，而是包含在行动过程之中的。

二 目的、动机与行动

在很多情况下，人们把"动机"与"目的"混同了起来。这说明动机与目的之间有着相关性，但不应将它们等同看待。有了目的就会有行动，而动机却不必然转化为行动。这是由动机与目的间的关系所决定的。如果动机与目的有着一致的方向，或者说动机是趋向于目的的，就包含了向行动转化的可能性。考虑到环境因素，在低度复杂性和低度不确定性条件下，从动机向行动的转化，一般情况下，需要经过科学分析和理性权衡的环节，只是在一些简单的事项上，才会略去这个环节。如果不经历这个环节的话，人们就会认为那些行动具有盲目性。

科学分析和理性权衡是将动机转化为目的的过程，经历过这个过程所形成的目的，是具有理性属性的。如果动机没有实现向目的的转化而直接地付诸行动，那种行动很可能就是某种冲动。不过，在高度复杂性和高度不确定性条件下，从动机向目的转化过程中的科学分析和理性权衡，往往得不到时间的支持。这是因为，人们所遭遇的突发性事件对行动提出的是即时响应的要求。但是，这并不意味着从动机到行动没有中介，只不过这种中介是以直觉和直观的形式出现的一种无时间性的因素。也就是说，在风险社会及其高度复杂性和高度不确定性条件下，有可能不是通过科学分析和理性权衡而将动机转化为目的然后再付诸行动，而是通过直觉、直观的方式而直接将动机付诸行动。这种情况也同样意味着，目的不是在行动之先确立起来的，而是在行动中形成了目的，是在行动中将动机转化为目的。

在动机付诸行动的过程中，直觉和直观的功能在于对行动的条件、行动的效果以及行动的可能性和行动方式等作出综合性判断。与科学分析和理性权衡等相比，并不能说直觉、直观更为优越，只能说科学分析和理性权衡适应于低度复杂性和低度不确定性条件下的行动需要，而直觉、直观则更为适应于高度复杂性和高度不确定性的环境条件的行动需要。不过，在能否作出综合性判断方面，直觉、直观似乎更具有优势。就它们的表现来看，直觉、直观是一种最为轻松的认知方式，不像科学分析和理性权衡那样需要遵循某种原则和背负着某种支配性的观念。

基于直觉、直观的综合性判断反映在从动机到行动的过程中，可能出现深思熟虑再行动的状况，也可能并未表现出深思熟虑，至于深谋远虑，基本上不会出现在高度复杂性和高度不确定性条件下的行动中。在很大程度上，深谋远虑可能是脱离了直觉和直观的。在从动机到行动的过程中，无论深思熟虑与否，都不一定做出了理性权衡。因为，深思熟虑与否，只是思维的一种状态，而不代表思维方式的属性，因而不意味着必然是以科学分析和理性权衡的形式出现的，而是有可能成为直觉和直观的一种表现形式。或者说，深思熟虑可能正是一种寻找与行动相关的灵感的过程。这种灵感既是行动的灵感，也同时是动机转化为目的的灵感。在这个寻找灵感的过程中，行动与目的的确立，也是同一个过程。

在风险社会及其高度复杂性和高度不确定性条件下，虽然人的行动大都表现为即时行动，但行动者的深思熟虑也是必要的，至少这应当成为一种追求。不过，当我们不将深思熟虑归入科学分析和理性权衡的范畴时，是要指出，它并不是基于逻辑展开的过程，不是以推理的形式出现的。也就是说，这种深思熟虑也是理性的标志，但不是工业社会中的人们所说的那种纯粹理性、科学理性意义上的理性，而是应当归入经验理性的范畴。在很大程度上，这种深思熟虑体现出的是人的智慧，是人的一种悟性的表现。

深思熟虑是契合于目的的，而不是在确立起了目标的情况下精细地计算通向目标的过程。也许深思熟虑会受到高度复杂性和高度不确定性的挑战甚至否定，但作为人的一种从动机到行动转化过程中的追求，则是应当给予肯定的。虽然风险社会及其高度复杂性和高度不确定性条件下的行动更多的属于应对突发性事件的行动，会以即时响应的形式出现，但从行动者的主动性的角度看，如果在从动机到行动的过程中有着深思熟虑，则是可嘉的。

在工业社会实践中，人的动机往往需要转化为目的后才能付诸行动。目的的确立，又需要经过科学分析和理性权衡。因而，在使个人的目的向行动转化时，必须接受规范。一般说来，是被纳入某种模式之中的。社会以及各种各样的集体行动体系是通过规则、制度等系统化的设置而对个人目的转化为行动的过程加以规范的。本来，工业社会的整个社会建构都是从个人出发的，要求以个人为中心，但当个人的目的向行动转化的过程被纳入某种固定的模式中的时候，其实是对个人目的造成压制和约束了。因而，使得个人目的与社会目的处在冲突之中。

在组织以及国家、政府等的活动中，科学决策是社会系统中的所有规范化行动的前提，几乎所有集体行动都需要求助于科学决策。在科学决策中，个人目的很少得到考虑，甚至个人本身，都被明确地或隐蔽地作为组织、国家、政府等集体行动体系的目的实现的工具对待。为了对此作出矫正，才发明和强化了民主政制。也许启蒙时期的思想家们正是预见到了组织、国家、政府中必然存在着个人目的受到忽视的问题，才做出了民主政制设计。然而，在工业社会的实际演进过程中，民主政制并不能从根本上解决个人目的受到忽视的问题。特别是在科学理性得到了广泛推崇的情况下，工业社会的理性化追求变成了通过行动的合理性而达成行动的合目的性的规范模式，而且在目的的问题上，也无处不存在着不一致乃至冲突的问题。结果，行动的合目的性问题成了某种哲学空谈，现实中的行动都被纳入了合理性的轨道。对于社会治理而言，合理性也被转化为合法性。

工业社会的实践领域中的几乎所有行动都表明，在科学决策中，明显可见功利主义在决策过程中所发挥的作用。因为，人们正是通过科学决策去为行动确立效用目的的，毋宁说，科学决策本身就是从属于行动的效用目的的。对于组织的效用目的来说，个人目的就成了手段和工具。雷加诺评论道，"功利主义的最大问题仍在于将政策分析中的复杂特性和意义打破整合为单一的效用所彻底造成的维度缺失。如此，为人的意义也崩塌分解为一个平面概念——人类只是一个效用持有体，通过自己的言行最大化自身效用。当我们将所有事物简化为平面效用时，很多问题迎刃而解。在一个平面化的效用世界里，最优方案是存在的，然而当我们将这些方案从人为的背景中抽离，放置到真实的、多重的、多维度的现实经验中时,正是这表面运行顺畅、实则不可逆的简化构建了决策模型的神话"。①

作为一种"神话",看起来是具有合理性的,显得非常科学,而在实际上,对于解决现实问题,则是无益的。在很多情况下,效用追求反而在实践中表现出了反效用的状况,即不能保证行动的合目的性。即便对某些人、某些群体达成了效用目的,而对于整个社会,可能带来的却是恶果。可是,在决策科学的领域,政策分析一直是由功利主义决策模型主导的,是按照功利主义的原则进行政策分析的。虽然政策分析会因为政策调控的对象、范围和目标不同而表现不同,但个人主义及其功利原则一直是贯穿于政策分析之中的。

对于科学决策中功利主义原则的应用,雷加诺指出,"冯·诺伊曼和摩根斯坦效用函数及边沁的政策分析模型对多面性的缺乏和彻底简练的简化或许构成了以下几个事实的原因,首先,这个模型在政策分析中占据主导地位;其次,大多数政策分析其实是为政策制定实现正当化的工具,或是能将一个乏味的办公室摇身变为国家图书馆的装饰工具"。② 反映在合目的性的问题上,功利主义在科学决策中因为推展出了一个效用目的而冲淡了个人目的与社会目的,或者说,使个人目的与社会目的都片面化了,变得扭曲。于此之中还可以看到,工业社会在目的的问题上有着不断繁复化的趋势,以至于社会生活和活动的每一个领域,都不得不对目的进行重新梳理和定义。结果就是,目的的割裂和冲突变得越来越严重,而且也不断地因此而生产出了各种各样的社会风险。

功利主义的"利益的自我"与义务论的"道德的自我"都反映了工业社会的思维方式,也都从属于工业社会的建构原则。在工业社会

---

① [美] 劳尔·雷加诺:《政策分析框架——融合文本与语境》,周靖婕等译,清华大学出版社2017年版,第31页。

② [美] 劳尔·雷加诺:《政策分析框架——融合文本与语境》,周靖婕等译,清华大学出版社2017年版,第31页。

低度复杂性和低度不确定性条件下，如果能够在这两个方面作出平衡，就可以达到理想的状态。然而，在风险社会及其高度复杂性和高度不确定性条件下，自我已经不能构成社会建构的出发点，自我消融于人的共生共在之中了。因而，需要从人类命运共同体出发去思考社会问题。其实，人类命运共同体并不是一种本体性的存在，而是一个过程，即使退一步说，人类命运共同体也应被理解成一个动态的系统。或者说，人类命运共同体是作为社会目的的人的共生共在的一种显现形式，也是人的共生共在这一社会目的得到实现的途径。

其实，人的共生共在作为人的行动的目的而不是目标是由行动环境的高度复杂性和高度不确定性决定的。正是风险社会及其高度复杂性和高度不确定性的行动条件，决定了行动的性质必然是合作行动，而不是工业社会中占主导地位的那种协作行动。合作行动与协作行动的根本性区别，就是反映在目的是存在于行动之中还是行动之外。

在目的论的视角中看，人的行动基本上可以归为两类：其一，是对事物的发展进行干预，使其合乎人的愿望，朝着人所欲的方向发展；其二，避免事物的发展带来对人不利的后果，或者，在这种后果已经产生时做出补救，以使其所造成的损失最小化。在高度复杂性和高度不确定性条件下，后一种类型的行动将会成为主导性的行动。我们知道，行动者不同于执行者，表面看来，行动者与执行者都在行动，而实际上，他们的行动在性质上是不同的。行动者是自主的，他的一切行动都伴随着自主决策，因而行动者的行动是有目的的。执行者的行动是一种行动的假象，他是执行他人的决策，按照他人的意志行动。所以，执行者只有行动目标而没有行动目的。

如柯林武德所说，在中世纪，"上帝才是唯一的行动者，因为只有靠神意的作用，人的意志的活动在任何一个给定的时刻才能导致这一结果而不是另一种不同的结果……在一种意义上，人就是历史事件所要发生的目的，因为上帝的目的就是人的福祉；而在另一种意义上，人的生存又仅仅是作为完成上帝的目的的一种手段，因为上帝创造了人，只不过是为了假手人生来实现他自己的目的而已"。① 走出了中世纪之后，特别是经历了18世纪的启蒙，用"人民"置换了"上帝"，即让人民占据了上帝的位置，因而有了民主。相应地，产生了政府，从而有了行政。就"行政"一词在西方诸语言中的含义来看，一直包含着执行的内涵。在人民成了上帝时，在民主制度中，行政意味着执行而不是行动。事实上，对于这种状态，尼采是将其表述为"上帝死了"，而不是一种人民成了上帝的状况。也就是说，工业社会的组织化意味着不再有行动者，一切被称为行动或看上去类似行动的东西，其实只是执行。这就是一种没有行动者而只有执行者的怪诞图景。

在"上帝死了"之后上演的这幕现代荒诞剧接近尾声的时刻，迎来了一场全球化、后工业化运动。特别是进入21世纪时，陷入了风险社会，社会的高度复杂性和高度不确定性呼唤着行动者归来。当行动者重新登台时，是以合作行动者的面目出现的，他是新的历史条件下的一切行动的行动者。也就是说，执行者将退出历史舞台，从而将位置全部拱手让予行动者。所以，人类历史走进了一个行动者行动的历史阶段。人们是行动者，却不是上帝，但上帝曾经拥有的自主性、创造性等，在他们那里也都同样拥有。上帝死了，其位置是不可能由人民来填补的，即使人民被一些理论说成取代了上帝的位置，那也只是一种比喻，甚至有的时候是可以被认定为谎言的。合作行动者绝不是在人民填补上帝空缺位置后再造出来的替补队员，而是历史推展出来的一种全新的存在，是与风险社会及其高度复杂性和高度不确定性联系在一起的，是这一条件下的行动者。

三　目的的合理性与合道德性

行动有着明确的目的，这被认为是理性的标志。或者说，目的本

---

① ［英］R. G. 柯林武德：《历史的观念》，何兆武等译，中国社会科学出版社1986年版，第54—55页。

第六章　行动的目的性与自主性

身就是理性的，行动的合理性也就是贯穿目的的行动。可是，被认为是非理性的行为和行动是不是就没有了目的？比如，艺术活动，特别是那些声称"为了艺术而艺术"的活动，是不是没有目的？答案显然是否定的。许多无法纳入理性行动之中的艺术活动，肯定也是有目的的。这样一来，就涉及如何对理性加以定义的问题了。

柯林武德在评述黑格尔关于理性的观点时，指出黑格尔所理解的理性是"有热情"的理性，是笼罩着热情的光晕又同时把热情当作工具的理性。柯林武德说，"他认为，启蒙运动所设想的那种抽象的理性人并不是真实的东西；真实的情况是一个人既有理性又有热情，永远不是纯粹理性的或纯粹热情的，他的热情是一个理性的人的热情，而他的思想则是一个热情的人的思想；而且进一步说，没有热情就没有理性，没有理性，也就没有行为。因此，证明某个人是以某种方式根据热情而行动的，——例如一个法官在一阵盛怒之下判处了一个罪犯，或者一个政治家出自野心勃勃的动机制服了对手，——并不就证明他没有合理地行动；因为那个法官的判决或那个政治家的政策可能是公正的或明智的，尽管在执行中有着热情的成分。因此黑格尔坚持说，人类的历史展示出其自身为一幕热情的表演这一公认的事实，并不证明它不受理性所控制。可以这样说，他把热情认为是材料，历史就是由这些材料做成的；从一种观点看来，历史就是一幕热情的表演，而且仅此而已，但是同样的历史也是一幕理性的表演，因为理性在利用热情本身作为实现它的目的的工具"。[①] 的确，在黑格尔的"历史哲学"的篇章中，是可以看到柯林武德所说的这种情况的。

既是理性又是热情，或者说理性与热情的统一，在存在的意义上是什么？在黑格尔时期的哲学语汇中，显然找不到这样的概念。所以，黑格尔只是描述了这种状态。其实，如果黑格尔在发现了这一现象时

---

① ［英］R. G. 柯林武德：《历史的观念》，何兆武等译，中国社会科学出版社 1986 年版，第 132 页。

能够摆脱康德的影响，也许能够发明一个合适的概念，即提出"经验理性"的概念。当然，经验理性概念的内涵不限于黑格尔所描述的这一现象，而是包含了其他诸多现象。柯林武德从黑格尔所描述的那种理性与热情相统一的现象中，所感受到的是某种困惑不解，所以他才会评论道，"这种理性的狡猾的概念，这种理性诱使热情沦为它的代理人的概念，乃是黑格尔理论中一个有名的难题。他似乎是要把理性人格化成为外在于人类生活的某种东西；它通过人们的盲目而热情的代理作用而实现的目的，乃是它自己的目的而不是他们的目的"。①

其实，有了经验理性的概念，所谓理性的人格化、外在于人又由人代理等理解，错误的一面也就都会暴露出来。那是因为，作为经验理性的理性与热情的统一，只是人的理性的一种表现形式，它是属于人的，而不是什么理性的人格化。就它属于人而言，并不是由人代理的，反而是人的一种属性，是通过人的行动去实现和证明其功能的。

尽管柯林武德认为黑格尔对理性的描述令人困惑，而且也明确地对黑格尔的理性主义表示质疑，说黑格尔的"理性主义是非常奇怪的一种，因为它设想非理性的成分对于理性本身乃是带根本性的"。② 但是，凭着某种学术敏感性，柯林武德还是猜测道，"关于这样的人类生活和精神中的理性和非理性之间的密切关系这一概念，的确在预示着一种有关人类的新概念、一种动态的而非静态的概念，并表明黑格尔正在摆脱十八世纪所流行的那种抽象和静态的人性论"。③ 在形成了这种认识时，理性的概念也就不再纯粹了，即不再是康德的"纯粹理性"，而是有了价值以及其他精神内涵。这样一来，人们在认识和行动中关于合理性的追求，也就不一定要排斥合道德性，甚至有可能为

---

① ［英］R. G. 柯林武德：《历史的观念》，何兆武等译，中国社会科学出版社 1986 年版，第 132 页。

② ［英］R. G. 柯林武德：《历史的观念》，何兆武等译，中国社会科学出版社 1986 年版，第 133 页。

③ ［英］R. G. 柯林武德：《历史的观念》，何兆武等译，中国社会科学出版社 1986 年版，第 133 页。

合道德性留下一个必要的空间。就行动的前提而言,目的也就不会被严格地限制在合理性的规范下,而是需要接受合道德性的审查。

至于行动,我们在费希特那里看到,他是反对把合乎目的的活动、行动说成理性的。在费希特看来,即使认为合乎目的的行动是理性的,也是在粗糙的和庸俗的意义上的合乎理性。费希特说,"理性的原始的、最初表现出来的但纯粹消极的特性,就是合乎概念的行动,就是合乎目的的活动"。① 实际上,这些都恰恰是不能归入理性范畴的。依此看来,公共选择学派的所谓"理性经济人"的提法,恰恰是哈耶克所说的那种对理性的滥用。然而,在学术界,理性"经济人"这个词语却受到了广泛追捧,现今社会科学领域中的几乎所有失去了理性的学者都类似于某种宗教痴迷一样运用理性"经济人"的提法和按照这个提法所提供的思路去思考问题。

我们知道,认识论在思维上的成功就在于形塑了人的思维而使之成为一种习惯。有了这种思维习惯,人们就会表现出一种自然而然地从具体的存在中寻求一般,即形成一种思维定式。同时,这种思维定式也反映在实践中,使实践在面对所有具体问题时总是寻求一般性的解决方案。杜威在谈到这个问题时说,"一般的人都认识到在理智上从具体过渡到抽象的重要性,但是人们时常误解这种过渡。他们经常认为这种过渡就是简单地通过一种有鉴别性的注意去把某一种性质或关系从当前已经感知到的整个对象或从记忆所呈现出来的对象中选择出来。事实上,这标志着一种在次度上的变化。事物愈成为我们所直接利用的手段或愈成为我们所直接占有和享受的目的,它们在我们看来就愈为具体"。②

在工业社会中,从思维到行动有着两条不同的行动路线:一种是

---

① [德] 费希特:《论学者的使命 人的使命》,梁志学等译,商务印书馆1984年版,第17页。

② [美] 约翰·杜威:《确定性的寻求:关于知行关系的研究》,傅统先译,上海人民出版社2005年版,第117页。

从具体到一般然后再回归到行动的具体上来；另一种是直接针对具体而行动。认识论所指示的是一条从具体到一般再到具体的行动路线，它意味着行动需要绕一个大圈子。正是在这个大圈子标示出来的路线中，有了科学分析和理性权衡，制定和确立了目的，然后付诸行动，并要求行动具有合理性。或者说，这条行动路线上的每一个环节都需要具有合理性。就一切行动都是围绕着目的的行动而言，行动的合理性也可以理解成合目的性。

在风险社会及其高度复杂性和高度不确定性条件下，所有抽象和一般的存在都变得没有意义了，一切行动所面对的和处于其中的，都是具体的存在。这就意味着，我们必须终止认识论赐予我们的那种思维习惯。虽然一种习惯的改变是非常困难的，但我们若不改变这种习惯的话，也就无法在风险社会中找到存在的机遇，更不用说谋求发展了。一旦行动不再绕那么大一个圈子，行动的合目的性就可能不再是合理性，至少不是合乎纯粹理性意义上的合理性。考虑到行动的具体性，考虑到风险社会及其高度复杂性和高度不确定性条件下的一切行动都是从属于人的共生共在这一目的，那么行动的合目的性完全有可能是合道德性。

如上所述，在"个人目的"与"社会目的"的区分中，我们看到了个人目的与社会目的相冲突的情况，但这种冲突主要是在合理性维度上呈现出来的冲突。当然，也可能是因为个人目的中包含着合道德性的问题，才与社会目的发生了冲突。不过，这种合道德性的问题还是功利主义意义上的合道德性，是与合理性的问题纠缠在一起的。在每个人都从自己的利益实现的需要出发去开展行动时，只要遵从规范或不触犯规则，就可以认为是合理的行动。因而，他的行动目的也被视为具有合理性，这种合理性也是功利主义伦理学所容许的合道德性。但是，如果走出了功利主义伦理学的视野，具有合理性的目的以及行动，就不一定具有合道德性了。

考虑到社会条件，在社会的低度复杂性和低度不确定性条件下，具有合理性的目的和行动是否具有合道德性，并不会作为一个重要问题来加以分析。即便不具有合道德性，而且这种不合道德性也产生了一定的消极社会影响，也不会明显地表现出生产风险的特征。然而，在风险社会及其高度复杂性和高度不确定性条件下，目的以及行动的合理性与合道德性就构成了两个重要标准。如果目的以及行动具有合理性而不具有合道德性的话，都必然会生产出社会风险。事实上，在风险社会及其高度复杂性和高度不确定性条件下，合理性的标准能否成立，就是一个非常可疑的问题。或者直白地说，在这种条件下，工业社会话语中的合理性是不可能出现的。

我们所讲的合理性，是相对于经验理性的合理性。这种合理性与合道德性是统一的，合道德性就是经验合理性的一重内容。所以，风险社会及其高度复杂性和高度不确定性条件下的行动的合目的性，既是经验合理性，也是合道德性。需要指出的是，这种合道德性中的道德，不是功利主义伦理学所讲的那种道德，而是风险社会中的人相对于人的共生共在这一社会目的的道德。

总之，在风险社会及其高度复杂性和高度不确定性条件下，第一，合理性应当是指合乎经验理性，与工业社会中所讲的合理性有着不同的内涵；第二，在工业社会中所讲的那种合理性变得不再可能的情况下，应当在合道德性的意义上对行动作出判断，对行动目的，应当作出合道德性审查。经验合理性与基于人的共生共在的合道德性是统一的，也会通过人的行动而表现为合目的性。

四 合作行动的合目的性

基于理性主义的思路，一切行动都具有目的性。合作行动之所以被认为是风险社会中的行动模式，正是因为在目的的问题上与以往的行动模式不同。以往的作为行动模式的行动在最为根本和最终的源头上，都从属于个人的目的，是为了达到个人所设定的目的而选择了个体或集体的行动方式。为了个人的目的，无论选择了什么样的行动方式，都只是手段上的不同而已。对于风险社会中的合作行动，无论怎样进行理论追溯，都不应还原为个人的目的，而是应当表述为人的共生共在。

人的共生共在既是风险社会提出的人的生存问题，也是合作行动的目的，它是不可抽象、分解和再作还原的目的。而且，在这一目的之外，不应再有其他决定了合作行动的目的。即便存在着其他目的，也只是一些影响因素而已，并不对行动的合作属性构成冲击，也不会冲淡行动的合作属性。合作行动在任何时候都不会背弃、忘却这一目的。总之，合作行动的目的并不存在于行动之外，而是内在于行动之中的，是一种目的与行动相统一的状态。也就是说，合作行动本身就意味着和证明了人的共生共在。没有合作行动，也就无所谓人的共生共在。

人的共生共在作为目的，不是由谁指定的，而是风险社会对人的存在与否提出的一种客观要求，也可以理解成作为命运共同体成员的共识。当然，这种共识不是一经形成就不再发生变化的，而是会在合作行动中具象化，以各种各样的形式出现。就这种共识存在于合作行动之中而言，又因行动的具体性而有着具体的内容和表现形态。所以，合作行动的目的就是为了人的共生共在。人的共生共在作为一种共识，又不是先在于合作行动的，不是先验共识，而是存在于合作行动之中的。这就意味着合作行动并不是达到目的的手段，合作行动本身就是目的。或者说，对于风险社会中的合作行动而言，这种行动本身就是目的，同时又是手段。手段与目的统而为一了。

合作行动中的目的和手段是不可分开来看的，人们不再会有将手段与目的加以区分的要求，因为这种区分不再有目的的支持，即不会产生要求将目的与手段加以区分的目的、动机等。而且，通向目的地的道路可能有多条。

在工业社会的行动模式中，人们往往以默认的方式将通往目的地的道路看作只有一条，然后在谁该走这条路的问题上展开讨论和进行争执,即依据资格、次序、关系等去作出谁应通行在这条道路上的决定。因而,人们在围绕着这些问题展开争论的时候,经常性地忘却了目的。或者说,走着走着就忘记了目的。正是因为这种现象非常普遍,才会有着类似于中国人所说的"不忘初心"的要求,西方人往往将这种主张表述为"回到某某"去。比如,"重申自由主义"等,都属于这类表述。不过,那往往表现为一种呼吁,而实际情况向我们展现的则是,工业社会为了行动而制定和确立起了各种各样的制度,把人们的视线引向了对程序合理性的关注,对每一项行动都作出合规范性审查,而行动的目的却游离出人们的视野。

在风险社会中,直接地摆在我们面前的是行动任务,而且承担任务的时间紧迫性是很强的。这意味着,如果我们耽于承担任务的方式和在方法上开展争执,如果把制度建构、规则制定和程序设计等放在优先位置上,就有可能遭遇灾难性的后果。总之,行动场境、条件和任务性质的变化,决定了我们无法再像工业社会那样计较于方式、方法,而是应当允许行动者自主地选择承担任务的方式、方法。必须明确地意识到,在目的一致的情况下,通往目的地的道路有多条。我们可以坚信的一点是,只要行动者是在合作场域中开展行动的,哪怕选择了错误的承担任务的方式、方法,也能够在合作行动中及时地得到纠正。虽然在对行动者自主选择的道路进行比较时,会产生优劣之别的印象,但这也只是在行动者中进行比较而发现优劣,无关乎他人,不是由该项行动无关的人评定出来的优劣。而且,对于合作行动者来说,一旦发现了路径上存在着优劣之别,也就能够自觉地加以调整。

当然,在合作行动中,行动者的分歧也是难以避免的。但是,在个人私利要求退位的条件下,即使行动者之间产生了分歧,这种分歧的弥合也不是不可克服的问题,反而会显得非常容易。另一方面,虽然我们说通向目的地的行动可能有多条道路可行,但在风险社会中,是不能将行动与目的分开来认识的,不能对达成目的的行动作工具性的理解,而是要将行动与目的看作统一的。或者说,目的包含在行动之中，行动本身就是目的。即便我们说人的共生共在是风险社会中的终极性目的，但这个目的也不是独立于行动之外的，而是包含在行动之中的，更不用说存在于行动之中的那些具体性的目的了。

萨特在《存在与虚无》一书中提出了一个问题：人的价值是应当体现在"存在"上，还是体现在"作为"上？提出这个问题本身，代表了20世纪的人们的一项最为基本的哲学思考，以至于终结了此前的"存在"还是"不存在"的问题（哈姆雷特的一个经典提问）。就20世纪的情况看，人们更倾向于把人的"作为"看作人的价值及其实现途径。其实，即便对萨特从个体的人出发而提出的这样一个问题，也需要辩证地看。"人的存在"与"人的作为"是不可分离的，因为没有人的存在也就不会有人的作为。反之，人的不作为也就不会使人的存在获得现实性。但是，我们更倾向于在具体的场境中来看这个问题。

在低度复杂性和低度不确定性条件下，人的存在可能并不是一个突出的问题，因而人们更加强调人的作为相对于人的价值。然而，在高度复杂性和高度不确定性条件下，人的存在的问题却真正成了一个是否有保障的问题，因而需要把人的存在放在优先考虑的地位上，即让人的作为更多地从属于人的存在。人的存在是目的，而且这个所谓人的存在就是人的共生共在，至于人的作为，则是以合作行动的方式出现的。虽然要将人的存在放在突出的位置上，但存在却不是一个可以脱离开行动的问题。也就是说，人的共生共在是包含在合作行动之中的。总之，在高度复杂性和高度不确定性条件下，存在就是目的，而且这个存在不是个人的存在，也不是工业社会中的那种为了壮大个人力量的集体性的存在，而是人的共生共在。一旦存在的含义得到确定，那么在人的作为的问题上，就需要看到合作行动可以有多种多样的方式。重要的是，合作行动的每一种方式都诠释了和表现了人的共生共在。

在许多情况下，也许我们并不能准确地确定什么样的行动是"作为"或"不作为"。既然人的作为本身都变得很难定义，那么把人的存在放在优先地位上，也就应当成为一项必须确立起来的观念。只有当人的存在具有现实性，才能有所作为。所以，人的存在是人的作为的指向，是人的作为努力将其变为现实的目的。在无法对作为作出抽象的定义时，关于作为的性质和功能，也就都需要在具体的场境中针对具体的问题来认识。

我们将存在定义为人的共生共在，是有着历史合理性的。或者说，在风险社会，在危机事件频发的情况下，只有将人的存在理解成人的共生共在才是合理的。其实，在不同的场境中，对存在的理解都会不同。在不同的历史条件下，哲人们也同样会对存在作出不同的定义。所以，在风险社会中，一俟我们的头脑中想到了存在这个概念，就应当把人的共生共在作为最高的存在。其他一切存在，都只有在人的共生共在的前提下才有意义。人的共生共在是其他一切存在的前提，也是其他一切存在发生了运动的结果。如果一切存在的运动都集中地反映在合作行动上，那么人的共生共在也就是合作行动的目的，也可以说就是合作行动本身。因为这个目的就是前提与结果相统一的形态，而不是单纯地以行动的前提出现，也不被看作实然的结果，所以，人的共生共在的目的本身就是合作行动。

当目的被理解成行动的前提与结果相统一的状态时，它反映在合作行动中，所予行动者的就是自主性和自觉性。进一步地说，随着合作行动成为风险社会中的主导性行动模式，也就会看到，"人们已经不再将合作仅仅当作自身的目的来评价了，因为合作已开始被看作'自然秩序'的一个组成部分。人们在很大程度上根据合作产生的总体结果来看待合作的价值"。[①] 虽然就费埃德伯格将合作表述为"自然秩序"这一点来看，明显地带有工业社会话语色彩，但其含义是清楚的，那就是，不能将合作当作一种基于科学理性的安排，不能在科学

---

① ［法］埃哈尔·费埃德伯格：《权力与规则——组织行动的动力》，张月等译，上海人民出版社 2005 年版，第 161 页。

以及技术的合理性的意义上去追求其合目的性，而是要将所有关注都放在合作本身。

对于合作行动来说，哈贝马斯所说的一种情况也有可能发生："对行动者来说，每个情境都提供了多于他可在行动中实现的可能性。当各个互动参与者想根据各自成功期待从可选择范围中作出一个选择时，这些独立选择之间的不确定结合会产生出一种持久的冲突。参与者带着自己对别人的期待的期待来反思地调整各自的行动，以便根据对其他行动者的被期待决策的期待来作出自己的决策；但即使这样，上述冲突也无法平息。"[1]

也应当指出，在工业社会中的语境中，哈贝马斯想到这种情况是可以理解的。因为，在人们各自为了利益谋划时，虽然口头上声言合作，但在行动中产生冲突却是不可避免的。在产生了冲突的时候，也就只有求助于外在性的规则来加以规范和通过管理的方式来加以调整。当我们离开了工业社会的语境，置身于风险社会时，合作行动者是为了人的共生共在的目的而开展行动的，行动者相互之间并不是一种互为利益实现工具的关系，这种冲突也就不会发生了。虽然有着多种行动的可能性，相互之间也会有着期待和期待之期待，但所有期待，都指向了合作期待，而且这种合作期待是指向人的共生共在这一共同目的的。在这种情况下，即使出现了冲突，也能够得到及时和有效的化解，不会表现出哈贝马斯所说的那样，成为"持久的冲突"和"无法平息"的冲突。

在某种意义上，合作行动中的不一致并不是我们在工业社会中所看到的那种冲突，只是一个合作的有机性程度问题。其实，我们并不倾向于将合作行动看作基于"共识"的行动。也就是说，合作行动不一定建立在"共识"的基础上，但行动者有着共同目的。为了人的共

---

[1] ［德］尤尔根·哈贝马斯：《在事实与规范之间——关于法律和民主法治国的商谈理论》，童世骏译，生活·读书·新知三联书店2003年版，第81页。

生共在这一目的，就是所有行动者共同拥有的，也是合作行动的基准价值。

工业社会的政治以及社会活动经验告诉我们，所有"共识"都是不稳固的，"共识"的形成本身就是非常困难的。即使形成了"共识"，也会因为某个突发性的因素而瓦解，重新以人们之间的分歧的形式出现。与工业社会那种政治以及社会运作中的"共识"不同，人的共生共在是由风险社会及其高度复杂性和高度不确定性的客观性压力造成的，是人的行动的目的，也是人的存在的价值。所以，在合作行动这里，共识不是目的，只有人的共生共在的价值，才是目的。在人们共享这一价值的情况下，行动上的所有不一致甚至分歧，都只是技术性的，很有可能是由行动者的创造、创新所引起的，因而不可能对合作行动造成冲击。

第二节　行动的自主性原则

从"神学"到"形而上学"再到"实证科学"，代表了人类精神史的不同阶段。但是，人类的精神进化绝不可能止步于实证科学阶段。特别是当实证科学堕落为实证研究的时候，已经意味着实证科学染上了严重的老年症，显得身老色衰了，它在人类精神活动中的位置将为新的生命所替代。如果说人类的精神史包含着进化的内涵，那么科学的发展不应被限定在某种形式中，而是会在形式上得到改变。

在近代以来的社会中成长起来的实证科学，只是科学的一种形式，而不是终极形式，更不是最高级的形态。全球化、后工业化意味着人类历史进入了一个新的阶段，它同样也是人类精神史的一个新的历史时期，人类将拥有一种真正替代实证科学的科学。在最为根本的意义上，科学是提升人的自主性的路径，人的精神进化正是反映在科学进步中的。所以，在人类历史走进了一个新的阶段时，也必然会有全新的科学出现。

在风险社会及其高度复杂性和高度不确定性条件下，随机反应式的合作行动将是一种主导性的行动模式。这种合作行动对包括科学在内的人的精神的要求，以及反映在人的精神活动中的状况，都将突出行动者的自主性。人的认识、观念等，都既不会附属于神学，也不会接受某种公理和普遍性的方法，即不再听凭外在于人的任何声音的驱使。即使出现了某种外在于人的声音，也无非是要唤醒行动者内在的自主性。人在自己的精神生活中是自主的，人能够自主地审视世界、自我及其经验，自主地进入合作行动之中和在合作行动之中保持自主性。

当然，尽管人类精神进化的这个新的阶段中的思维路向会从外向探察转向自我反观，但实证科学中要求认识外在世界的追求丝毫不会削弱。相反，人类的科学精神会得到提升，会更紧密地与合作行动联系在一起。建基在合作行动之上的人的精神活动，将更加关注行动者与作为对象世界之间的互动和联动，即在一切动态的过程中去安置精神。合作行动中的对象以及环境本身，就是人参与其中的，包含着人的意向性，而不是独立于行动者之外的所谓客观存在。

一 模式化行动与自主行动

人类一切有目的的行动都包含着对行动效用的关注。在社会低度复杂性和低度不确定性条件下，人们往往在战略思维的名义下去关注行动的长期效用，关注未来较长一段时期内的可预期效用，因而会在短期效用与长期效用之间进行权衡。由于对长期效用的关注，又会要求人们去将所开展的行动结构化和模式化，要求行动在某种线性的路线中构成一个连续统。

可是，在风险社会及其高度复杂性和高度不确定性条件下，这样一种关于行动的效用观根本无法付诸实施。因为，在风险社会及其高度复杂性和高度不确定性条件下，人们只能就某一项具体的行动去构建效用和评估效用，人们无法在此一行动与下一行动之间建立起连续性的关系，更不用说去设计和建构行动的连续统。所以，在风险社会及其高度复杂性和高度不确定性条件下，效用最大化的追求并不是要在短期可见的效用与长期可预期的效用之间作出权衡后再去达成的那种效用，而是每一次行动的最大效用。既然效用追求不再依靠计划编制和方案设计，而是依靠行动者，那么行动者的行动自主性，即行动者自身对效用的追求，也就被推展了出来。

海德格尔对存在论者提出的要求是，"存在论的阐释应当就存在者所持有的存在建构来剖析这种存在者；从而它就能通过一种首先从现象上进行标画其特征的方式把作为课题的存在者带入先行具有之中，而此后的一切分析步骤就都是按照这种先行具有进行的。但这些步骤同时也需要通过对有关存在者的存在方式所可能具有的先行视见而进行引导。先行具有和先行视见于是也就先行标识出（先行掌握）了一切存在结构得以升入其中的概念方式"。①

任何标识所发挥的都是引导的作用，不会以独断论的形式出现，不会要求他人必须走这条道路。也就是说，解释无非是要给你一种意见。你是否接受这种意见，是否按照这个意见行动，取决于你自己。总之，解释绝不剥夺意见接受者和行动者的自主权，而是充分地表达了对接受者和行动者的自主性的尊重。在风险社会中，这一点是十分重要的。我们说风险社会具有高度复杂性和高度不确定性特征，而高度复杂性和高度不确定性则意味着一切皆有可能，但唯一的不可能就是，不可能发生在某种固定的模式之中。

在风险社会及其高度复杂性和高度不确定性条件下，行动不仅不可能被框定在某种模式之中，反而要体现出行动者的自主性，即让行动者有着面对一切所认识到的可能性去开展行动的自主性。所以，行动者所接受的任何意见都不应对他的自主性有所侵蚀。对此，海德格

---

① ［德］马丁·海德格尔：《存在与时间》，陈嘉映等译，生活·读书·新知三联书店2014年版，第267页。

尔对存在论的解释所做的原则性规定显然是很有价值的意见。

其实，在新技术不断涌现的条件下，模式化的行动正在受到历史进步的质疑。比如，人工智能意味着一切形式化、模式化的行动都可以被机器人所替代。正如斯加鲁菲所说，"我在一边书写，一边观看丑态百出的美国总统选举活动。政治辩论正变得越来越结构化，提前拟定好流程、主持人照本宣科、严格规定只许问哪类问题、候选人死记硬背竞选团队为他草拟的新闻稿。由此不难想象，迟早有人会开发一种软件，完全可以替代政治家进行政治辩论，但这种软件之所以能够成为现实，主要是因为政治辩论缺乏真正的辩论，而非机器拥有雄辩的演讲技巧。此外，该软件并不能和一帮闹哄哄、醉醺醺的球迷热烈地讨论世界杯比赛"。[1] 在科学研究的领域中，如果把写作论文作为研究的标志，或者说，科学研究异化为了论文生产，那么机器就会高效地生产出海量的论文。事实上，机器却是不懂得研究是什么和具有什么性质的。

根据条件理论，给出一定的条件就可以获得相应的结果。这是基于巴甫洛夫刺激—反应模式而做出的行为设计。在低度复杂性和低度不确定性条件下，这也确实是可以得到验证的。这是因为，条件理论自身也需要条件，那就是，作为条件反射的刺激性条件是重复性出现的。只有多次重复出现同一条件，才会形成刺激—反应模式。在高度复杂性和高度不确定性条件下，作为条件理论的条件之条件丧失了。因为，条件本身并不会重复出现。或者说，不存在重复出现的条件，也就不可能形成模式化的反应机制。这对于希望通过条件的供给而去获得相应行为的管理活动来说，显然失去了可以遵循的技术路线。所以，高度复杂性和高度不确定性条件下的合作行动是不可能被纳入刺激—反应模式的理解之中的。尽管合作行动是回应式的，但属于事实

---

[1] ［美］皮埃罗·斯加鲁菲：《智能的本质：人工智能与机器人领域的 64 个大问题》，任莉等译，人民邮电出版社 2017 年版，第 25 页。

回应的范畴，而不是对条件的回应。如果说低度复杂性和低度不确定性条件下的事实可以构成条件，那么在高度复杂性和高度不确定性条件下，事实依然存在，而条件则消失了，即事实不再以条件的形式出现。

在风险社会中，即使基于概率去作出判断，也会遭遇判断失灵的问题。"若个人一般只关注频率适中的可能性，无视小概率事件，并将特别大概率的事件（比如人们并不量入为出）规范化，那么如今人们在风险意识领域所发现的偏离事实，首先便是那些极端不可能发生却会产生灾难性后果的事件。仅仅解释技术本身包含了这样的可能性是不够的，因为这种可能性比传统社会中的自然灾难、瘟疫等终究要大得多。解释更应该着眼于如今被视为触发性原因的人或组织（即决定），反之亦然。"① 显然，在思考问题时引入概率的概念，已经是思维上的一种向风险社会妥协的姿态，尽管如此，极小概率的判断仍然会被危机事件所打破。

危机事件具有突发性。在科学与理性如此发达的今天，危机事件往往很少是人们没有意识到的，更多的情况是人们意识到了却认为那是小概率事件，因而防范不足或未加防范。所谓大概率、小概率的判断，依然代表了工业社会模式化的思维方式，也是基于分析性思维作出的判断，只不过是以一种承认不确定性的温和方式去作出了预断。在风险社会的高度复杂性和高度不确定性条件下，任何预断都很难成立，即使用大概率、小概率的判断去表达预断，也是不合适的。

所以，在风险社会的高度复杂性和高度不确定性条件下，根据预断、预测等去行动本身，就是违背科学和反对现实的做法。与之不同，我们主张的是，全部思维准备都应调整到即时性的回应行动上来，即准备随时应对突发事件，而不是受到所谓大概率、小概率预断的干扰

---

① ［德］尼克拉斯·卢曼：《风险社会学》，孙一洲译，广西人民出版社 2020 年版，第 6—7 页。

或误导。如卢曼所说,"极端小概率这一夸张提法本身就是极端小概率的,自然会产生后果。我们所看到的主要后果是,那些站得住脚的共识与用于沟通的理解,在这种情况下,其前提条件都土崩瓦解了"。① 所以,卢曼认为,"致力于理性计算为决定奠基的努力至今非但毫无结果,而且最终有损于对方法和程序理性的要求"。②

在服务型政府理论建设中,我们提出了引导型政府职能模式的设想。虽然我们将其称作模式,其实是与以往的模式化的政府职能样态比较而言的。实际上,它恰恰是一种非模式化的政府职能形态。我们使用引导型政府职能模式,所指的是一种政府发挥引导的功能,而不是干预或者直接包揽操作性的事务,也就是说,它是一种将操作性事务交给具体的行动者的做法。一旦在政府引导之下去开展行动,那么行动者也就有着判断以及行为选择的自主权了。根据斯通对引导的描述,"引导是对于一些常见问题的可能的回应……引导的目的就是要将个体的动机引入共同体目标的轨道。引导改变了个体行为的后果,以至于对共同体为好的事情对个体来说也成为好的了"。③

其实,根据工业社会惯常的思维方式来作出判断,引导是一种手段。在社会治理的意义上,则是政府以及国家权威机构作用于社会的一种方式。鉴于引导手段应用的状况,即更多地使用引导而不是督促的方式,我们提出了"引导型政府职能模式"的概念。这是因为,在我们看来,随着社会复杂性和不确定性程度的不断提升,特别是呈现出了高度复杂性和高度不确定性特征时,社会治理中的规则、制度等刚性的手段显现出了易于折损的状况,而引导的方式却能够成为良好的替代形式。

---

① [德] 尼克拉斯·卢曼:《风险社会学》,孙一洲译,广西人民出版社 2020 年版,第 7 页。
② [德] 尼克拉斯·卢曼:《风险社会学》,孙一洲译,广西人民出版社 2020 年版,第 7—8 页。
③ [美] 德博拉·斯通:《政策悖论:政治决策中的艺术》(修订版),顾建光译,中国人民大学出版社 2006 年版,第 262 页。

此外，在我们关于引导型政府职能模式的构想中，也包含着要求政府在社会治理中提升前瞻性意识的愿望，这在科学发达和信息技术广泛应用的条件下，是完全可能的。还有，在前行的道路无法得到准确预测的情况下，政府以及国家的权威机构通过引导的方式向社会传达某些基本的原则性规定，也使社会获得了更多的自主活动和创新空间。一旦我们不再以在工业社会的思维方式中去思考，就会赋予引导型政府职能模式一种开放性的属性。那样的话，就可以在引导型政府职能模式的设想中看到，突出了社会治理者的意向性而不是权力，是要把社会治理者的主动性与社会的自主性结合在一起，融合为有机互动的关系模式。

所以，在我们提出了服务型政府建设的构想时，是将引导型政府职能模式作为服务型政府职能实现的基本方式看待的。今天看来，在当初提出服务型政府的构想时，我们的出发点仍然是工业社会的语境，但在我们思考政府职能的问题时，触及"引导"这个概念，其实已经将对行动者的自主性承认隐含于其中了。现在，当我们在风险社会及其高度复杂性和高度不确定性的背景下再来看社会治理以及一切社会行动时，更应突出强调行动者的自主性的意义。

二　自主行动的认知前提

在社会生活中，无论人们如何严谨地做出理性安排，而戏剧性的事件总会出现。就人们是通过角色扮演而参与到社会生活和活动中来而言，总会在角色扮演中遇到并非按照剧情展开的事件，而这些事件又恰恰是角色扮演必须承担的、不可回避的任务，必须作出表演，而且也必须尽可能演好，否则，就需要承担某种后果责任。对于角色扮演者来说，无论是"喜剧"还是"悲剧"，表演好自己的角色就是天职。社会生活的一切方面都在变化，而扮演好自己的角色则是不变的天职，无论是自我的心约，还是与他人构建的客观性约定，都指向了这种天职。正是冥冥之中的这种天职，决定了人们在高度复杂性和高度不确定性条件下开展行动时，必须把握合作的契机，必须在即便尚未获得人的共生共在观念时，也与他人一道合作应对风险及其危机事件，而不是狭隘地谋算自我的得失和罔顾他人。

人在社会角色扮演中的那种微不可察的天职意识在历史上也许长期受到压制，不能较好地发挥作用。特别是在工业社会的制度、体制、运行机制的形式化条件下，排斥了人的天职意识以人的自主性而反映在人的行为中，不能使人的天职要求反映在人的集体行动之中。比如，工业社会的绝大多数集体行动都是以分工—协作的形式出现的，人们在自己的职位、岗位上扮演其角色，必须接受分工—协作体制的要求，行动结构以及清晰的职能边界意味着，他的任何越界行动都是不被允许的。也就是说，几乎所有的角色扮演行为，都被要求遵从相应的规则。但是，人的天职意识可以比喻成埋藏在人的心灵之中的一颗种子，在风险社会及其高度复杂性和高度不确定性宣布外在于人的形式化设置失灵的时候，就有了生根发芽的契机，并将反映在人的社会角色扮演中，从而在人的合作行动中发挥作用。

尽管集体行动中的人的天职意识在其自主性构建中发挥关键作用，但对自主性的认识前提也必须给予足够的重视，事实上，人的天职的唤醒本身也有赖于认识。从社会学的角度看角色，西蒙提供的意见是，"如果角色就是一种行为模式，那么该角色从社会的观点来看的确可以发挥作用，但是该角色的扮演者不可能拥有理性，甚至没有个人意愿，因为他纯粹只是扮演自己的角色而已。另一方面，如果说一个角色处于价值前提和事实前提的具体规定下，那么该角色的扮演者往往为了合理利用事实来实现价值，不得不思考和解决问题。如果根据前提来定义角色，角色扮演者就能在行动时留有思考的余地，并纳入他的知识、需求和情绪等元素，尽量发挥"。[1]

---

[1] ［美］赫伯特·A. 西蒙：《管理行为》，詹正茂译，机械工业出版社2004年版，第20页。

对于演员而言，扮演一种角色，并不存在着需要他通过自己的思考去解决的问题，所有施加于这个角色的问题的解决方案，都已经由剧本给定了，或者由导演作出了清晰的解释，他只要跟着剧情的展开去扮演角色而无须关注事实，更不需要通过事实去实现某种价值。这是一种较为极端的情况，但在社会生活中，许多人是被动的，或者说是不自觉地扮演某种角色（从人口比例上看，也许这类人不在少数）。也许他们中的每个人的角色扮演行为也都构成一种模式，但他们没有意识到自己所扮演的角色的前提，不能够自觉地去利用事实而实现价值。也就是说，他们的行动是缺乏自主性的。所以，西蒙将其贬斥为"不可能拥有理性，甚至没有个人意愿"。在西蒙看来，拥有理性的角色扮演需要通过思考而解决问题，能够进行规划、能够应用知识、能够正确对待自己的需求和情绪等因素。

任何时候，行动者都应当是解释者。就认识与实践被分成两个领域而言，实践领域中的行动者已经不再是直接凭着认识去开展行动。或者说，凭着自己的认识直接开展行动的现象已经不值得理论去关注和进行讨论了。也就是说，理论所关注和讨论的只是那些基于解释的行动。在解释中发现和获得意义，并用行动去把意义转化为对自我、对社会有价值的成果。但是，这一现象因为长期被纳入认识论范式中而受到了误解，即被解释成了认识与实践的一般性关系，从而把行动看作是受到认识制约和规定的，而行动者相对于认识的独特性和自主性则被放到了盲区之中。

事实上，行动者的行动独立性和自主性是由他是否成为解释者决定的。在行动者同时也是解释者的情况下，他在自己的解释中获得意义，并能够根据这个他所获得的意义去自主行动。如果在一个线性图式中去看的话，也可以把解释看作认识与行动间的中介，只不过实际情况并不表现为线形图式而已。当我们意识到行动者也是解释者这一点的时候，对于理解高度复杂性和高度不确定性条件下的行动者及其行动，具有非常重要的意义。这是因为，显而易见的事实是，高度复杂性和高度不确定性条件下的行动者必须具有自主性，但这种自主性从哪里来呢？显然不是一句"认识必然王国就能达到自由王国"就可以作出圆满回答的，而是需要真正把握其中的机理。在引入了"解释""意义"等概念后，这个机理也就清晰地显现了出来。

我们发现，那些以学术为志业的人之所以会去写作，是因为他拥有某种话语，希望把他所拥有的话语传递给他人。然而，无论他是把话语制作成警醒他人的问题表达、思想观点陈述或其他什么形式，一旦作为作者的他制作了文本并将其呈现出来，话语就会被遮蔽起来。此时，文本中所载的只是话语的信息，或者说，只是作者运用文字进行编码而制作出的信息媒介。作者的话语是隐藏在文字背后和信息之中的，有可能为读者解码时重新呈现出来，至于完整的呈现则是不可能的。

重要的是，当读者通过信息解码去阅读或发现话语时，读者其实已经变成了解释者和意义的构建者。作为读者的他从文本提供给他的话语信息中解读出来的也就不再是作者的话语，而是由他重建的话语。这个时候，解释者可以把他重建的话语当作批判的靶子，也可以当作自己的学习所得。如果当作批判的靶子，他就会宣布抛弃那个是在他的解释中获得的东西，甚至激烈地声称批判了作者而实则批判了自己；如果他从文本阅读中有了学习所得，那么他就会把这种"学习所得"视作一种新收获，并产生一种心满意足的幸福感。的确，这时他应当高兴，因为他通过创造而丰富和完善了自我。但是，他却将自己的创造理解成阅读文本、与作者沟通的结果，误以为自己是通过文本而从作者那里借来了武装自己的装备。之所以他会有这种类似于幻觉的错误，是因为他的血液中有着理性认知模式形塑出的认识论基因，从而将自己的解释、创造误解成了认识、习得；把作为创造者的自己误解为接受了驯化并将登台演好马戏的"演员"。这样一来，他的自主性在成长中就会受到抑制并发生变形，以至于无法成为根据情境去开展自主行动的独立的行动者。

在工业社会这个历史阶段中，一切行动都是以认识为前提的，在认识中达到的认知状况决定了行动。然而，正如舍勒所说的，"一种认识论的偏见泛滥成灾，以至于人们不再把它当作偏见。它以为，划定某学科或'使命'，要比确定真正能够胜任该学科或'使命'的位格类型或具体而微地认识这位格类型来得容易。况且，该位格类型不只是研究和完成使命，还要规定和落实使命"。① 事实上，在认识论与工具主义合流之后所形成的视角中，是不需要考虑人的位格类型的，尽管科学发展史显示，那些伟大的科学家和思想巨人都有着非凡之处。

从工业社会的总体情况看，在理论上，或者说，在既有的教育观念和促进学科发展的规划管理中，由于认识论和工具主义所提供的观念是把人的位格当作可有可无的因素对待的，以至于在不需要考虑人的位格的条件下，往往认为相应的物资投入、合理精密的管理就能使确立下来的使命得以完成。对此，舍勒认为这样做有其优越之处。因为"不考虑位格类型而确定学科的这条路径，就其结果而言，比其他任何一种操作方法都要可靠和准确"。② 也就是说，这种做法非常简便和具有可操作性。不过，紧接着舍勒就指出了这种做法的问题之处，那就是忽视了某种因素。非常简单的事实就是，"我们在作出诸如柏拉图、亚里士多德、笛卡尔等谁是'真正的哲学家'这类具体抉择时，势必有某种东西在引导着我们。这种东西肯定不是经验概念，因为其共同特征的所有有效范围和无关领域正是这里所要探讨的。这种引导着我们的东西无疑也不是该学科的任一现存观念，因为关于该学科众说纷纭，难以一致，只有根据真正支配它的人的类型才能揭示其奥妙。所以，这种东西不是有关整个人类对待事物的某种基本立场，

---

① ［德］马克斯·舍勒：《价值的颠覆》，罗悌伦等译，生活·读书·新知三联书店1997年版，第285—286页。
② ［德］马克斯·舍勒：《价值的颠覆》，罗悌伦等译，生活·读书·新知三联书店1997年版，第286页。

而首先是精神立场的观念。只是对于我们的判断意识和概念意识来说，这种理念还深藏不露；它主宰之下的基本立场通过位格的存在形式在我们的精神面前飘来荡去，以致我们根本无需认清它的实证内容，单从对象一边就完全可以弄定它的虚实"。①

并不是说某些人天生就是社会精英，也不意味着某些人天生就适合做什么，但在人的社会化过程中所产生的位格上的差异，则是必须得到承认的。承认了这一点，也就会导向对人的具体性和特殊性的尊重，并根据人的具体性和特殊性去认识人在社会化行动中的特定角色和特殊作用。合作行动中人的自由和自主性，决定了他们能够基于自身的具体性和特殊性去扮演适当的角色。所以，合作行动也就是人基于自己的位格去开展的行动。

胡塞尔说，"在观察时我知觉着某物。我往往以同样方式'关注于'记忆中的某物；在进行准观察时，我在虚构的想象中追随想象世界中发生的事情。或者我反思，我得出结论；我取消一个判断，或许一般地'中止'作出判断，我高兴或不高兴，欢喜或悲伤，我愿望，或者我意欲和行动。在所有这些行为中，我都实显地在那儿。在反思中我将自己领悟为人"。② 这显然从根本上实现了对笛卡儿的"我思故我在"的现象学修正，也更加合乎行动者作为"存在"的实情。根据胡塞尔的这一描述，行动者无论是指人还是组织，都是在观察、体验、领会、想象等经验中证明了自己的存在，也是在判断、选择等行动中展现了自主性，而不是由外在性因素所规定。在高度复杂性和高度不确定性条件下，如果把胡塞尔的这一描述理解成对行动者的重新界定的话，相信能够实现对行动者本质的直观。

人对世界本质的认识决定了人所采取的行动方案的可行性和行为

---

① [德] 马克斯·舍勒：《价值的颠覆》，罗悌伦等译，生活·读书·新知三联书店1997年版，第286页。
② [德] 胡塞尔：《纯粹现象学通论——纯粹现象学和现象哲学的观念》第1卷，李幼蒸译，中国人民大学出版社2014年版，第151页。

的正确性。或者说，在这里，所证明的是人对世界的认识。人工智能是否依赖人对世界的认识？这可以说就是判断人工智能能否成为行为主体的标准。也就是说，如果人工智能依赖的是人的认识，即便具有学习能力，也是在人设定的逻辑和认识路线上去获得知识，那么人工智能就不能通过自己的行为去证明它是智能体，而只能证明它所拥有的是人的智能。所以，在它背后对它进行操控的仍然是人，它没有自主性、独立意志，而是人的工具。如果把"我思故我在"作为一个标准，那么人与人工智能之间的区别就变得非常明显了。那就是，人是具有反思能力的存在物。

到目前为止，我们所看到的人工智能技术都无法创造出具有反思能力的机器人。也就是说，我们目前所看到的关于具有反思能力的机器人，还仅仅出现在科幻作品中。一切没有反思能力的智能存在物都不可能是自为的存在。因此，我们只能把机器人归入人的工具范畴之中。不过，我们认为目的是衡量智能自主性的终极标准，其实也是人的自主性的终极标准。人只有根据自己的目的行动，才是自主的。同样，人工智能在何种程度上能够成为类人的存在，也要看它能否成为一种有了自己的目的的机器。没有目的，它就不具有自主性，无论人赋予它多高的智能，终归依然是人的工具。

三 合作行动者的自主性

自主的行动不是自然的行动，或者说不是自然而然的行动，但如果仅仅考虑形式的话，却有可能是自发的行动。如果说动物的行动是归入自然之列的，那么我们往往把人们依据习惯、习俗的行动说成自然而然的。但是，自主的行动是与人的这种自然而然的行动相区别的。西蒙认为，在心理学的意义上，"注意力指的是，在任意的给定时刻人们自觉意识到的那一组要素。自觉性很显然不是可训练性的必要先决条件，而且，行为就算不处于注意力的焦点上，也能进行有目的的调整"。① 也就是说，注意力是与自觉性相关的，或者说，注意力是在人的自觉性中生成的一种意识力量，即对某个对象作出特殊关注的意识力量，也是人的能力的一部分。

就注意力的表现来看，西蒙说，"在大多数情况下，注意力范围和理性之间似乎存在着密切的关系。也就是说，可训练性主要受到下列两个因素的限制：（1）注意力跨度；（2）技能和其他适当行为形成的习惯区"。② 其实，当注意力持续地和重复性地应用而形成了习惯后，也就不再以注意力的形式出现了。习惯是注意力的模式化，也是注意力的否定形态。因而，习惯性行为，同发自于经验理性的行为，都可能以直觉的形式出现，但它们的性质却是不同的；在是否包含注意力的问题上，也是不同的。习惯性行为不包含注意力，在性质上属于自然的而不是自觉的，但基于经验理性的行为包含着注意力，属于自觉性的行为。

自主行动是为了社会的行动，而不是为了让个人脱离某种自己所不希望耽于其中的状态，尽管自主行动也能够达成这样的效果。比如，在个人的感知中，旅游放松了身心，获得了自由的体验，是从组织压迫、社会压制中解脱出来的途径。然而，旅游是与自主行动无关的。因为，在工业社会的经营策略中，"旅游产业完善了有组织的休闲和文化产业，像空间分割一样，把休闲和文化分割成可以交换的部分。这个再平常不过的买卖经营得很不错，但是，现在，它不过是一个乏味的神秘骗局。旅游塑造了一个伪自由的形象，实际上，旅游是有组织的，旅游置换了'真正的自由'，而'真正的自由'还是一种抽象。旅游延续了对使用的模拟，对不劳动的模拟"。③

---

① ［美］赫伯特·A. 西蒙：《管理行为》，詹正茂译，机械工业出版社2004年版，第90页。
② ［美］赫伯特·A. 西蒙：《管理行为》，詹正茂译，机械工业出版社2004年版，第90页。
③ ［法］亨利·列斐伏尔：《日常生活批判》，叶齐茂等译，社会科学文献出版社2018年版，第611页。

当人们试图通过旅游的方式去躲避工作、逃避劳动时，就如吸食鸦片去获得幻觉一样。一旦那种幻觉消失，还是要面对受压抑、不自由的现实，并使模式化的工作、劳动显得更加无法忍受。而且，旅游场所往往提供的并不是服务，而只是将某个空间加以包装而推销给了愿意受骗的旅游者，而且他们的满意度也往往取决于能否把辛苦劳动所得的报酬消费殆尽。喜欢旅游的人，越是花更多的钱，越是冒险刺激，也就越满意。于此之中，旅游者根本就不会关注自主性问题。与他的劳动、工作等不一样的是，在劳动和工作中能够得到一定的报酬，而在旅游中所流出的汗和受到的苦则是花钱买来的。

工业社会的最大成就是尽可能地将人的一切行动都限定在制度的框架之中。就制度发生的逻辑来看，根源于人的行为惯例化。首先，人的行为呈现出惯例化、模式化；然后，人们意识到了这种惯例化、模式化，在加以认识和在认识的基础上进行再加工，形成了制度。即便对制度的生成作自然主义的理解，这个逻辑过程也应得到承认。承认了这个逻辑过程，也就等于承认了制度是人的行为惯例化、模式化的延伸或结果。在这个过程中，可能会出现质的飞跃，却不存在断裂。这样一来，我们也就遇到了一个问题：在行为惯例化的可能性消失的时候，是否还存在着制度，或者说，能否做出制度安排。对这个问题的回答，必须在彻底告别自然主义的意义上去寻找答案。所以，在此问题上，我们所持的是一种适合于使用"建构主义"一词来加以命名的制度建设构想。

如果说从惯例化、模式化到制度化是在人类迄今为止的全部历史中都存在着的制度建构逻辑，那么当我们遭遇了风险社会时，显然要在社会的高度复杂性和高度不确定性条件下行动，因而是把制度放置到了自觉建构之中的。之所以我们说合作制度无非是生成和终止于合作行动中的制度，是因为我们必须时时在行动的具体性中进行制度建构。这种制度必然是不断地发生变化的非模式化的制度。以往的制度建构历史表明，在形成制度时，经历了惯例化、模式化的阶段，而风险社会及其高度复杂性和高度不确定性条件下的制度建构,则省略了惯例化和模式化的阶段,直接表现出来的就是在行动中时时进行制度建构。

马克思主义主张制度的历史性,当我们置身于风险社会时,如果把"历史性"一词翻译成"具体性",也许更加合乎马克思的精神。一旦制度具有具体性,它在历史上显现出来的所有控制功能,也就会自动地退隐。尽管制度的规范作用还在,但这种规范作用在性质上已经发生了改变,即从控制转向引导,并对行为、行动提供支持。

在制度主义的视野中,习惯被认为是一种非正式制度。从行动的角度看习惯,则可以看到习惯的这样一种功能:"习惯是……有助于保存有效的行为模式的一种机制。由于习惯能把同一情境中重复出现的内容从自觉思考的范围里抽取出来,所以它可以节省人们的脑力。"[1] 其实,如上所述,习惯所造成的是一种模式化的行动。在高度复杂性和高度不确定性条件下,由习惯构成的行为模式变得极不可靠了。因为这种条件下的行为场境、行动事项等在每一次出现时,都是全新的,以往的行为不可复制,所以,习惯性的行为就如无的放矢。

如果说习惯性的行为不需要投入注意力的话,那么高度复杂性和高度不确定性条件下的每一行为都是需要人们分配给一定的注意力的。哪怕这种条件下的行为以直觉的形式出现,也包含着人的注意力的投入。或者说,这种直觉本身就是人的注意力的一种表现形式。当然,即使基于以往的经验,也可以看到,一切有目的的习惯性行为都包含着人们的注意力,但若仔细分辨的话,就会发现,在这种有目的的习惯行为这里,人们的注意力主要是投向目的的,而不是投向习惯性行为本身。除非习惯性行为发生了与目的之间的偏离,而且这种偏离被意识到了。此时,需要对行为进行调整,才会将注意力投向行为本身。

---

[1] [美]赫伯特·A. 西蒙:《管理行为》,詹正茂译,机械工业出版社 2004 年版,第 88 页。

总的来说,"对有目的的行为来说,习惯有一项极其重要的任务,就是它不需要人们自觉地重新思考采取正确行动的决策,就能让类似的刺激或情形产生类似的反应。有了习惯,人们才能把注意力投入到需要决策的新层面上"。① 就此而言,习惯可以使人们开展行动的资源得到很大程度的节约,更不用说还需要额外的管理了。所以,在一切可以生成习惯的地方,都应为人们养成习惯提供应有的空间和作出应有的安排,甚至可以通过有计划的培训去帮助人们形成某种(某些)习惯,以求获得习惯性行为。但是,如我们上述所说的,在高度复杂性和高度不确定性条件下,这种促进习惯生成的想法却是无法付诸实践的。所以,在高度复杂性和高度不确定性条件下,不应倚重于习惯,而是要在每一项行动中都注重对理性的把握和运用。当然,由于这种理性是经验理性,会以直觉的形式出现和用直觉来加以诠释,因而在外在特征上,会让人觉得与习惯性行为所构成的行动有一定的相似之处。

就工业社会的组织来看,特别是官僚制组织的结构,无非是组织内部关系的模式化。一旦组织中的各种关系被物化为组织结构,就有了相对的稳定性,又会反过来作用于组织中的各种关系,成为平衡各种关系的基础性框架,使得组织中的种种关系都在组织结构的线条上展开。因而,所获得的是模式化的关系。然而,组织中的各种关系是处在不断变动中的,一旦组织中各种关系的变动达到了某个临界点,就会提出突破组织结构的要求,因而产生了种种莫名的矛盾和冲突,进而会对组织协调提出要求。

对于协调而言,组织成员行为的自主性就是沟通的直接性。也就是说,组织成员在开展活动的时候,需要通过直接的沟通来协调他们的行为,而且只有直接的沟通,才能使协调工作变得高效。直接的沟

---

① [美] 赫伯特·A. 西蒙:《管理行为》,詹正茂译,机械工业出版社 2004 年版,第 88 页。

通无论是所采取的方式还是所能达到的效果,又都取决于场境以及情境,需要沟通者根据场境、情境而自主地开展沟通。此时,外在于组织成员的规则和规定虽然仍然是基准,但沟通者对待这些基准的态度,即是否严格地执行那些规则和接受那些规定,则有着自主选择的内涵。总之,工业社会的组织经验已经证明,组织成员的行为受到组织结构的规定。组织结构越是具有刚性的特征,组织成员的行为就越呆板;相反,组织结构越是具有弹性,组织成员的行为就越是具有自主性和创造力。

在工业社会中,组织活动中的角色扮演是具有代表性的,但在几乎所有社会活动中,人们也是通过角色扮演的方式参与其中的。由于每个人在社会生活和活动中必然要扮演某个或者某些角色,所以,无论是在伦理上还是在法律上,都非常关注与角色相应的责任问题。在可操行性的意义上,对后果责任的审视也就成了所有关于责任问题的思考重心。而且,也建立起了形形色色的责任制度,并在 20 世纪后期发明了一种被称为"问责制"的极端化责任制度。可是,在风险社会的高度复杂性和高度不确定性条件下,在所有因果链条变得不明晰和显得混乱的情况下,责任制度就会成为一种形同虚设的东西。就如卢曼所诘问的,"人们建议要负起责任。但当问题在于结果不可知的时候,这又怎么担负起责任呢?"① 所以,我们倡导人的责任意识以及责任关注应当向道德责任转移,将责任意识的关注重心转移到过程责任上来。在我们强调人的自主性的时候,其实已经包含了突出强调人的道德责任这项内容。

合作制组织不再适应于用职责的概念来对它作出规定。而且,合作制组织的灵活性、主动性等也使职责规定失去了意义。所以,当人们希望对合作制组织进行审查时,应优先关注的是它的即时反应的灵

---

① [德]尼克拉斯·卢曼:《风险社会学》,孙一洲译,广西人民出版社 2020 年版,第 231 页。

活性、合作行动的有机性这两个方面，而不是去看它拥有什么职责以及职责履行的情况。其实，合作制组织的这种状况也可以被理解成职责主观化。在这里，职责是组织成员个人的角色意识的反映，而不是客观性的设置。同样，组织在合作场域和任务承担过程中也是这样，不是由社会等外部要素决定了组织的职责，而是取决于在组织的自主性之中所包含着的目的意识。

第三节 行动者的道德

理性化的社会生活要求遵从清楚明白的规则，而且一旦形成对规则的路径依赖，就必然会不断地在既有规则的基础上增加新规则。在某种意义上，新规则的不断生产出来，是理性化的社会生活的要求，但在其背后包含着对人的道德行为和行动能力的怀疑。从现实来看，社会理性化构成了工业社会这一整个历史阶段的基本社会特征。这个社会在法治的名义下时时都在强化规则，并形成一种信仰规则的文化。进而，也对道德文化造成了近乎毁灭性的冲击。或者说，对于人的生活和行动的规范而言，形成了规则替代道德的效应。

的确，规则在"他治"的意义上表现出了远比基于道德的"自治"更为优越的可操作性，而且规则也会不断地去展示和强化其可操作性。然而结果却是，道德因为被人所认为的那种不具有可操作性而受到了轻视，以至于规则替代了道德，甚至排斥道德。在社会治理中，这一点表现得尤为明显，只要去开展依靠规则的治理，道德就会迅速退场；当一个社会追求法治的时候，整个社会的道德水平就会急速滑落。这是社会生活的状况，至于这个社会的行动者，在开展各种各样的社会活动时，是把遵纪守法作为行为准则的；在是否需要遵从道德规范的问题上，往往会因为文化心理的原因而保持沉默。事实上，是不认可遵守道德规范的必要性的。

不过我们也应看到，近代以来的人们应当说也一直在表达对道德的渴求。用西蒙的话说，其原因是，"多少世纪以来，人类行动一直在创造各种各样无意识的和预料外的结果。我们如果不知道这些后果，倒也可以活得心安理得。如今我们可以跟踪了解自己行为细微和间接的效应……由于我们具备了追踪这种效应的新能力，所以我们对那些效应感到前所未有的责任感。智力觉醒同时也是一种道德上的醒悟"。[①] 特别是当人类走进了风险社会的时候，充分地意识到，因为"各种各样无意识的和预料外的结果"，造成了社会风险积累并以风险社会的形式出现了，从而使得我们深切地意识到，风险社会中的行动者是需要有道德责任感的。

当"人类命运共同体"的命题被提出来时，不仅意味着一种人类"大我"的觉醒，而且意味着风险社会中的行动者必须为了人的共生共在而开展各种各样的行动。可是，从当前的全球范围看，特别是在深受个人主义、自我中心主义文化熏染的西方世界中，行动者的道德觉悟仍然是一个需要启蒙的问题。在人类已经陷入风险社会的今天，所有不道德的行为都不断地加重了社会风险，从而使整个人类在风险社会中陷得越来越深。所以，在风险社会及其高度复杂性和高度不确定性条件下，所需要的是道德的行动者，而且也只有当行动者是有道德的时候，才能承载起"为了人的共生共在"的行动。

一 道德的苦难历程

道德是由人承载的，是通过人的心理活动、行为以及行动而表现出来和得到证明的。道德又具有客观性，或者说，根源于人的伦理关系的客观性，反映了客观性的社会需求。正如哈耶克所说的，"像语言、市场、货币或道德准则这类现象，并不是真正的人工制品，不是自觉创造的结果。它们不但不是出自任何心智的设计，而且它们是由

---

① [美]赫伯特·A. 西蒙：《管理行为》，詹正茂译，机械工业出版社2004年版，第215页。

不受维持这种制度的欲望所指引的人们的行为维持的,并且它们的正常运行取决于这些行为。既然这些制度不是出于设计,而是取决于我们未加控制的个人行为,因此我们至少不能想当然地认为我们能够用各组成部分受到自觉控制的组织起来改进它们的表现,甚至不能认为可以做到和它们旗鼓相当"。①

应当承认,哈耶克所列举的这些,都是根源于客观需求的。不过,从总体上看,启蒙运动为工业社会的文化、道德、市场经济以及民主制度的建构,开辟了广阔的空间。18世纪的启蒙运动所推展出来的这些方面,是不能被理解为"取决于我们未加控制的个人行为"的,而是应当归入设计的范畴。我们应当肯定地说,启蒙思想家们提供了一个总的设计原则和基础性的方案。这也说明,人类并不是在这些方面无能为力和无所作为的。虽然在微观的视角中去看宏观社会的建构,会感到许多东西都不是人们自觉设计的结果,但人类在宏观社会建构方面的自觉性、能动性还是处在持续增强的过程中。我们相信,在全球化、后工业化进程中,只要能够认真地感知风险社会中的人的生存要求,只要去认真地想象社会高度复杂性和高度不确定性条件下人的合作行动要求,只要我们怀着人的共生共在的理念,就能够在积极建构合作文化和新型道德方面有所作为。

当然,我们并不反对哈耶克的判断,"如果我们把人类文明完全说成自觉的理性的产物或人类设计的产物,或者我们自以为完全有能力自觉地重建或维持我们在不知道自己做了什么的情况下建立起来的东西,我们就太不自量力了。我们的文明虽是个人知识积累的结果,然而获得这种结果,靠的并不是自觉地把所有这些知识集中在哪个人的头脑中,而是由于它包含着我们在并不理解的情况下使用的符号,包含着各种习惯和制度、工具和观念,这使社会中的人能够不断从一

---

① [英]弗里德里希·A.哈耶克:《科学的反革命:理性滥用之研究》,冯克利译,译林出版社2019年版,第83页。

个知识整体中获益,但不管他是什么人,都不可能完全掌握这个知识整体。它大于任何个人的行为过程,恰恰是因为它产生于知识的组合,它的范围之广,是没有哪个单一头脑所能掌握的"。① 所以,就人类社会已经处在了全球化、后工业化的历史性社会转型过程中来看,也许我们需要一场启蒙运动。正如在工业化、城市化进程中发生了一场启蒙了工业社会的运动一样,我们也需要用一场启蒙运动去把人类带入后工业社会。

在提出了启蒙后工业社会的构想时,就必须指出哈耶克上述观点的不足:首先,哈耶克所批驳的那种观点和看法并不存在于任何一种成熟的理论体系中,他所做的批判性陈述是无的放矢的;其次,知识并不需要掌握在某一个人的头脑中才能推动历史的进步,事实上,在恩格斯的历史进步"合力论"中,已经清晰地描述了社会发展的图景;最后,虽然培根断言"知识就是力量",但没有任何人认为知识是推动社会发展的唯一的甚至主要的动力,知识作为一种力量朝着哪个方向发挥作用,是受到思想、文化、道德等诸多因素限定的。

其实,在人能不能创造历史这个问题上,马克思关于人既是历史的"剧作者"又是"剧中人"的比喻已经做了非常清楚的交代。所以,我们并不能根据对微观的行动领域的观察所形成的看法而去对宏观的社会发展和历史演进发表意见。在风险社会中,我们必须坚持人的行动的能动性的信念,而不是把人类将要接受"末日审判"当作不可改变的命运。我们关于合作文化、合作行动模式建构的设想,都是建立在人具有创造历史的能动性这一信念的前提下的。哪怕是在最为悲观,最为消极的意义上,我们也坚信人的合作行动是在风险社会中实现人的共生共在的路径。我们的全部构想,最终都是要落脚于行动的,因而行动者的道德及其道德行动,所点亮的就是风险社会长夜中

---

① [英] 弗里德里希·A. 哈耶克:《科学的反革命:理性滥用之研究》,冯克利译,译林出版社2019年版,第84页。

的一盏明灯。

工业社会是建构在原子化个人的原点上的，在自我中心主义的理念和文化模式中，包含着为了自我个人的利益而同他人进行竞争和开展斗争的无穷动力。就工业社会中的基本情况看，人与人的斗争、竞争等，不仅像其表现出来的那样成为社会发展的动力，而且也促进了人的智力进化，让人变得善于谋划和有了极力达成目的的心智素质。可是，在全球化、后工业化进程中，当人类陷入风险社会的时候，竞争和斗争的破坏性充分地暴露了出来。所以，我们提出了合作文化模式建构的问题，希望用合作的理念置换工业社会的个人至上，从而终结竞争、斗争等。

这样的话，也就会引发一个问题：当我们提出终结竞争、斗争时，会不会阻断人的智力进化的进程？答案是否定的。这是因为，社会发展的总体行程把人类带入了一个生存条件恶化的风险社会中，迫使人必须把自我的生存寄托于人的共生共在。当人为了人的共生共在而奋力拼搏的时候，不仅不会削弱促使智力进化的压力，反而会发现这种压力比历史上的任何时期都更强。

在我们构想用合作置换斗争、竞争时，关于怎样合作和如何优化合作的问题，仍然会时时对人的智力作出考验，从而促使人们通过智力的提升去解决合作所遭遇的一切问题。如果说人的智力不仅反映在如何运用知识和生产知识，而且是一个包含着人的伦理精神和价值取向的综合性素质的话，那么在风险社会中面对人的共生共在的压力而提升人的心智，正是人的心智进化的一种表现。总的说来，人的合作能力不仅表现在合作行动的过程中，而且会首先反映在人的智力上。当然，它不是科学解析中的"纯粹智力"，而是包含着伦理、道德等许许多多构成要素的综合性能力，也可以用"智慧"一词来标示它。

人的能力提升有着多种途径，人与人的斗争、竞争等虽然是智力提升的一条显著途径，而且在这种智力提升中也使得人的行为选择和行动能力得到了同步提升。不过，只有在适合的条件下才能发挥出那种效果。如果斗争、竞争等威胁到了人类的存续时还执着于通过这条途径去提升人的智力和能力的话，就是错误的想法和做法。如果说人的智力包含着理性和智慧两个方面的话，那么可以认为，科学理性、技术理性等可以赋予人以智力并提升了人的能力，道德则能够转化为人的智慧，并让人的智慧表现为一种智力，而且是一种不同的智力和能力。在工业社会低度复杂性和低度不确定性条件下，凭借理性的智力去开展行动，可以使人的能力得以充分展现。在风险社会及其高度复杂性和高度不确定性条件下，如果要求行动能力也反映了人的智力的话，那么这种智力更多的是根源于智慧的能力。在进一步追踪中，则可以看到，是行动者的道德赋予其智慧，使其有了很高的智力和很强的能力。

当我们的关注点从行动者的能力转向群体行动的价值方面时，再来审视工业社会中的个人主义在社会行动中的表现，就会看到，人们在自我利益实现方面因为不平等、不公正而引发了怨恨和不满，而且又是通过斗争的方式去表达怨恨和不满的。在某种意义上，20世纪后期所发生的诸多反抗主流社会的"新社会运动"以及它们所开展的斗争，都是由怨恨和不满引发的。对于人类陷入风险社会来说，20世纪后期的一些新社会运动实际上发挥了助推作用。卢曼认为，20世纪的新社会运动"不适用任何预见的样式，既不符合对阶层、阶级或功能之基础的社会的差异化描述，也不符合宏观社会学与微观社会学视角之间广为流传的区别"。①

对于20世纪后期的新社会运动，工业社会的诸多经典理论的解释力下降了，无法对他们作出合理的解释。之所以会出现这种状况，显然是因为经典理论的社会映像都存在着"简化"的问题。正是这种简化，使社会多元化时代的诸种现象无法纳入解释框架之中。也就是说，

---

① ［德］尼克拉斯·卢曼：《风险社会学》，孙一洲译，广西人民出版社2020年版，第183页。

在 20 世纪后半期，因为社会的复杂性和不确定性程度已经得到了很大提升，致使那些对社会理解加以简化处理的理论无法有效地解释发生在 20 世纪后半期的现象。事实上，就 20 世纪的新社会运动来看，大都是围绕某个具体主题聚集起来的，虽然它们拒绝过往一切用普遍性来标识的宏大社会主题，甚至会在某种程度上以"反社会"的面目出现，但在逻辑上包含着通向民粹化甚至恐怖主义的可能性，也确实经常演化成语言暴力，致使无关的人受到莫名的伤害。

一个事例可以用来描述新社会运动：在罗尔斯的《正义论》发表后，女性主义者围堵罗尔斯的居处进行抗议，对这位《正义论》作者造成伤害，这显然是非常荒唐的。根据卢曼的看法，这些新社会运动往往"通过将所有对自身可接受的事实带入抗议的形式，并借助于这些形式再生产，系统认识自我，而系统以这种方式在每个行动中综合外部指涉与自我指涉，也就是内部实现的抗议的众多外部缘由"。[①] 其实，它无非是由具有相似性的人组成的群体去发泄某种不满。尽管他们的不满是千差万别的，但在不满这一点上，他们是共同的。发泄不满就是他们的目的，至于这种发泄会对他人造成什么样的伤害以及产生什么样的社会后果，他们并不去考虑，或者说，他们因为没有相应的道德意识而没有能力去考虑那些问题。

这种现象证明，在社会的复杂化和不确定化达到了一定程度的时候，人的目的性行动也相应地减弱了，经典时期的社会共有价值隐退了。也因此原因，又进一步促进了社会的差异化和推动社会的复杂化和不确定化，生产出了更多社会风险。也许正是看到了这一点，查尔斯·泰勒、霍耐特等人呼唤承认，而哈贝马斯、艾丽斯·杨则倡导包容。可是，这些充满道德关怀的倡言并未产生多大的影响，以至于新社会运动所代表的或所标志的这种风险生产机制，在一定程度上，直

---

① ［德］尼克拉斯·卢曼：《风险社会学》，孙一洲译，广西人民出版社 2020 年版，第 186 页。

接把人类推入了风险社会。

有趣的是，20世纪后期以来，风险也经常性地成为诸多抗议的焦点。比如，和平主题、生态主题等都包含着对战争风险、生态破坏风险的关注。然而，就抗议采取了对秩序挑战的做法来看，已经是用抗议的形式诠释了某种温和的战争，也用留下了大量垃圾的方式破坏了生态。这说明人们是如此之深地受到了工业社会的观念和文化的捆缚，要么以理性的名义排斥道德，要么以反道德的行动去表达道德诉求。

在哈耶克的理性思考中，是把道德归入自然主义范畴的，要求人们不要滥用理性去建构道德。他的真实意图是要表达对道德的怀疑甚至否定。在20世纪的新社会运动中，我们可以看到，他们的绝大多数口号都包含着道德诉求，但在他们用行动去宣示这些道德诉求时，所采取的是反道德、反伦理的做法。在矛盾和悖理的做法比比皆是的工业社会中，哈耶克的以理论形式出现的思想和新社会运动以实践形式出现的反抗行动，都似乎没有什么违和感。即使包含着破坏性，也是社会能够承受的。然而，在风险社会中，任何怀疑道德、否定道德或反道德的做法，都会对人类命运共同体构成巨大的冲击，都会对人的共生共在带来灾难性的影响。

二 行动能力的道德维度

在许多领域中，人的能力都是他取得一定社会地位的条件，但我们也不能无视社会生活中一直存在着的一个现象，那就是人的能力并不必然赢得人们对他的尊重。一般说来，一个人的道德操守反而更能赢得人们的尊重。所谓"德高望重"，所指的就是这种状况。

从历史上看，在等级制的农业社会中，一个人的能力与其忠诚的德性比较起来，获得社会认同的状况要稍逊一些，不仅人的能力无法成为决定其社会地位的基本条件，而且"有能无德"的人反而会受到排斥。近代以来，随着社会竞争的普遍化，突出了人的能力，有能力的人在社会竞争中总是能够胜出，从而使人类进入一个崇尚能力的历史时期。相应地，道德功能日益式微，用一句俗语说就是"道德不能当饭吃"。即使这样，一个人如果缺德败德的话，他凭借能力所获取的社会地位也是不稳固的。

随着历史的变迁，当竞争的社会被合作的社会所取代后，道德之于人的社会地位也会重新变得重要起来。人们只有在同时拥有与社会合作相适应的道德的情况下，其能力才能获得施展的空间，否则，他的能力极有可能成为破坏社会合作的消极力量。也就是说，当人类进入合作的社会后，一个胜任合作的人会更多地得到社会的承认，而一个有能力却不胜任合作的人，是无法得到社会承认的，因而其能力也可能会没有什么用场。其实，如果在合作的语境中去看问题的话，则会看到，一个不能参与到合作过程中来的人，也不可能被认为是有能力的人，至少他不具有合作能力，也没有通过合作行动来证明他有能力。

人的能力也会反映在人对他人的影响力上。在工业社会以及此前的历史阶段中，人的影响力往往来源于权威或权力。不过，影响力与权力的不同在于，权力是因人的社会地位（农业社会的身份等级地位）或因社会的安排（工业社会组织的职务、岗位）而产生的，是由人掌握、运用和行使的。虽然权力是由人所掌握、运用和行使的，却不意味着权力必然要与具体的人联系在一起。通过改变人的身份地位、职务和岗位角色等，是可以对权力进行授予或剥夺的，也可以通过这些方面的安排和调整，去造成分享权力的效果。

影响力则不同，影响力是属于人自身的。如果人的影响力不是来源于人的身份地位或权力，而是来源于人的知识、智慧、道德品性等，这种不同就更加明显了。所以，影响力是人的一种特殊的能力，会为人所独有，无法与他人分享，只有拥有影响力的人的自己的行为，才能造成其增减的结果，他人是无法剥夺的，更是无法占有的。当然，在不道德的社会中，他人可以通过恶意行为去削弱或抵消某人的影响力。不过，恶行一旦暴露其真实面目，反而有可能使那人的影响力得到增强。这说明，影响力在本质上不受他人所主宰。

如果说在现实中存在着不支持我们所提出的这种判断的证据，那只能说这些证据本身是需要接受审查的，或者说这些证据并不真正能够对我们这里所描述的影响力状况作出否定，反而证明了某些被误作为影响力的东西其实只是虚假的影响力。我们所说的影响力是一个人因为其所拥有的知识、智慧和道德而获得影响他人思想和行为的能力。在一个道德化了的社会中，这种影响力是可以挑战和超越的，但新崛起的影响力必然是在性质和作用方向上与被挑战和超越的影响力相一致的。否则，就不可能构成真实的挑战，更不用说超越了。我们设想后工业社会将是一个道德化的社会，我们相信合作制组织及其合作行动都处在一个良好的道德环境之中。因而，个人影响力的增强与减弱、出现与消失，对于合作行动、合作制组织和后工业社会而言，都是积极的行动、运行和发展的动力。其中，因为道德而生成的影响力和基于道德的影响力本身，就构成了合作行动的保障。

在我们驳斥哈耶克的观点时，是将人的能力与智力联系在一起观察的，所形成的意见是，人的智力来源于两种途径，它们分别是理性和智慧。我们也指出，人们通常所看到的科学理性、技术理性是排斥道德的，而智慧则根源于道德。但是，那还是就个体的人而言的。对于群体能力，工业社会的几乎所有理论都是从科学理性和技术理性的角度来加以认识的，因而也是把科学理性、技术理性的增强作为人的群体能力提升的基本路径看待的。

一般说来，人的群体理性能力是在决策上得到了典型化体现的。不过，雷加诺在谈到理性模型的时候认为，虽然在政策过程背后所包含的理性模型非常重要，但是，如果不对影响条件作出限制的话，就无法成功地实现建模。决策理论总想建立起具有普遍适用性的模型，以求适用于任何个体或社会的决策情形，这实际上是不可能的，不可能建立起一个综合全面地解释人类推理的模型。应当说，任何这种追求都是徒劳无益的。可见，并不存在着什么普遍性的能力，试图通过理性模型来反映人的理性能力的做法也需要与具体的条件联系在一起。

雷加诺说，"理性模型及更具体的功利主义模型虽然没有显性表现，却一直存在着。以一直以来关于是否应该继续 NASA（美国国家航空航天局）的太空探索计划的争论为例，实施计划所带来的消耗远远高于由此带来的各项收益。利用技术所得，通过分计划制造的面向市场的新产品并不足以削减财政赤字"。① 这对于理性模型，特别是对于功利主义模型的效用原则而言，无疑是失败的。但是，如果说太空探索计划也存在着效用的话，那肯定是存在于功利主义模型之外的某种效用。比如，对于人的理想、预期、国家自豪感、好奇心以及对地球可能遭遇的来自外太空的威胁等，都使太空探索计划得以赋值，以至于无法通过某种理性预期的效用来评价它是成功的还是失败的。由此看来，即便是在低度复杂性和低度不确定性的工业社会中，对于综合性程度较高的行动事项，对于影响无法评估的和不确定的事项，理想模型和功利主义模型的效用原则，都必须三缄其口。

在对集体行动中的能力的考察中，社会及其行动事项的复杂化和不确定性状况，是一个必须考虑的基本条件，因为它决定了人们对理性模型应当采取什么样的态度。如果考虑到理性模型的运用会导致什么样的后果的话，问题就不再是基本的社会条件决定了能不能运用理性模型的问题了，而是如雷加诺所指出的，"毫无约束地运用理性决策分析违背了人类用以建构理性不同社会现实的其他感知能力（例如道德感）。另外，无约束地运用理性决策分析还可能引致一些不可靠的结论"②。这样看来，即便是在低度复杂性和低度不确定性的工业社会中，对理性模型的滥用也是有害的，不仅不能增强集体行动的能力，反而会造成完全无法预料的后果。

---

① ［美］劳尔·雷加诺：《政策分析框架——融合文本与语境》，周靖婕等译，清华大学出版社 2017 年版，第 27 页。

② ［美］劳尔·雷加诺：《政策分析框架——融合文本与语境》，周靖婕等译，清华大学出版社 2017 年版，第 27 页。

就理性模型是决策中常用的一种方式而言,是群体决策能力的体现,但它仅仅是在行动目标单一、影响变量可知的情况下才能够体现出来的决策能力。最为重要的是,它必须排除道德因素的影响。不论是在群体的决策中还是在个体的决策中,都同样如此。比如,在中国曾有一阵子流行过一个网络"段子",描述贪腐官员如何通过理性决策去决定是否要贪腐的问题。具体地说,就是去计算用诸如五年或十年牢狱生活去换取余生享用多少"寻租"款才是合算的。显然,这种理性决策把公职人员应有的责任、道德情操、荣誉追求等,都抛到了一边。

在对协商民主理论的研究中,艾丽斯·杨发现协商民主的理论如果付诸实践的话,会遇到诸多问题,因而希望用参与沟通者的德性来弥补协商民主的不足。艾丽斯·杨说,"沟通型民主理论最好是清晰的而不是混乱的,是切中肯綮的而不是浪费人们时间的,是留意于复杂细微之处的而不是愚蠢简单的。如果没有诸如此类的对比较好的与比较糟糕的表达做出评价的方式,那么,协商民主所具有的一切判断与评价的能力都会消失得无影无踪"[1]。为了使这一愿望能够达成,艾丽斯·杨提出的具体的操作性意见是,"在正当的、合理的民主沟通中,那种不仅包括不同的言说者而且包括各种不同的言说方式的命令意味着一种沟通的均衡化,也就是说,不能由于某些人卓越和优秀而将其挑选出来作为发言者,或者作为某次讨论的特定组成人员"。[2]

如何做到这些,艾丽斯·杨的看法是,只能寄望于参与者的德性,即要求"在我们不可能区分出比较好的表达与比较糟糕的表达的特殊沟通模式中,人们具有倾听每一个人的责任与义务……政治沟通的标准应当被认为是各种美德,而不是各种进入人类公共协商的条件。论

---

[1] [美]艾丽斯·M.杨:《包容与民主》,彭斌、刘明译,江苏人民出版社2013年版,第100页。
[2] [美]艾丽斯·M.杨:《包容与民主》,彭斌、刘明译,江苏人民出版社2013年版,第100页。

证、问候、故事与修辞都具有它们自身的美德。当大多数人在大多数时候没有具备其中任何一种美德的情况下，我们中的大部分人会承认并且钦佩我们所见到的表现在其他人身上的美德"①。在艾丽斯·杨看来，美德比能力更为重要，因为人在协商对话中的表达能力不足是可以得到迅速补足的，"在存在着社会差异与冲突的情境下，各种沟通的能力可能会得到发展与深化；同时，如果某个公众群体的更多成员而不是较少成员拥有各种更加发达的沟通能力，那么，这样的公众群体在任何情况下都会是比较好的"②。

其实，美德与能力可以相得益彰。而且，就能力的表现来看，也恰恰取决于道德，道德能够使能力所发挥的作用最大化。一个群体的成员普遍拥有较高水平的表达能力可以使沟通的效果得到提升，但发生冲突的时候，也会表现为各不相让的雄辩能力。所以，如果每个人都拥有美德或向往美德、羡慕美德的话，那么沟通的正向效果就会非常好。当然，艾丽斯·杨寄予协商民主理论的美德维度包含了20世纪后期西方学者的复杂情怀，而且这似乎是一种普遍存在于人文社会科学中的具有趋势性的现象，所反映的是对近代以来的人们已经拥有的那种对法治和科学的迷信所作出的反思。其中，她所希望的是，求助于人的美德去实现对制度不足的矫正。与此同时，很多学者也都深感社会的发展造就了不同于以往的新现实。这些新现实往往无法纳入近代以来所建构起的规范框架之中，在寻求新出路的过程中，走向了对人们道德的期望。

在20世纪后期，从理论家们的许多思考之中，都可以隐约地看到，人们的头脑中存在着一幅熟人社会的图景，几乎所有准备前进一步的学者都似乎陷入了前现代社会的道德思维窠臼之中，表达了对前

---

① [美]艾丽斯·M. 杨：《包容与民主》，彭斌、刘明译，江苏人民出版社2013年版，第100页。
② [美]艾丽斯·M. 杨：《包容与民主》，彭斌、刘明译，江苏人民出版社2013年版，第100页。

近代社会的道德状况的诸多赞美。必须指出，这在思想的意义上，不仅未能前进，反而倒退了。我们认为，在走向后工业社会的道路上，将会迎来道德的中兴。在风险社会及其高度复杂性和高度不确定性条件下，一切行动都只有具有了道德的属性，才能发挥出正向价值。但是，那绝不是向农业社会的回归。

在后现代主义的名义下是存在着一些积极思考的，比如，法默尔在概述后现代的行政观时就说道，"后现代的伦理态度意味着，任何行政活动都应是其计划的实施，但必须以这样一种精神来实施，在那里，行政能力同时要用来否定行政—官僚的权力"。[①] 在风险社会及其高度复杂性和高度不确定性条件下，合作行动中的合作如何进行？恰恰需要得到道德的支持。虽然行动者是以合作制组织的形式出现的，而且组织在合作场域中也是以道德行动者的形式出现的，但就组织成员的个人而言，其知识素养、道德品性等，都是他的行动能力的保证，而且也是最为重要的组织资源。

当然，在风险社会及其高度复杂性和高度不确定性条件下，个人作为行动者的现实性是极小的，或者说，个人几乎不可能成为行动者。所以，在实践的意义上，真正的行动者是合作制组织这样的行动体。在合作制组织这里，当个人集结为组织的时候，已经得到了合作的洗刷。作为个人，即便在人类命运共同体以及人的共生共在理念熏陶下成长起来，也会拥有自利的冲动以及其他卑污心理，但经合作洗涮后而在合作制组织中扮演一定的角色时，所拥有的则是经过滤而保留下来的那些有利于合作行动的因素。也就是说，在个人进入了合作制组织之中时，已经发生了改变而融入组织之中，从而成为行动者的有道德的构成因子。

[①] [美] 戴维·约翰·法默尔：《公共行政的语言——官僚制、现代性和后现代性》，吴琼译，中国人民大学出版社2005年版，第309页。

三 道德行动的认知基础

近代以来，特别是在康德之后，伦理学的研究也是从属于认识论范式的。对道德行为和道德行动的认识和建构，都是按照认识的逻辑进行的。在康德的认识图式中，先验性的存在是认识的前提，人能否认识先验性的存在，取决于知性能力。只有对人的知性能力而言，才有确知与不可知的问题。但是，不可知并不意味着对先验性存在的怀疑。事实上，在康德那里，先验性存在是不应受到怀疑的。当这种思路应用于对人的良心的理解时，也就自然而然地把良心理解成了人的先验性存在。

也就是说，人人皆有良心，之所以有的人在行为表现上似乎没有良心，那是因为他（们）没有认识到自己的良心，因而在行动上也就无法接受良心的指令和按照良心行事。这样一来，康德实际上把良心假定为一个不变的先验性实体。如果我们把良心（道德存在）看作人的一种社会关系，即看作人的道德存在潜质与社会理性、职业理性等的耦合形态，就会看到良心并不是先验性的存在，而是后天的和随着人的境况等而发展变化的，会因任何一种特殊境况而有具体的表现。

所以，良心以及人的整个道德存在并不是实体性的，更不是先验性的存在，而是人的道德存在潜质与社会理性等的契合。如果放在工业社会人们所习惯的静态思维观中，也可以将其作为一种关系看待。在我们指出那是一种契合时，应当看到，在契合的方式方面，展现出来的可以是认识、领悟的途径，也可以是某种根源于认识论思维而无法理解的神秘性直觉的形式。从道德行动的实践来看，更多的时候是以直觉的形式出现的。一个人做出道德行为选择和开展道德行动，往往不是建立在对自我良心的理性认识基础上的。认识了良心，可以让人讲一通大道理，会让人显得精通事理和很有学问，但不意味着他一定能够做出道德行为选择和开展道德行动。

人是拥有一个直觉系统的，这应当被认为是一个不受怀疑的事实。

在工业社会中，人们提出质疑的是直觉的功能，或者说对直觉应用上的可靠性表达了某些怀疑。在很大程度上，这种怀疑的出现有着文化上的原因，是因为近代以来的人建立起了一种推理传统，形成了对推理的信仰，尽管在实践中人们离开了直觉寸步难行。应当说，直觉之于人是最为一般性的认知和行动能力，人的直觉系统的运作"通常是自动、快捷、轻松、联想式以及往往带有情感色彩。通常，它们不会自省，并且难以控制或改变。这个直觉系统产生自发的无意识印象，就像感知。直觉判断未经推理系统的修正而直接反映这些印象，推理系统的功能与直觉系统非常不同，它的运行是一步接着一步，缓慢的，需要努力的，并能更加有意识地控制和更灵活"。[①]

在简单的、确定的社会条件下和环境中，面对简单的和确定性程度较高的行动事项，直觉能够为人的行动提供较为充分的支持，而推理的烦琐往往令人生厌，或者懒得去用。与之不同，在低度复杂性和低度不确定性条件下，推理对于几乎所有行动事项都有着非常优越的价值，而且是行动模式科学化的必要条件。但是，在高度复杂性和高度不确定性条件下，当推理失灵和不可行的时候，又会迫使人们重新把行动建立在直觉判断的基础上。推理在应用中所能把握的是"事理"，即把握事物中的纹理，也被允诺能够达成真理性认识。但是，"理"仍然属于事物形式的范畴，而不是事物的性质。朱光潜也许是认识到了这一点，所以他在翻译黑格尔的《美学》时，曾建议把"理性"一词改译为"理式"。

我们已经指出，在认识的意义上，把握事物的性质以及根源于性质的意义时，需要凭借直观。直观是直觉的外显形态，直觉是"体"，直观是"用"。道德认知不在于探求真理，而是要获知意义，因而要借助于直觉、直观的路径。在社会生活中，真理的概念意味着对真相

[①] [英]艾里克斯·弗罗伊弗：《道德哲学十一讲：世界一流伦理学家说三大道德困惑》，刘丹译，新华出版社2014年版，第62页。

的把握，认识了真相也就获得了真理。但是，如果我们把"意义"与"真相"区分开来的话，那么立马就会对"真相"提出质疑。特别是在人类中心主义的视角中，对"意义"的追寻要远高于"真相"，甚至人们根本不需要去关注"真相"的真实情况。"若自维特根斯坦以来的思想者们是正确的，那么真相应该是相竞产生的，根本不存在意义的权威机构可作为所谓正确真相的坚实后盾。这允许了主体以主观的解读对意义进行诠释，最极端地说，人们所认为的真相其实从来都不曾存在，一直存在的仅有文本，以及由此而发的不同的主观解读。"①

我们已经考察过，早在19世纪，关于"绝对真理"与"相对真理"的区分，已经包含了哲学家对真相表示怀疑的某种思考。只是因为人的认知能力的不足，因为社会的复杂化和不确定性显现出了与理性雄心日益扩大的落差，同时又不愿意退回到休谟那种悲观的自卑之中去，才从真理的概念中分离出"意义"与"真相"两个方面。对"意义"加以渲染，而对"真相"作出一种有保留的承认，并退而求其次地要求：不去把对"真相"的揭示和占有作为目的。可以想象，在风险社会及其高度复杂性和高度不确定性的条件下，对"真相"的承认可能会进一步打折。事实上，如我们已经指出的，在今天的互联网言论社区中，人们已经不得不放弃对真相的追寻。在这里，"流量"为王，至于真相，只有那些智力极端低下者才会动一下脑子。

从对真相的追求到对意义的追寻的转变，显然是人的认知模式的一场变革。与这场变革相伴随的，必然是规范的变动。也就是说，在人们追求真相的时候，所要遵从的是科学及其理性，而在人们开始追寻意义的时候，则对道德及其理性提出了很高的要求。之所以我们在今天看到了诸多乱象，那是因为社会发展的客观进程已经把人类推进

---

① ［美］劳尔·雷加诺：《政策分析框架——融合文本与语境》，周靖婕等译，清华大学出版社2017年版，第60页。

了追寻意义的时代,而在规范方面,却没有跟上,没有尝试通过道德建构去为"追求意义的时代"的人们制作系统化的规范体系。

也许20世纪后期出现的"承认理论"在霍耐特那里表现出了某种质疑认识论哲学的冲动。尽管这一点并未被明确地宣示出来,但当霍耐特把承认放在了认识的首要位置上的时候,其实是把认识论哲学所确认的那些认识要素排挤到了稍后的位置上了,而且认识过程中的各环节以及方法和路径,也都会因其而发生相应的改变。霍耐特认为,承认在认识关系上的重要性在于,"一旦我们在认识的过程中忘记了认识活动自身其实有赖于对他者采取承认的态度,我们便会发展出一种倾向,将其他人仅仅视为无感受之客体……在遗忘与失忆中我们也失去了原有的能力,我们不再能不假思索地直接理解,他人的行为表达是在要求我作出回应;尽管在认知上我们确实仍有能力觉知人类的各种表达,但我们却缺少一种紧密相系的感受,而唯有此种感受能使我们被觉知之事物感染打动。因此,此种对先在承认的遗忘……确实也是一种在知觉中将周遭世界物化的结果……在遗忘承认之人眼中,社会环境显得像是一个仅由各种可观察之对象所构成的整体,它们既无心理起伏亦无有感受"。[①] 也就是说,认识论的认识方式和路径成了异化的根源,而对认识的改造,则需要确立承认的先在性地位。

根据霍耐特的意见,承认是先在于认识过程的,之所以在认识过程中遗忘了承认,是因为卢卡奇所说的那个"物化"的原因。或者说,因为遗忘了承认而使认识过程出现了物化,以至于认识视角和思想变得僵化而凝固在某种模式之中,甚至使认识主体失去了情感、道德等因素。霍耐特认为,实际过程并不完全如此,所谓对承认的遗忘,只是卢卡奇对认识过程的简单化理解而形成的一种错觉。如果对认识过程加以仔细观察的话,就会发现,承认并未遭到遗忘,只是淡出了

---

① [德] 阿克塞尔·霍耐特:《物化:承认理论探析》,罗名珍译,华东师范大学出版社2018年版,第90—91页。

人们的观念。

在霍耐特看来,"卢卡奇在他过于简单的模式中,即,当他认为共感是被纯然旁观式的行为所取代时,引入了'市场'此一社会实在之因素。卢卡奇相信,资本主义市场中匿名的行为制约,迫使主体对他所处的周遭采取一种纯然认识而非承认的态度。但倘若我们以一种较高层次的概念取代此过简的物化概念,我们就无法再像卢卡奇一样,立即直接地转换到社会学的解释层面。我们必须先解释,承认作为社会实践的先决要件,究竟如何可能后来又在社会实践中失落?通常我们不都说,透过实践习作而非透过明言指示所学会的某些特定常规,将不会再被遗忘。果若如此,何以在发生起源以及概念上皆先在的承认,竟会在日常的认识活动中被遗忘,这究竟如何可能?就我看来,要回答这些问题并不这么困难,我们需要的只是厘清下面这一点,即'遗忘'在此并不具有'完全废去所学'这样强烈的意义。承认之事实不可能就这样从意识中荡然消失,此处所涉及的现象,必是一种'注意力的弱化',它指的是承认之事实渐渐退入背景而从我们的视野中淡出。物化作为'承认遗忘'意味着,我们在认识的过程中,不再注意到,认识本身是因先在的承认而可能"。[①] 归根结底,还是因为认识过程存在着承认遗忘,因而导致了物化、异化,尽管在日常生活中并未完全达到承认遗忘的地步。

在这里,霍耐特首先对卢卡奇的思想作了定性,指出卢卡奇的物化概念是因为对认识过程作了简单化的理解而产生的,然后指出承认不会有卢卡奇的"共感态度"相同的命运,并不会在认识过程中被完全遗忘。这样一来,承认也就成了贯穿整个认识过程的因素,只不过会呈现出浓淡差异而已。至于物化,则取决于承认的状况,当认识过程在承认的前提下展开时,就不会出现物化,或者物化程度就会较低;

---

① [德]阿克塞尔·霍耐特:《物化:承认理论探析》,罗名珍译,华东师范大学出版社 2018 年版,第 91—92 页。

当认识过程中的承认要素变淡时，则出现了物化，或者物化增强。这实际上就把承认当作了是否会出现物化的决定因素了。或者说，把承认当作一种免疫因素，可以防止物化。

应当说，霍耐特在这里表现出来的思路之条理清晰是无懈可击的，而且让人感受到一种很强的说服力。但是，霍耐特所展示的，仍然是关于动态认识过程的一幅静态图卷，而且把构成这幅图卷的各个要素都固定在了静止的点上。我们承认，承认作为人的一种社会性的态度，对于认识和实践而言，是有着非常重要的意义的。但是，如果像霍耐特那样偷偷地把承认隐藏在传统认识论的模式之中，并在此前提下将承认打扮成认识和实践的决定性因素，遮遮掩掩地将他自己的理论打造成"承认决定论"，实不可取。

的确，与卢卡奇的物化概念相比，承认更加有助于我们从肯定性的而不是否定性的意义上去把握人的综合性特征，将人看作包含着情感、道德等因素在内的完整的整体，而不是把人作为近代早期的那种抽象掉了人的一切属性的存在物，甚至不是仅仅拥有认识和实践能力的抽象的主体。但是，人的社会性也同样是不能简化为承认的，甚至不能简单地认为人的社会性完全根源于承认。我们认为，人在社会意义上的综合性和作为个体的整体性，在任何时候都不能被简单地归结为某个特定的因素。所以，在我们对承认的社会价值予以充分肯定时，也必须指出，霍耐特与他所批评的卢卡奇一样，犯了简单化的错误。只不过卢卡奇的简单化是由物化概念引起的，而霍耐特则因承认概念所累而变得偏激了些。

霍耐特显然赋予承认以人之为人的决定性功能，认为人的存在的所有面相，都是因为承认而成了一个综合体，即人因承认而能够保有情感、道德等各个方面都不至于流失。我们对此表示理解，因为每一位哲学家都会表达对自己的理论赖以成立的关键概念的偏爱，会因为这个概念在自己的理论致思中的重要价值而夸大其在把握客观世界中的重要性，霍耐特也不例外。但是，当霍耐特将承认概念抬高和夸大到了这样一个不仅是优先性而且是基础性的地位上的时候,实际上是认为承认具有了决定性的作用。在某种意义上,重新陷入了认识论的决定与被决定的窠臼。

尽管霍耐特在此所描述的是一个认识过程,但他是把承认作为认识主体的决定性规定因素看待的。这在思路上具有明显的形而上学色彩。考虑到理论以及思想的发展史自胡塞尔开始进入了"反形而上学"时代,而且阿佩尔和哈贝马斯也认为一个"后形而上学"时代出现了,那么霍耐特的浓重的形而上学色彩就应当视为哲学教育上的一种失败了。这是因为,胡塞尔恢复了古希腊的"诺耶思""诺耶玛"两个概念,并用之代替认识论的"主体""客体",从而使对意义的直观和对道德的直觉因此而有了可靠的认知路径;阿佩尔和哈贝马斯在另一条道路上也提出了"主体间性",对于理解人的交往关系提供了一个解释框架。在这一情况下,霍耐特则因为对承认概念的强调而陷入决定论,这似乎是不可理解的。

当然,霍耐特从黑格尔《精神现象学》中发掘出来的"承认"概念是有价值的,尽管他用之改造认识论的尝试是失败的。我们认为,就现实性的实践来看,在风险社会及其高度复杂性和高度不确定性条件下的合作行动中,会比以往任何时期都将更加彰显承认的价值。但是,这里的承认不从属于认识的理解和需要,而是从属于合作行动的实践,是一种道德实现了的形态。当然,对于合作行动中的行动者而言,他们对人的共生共在的追求将会显示出远比承认更强的整合力量。如果在行动者"对人的共生共在的追求"与"承认"之间进行比较的话,无论是作为合作行动发生的前提,还是作为合作行动展开的过程,"对人的共生共在的追求"都是更为重要的促动和整合因素,是更为积极的动力源。在这里,不是通过承认而确立起人的共生共在理念,而是在人的共生共在之中包含着承认。

总之,在风险社会及其高度复杂性和高度不确定性条件下,对承认的理解需要在道德的维度中展开。而且,不仅是承认,所有与行动相关的事项和观念，都需要在道德的维度上得到理解。在风险社会及其高度复杂性和高度不确定性条件下，如果没有道德的话，唯有一点是确定的，那就是基督教所说的"末日审判"必将到来。当然，有了道德的行动，也不一定能够打破"末世论"的预言，但至少会让人类社会因为有着不确定性而保有希望。

主要参考文献

费孝通：《乡土中国》，生活·读书·新知三联书店1985年版。

涂纪亮：《美国哲学史》第2卷，河北教育出版社2002年版。

［奥］维特根斯坦：《逻辑哲学论》，郭英译，商务印书馆1985年版。

［德］阿克塞尔·霍耐特：《物化：承认理论探析》，罗名珍译，华东师范大学出版社2018年版。

［德］埃德蒙德·胡塞尔：《纯粹现象学通论——纯粹现象学和现象哲学的观念》第1卷，李幼蒸译，中国人民大学出版社2014年版。

［德］埃德蒙德·胡塞尔：《现象学的方法》，倪梁康译，上海译文出版社1994年版。

［德］彼德·斯洛特戴克：《资本的内部：全球化的哲学理论》，常晅译，社会科学文献出版社2014年版。

［德］斐迪南·滕尼斯：《共同体与社会——纯粹社会学的基本概念》，林荣远译，商务印书馆1999年版。

［德］费希特：《论学者的使命　人的使命》，梁志学等译，商务印书馆1984年版。

［德］弗里德里希·尼采：《权力意志——重估一切价值的尝试》，张念东等译，商务印书馆1996年版。

［德］哈特穆特·罗萨：《新异化的诞生：社会加速批判理论大纲》，

郑作彧译，上海人民出版社 2018 年版。

［德］卡尔·曼海姆：《重建时代的人与社会：现代社会结构的研究》，张旅平译，生活·读书·新知三联书店 2002 年版。

［德］吕迪格尔·萨弗兰斯基：《时间——它对我们做什么和我们用它做什么》，卫茂平译，社会科学文献出版社 2018 年版。

［德］马丁·海德格尔：《存在与时间》，陈嘉映等译，生活·读书·新知三联书店 2014 年版。

［德］马克斯·舍勒：《价值的颠覆》，罗悌伦等译，生活·读书·新知三联书店 1997 年版。

［德］马克斯·舍勒：《知识社会学问题》，艾彦译，译林出版社 2014 年版。

［德］马克斯·韦伯：《经济与社会》下卷，林荣远译，商务印书馆 1997 年版。

［德］尼采：《悲剧的诞生》，周国平译，生活·读书·新知三联书店 1986 年版。

［德］尼采：《查拉斯图拉如是说》，尹溟译，文化艺术出版社 1996 年版。

［德］尼克拉斯·卢曼：《风险社会学》，孙一洲译，广西人民出版社 2020 年版。

［德］乌尔里希·贝克：《风险社会》，何博闻译，译林出版社 2004 年版。

［德］尤尔根·哈贝马斯：《后形而上学思想》，曹卫东等译，译林出版社 2001 年版。

［德］尤尔根·哈贝马斯：《在事实与规范之间——关于法律和民主法治国的商谈理论》，童世骏译，生活·读书·新知三联书店 2003 年版。

［德］于尔根·哈贝马斯：《合法化危机》，刘北成等译，上海人民出版社 2000 年版。

［法］埃哈尔·费埃德伯格：《权力与规则——组织行动的动力》，张月等译，上海人民出版社2005年版。

［法］保罗·利科：《从文本到行动》，夏小燕译，华东师范大学出版社2015年版。

［法］亨利·列斐伏尔：《日常生活批判》，叶齐茂等译，社会科学文献出版社2018年版。

［法］米歇尔·福柯：《必须保卫社会》，钱翰译，上海人民出版社2010年版。

［法］米歇尔·福柯：《词与物——人文科学考古学》，莫伟民译，上海三联书店2001年版。

［法］乔治·古尔维奇：《社会时间的频谱》，朱红文等译，北京师范大学出版社2010年版。

［法］萨特：《存在与虚无》，陈宣良等译，生活·读书·新知三联书店2007年版。

［美］C. 赖特·米尔斯：《社会学的想象力》，陈强等译，生活·读书·新知三联书店2016年版。

［美］艾丽斯·M. 杨：《包容与民主》，彭斌、刘明译，江苏人民出版社2013年版。

［美］爱德华·霍尔：《无声的语言》，何道宽译，北京大学出版社2010年版。

［美］昂格尔：《现代社会中的法律》，吴玉章等译，中国政法大学出版社1994年版。

［美］彼得·L. 伯格、托马斯·卢克曼：《现实的社会建构：知识社会学论纲》，吴肃然译，北京大学出版社2019年版。

［美］查尔斯·J. 福克斯、休·T. 米勒：《后现代公共行政——话语指向》，楚艳红译，中国人民大学出版社2002年版。

［美］查尔斯·蒂利：《强制、资本和欧洲国家（公元990—1992年）》，魏洪钟译，上海人民出版社2007年版。

［美］戴维·约翰·法默尔：《公共行政的语言——官僚制、现代性和后现代性》，吴琼译，中国人民大学出版社2005年版。

［美］丹尼尔·贝尔：《资本主义文化矛盾》，赵一凡等译，生活·读书·新知三联书店1989年版。

［美］德博拉·斯通：《政策悖论：政治决策中的艺术》，顾建光译，中国人民大学出版社2006年版。

［美］弗兰克·奈特：《风险、不确定性与利润》，郭武军、刘亮译，华夏出版社2011年版。

［美］弗兰克·梯利：《伦理学导论》，何意译，广西师范大学出版社2002年版。

［美］汉娜·阿伦特著，杰罗姆·科恩编：《政治的应许》，张琳译，上海人民出版社2016年版。

［美］赫伯特·A. 西蒙：《管理行为》，詹正茂译，机械工业出版社2004年版。

［美］杰·D. 怀特：《公共行政研究的叙事基础》，胡辉华译，中央编译出版社2011年版。

［美］杰弗瑞·爱德华·格林：《人民之眼——观众时代的民主》，孙仲等译，华夏出版社2018年版。

［美］劳尔·雷加诺：《政策分析框架——融合文本与语境》，周靖婕等译，清华大学出版社2017年版。

［美］理查德·罗蒂：《哲学和自然之镜》，李幼蒸译，生活·读书·新知三联书店1987年版。

［美］马克·B. 布朗：《民主政治中的科学：专业知识、制度与代表》，李正风等译，上海交通大学出版社2015年版。

［美］马文·明斯基：《情感机器》，王文革等译，浙江人民出版社2016年版。

［美］迈克尔·桑德尔：《公共哲学》，朱东华等译，中国人民大学出版社2013年版。

［美］皮埃罗·斯加鲁菲：《智能的本质：人工智能与机器人领域的64个大问题》，任莉等译，人民邮电出版社2017年版。

［美］托马斯·戴伊、哈蒙·齐格勒：《民主的嘲讽》，孙占平等译，世界知识出版社1991年版。

［美］约翰·杜威：《确定性的寻求：关于知行关系的研究》，傅统先译，上海人民出版社2005年版。

［美］詹姆斯·汤普森：《行动中的组织——行政理论的社会科学基础》，敬义嘉译，上海人民出版社2007年版。

［英］R. G. 柯林武德：《历史的观念》，何兆武等译，中国社会科学出版社1986年版。

［英］艾里克斯·弗罗伊弗：《道德哲学十一讲：世界一流伦理学家说三大道德困惑》，刘丹译，新华出版社2014年版。

［英］艾耶尔等：《哲学中的革命》，李步楼译，商务印书馆1986年版。

［英］安东尼·吉登斯：《社会的构成：结构化理论纲要》，李康等译，中国人民大学出版社2016年版。

［英］安东尼·吉登斯：《社会理论的核心问题：社会分析中的行动、结构与矛盾》，郭忠华等译，上海译文出版社2015年版。

［英］安东尼·吉登斯：《失控的世界——全球化如何重塑我们的生活》，周红云译，江西人民出版社2001年版。

［英］弗里德里希·A. 哈耶克：《科学的反革命：理性滥用之研究》，冯克利译，译林出版社2019年版。

［英］卡尔·波普尔：《通过知识获得解放》，范景中等译，中国美术学院出版社1996年版。

［英］约翰·查尔德：《组织：当代理论与实践》，刘勃译，华夏出版社2009年版。